|제 2 판|

증권투자 이해

UNDERSTANDING
SECURITIES INVESTMENT

장경천 · 김현석

탑북스

2판 머리말

21세기는 변화의 시대라고 해도 과언이 아닐 만큼 많은 변화가 일어나고 있으며, 최근 몇 년 동안은 그 속도가 더욱 빨라지고 있는 듯하다. 다보스포럼 회장인 클라우스 슈밥(Klaus Shwab)이 소개한 Industry 4.0 또는 4차 산업혁명은 인공지능(AI), 빅데이터, 사물인터넷(IoT) 등의 ICT 기술혁신으로 인해 앞으로 미래 산업지형의 극적인 변화를 예고하고 있다.

4차 산업혁명은 금융산업에도 예외 없이 변화를 가져오고 있다. ICT기술과 금융이 결합된 핀테크(FinTech)는 지급결제, 자산관리, 인슈어텍(InsureTech) 등 금융산업 전반에 혁신을 선도하고 있다. 이외에도 블록체인 기술과 가상화폐, 인공지능에 기반한 투자자문, 크라우드펀딩, 인터넷전문은행 등, 전에 없던 개념들이 어느 새인가 우리 주변에 깊숙이 들어와 있다.

이 책의 초판이 나온 지도 어느덧 5년이 지났고 기술과 사회, 경제의 변화만큼이나 증권금융시장에도 많은 변화가 생겼다. KOSPI지수가 2,600포인트를 돌파하는 등 주식시장의 양적인 성장뿐만 아니라, 시장운용을 위한 제도적인 측면에서도 많은 변화와 개선이 이루어졌다. 이번 개정판에서는 자본시장의 변화를 반영하고, 초판에서 미진했던 부분들에 대해서 수정 및 보완이 이루어졌으며, 책의 순서도 새롭게 조정하였다.

초판과 마찬가지로, 기본 틀은 총 4부 12장을 유지하였다. 제1부에서는 투자의 기초개념과 증권시장에 대해서 소개하였고, 제2부는 주가정보와 증권분석을 다루고 있다. 제3부에서는 가치평가와 포트폴리오를 포함한 현대투자이론에 대해서 기술하였으며, 제4부는 채권과 선물, 옵션을 다루고 있다. 책의 목차를 나름대로 기준을 가지고 구성하였으나, 순서에 얽매일 필요는 없으며, 독자들이 다양하게 활용해 보기를 기대한다.

개정판 원고를 마무리하면서 장경천 교수님의 빈자리가 너무 크다는 것을 절감한다. 그동안 교수님께 기대어 마음 놓고 글을 쓸 수 있었지만, 혼자 감당해야 하는 현실이 무겁게 느껴진다. 오래전 학생시절부터 보여주셨던 높은 지성과 후학들에 대한 깊은 사랑에 감사드리고, 계신 곳에서 부디 평안하시기를 기원드린다. 끝으로 표지를 디자인해 준 용성희 양과 개정판을 내놓을 수 있도록 애써주신 탑북스의 임직원분들께 감사의 마음을 전한다.

무술년 정초에

머 리 말

자본주의 사회에서 사람들이 투자에 관심을 가지는 것은 어쩌면 당연한 일일 것이다. 특히, 저금리 기조가 정착되고 부동산시장의 하향 안정화로 인하여, 증권투자에 눈을 돌릴 수밖에 없다. 또 평균수명이 늘어남에 따라 안정된 은퇴생활을 영위하기 위해서도 재산증식 수단이 필요하다.

이러한 관심은 대학생들도 예외가 아니어서, 재무관리나 투자론을 전공으로 배우는 학생들은 물론이고 비전공자들도 증권투자에 높은 관심을 보이고 있다. 이에 따라 학생들에게 투자의 기초개념이나 딱딱한 이론을 설명하는 것만으로는 더이상 그들의 욕구를 충족시키기 어렵게 되었다.

저자들은 오랜 기간 동안 투자관련 과목들을 강의하면서 가급적 쉽게 이해할 수 있으면서도 고급수준의 내용들을 다룰 수 있는 교재의 필요성을 절감하였다. 이 책은 이러한 필요에 의해 저자들의 전작인 '인터넷을 이용한 증권투자의 이해'(1999)와 '증권투자론'(2009)을 바탕으로 새롭게 구성하였으며, 주식투자에 관한 기본적인 내용에서부터 증권분석과 가치평가, 채권과 파생상품, 그리고 투자이론에 이르기까지 폭넓은 내용을 다루고자 노력하였다. 이 책의 특징을 나열하면 다음과 같다.

첫째, 이 책은 대학에서 전공과 교양과정에서 모두 사용할 수 있도록 쓰여 졌다. 우선 전공과정에서 사용할 수 있도록 투자론에서 다루어야 할 내용들을 대부분 포함시켰으며, 몇몇 이론적 부분을 빼고 읽더라도 전체적인 내용을 이해하는 데 문제가 없도록 기술하려고 노력하였다.

둘째, 이 책은 대학의 한 학기 강의에 맞추어 구성하였다. 기존 투자론 서적들이 방대한 내용을 다루어 한 학기 동안에 모든 내용을 다루지 못하는 경우가 많았다. 따라서 투자론의 기본적이고 핵심적인 내용을 중심으로 기술하고, 전체의 내용을 이해하는 데 꼭 필요하지 않은 내용들은 생략하였다.

셋째, 각 장의 중간에는 본문에서 다루어지는 내용과 관련한 다양한 글들을 제공하여 흥미와 이해를 돕고 있으며, 말미에는 핵심정리와 연습문제를 두어 학습한 내용을 정리하고 문제해결능력을 높일 수 있도록 하였다. 경우에 따라서는 도입부와 핵심정리를 먼저 읽는 것도 좋은 학습방법이 될 수 있다.

이 책은 총 4부 12장으로 구성되어 있다. 제1부에서는 투자의 기초개념과 증권시장, 주가정보에 대해서 소개하였고, 제2부에서는 증권분석과 가치평가를 다루고 있다. 제3부에서는 채권과 파생상품에 대해서 기술하였으며, 제4부 현대투자이론에서는 포트폴리오이론과 자본자산가격결정모형, 시장효율성 등을 다루고 있다. 이 책은 처음부터 끝까지 차례로 읽는 것도 한가지 방법이겠지만, 학습목적이나 수준에 맞게 필요한 부분부터 순서를 정해서 읽어도 무방하도록 구성하였다. 독자들이 다양하게 활용해 보기를 기대한다.

언제나 느끼는 점이지만 원고를 마무리하면서 미진함을 실감하고 두려움이 앞선다. 부족한 부분은 앞으로 보완해 나갈 것이며, 이에 대한 독자들의 비판과 충고를 기대한다. 그리고 이 책이 나오기까지 언제나 힘이 되어준 가족들에게 감사한다. 끝으로 출판을 위해서 애써주신 탑북스의 김광식 사장님과 정헌명 상무님께 고마움을 전한다.

2012년 새봄에

저자 씀

차 례

제 I 부 투자와 증권시장

제1장 투자의 기초

제2장 증권금융과 발행시장

제3장 유통시장과 거래제도

제5장 기본적 분석

제6장 기술적 분석

제Ⅲ부 가치평가와 포트폴리오

제7장 주식의 가치평가

제8장 포트폴리오이론

제9장 CAPM과 시장효율성

제 Ⅳ 부 채권과 파생상품

제10장 채권시장과 운용전략

제11장 선물시장과 거래전략

제 I 부

투자와 증권시장

제 1 장
투자의 기초

오늘날 현대를 살아가면서 투자라는 말을 들어보지 못한 사람은 아마도 거의 없을 것이다. 기업의 경영자나 금융기관 등 특수한 분야에 종사하는 사람들 뿐만 아니라 "시간을 투자해서라도 그 일을 해야 하겠다", "그런 쓸데없는 일에 내 돈을 투자하고 싶지 않다"라는 식의 말들을 우리 주변에서 쉽게 들을 수 있을 정도로 '투자'라는 말을 일상용어처럼 사용한다. 이번 장에서는 증권투자에 대한 구체적인 내용들을 학습하기에 앞서 투자의 정의와 주요개념, 그리고 투자의사결정과 관련된 내용들을 살펴 볼 것이다.

1.1 투자의 의의

투자란 무엇인가? 투자의 정의에 대해서는 여러 가지 견해가 있을 수 있지만, 이 책에서는 매우 상식적인 수준에서 정의를 내리고자 한다. 투자(投資)란 글자 그대로 돈을 던지는 행위이다.

야구경기에서 투수(投手)는 공을 던지는 사람이다. 투수는 공을 던질 때에 '왜' 던지는가 하는 목적과 '어디로' 던지는가 하는 방향을 미리 결정한 뒤에 공을 던진다. 즉, 타자를 삼진으로 처리하거나, 범타 처리 또는 고의사구로 1루에 진출시키는 등의 목적을 가지고, 그 목적을 달성할 수 있는 구질과 방향을 택해서 공을 던지게 된다.

물론 이 경우에 투수가 공을 던지는 목적이 항상 이루어진다고 볼 수는 없다. 범타로 처리할 목적으로 던진 공이 안타나 홈런으로 바뀔 수도 있고, 항상 원하는 구질의 공이 원하는 방향으로 간다고 할 수도 없다. 여러 요인에 의해 구질이나 방향이 달라질 수도 있는 것이다.

마찬가지로 사람들이 돈을 던질 때에도 '왜' 돈을 던지는가, 그리고 '어디로' 돈을 던지는가를 먼저 결정해야 한다. 이 '왜'와 '어디로'를 통해서 우리는 투자의 목적과 투자의 종류를 구별할 수 있다.

사람들은 왜 돈을 던지는 것일까? 상식적인 수준에서 이야기한다면 답은 비교적 쉽게 나온다. "사람들은 돈을 벌기 위해서 돈을 던진다"가 그 대답일 것이다. 돈을 던지는 목적, 즉 투자의 목적은 돈을 벌기 위한 것이다. 물론 벌어들이는 돈의 크기가 던지는 돈보다 클 것으로 사람들은 기대한다.

그렇다면 사람들은 돈을 벌어서 무엇을 할까? 단순히 쌓아놓기 위해 돈을 번다고 이야기할 수는 없을 것이다. 돈을 벌었으면 그 돈은 궁극적으로 어딘가에 소비가 될 것이고, 사람들은 그러한 소비를 통해 만족(효용)을 얻게 될 것이다. 그렇다면 결국 돈을 던지는 목적은 "보다 많은 돈을 벌고, 이를 소비활동에 사용해서 더 큰 만족을 얻기 위한 것"이라고 할 수 있다. 이것이 돈을 던지는 이유이자 목적이다. 하지만 이러한 목적이 항상 달성되는 것은 아니며, 이에 대해서는 뒷 부분에서 살펴볼 것이다.

그렇다면 그러한 목적을 달성하기 위하여 사람들은 돈을 어디에 던질까? 사람들이 돈을 던지는 대상은 크게 실물자산과 금융자산으로 구분할 수 있다. 사람들이 돈을 부동산, 귀금속, 미술품 등의 구체적인 형태를 갖춘 자산에 던질 때는 실물자산(real asset)에 대한 투자라고 하고, 돈을 주식 또는 채권과 같은 금융상품에다 던지는 경우는 금융자산(financial asset)에 대한 투자라고 한다. 이것이 바로 투자의 종류이다. 즉, 투자의 종류 또는 투자대상은 토지, 건물, 금 등 그 자체가 미래에 이익을 발생시킬 수 있는 실물자산과 주식, 채권과 같이 그 자체는 이익을 발생시킬 수 있는 능력이 없으나 실물자산을 통해 얻은 이익에 대하여 청구권을 행사할 수 있는 금융자산으로 나눌 수 있다.

1.2 투자의 주요개념

1. 투자의 개념

투자의 정의를 찾아보면 "미래의 국내총생산(GDP)을 증가시키는 실물투자" 등 사람들마다 여러 가지로 정의한다. 그러나 이 책에서는 투자를 넓은 의미로 "미래의 이득을 얻기 위한 현재의 경제적 희생"이라고 정의하겠다. 돈을 버는 궁극적인 목적이 소비를 통한 만족을 얻는데 있다면, 지금 내가 가지고 있는 돈을 소비의 목적으로 쓰지 않고 어떤 자산에다 던지는 행위는 일종의 희생이라고 할 수 있다. 그래서 위의 정의에서는 돈을 던지는 행위를 '경제적 희생'이라는 말로 표현하였다.

투자를 이와 같이 정의를 내릴 때에 투자의 정의에는 두 가지 중요한 개념이 내포되어 있다는 것을 알 수 있다. 하나는 시간흐름(time flow)의 개념이고 또 하나는 불확실성(uncertainty 또는 risk) 개념이다.

1) 시간흐름

투자의 정의에서 돈을 던지는 행위는 현재시점에서 이루어지지만, 그로 인해 발생하는 이득은 미래에 발생한다. 즉, 투자시점과 이득이 발생하는 시점 사이에는 시간흐름이라는 것이 개입되어 있다. 돈은 그냥 두면 시간의 흐름에 따라 그 가치가 떨어지게 된다. 오늘 10,000원에 살 수 있는 물건이 내년에는 11,000원으로 그 가격이 변할 수 있고, 이 경우 오늘 소비하지 않는 사람은 내년에 동일한 소비를 위하여 더 많은 돈을 필요로 하게 된다. 이와 같이, 오늘 소비를 위해 사용할 수 있는 돈을 어딘가에 던지는 사람들은 자신이 던진 돈의 가치가 시간흐름에 따라 하락한다는 것을 알고 있다. 따라서 사람들은 시간흐름에 따르는 손실을 보상받고자 할 것이다. 즉, '미래의 이득'에는 시간의 흐름에 대한 보상(reward for waiting 또는 market price of time)이 포함되어야 한다는 것이다.

2) 불확실성

투자자들이 현재시점에서 던지는 돈은 그 액수가 얼마인지 정확히 알려져 있다. 그러나 투자의 결과로 나타나는 미래의 이득은 그 크기가 얼마가 될지 누구도 정확하게 알기 어렵다. 다시 말하면, 현재 던지는 돈은 확실한 금액인 반면, 미래에 발생하는 이득은 그 크기가 불확실하다는 것이다. 불확실한 미래의 이득을 위해 현재 확실한 돈을 던질 때에 사람들은 그러한 불확실성에 대한 보상(reward for uncertainty 또는 market price of risk)을 기대하게 된다. 또한 불확실성의 정도가 크면 클수록 더 큰 보상을 기대하게 될 것이다.

이처럼 투자를 "미래의 이득을 얻기 위한 현재의 경제적 희생"이라고 정의할 때, 이러한 정의 속에는 시간흐름과 불확실성이라는 주요개념이 포함되어 있고, 돈을 던지는 사람들은 그에 대한 보상, 즉 시간에 대한 보상과 불확실성에 대한 보상을 기대한다는 것을 알 수 있다.

결국 투자란 지금보다 더 나은 상태를 기대하면서 현재 가지고 있는 재산 중의 일부를 미래에 더 많은 소득을 가져다 줄 수 있는 대상을 찾아 그것에 던지는 행위라고 말할 수 있다. 다시 말하면, 장래에 보다 많은 불확실한 이득을 얻기 위하여 현재의 확실한 소비를 희생시키는 행위를 말한다. 현재의 소비를 줄여서 부동산을 매입한다든지 혹은 주식을 매입하는 행위들이 그 예이다. 이러한 자산들을 매입하는 이유는 말할 필요도 없이 미래에 보다 많은 이득을 얻는데 있다.

2. 투자에 따른 부담

투자라는 것이 항상 아무런 부담 없이 수익을 가져다주는 것은 아니다. 은행에 저축을 하는 것도 자연히 이자가 붙어서 재산이 증식되는 것 같지만 자세히 살펴보면 그렇지 않음을 알 수 있다.

예를 들어, 현재 100만원을 가지고 있는 사람이 연 5%의 이자를 지급하는 은행에 1년 동안 저축하였다고 하자. 이 사람은 아무런 사고가 발생하지 않는다면 1년 후에 105만원을 받을 수 있다. 그러나 그 동안 1년 사이에 물가가 10% 상승한다면, 다시 말해 100만원이면 살 수 있었던 물건이 1년이 지난 후에 110만원을 주어야 살 수 있을 정도로 물가가 상승한다면 상황은 달라진다. 저축을 하기 전에는 이 사람이 100만원을 가지고 물건을 살 수 있었지만 재산을 증식하겠다고 은행에 저축을 하면 1년 후에는 그 물건을 살 수 없게 되는 것이다. 즉, 은행에 저축하는 것 또한 아무런 부담 없이 안심할 수 있는 투자는 아니라는 것이다. 안정적인 고정수익을 가져다주는 것으로 알려진 저축이 이러하므로 다른 투자수단(주식 등)은 말할 것도 없이 더 많은 부담을 안게 된다.

그렇다면 이러한 투자를 통해 수익을 얻으려면 어떠한 부담을 안게 되는가? 그것이 바로 지금까지 설명한 시간흐름과 불확실성이라는 두 가지 부담인 것이다. 은행에 저축하는 경우에서 살펴보았듯이 시간이 지남에 따라 물가상승(인플레이션)으로 인해 재산가치가 하락할 수 있는 부담이 있고, 극단적인 경우지만 저축을 하였던 은행이 미처 이자와 원금을 지급하지 못하고 도중에 파산을 하는 경우도 완전히 배제할 수 없는 부담인 것이다.[1)]

확실성, 불확실성 그리고 위험

사람들이 투자를 통해 얻는 투자수익은 확실성하의 투자수익, 위험 상황에서의 투자수익, 그리고 불확실성 상황에서의 투자수익으로 구분할 수 있다. 확실성(certainty)은 미래에 대한 완전정보, 즉 완전한 지식을 가지고 있어서 미래에 발생할 상태를 완전하게 예측할 수 있는 경우를 말한다. 하지만 우리가 살아가는 환경에서 확실하게 미래를 예측한다는 것은 불가능할 것이다.

---

1) 우리나라에서는 금융기관이 파산하는 경우, 예금자보호제도에 따라서 동일한 금융기관 내에서 예금자 1인당 5천만원까지 보호받을 수 있다.

불확실성(uncertainty)이란 미래에 대하여 완전무지인 경우, 즉 의사결정자가 발생할 수 있는 미래 상태의 종류는 식별할 수 있지만 각 상태의 발생확률은 모르고 대안을 선택하게 되는 경우를 말한다. 예를 들면, 내일의 날씨가 맑던지, 흐리던지, 비가 올 것이라는 표현 또는 내일 주가가 오르던지, 떨어질 것이라는 표현은 불확실한 상태에서 할 수 있는 표현이다. 다시 말하면, 미래에 발생할 수 있는 상태만을 열거할 수 있는 경우를 우리는 불확실성 상황이라 한다.

한편, 위험(risk) 상황은 미래에 대하여 부분적인 지식만을 가지고 미래에 발생할 상태를 객관적 확률분포(objective probability distribution)에 의하여 예측하는 경우를 말한다. 즉, "내일 비가 올 확률이 70%이고, 흐릴 확률 20%, 맑을 확률은 10%이다" 또는 "내일 주가가 오를 확률은 60%, 떨어질 확률은 40%이다"라는 식의 표현이 위험 상황에서의 표현이다.

우리가 일상생활에서 주로 부딪치는 상황은 불확실성 상황과 위험 상황일 것이다. 앞에서 위험 상황을 객관적 확률분포를 알 수 있는 상태라고 하였다. 그런데 불확실성 상황에 대해서도 미래에 발생하는 상태의 객관적 확률분포를 모르더라도 주관적으로 확률을 부여하여 주관적 확률분포(subjective probability distribution)로 대체할 수 있다면 위험 상황처럼 표현할 수 있게 된다. 따라서 이 책에서는 불확실성 상황과 위험 상황을 크게 구분하지 않고 동일한 의미를 가지고 있는 것으로 취급하여 혼용할 것이다.

1.3 저축, 도박 그리고 투기

투자(investment)와 비슷한 용어로 저축과 도박, 투기라는 말들이 있다. 이들에 대해서 투자와 비교해서 살펴보자.

■ 저축

저축(savings)은 현재 가지고 있는 자금을 은행 등 금융기관에 넣어두고 미래에 이자를 붙여서 받게 되는 단순한 형태의 투자라고 할 수 있다. 저축과 유사해 보이는 어린이들이 저금통에 용돈을 모으는 것과 같은 행위를 보관이라고 하는데, 이와 같이 은행이 아니라 집에 있는 금고나 장롱 안에 돈을 놓아두면 아무런 가치증대가 수반되지 않는다. 따라서 현금을 집에 놔두기보다는 은행에 저축하는 것이 보다 유리한 행위임은 두말할 필요가 없을 것이다.

앞에서 설명한 바와 같이 투자에는 시간흐름과 불확실성에 대한 보상이 주어진다. 그러나 저축은 예금액에 대하여 이자가 미래에 확실히 주어질 것으로 예상되기 때문에 불확실성에 대한 보상은 크게 기대할 수 없으며, 단지 현재의 소비를 미래로 연기시키는데 따른 시간흐름에 대한 보상만이 주어진다고 할 수 있다. 일반적으로 저축보다는 투자의 경우가 그 위험을 반영하여 보다 큰 수익을 기대할 수 있다. 한편 보관의 경우에는 시간보상도 주어지지 않기 때문에 원금에 대한 어떠한 이득도 기대할 수 없다.

■ 도박

도박(gambling)은 투자와는 달리 합리적 의사결정기준이 없이 단지 결과를 운에 맡기는 행위를 말한다. 일반적으로 도박의 경우에는 보다 높은 위험수준하에서 그 기대수익이 음(−)이 된다. 넓게 생각한다면 도박도 미래의 이득을 얻기 위한 현재의 경제적 희생이라고 볼 수 있으나, 상식적인 수준에서 우리는 도박행위를 투자라고 부르지는 않는다.

■ 투기

흔히 투기(speculation)는 자신이 감수하는 위험 이상의 수익을 기대하는 경제행위라고 하는데, 그 이유는 투자는 투자자 나름대로 합리적인 생각을 가지고 투자대상에 대해 많은 정보를 수집한 다음 실행하는 것에 비해, 투기는 자신이 수집한 정보를 지나치게 과신하여 합리적인 수준 이상의 수익을 기대하고 투자하는 것이기 때문이다. 하지만 모든 투자에는 어느 정도의 투기적인 속성을 가지고 있다고 볼 수 있기 때문에 투자와 투기는 구별하기 쉽지 않다.

투자와 투기를 구별하는 또 다른 방법은 투자기간의 길고 짧음, 투자대상물이 가지고 있는 위험의 크고 작음, 투자정보의 효율성과 우월성을 기준으로 구별하는 경우도 있다. 즉, 단기적인 것을 투기, 장기적인 것을 투자라고 부르며, 위험이 큰 대상에 대한 투자를 투기로 분류하기도 한다. 또한 모든 사람이 공유하고 있는 정보에 입각하면(정보의 효율성) 투자로, 혼자만 독점하고 있는 정보에 입각하면(정보의 우월성) 투기로 분류하기도 한다. 그러나 현실적으로 어느 정도의 투자기간이 장기인지 단기인지에 대한 구분도 어렵고, 위험의 크기나 정보의 독점성도 확인하기 어렵기 때문에 어떤 투자행위를 투기와 투자로 구분하는 것은 주관적이라 할 수 있다.

투기나 투자는 모두 미래의 이득이라는 보상을 바라고 현재의 소비를 희생한다는 점에서는 마찬가지이며, 투기와 투자의 대상이 동일하기 때문에 이에 대한 구분은 큰 의미가 없다고 하겠다.

1.4 투자의사결정

1. 위험과 기대수익의 상반관계

투자자들에게 제시된 투자기회(투자대상)는 무수히 많다. 그렇다면 과연 이러한 투자대상들 중에서 가장 바람직한 투자기회는 어느 것일까? 이에 대한 대답은 투자의 특성에 대한 설명에서 그 실마리를 찾을 수 있다. 즉, 투자기회가 가지고 있는 위험(불확실성)과 기대되는 이익을 비교하여 평가할 수 있을 것이다.

투자자라면 누구나 위험은 작고 기대수익은 높은 투자안을 찾고자 한다. 하지만 위험 감소와 수익성 증대는 동시에 달성될 수 있는 것이 아니라, 기대수익이 높아지려면 위험이 커져야 하고, 위험이 작아지면 기대수익 역시 낮아지게 된다. 이와 같은 관계를 위험과 기대수익의 상반관계(risk-return trade-off)라고 한다. 이 원리는 앞으로 우리들이 증권투자를 배우는데 있어 가장 기본이 되는 것이며, 현실 세계에서도 엄격히 적용되는 기본원칙이다.

만일 기대수익은 동일한 데 위험이 큰 투자대상이 존재한다면, 합리적인 투자자들은 그 투자대상을 회피할 것이며, 이에 따라 그 투자대상의 시장가격은 하락하게 될 것이다. 그리고 시장가격이 하락하게 되면 기대수익은 다시 높아지므로, 결국 위험이 큰 투자대상의 기대수익은 위험이 작은 투자대상의 기대수익보다 높아지게 되는 것이다. 따라서 균형상태에서는 언제나 위험과 기대수익률 간에 상반관계가 존재하게 된다. 이러한 위험과 수익 사이의 관계를 나타낸 것이 [그림 1-1]이다. 그림에서 보는 바와 같이, 투자대상의 위험이 증가하면 그에 따라 기대수익도 증가하는 위험과 수익 간의 상반관계가 성립함을 알 수 있다.

그림 1-1 위험과 기대수익률의 관계

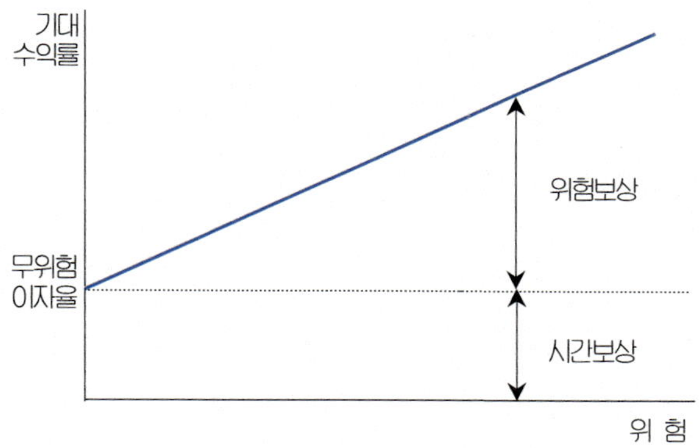

이러한 위험과 수익 간의 관계와 [그림 1-1]의 내용은 앞으로 다루게 될 투자이론들에 그대로 적용되어 설명될 것이다. 앞에서 살펴 본 투자, 투기, 저축, 보관 및 도박을 [그림 1-1]과 관련하여 도시하면 [그림 1-2]와 같이 나타낼 수 있다. 즉, 투자는 균형하에서의 위험과 수익의 상반관계에 따라 그 위험에 상응하는 수익이 기대된다. 그러나 투기는 감수하는 위험보다 더 큰 수익을 기대하는 행위임을 알 수 있으며, 저축은 위험이 없다고 할 수 있으므로 단지 시간보상만을 반영하여 그 기대수익이 고정됨을 알 수 있다.[2)] 또한 보관은 위험보상과 시간보상 그 어느 것도 받을 수 없으므로 원점에 위치하게 된다. 그리고 도박은 보다 높은 위험수준하에서 일반적으로 그 기대수익이 음(−)이므로 횡축 아래에 위치하게 된다.

그림 1-2 투자 · 투기 · 저축 · 보관 · 도박의 상호비교

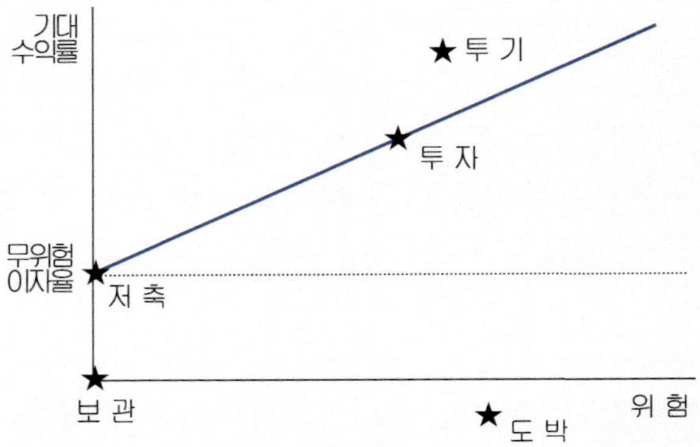

2. 투자대상의 선택

우리는 투자자들이 수많은 투자대상들 중에서 가장 바람직한 투자대상을 선택하고자 한다고 하였다. 합리적인 투자자라면 누구든지 자신의 부(wealth)를 극대화하고자 할 것이고, 자신의 효용(utility)[3)]을 가장 크게 하는 투자대상을 선택하고자 할 것이다. 그렇다면 가장 바람직한 투자대상은 투자자의 부를 극대화하는 것일까? 아니면 투자자의 효용을 극대화하는 것일까? 또는 다른 여러 투자기회보다 우월한 투자안을 선택하는 것일까? 이는 결국 투자자의 예측능력과 위험에 대한 태도에 따라 달라진다.

이와 같이 투자자들은 최적의 투자대상을 선택하고 수익을 극대화하기 위해 노력한다.

---

2) 여기서는 일반적인 관념에 따라 저축을 무위험자산으로 취급하고 있지만, 은행에 돈을 맡기는 저축에도 위험은 존재한다. 통상 무위험자산으로는 국가가 발행한 채권인 국채를 상정한다.

3) 효용은 소비를 통하여 얻을 수 있는 만족도의 수치적 표현으로 제8장에서 자세히 다룰 것이다.

즉, 어떤 투자대상을 언제 사고팔 것인가를 결정하기 위해 노력한다는 것이다. 어떤 투자대상을 선택할 것인가 하는 종목선정(asset selection)과 언제 사고팔 것인가 하는 매매시점결정(market timing)은 높은 투자수익을 올리기 위한 핵심적인 내용이다. 그리고 이러한 투자는 성과평가(performance evaluation)와 투자환경의 변화에 따라 그때그때 투자자산을 재조정(rebalancing)함으로써 지속적으로 개선되어야 한다. 이러한 투자의사결정과 관련된 내용들은 이 책의 나머지 부분에서 자세하게 다룰 것이다.

핵심정리

- 상식적인 수준에서 이야기할 때 사람들이 돈을 던지는 목적, 즉 투자의 목적은 돈을 벌기 위한 것이고, 이를 소비활동에 사용하여 만족을 얻게 된다.
- 사람들이 돈을 던지는 대상, 즉 투자의 종류 또는 대상은 크게 실물자산과 금융자산으로 구분할 수 있다.
- 실물자산은 토지, 건물, 금 등 그 자체가 미래에 이익을 발생시킬 수 있는 자산을 말하며, 주식, 채권과 같이 그 자체는 이익을 발생시킬 수 있는 능력이 없으나 실물자산을 통해 얻은 이익에 대하여 청구권을 행사할 수 있는 자산을 금융자산이라고 한다.
- 투자는 넓은 의미로 "미래의 이득을 얻기 위한 현재의 경제적 희생"이라고 정의할 수 있다.
- 투자의 정의에서 '미래의 이득'에는 시간흐름에 대한 보상과 불확실성에 대한 보상이 포함되어 있다.
- 모든 투자에는 어느 정도의 투기적인 속성을 가지고 있으며, 흔히 투기는 자신이 감수하는 위험 이상의 수익을 기대하는 경제행위라고 할 수 있다.
- 위험 감소와 수익성 증대는 동시에 달성될 수 있는 것이 아니라, 기대수익이 높아지려면 위험이 커져야 하고, 위험이 작아지면 기대수익 역시 낮아진다. 이러한 관계를 위험과 수익 간의 상반관계라고 한다.
- 합리적인 투자자라면 누구든지 자신의 부를 극대화하고자 할 것이고, 자신의 효용을 가장 크게 하는 투자대상을 선택하고자 할 것이다.
- 어떤 투자대상을 선택할 것인가 하는 종목선정과 언제 사고팔 것인가 하는 매매시점결정은 높은 투자수익을 올리기 위한 핵심적인 내용이다.
- 투자는 성과평가와 투자환경의 변화에 따라 그때그때 투자자산을 재조정함으로써 지속적으로 개선되어야 한다.

연습문제

1. 투자의 정의에 따르면 저축은 투자로 볼 수 없다. (○, ×)

2. 다음 중 투자와 투기의 구분과 관련하여 옳은 것을 고르시오.
   ① 투자기간의 길고 짧음 ② 투자정보의 효율성과 우월성
   ③ 위험의 높고 낮음 ④ 구분이 주관적임

3. 다음 중 기대수익률이 가장 낮은 것은 무엇인가?
   ① 보관 ② 저축 ③ 투기 ④ 도박

4. 투자의 대상은 크게 ( )과 ( )으로 나눌 수 있다.

5. 투자는 "미래의 ( )을 얻기 위한 현재의 ( )"이라고 정의할 수 있다.

6. 투자를 위의 5번과 같이 정의할 때, ( )의 개념과 ( )의 개념이 내포되어 있다.

7. 합리적인 투자자라면 자신의 ( )를 극대화하고자 하며, ( )을 가장 크게 하는 투자대상을 선택하고자 한다.

8. ( )과 ( )은 높은 투자수익을 올리기 위한 핵심적인 내용이다.

9. 위험이 크면 기대수익도 높고, 위험이 작으면 기대수익도 낮아지는 원리를 무엇이라고 하는가?

10. 사람들이 투자를 하는 목적에 대해서 설명하시오.

제 2 장
증권금융과 발행시장

경제활동에서 자금의 순환은 크게 산업적 유통과 금융적 유통으로 구분할 수 있다. 자금의 산업적 유통은 생산, 소비, 투자 등 실물거래를 수반하는 자금의 유통을 의미한다. 반면에 금융적 유통은 여유자금을 가진 흑자지출단위로부터 자금이 부족한 적자지출단위로 자금이 이전될 때 발생하며, 두 경제주체 사이의 자금의 유통을 금융(金融)이라고 한다. 이러한 자금의 유통이 발생하는 장소를 금융시장(financial market)이라고 하며, 이때 장소는 구체적 실체를 한정하여 말하는 것이 아니고 자금의 수요와 공급이 정보시스템에 의하여 유기적으로 이루어지는 추상적인 유통체계를 지칭하는 것이다. 경제시스템의 일부로써 금융시스템은 금융시장, 금융기관 및 금융수단을 포함하는 넓은 의미의 개념이며, 경제전반에 미치는 영향이 매우 크다고 할 수 있다.

현대 산업사회에서 경제발전을 위해서는 자본형성이 매우 중요하다. 자본을 형성하기 위해서는 기업에게 개인의 여유자금을 연결시켜 주는 금융시장이 필요하며, 그 중에서도 주식과 채권 등이 거래되는 시장을 증권시장이라고 한다. 증권시장은 다시 자금의 수요자가 증권발행을 통하여 자금을 조달하는 발행시장과 기발행된 증권들이 투자자들 사이에 거래되는 유통시장으로 나누어진다. 이번 장에서는 금융시장과 금융수단, 그리고 자금조달을 위한 증권시장, 즉 발행시장에 대해서 살펴볼 것이다.

2.1 금융시장의 구분

금융시장은 자금의 수요와 공급을 연결시켜주는 과정에 있는 여러 시장들을 포함하고 있다. 금융시장은 우선 자금조달방법에 따라 직접금융시장과 간접금융시장으로 구분할 수 있다. 자금의 수요자가 주식 또는 채권 등을 발행하여 투자자들로부터 자금을 직접 조달하는 시장을 직접금융시장이라고 하고, 은행과 같은 금융기관이 자금의 수요자와 공급자

사이에서 매개자 역할을 하는 시장을 간접금융시장이라고 한다.

또한 자금 수급기간의 장·단에 따라 화폐시장(money market)과 자본시장(capital market)으로 구분된다. 단기금융시장이라고도 하는 화폐시장은 만기 1년 이내의 자금이 거래되는 시장을 말하며, 자본시장은 만기 1년 이상의 장기자금의 수요와 공급을 연결해 주는 시장을 의미한다. 이외에도 금융시장은 분류기준에 따라 다양하게 구분할 수 있다.

그림 2-1 금융시장의 구분

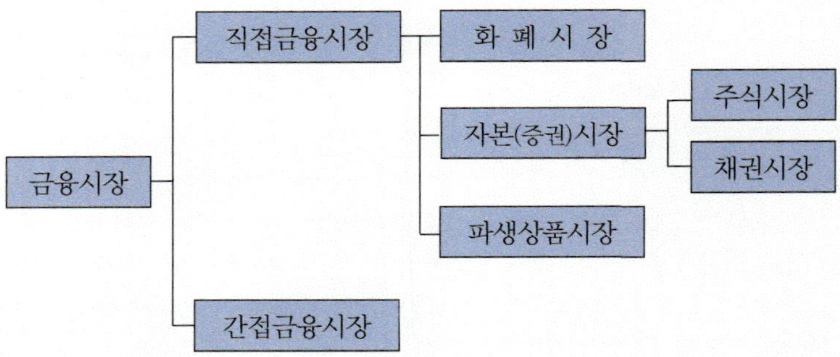

1. 직접금융시장과 간접금융시장

직접금융(direct finance)은 자금의 수요자와 공급자가 직접 자금을 거래하는 것을 의미한다. 이때 자금의 수요자는 자신의 미래 소득 또는 자산에 대한 청구권인 증권을 발행하고 자금 공급자는 자금을 제공하는 대가로 증권을 받게 된다. 따라서 자금 공급자는 증권의 수요자가 되고 자금의 수요자는 증권 공급자가 된다. 자금 수요자가 발행한 증권을 직접증권 또는 본원증권이라고 하고, 이러한 직접증권에는 주식, 채권, 기업어음 등이 있다. 직접금융시장에서는 직접증권이 그 형태를 바꾸지 않고 자금의 수요자에게서 공급자에게로 이전된다.

반면에 간접금융(indirect finance)은 금융중개기관(financial intermediaries)의 도움을 받아 금융거래가 이루어지는 것을 의미한다. 금융중개기관은 자금의 수요자와 공급자 사이에서 중개자로서의 역할을 수행하는데, 은행이 대표적인 예이며, 브로커와 딜러의 역할과는 구분이 된다. 금융중개기관은 자신의 증권을 자금 공급자에게 발행하는 동시에 자금 수요자로부터 본원증권을 매입함으로써 양자의 금융에 대한 욕구를 동시에 충족시킬 수 있다. 금융중개기관은 자신의 부채인 증권을 발행하여 자금을 조달하는데, 이러한 증권을 간접증권이라고 한다. 금융기관들이 발행하는 간접증권으로는 은행의 각종 예금과 적금, 보험회사의 보험증서 등을 들 수 있다.[4)]

그림 2-2 직접금융과 간접금융

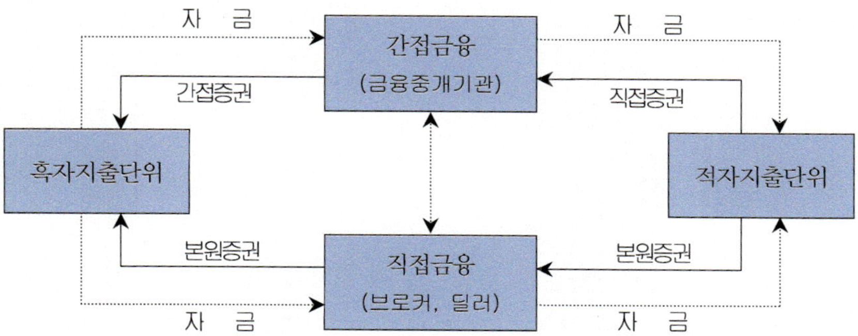

2. 자본시장과 단기금융시장

금융시장은 거래되는 증권의 만기를 기준으로 자본시장과 단기금융시장으로 구분할 수 있다. 자본시장은 만기 1년 이상의 장기자금을 조달하는데 활용되며, 증권시장이 주축이 되기 때문에 증권시장을 좁은 의미의 자본시장이라고도 한다. 기업이 은행과 같은 금융기관을 통한 차입으로 투자자금을 조달하는 데에는 한계가 있을 수 있다. 따라서 거액의 장기자본을 안정적으로 조달하기 위해서는 일반대중의 유휴자금으로 장기금융이 가능한 자본시장을 이용하게 된다.

자본시장은 거래되는 증권의 성격에 따라 주식시장과 채권시장 등으로 구분된다. 주식시장은 기업이 발행한 주식을 거래하는 시장으로, 주식은 기업의 출자지분을 나타내는 비상환증권이다. 반면에 채권시장은 기업, 정부, 공공기관 등에서 발행한 확정이자부채무(증권)인 회사채나 국공채 등이 거래되는 시장을 말한다.

4) 금융중개기관은 다수의 저축자로부터 자금을 모아서 자금 수요자들에게 배분하는 과정에서 비용을 절감할 수 있는데, 이를 통해서 자금 공급자에게는 보다 높은 수익을 제공하고 자금 수요자에게는 보다 많은 자금 조달의 기회를 제공할 수 있다.

한편, 파생상품시장은 금융상품의 가격변동위험과 신용위험 등을 관리하기 위한 수단인 파생금융상품이 거래되는 시장이다. 현물시장에서 금융거래에 따른 위험을 효과적으로 관리하는 기능과 파생상품 자체를 투자대상으로 하여 거래하는 기능 등을 담당한다. 파생상품시장은 주식, 채권, 통화관련 파생상품시장 등으로 구분할 수 있다.[5]

단기금융시장 또는 화폐시장은 일시적 자금의 과부족 상태를 해소하기 위하여 단기자금이 거래되는 시장이다. 단기금융시장에서는 기업어음(CP), 양도성예금증서(CD), 통화안정증권 등 만기 1년 이내의 단기금융상품이 거래되는데, 유동성이 높고 부도위험이 상대적으로 낮다. 특히 콜(call)시장은 금융기관 사이에 일시적인 유휴자금이 거래되는 초단기금융시장을 말한다.

3. 증권시장

증권시장은 주식과 채권 등의 유가증권이 매매거래되는 시장으로 자본시장의 역할을 대부분 담당하고 있어서 협의의 자본시장이라고 한다. 증권시장에서는 기업이 필요로 하는 자본을 조달하기 위하여 주식과 회사채, 그리고 정부와 공공기관이 공익을 목적으로 국공채를 발행하여 투자자들에게 공급하고, 투자자들이 이러한 유가증권을 매매함으로써 자신의 금융자산을 운용하는 시장이다.[6]

따라서 증권시장은 기업, 정부, 공공기관 등의 발행주체가 유가증권을 발행하여 투자자들에 매각하여 자본을 조달하는 수직적 관계의 발행시장과 투자자들이 소유하고 있는 증권을 투자자들 사이에서 수평적 이동이 이루어지는 유통시장으로 구분된다.

이러한 증권시장의 주요 기능으로는 기업의 자본조달, 투자자들의 자산운용, 자본의 효율적 배분, 소유분산과 소득재분배 등의 기능을 들 수 있다.

1) 자본조달기능

기업이 성장하기 위해서는 대규모의 자본을 필요로 하는데, 경영활동을 통하여 축적된 내부의 유보자금만으로는 막대한 자금수요를 감당하기 어렵다. 따라서 기업은 증권시장에서 주식이나 채권 등의 증권발행을 통하여 부족한 자금을 조달하게 된다. 이와 같이 증권시장은 일반대중으로부터 소규모의 자금들을 모아 대규모 장기산업자금화함으로써 국민경제발전에 중요한 역할을 한다.

---

5) 채권시장과 파생상품시장에 대해서는 제Ⅳ부 채권과 파생상품에서 자세히 다룰 것이다.
6) 증권시장에 상대되는 개념으로 자금의 유통이 양도가 가능한 유가증권의 형태가 아니라 당사자 간의 계약의 형태로 이루어지는 시장을 신용시장(credit market)이라고 한다.

2) 자산운용기능

일반적으로 투자자들의 자산운용방법은 크게 실물자산과 금융자산에 대한 투자로 구분할 수 있다. 그런데 경제가 안정화됨에 따라 개인들의 투자성향은 실물자산보다는 금융자산을 선호하게 되고, 또한 경제가 성장함에 따라 은행예금과 같은 간접투자보다는 증권투자와 같은 직접투자를 선호하는 경향을 보이게 된다. 따라서 투자자측면에서 증권시장은 저축 내지 자산운용을 위한 투자시장으로써의 역할을 한다.

3) 자본배분기능

증권시장에서 투자자금은 수익성과 성장성이 높은 기업으로 집중되므로 시장경쟁에 의해서 자본의 효율적 배분이 이루어진다. 즉, 증권시장에서는 성장성이 높은 기업들의 증권가격이 높게 형성되기 때문에 증권발행을 통한 자금조달이 용이해지고, 수익성 있는 투자기회를 충분히 살려서 기업이 지속적으로 성장할 수 있게 되는 것이다.

4) 소유분산기능

기업이 대형화되면서 주식분산을 통하여 소유권에 대한 분산이 자연스럽게 이루어지며, 기업이 벌어들인 이익은 배당의 형태로 널리 분산된 주주들에게 배분된다. 따라서 증권시장은 주식소유의 대중화를 통해서 기업의 소유와 경영을 분리시키고, 소득재분배를 통한 증권자본주의를 실현하는 역할을 하게 된다.

2.2 금융수단

경제활동을 하는데 있어서 적자지출단위인 기업이나 정부는 금융부채의 발행을 통하여 흑자지출단위로부터 자금을 조달하여 자기소득 이상으로 지출을 확대할 수 있게 된다.[7] 이와 같이 금융부채의 발행을 통해서 자금을 조달하는 것을 외부금융(external finance)이라고 한다.[8]

---

7) 일반적으로 가계는 소득이 소비를 초과하는 흑자지출단위이고, 이러한 잉여자금이 저축의 형태로 모습이 바뀌게 되는데, 이는 금융거래의 원천이 된다. 그리고 기업은 저축을 초과하여 투자지출을 행하는 적자지출단위이며, 정부는 재정 적자기와 흑자기에 따라 흑자지출단위가 되기도 하고 적자지출단위가 될 수도 있다.

8) 반면에 기업의 유보이익이나 충당금과 같은 자기저축을 투자에 활용하는 자기금융은 내부금융(internal

그런데 금융수단(financial instrument)은 채무를 화폐단위로 표시한 증서로써 자금 차입자 입장에서는 금융부채이지만, 증서를 소유한 사람 입장에서는 금융자산이 된다. 금융자산은 실물자산에 대비되는 개념으로 금융시장에서 자금의 유통수단으로 화폐적 청구권을 나타내는 일체의 수단을 말하며, 금융자산(금융상품)을 매입하는 경제행위를 금융투자라고 한다. 한편, 금융자산은 거래당사자 간의 대차계약형태로 거래되는 계약자산(예금, 대출, 보험 등)과 고도의 표준성 및 양도성을 지닌 증권자산(주식, 채권 등)으로 구분할 수 있다.

1. 금융자산의 특성

투자자 입장에서 다양한 형태의 금융자산들을 고려할 때, 그 특성을 수익성, 위험성, 유동성의 세 가지 측면에서 파악할 수 있다.

1) 수익성

수익성(profitability)이란 일정 기간 금융자산을 보유함으로써 얻는 소득과 자본이득에서 금융자산의 매매 및 보유에 따른 제비용을 차감한 수익의 크기를 의미한다. 여기에서 소득은 이자 및 배당의 형태로 발생하는 수익이고, 자본이득은 증권의 매도가격이 매수가격을 초과함으로써 발생하는 수익을 의미한다.

2) 위험성

위험은 금융자산을 보유하는데 따른 손실발생 가능성으로, 크게 채무불이행위험(default risk)과 시장위험(market risk)으로 구분할 수 있다. 채무불이행위험은 원금과 이자를 약정된 기일 내에 상환 받지 못할 위험으로 발행자의 신용도에 따라 다르며, 시장위험은 금융자산의 시장가치 하락으로 인한 손실위험을 뜻한다. 일반적으로 수익성은 위험성과 비례관계에 있다.

3) 유동성

유동성(liquidity)은 원금손실 없이 불편이나 거래비용을 수반하지 않고 신속하게 금융자산을 현금화할 수 있는 정도를 의미한다. 다른 조건이 같다면, 투자자들은 유동성이 높은 금융상품을 선호하며, 유동성과 수익성은 일반적으로 반비례관계에 있다.

---

finance)이라고 한다.

2. 단기금융상품

앞에서 살펴본 바와 같이, 단기금융시장은 일반적으로 만기 1년 이내의 금융상품이 거래되는 시장을 의미하며, 단기금융상품에는 기업어음, 양도성예금증서, 통화안정증권 등이 있다.

1) 기업어음

기업어음(commercial paper; CP)은 상거래와 관계없이 신용상태가 양호한 기업들이 단기자금조달을 목적으로 발행하는 융통어음이다.[9] 기업어음은 기업이 자기신용을 바탕으로 빠른 시일 내에 단기자금을 조달할 수 있는 수단인 동시에 투자자에게는 단기자금을 운용할 수 있는 투자수단을 제공한다. 이와 같은 CP의 최장만기는 1년 이내이다.

2) 양도성예금증서

양도성예금증서(certificate of deposit; CD)는 양도가 가능한 정기예금증서로써 정기예금에 유동성을 부여한 것이다. 모든 예금은행들이 발행할 수 있어서 은행의 중요한 자금조달원이 되고 있으며, 무기명의 예금증서로 예금자는 만기 이전에 금융시장에서 자유롭게 매매할 수 있다. 증권회사 등이 CD의 매매 및 중개업무를 담당하며, CD의 만기는 최단 30일 이상이다.

3) 환매조건부채권

환매조건부채권(repurchase agreement; RP)은 금융회사가 보유한 채권을 투자자가 매입하면 일정 기간 후에 이자를 더한 가격으로 되사는 조건으로 자금을 조달하고 환매시점에서 상환하는 방식의 단기자금거래 수단이다. 금융회사는 RP거래를 통해 보유채권을 매각하지 않고 자금을 조달할 수 있고, 투자자들은 직접 채권투자에 따른 위험부담 없이 단기자금을 운용할 수 있게 된다.

4) 통화안정증권

통화안정증권(monetary stabilization bond)은 자금조달이 목적이 아니라 시중의 통

9) 상거래의 매입대금을 지급하기 위하여 발행되는 진성어음은 상업어음(commercial bill)이라고 한다.

화량을 조절하기 위한 목적으로 한국은행이 금융기관과 일반인을 대상으로 발행하는 단기 증권이다. 통화안정증권의 만기는 14일에서 2년까지 다양하지만 대부분 364일물이며, 흔히 통안증권으로 불리고 있다.

5) 콜론(콜머니)

콜시장은 금융기관들 사이의 일시적인 자금의 과부족을 조절하기 위해 하루 내지 몇 일간 단기적으로 자금을 거래하는 시장을 말한다. 콜자금의 차입자 입장에서 콜머니(call money)라 하고, 대여자 입장에서는 콜론(call loan)이라고 한다. 콜시장에는 은행, 증권회사, 자산운용회사, 보험회사 등이 참여한다.

3. 주식과 채권

자본시장에서 거래되는 대표적인 금융상품으로는 주식과 채권을 들 수 있다. 단기금융상품은 그 종류가 다양하지만 유동성이 높고 위험이 작다는 점에서 동질적인 반면, 자본시장에서 거래되는 금융상품은 종류 면에서 단순하지만 증권의 발행자와 발행조건에 따라 수익률과 위험의 차이가 크다는 특징이 있다.

1) 주식

주식(stock)은 기업이 (자기)자본조달을 위해서 발행하는 유가증권으로 권리내용에 따라 크게 보통주와 우선주로 구분된다. 주주들은 기업의 소유주로서 자신의 지분비율에 따라 주주총회에 참여하여 의결권을 행사할 수 있고, 기업의 순이익과 청산 시 잔여재산에 대한 청구권을 행사할 수 있다. 주식의 가치는 일반적으로 발행기업의 경영성과에 따라 변동하기 때문에 다른 금융상품에 비하여 높은 투자위험을 부담한다. 그리고 주식은 발행기업이 존속하는 한 무기한으로 거래되기 때문에 다른 증권에 비하여 주식의 유통시장은 거대한 규모를 가지고 있다.

2) 채권

채권(bond)은 정부, 공공기관 및 기업 등이 대규모 자금을 조달하기 위해서 발행하는 채무를 나타내는 유가증권이다. 채권의 소유자는 미래 일정 기간에 걸쳐 약정된 이자를 지급받고 만기 시에 원금을 상환 받을 수 있는 권리를 가진다. 투자에서 발생하는 이자와 만기에 상환 받는 원금이 채권을 발행할 당시에 확정되어 있기 때문에 고정소득증권(fixed income security)이라고 할 수 있지만, 시장이자율과 발행주체의 부도위험 등에 의해서 채권의 가치가 변동한다. 채권은 발행주체에 따라 국공채, 회사채, 금융채 등으로 구분되며, 이자지급방법에 따라 이표채와 할인채 등 다양하게 구분할 수 있다.

2.3 금융투자회사와 관계기관

금융기관이라고 하면 자금의 수요와 공급을 연결하는 기관을 총칭하며, 금융수단을 창조하고 거래하는 한편, 시장참여자들 간의 자금의 흐름을 촉진하는 역할을 한다. 이러한 금융기관들은 그 역할에 따라 여러 형태로 구분할 수 있지만, 이 책에서는 자본시장과 관련한 금융기관에 대해서 주로 다룰 것이다.

「자본시장과 금융투자업에 관한 법률」에 의하면, 금융투자상품을 '원본손실 가능성이 있는 금융상품'이라고 포괄적으로 정의하고 있으며, 금융투자회사를 "이익을 얻을 목적으로 투자매매업, 투자중개업, 집합투자업, 투자자문업, 투자일임업 및 신탁업의 6가지 기본업무 중 어느 하나에 해당하는 업무를 수행하는 회사"로 정의하고 있다. 또한 금융투자업 간 겸영을 허용하므로 어떤 업무라도 모두 겸영할 수 있으며, 6개의 금융투자업이 포괄적으로 정의되어 있어서 금융투자회사의 업무범위를 넓게 바라보고 있다.

1. 투자매매업과 중개업

투자매매업은 누구의 명의로 하든지 자신의 계산으로 금융투자상품을 매입·매도, 증권의 발행, 인수 등과 관련한 업무를 말한다. 구체적으로 투자매매업은 금융상품의 자기매매, 증권발행, 증권인수 등의 업무를 말한다.

자기매매업무(dealing)는 증권회사가 매매차익을 목적으로 자기명의와 계산으로 유가증권을 매입하거나 매도하는 업무를 말하며, 시장조성자(market maker)로서의 역할을 수행한다. 그리고 증권의 발행이란 영리목적으로 파생결합증권과 수익증권 등을 발행하는 업무를 의미한다. 증권의 인수(underwriting)는 증권회사가 자기명의로 증권발행자로부터 새로 발행된 증권을 일정한 가격에 매입하기로 보증하는 행위이다.

투자중개업은 누구의 명의로 하든지 타인의 계산으로 금융투자상품을 매입·매도하는 업무를 말한다. 위탁매매업무(brokerage)는 증권회사가 고객으로부터 유가증권의 매매주문을 위탁받아 증권회사의 명의와 고객의 계산으로 그 매매주문을 이행하는 업무를 말한다. 이 경우 매매거래의 손익은 위탁자인 고객에게 귀속되며 증권회사는 고객으로부터 일정한 수수료를 받게 된다.

투자매매업 및 중개업과 관련한 회사로는 증권회사와 선물회사가 대표적이다. 증권회사의 고유업무로 투자매매업 및 중개업을 수행하는 한편, 증권업과 관련된 부수업무를 취급하고 있다. 부수업무로는 증권저축업무와 신용공여업무, 환매조건부채권의 매매업무 등이 있으며, 양도성예금증서의 매매 및 중개업무, M&A 주선업무, 해외증권업무 등과 같은 업무를 겸영하고 있다.

한편, 선물회사는 일반상품, 금융상품 및 지수(index)를 대상으로 하는 파생상품에 대해서 자기거래, 위탁거래 등의 업무를 수행하는 회사를 말한다.

2. 집합투자업

집합투자업(자산운용사)은 2인 이상에게 투자를 권유하여 모은 자금을 투자자로부터 일상적인 운용지시를 받지 않으면서 운용하고, 그 결과를 투자자들에게 귀속시키는 업을 말한다. 자본시장법에서는 투자자들에게 익숙한 용어인 펀드를 집합투자기구, 펀드의 자산을 운용하는 업무를 집합투자업, 그리고 펀드의 자산을 운용하는 주체인 자산운용회사를 집합투자업자라고 정의한다. 집합투자업자는 투자신탁의 위탁자가 되거나 투자회사의 법인이사가 되어 집합투자재산을 운용하는 자로 금융위원회의 허가를 받아야 한다.

집합투자기구(펀드)는 크게 투자신탁과 투자회사로 구분할 수 있다.[10] 투자신탁(investment trust)은 투자자로부터 자산에 운용할 목적으로 자금을 모아 그 투자신탁재산의 투자 및 운용을 수탁자에게 지시하는 위탁자, 위탁자의 지시에 따라 운용자산의 매매와 보관, 이에 따른 자금 출납을 담당하는 수탁자, 그리고 여기에서 발행한 수익을 배분받는 수익자 간의 신탁계약에 기초하고 있다.

투자신탁은 원본의 추가설정 여부에 따라 기금형과 단위형으로 구분된다. 기금형은 펀드 설정 후 언제든지 투자자의 요구에 응하여 수익증권을 추가 발행하거나 환매함으로써 펀드의 추가설정과 해약이 가능하고 신탁기간이 무기한인 경우가 많다. 반면에 단위형은 펀드를 설정할 때 설정한도와 신탁기간이 정해져 있어서, 그 한도를 초과하는 원본의 추가설정 및 환매가 허용되지 않는다.

투자회사(investment company)는 투자자인 주주들로부터 모은 자금으로 회사의 재

10) 법적으로는 집합투자기구와 집합투자재산을 개념상 구분하고 있으나, 실무에서는 집합투자기구와 집합투자재산이 펀드(fund)라는 이름으로 혼용되고 있다.

산을 운용하여 그 수익을 주주에게 배분하는 것을 목적으로 설립된 상법상의 주식회사이다. 투자회사는 주주총회, 운영이사와 감독이사로 이루어진 이사회, 감사 등으로 구성된다. 그러나 투자회사는 사업목적이 유가증권 투자만으로 제한되고, 본점 이외의 영업소를 설치할 수 없으며, 직원을 고용하거나 상근임원을 둘 수 없는 명목상의 회사(paper company)이다.

투자회사는 환매의 가능 여부에 따라 개방형과 폐쇄형으로 구분된다. 개방형(open-end)은 언제든지 투자자의 요구에 따라 추가설정 및 환매가 허용되는 펀드이다. 미국에서는 개방형 투자회사를 뮤추얼펀드(mutual fund)라고 부른다. 폐쇄형(close-end)은 원칙적으로 펀드의 만기까지 추가설정이나 환매가 허용되지 않는다. 그렇기 때문에 폐쇄형 투자회사는 투자자에게 유동성의 편의를 제공하기 위해 주식을 거래소에 상장하는 것이 일반적이다.[11]

표 2.1 투자신탁과 투자회사의 비교

구 분	투자신탁	투자회사
설립형태	신탁계약	주식회사
유가증권	수익증권	주 식
투자자지위	수익자	주 주
관리 · 감독	감독기관의 감독	주주의 자율규제

유가증권 등에 주로 투자하는 집합투자기구(펀드)는 투자재산의 주된 운용대상에 따라 다시 주식형, 채권형, 혼합형 등으로 구분된다. 주식형은 총자산의 60% 이상을 주식 및 주식관련 파생상품에 운용하는 펀드이다. 반면에 채권형은 주식을 편입하지 않고 총자산의 60% 이상을 채권으로 운용하며, 모두 기금형으로 운영된다. 혼합형은 투자재산을 주식과 채권에 분산하여 투자하는 펀드로, 주식혼합형(주식편입비중 50% 이상)과 채권혼합형(주식편입비중 50% 미만)으로 구분된다. 그리고 단기금융집합투자기구로 집합투자재산을 CP, CD, RP, 통화안정증권 등 단기금융상품에 운용하는 펀드인 MMF(money market fund)가 있다.[12]

11) 우리나라에서는 자산운용회사(집합투자기구)는 투자신탁과 투자회사를 모두 설정, 운용할 수 있는 반면, 은행은 투자신탁만을, 그리고 보험회사는 변액보험만 취급할 수 있다.

12) 펀드는 투자방식에 따라 목돈을 한꺼번에 납입하는 거치식펀드, 일정 기간마다 일정 금액을 납입하는 적립식펀드, 그리고 최초 투자금을 넣고 이후 수시로 자유롭게 납입하는 임의식펀드로 구분된다.

3. 투자자문업 및 일임업

투자자문업은 금융투자상품의 가치 또는 투자판단에 관하여 자문을 하는 업을 말한다. 한편, 투자일임업은 투자자로부터 금융투자상품에 대한 투자판단의 전부 또는 일부를 일임 받아 투자자별로 구분하여 자산을 운용하는 업을 지칭한다. 투자자문업자와 투자일임업자는 특정 투자자와 계약을 맺고 투자자문 및 일임업무를 수행하는 대가로 수수료를 받으며, 다수의 불특정 투자자들을 대상으로 하는 집합투자업자와 구별된다.

4. 신탁업

신탁(trust)이란 신탁설정자(위탁자)와 신탁인수자(수탁자) 간의 특별한 신임관계에 기초하여, 위탁자가 특정 재산권을 수탁자에게 이전하고 수탁자로 하여금 수익자(위탁자 자신이나 그에 의해 지정된 제3자)의 이익 또는 특정한 목적을 위하여, 그 재산권을 관리 · 처분하게 하는 법률관계를 의미한다. 이를 업으로 하는 신탁업자는 신탁재산(금전신탁이나 투자신탁 등)을 운용하는 단독운영자와 집합투자재산의 보관 · 관리업무를 수행하는 수탁업자로 나뉜다. 우리나라에서는 전자의 업무는 은행이 취급하고 있으며, 후자의 업무는 금융위원회에 등록한 은행, 증권회사, 보험회사가 겸영한다.

5. 증권관계기관

이상에서 금융투자회사와 관련하여 살펴보았고, 본 절에서는 증권과 관련된 업무를 수행하는 기관들 중에서 대표적인 한국증권금융, 한국예탁결제원, 한국금융투자협회에 대해서 간략하게 살펴보자.

1) 한국증권금융(주)

1955년 한국연합증권금융(주)으로 설립된 상법상의 주식회사이며, 1962년 현재의 회사명으로 변경되었다. 한국증권금융의 주요업무는 증권시장에 자금과 유가증권을 공급하는 고유업무로 증권인수금융, 증권유통금융, 증권담보금융을 수행하며, 이외에 증권투자자를 보호하기 위한 고객예탁금관리, 근로자의 재산형성과 회사에 대한 주인의식 고취를 위한 우리사주제도 지원, 그리고 일반고객의 재테크를 돕는 예금 및 대출업무에 이르기까지 다양한 금융업무를 취급하고 있다.

2) 한국예탁결제원

한국예탁결제원은 증권거래법에 의해 설립된 특수법인으로, 주식이나 채권 등 유가증권의 집중예탁기관이며, 기관투자자(외국인투자자 포함)와 개인투자자가 보유한 유가증권을 종합관리하고 있다. 주요업무는 유가증권 집중예탁업무, 유가증권의 계좌 간 대체업무, 유가증권 명의개서 대행업무, 유가증권 대차거래 중개업무, 실질주주 권리관련 대리행사 업무, 한국거래소의 매매결제업무 등이다. 한국예탁결제원의 주주로는 한국거래소, 한국금융투자협회 및 증권회사, 은행, 보험회사 등 100여 개의 금융기관이 참여하고 있다.

3) 한국금융투자협회

한국금융투자협회는 금융기관 상호 간의 업무질서 유지 및 공정한 거래를 확립하고 투자자를 보호하며, 금융투자업의 건전한 발전을 위해 설립된 단체이다. 이외에도 금융투자업 관련 제도의 조사와 연구, 투자자교육, 금융투자업 관련 연수업무 등을 수행하며, 채권거래전용시스템(FreeBond)과 비상장주권 장외매매시장인 K-OTC를 운영한다. 이러한 금융투자협회는 자본시장과 금융투자업에 관한 법률에 의해 설치가 의무화된 기관으로 기존의 증권업협회, 자산운용협회, 선물협회를 합병하는 방법으로 설립되었다.

왜 회사가 주식을 공개할까?

여러분이 백화점 관리자인데, 그 일을 그만 두고 사업을 하기로 결정했다고 해 보자. 사업을 시작하기 위해서는 많은 비용이 필요할 것이다. 그러면 필요한 돈을 어디서 조달할까?

몇 가지 방법이 있다. 그동안 모아 놓은 저축을 이용하는 방법, 가족이나 친구들에게 빌리는 방법, 사업을 같이 할 사람을 찾아 사업의 지분을 나누는 방법, 우리가 알고 있는 회사의 대부분이 이런 식으로 자금을 조달한다.

사업이 잘되고 인기를 끈다면 몇 개의 점포를 더 가질 수 있을 것이고, 결국에는 전국적인 체인망을 형성할 수도 있다. 하지만 전국에 걸쳐 수백 개의 점포를 가지기 위해서는 어마어마한 비용이 들어 갈 것이다.

우선 은행에 찾아가 필요한 자금을 대출받을 수 있다. 그러나 문제가 있다. 은행은 몇 가지 종류의 채무이행 약속과 담보를 요구할 것이다. 또 은행에서는 빌려간 돈에 대해 이자를 요구하는데, 이자지급이 사업 확장에 심각한 문제를 야기할 수도 있다.

다음 단계는 아마도 사업을 위해 투자해 줄 사람을 찾는 일일 것이다. 그들이 투자를 하게 된다면 사업 소유권의 일부를 인정해 주어야 하며, 회사가 수익성이 있다면 이익의 일부를 나누어 주어야 한다. 그들은 또한 사업에 약간의 간섭을 하게 될 것이다.

회사를 공개하는 것도 좋은 방법이다. 일반대중에게 주식을 사게 하는 대가로 회사의 지분을 나누어 줄 수 있다. 주식판매 대금은 회사의 계좌에 입금된다. 새로운 주주들은 회사의 지분을 나누어 갖게 되고 사업을 관리하고 감독할 이사를 선출할 권리도 갖는다.

이 이야기는 조그마한 픽업트럭을 운전하며 영업을 하던 샘 월튼이 1945년 벤플랭클린 잡화점으로 시작해서 1962년 아칸소주 로저스에 1호점을 개점한 후, 미국 기업순위 1위가 된 월마트(Walmart)를 어떻게 만들 수 있었는가를 보여주는 사례이다. 2016년 기준 월마트는 4,821억 달러의 매출액을 올리고 있으며, 전세계 11,500여개의 점포와 직원수 220만명의 거대기업이 되었다.

2.4 발행시장

자본형성은 경제발전의 원동력이며, 이를 위해서는 금융시장이 필요하다. 금융시장 중에서도 주식과 채권 등이 거래되는 시장을 증권시장이라고 하였다. 이러한 증권시장은 다시 자금의 수요자가 증권발행을 통하여 자금을 조달하는 발행시장과 기발행된 증권들이 투자자들 사이에 거래되는 유통시장으로 나누어진다. 발행시장은 새롭게 발행되는 증권의 수요와 공급을 조절하고 투자자의 자금을 장기적이고 안정적으로 산업자금화하는 역할을 하며, 유통시장은 발행시장이 제기능을 다할 수 있도록 간접적인 자본형성기능을 수행한다.[13)]

1. 발행시장의 의의

우리가 증권을 사고팔기 위해서는 우선 증권이라는 것이 존재해야 한다. 이와 같이 증권이 최초로 투자자들에게 제공되는 시장을 발행시장이라고 한다. 즉, 발행시장(primary 또는 issuing market)은 자금의 수요자인 발행주체가 증권발행을 통하여 자금의 공급자인 투자자로부터 자금을 조달하는 시장을 말한다. 발행시장은 증권이 시장에 최초로 출현한다는 점에서 1차적 시장이라고도 하는데, 발행주체가 장기산업자금을 조달하는 자본조달시장으로써의 기능을 수행하는 것이다. 따라서 발행시장은 기업, 정부 또는 공공기관이 발행주체가 되어 주식, 회사채, 국공채 등을 발행하고, 이를 투자자에게 매각하여 자금을 조달하는 시장을 의미한다.

발행시장은 좁게는 발행주체의 자본조달시장을 의미하지만 넓은 의미로는 무상증자에 의한 증권교부, 전환사채의 전환권행사와 주식분할 등에 의한 증권교환, 그리고 공기업 민영화에 따른 국민주 보급 등을 포함한다.[14)]

13) 이번 장에서는 발행시장에 대해서 다루고 유통시장과 거래제도에 대해서는 다음 장에서 설명할 것이다.
14) 이번 장에서는 주식발행을 중심으로 설명하고 채권발행에 대해서는 제10장에서 다룰 것이다.

발행시장의 기능을 자금의 수요자인 기업 측면에서 살펴보면, 증권발행을 통해 광범위한 투자자층으로부터 거액의 장기자금을 조달할 수 있다. 즉, 기업자본의 대규모화를 실현시키는 산업자본 동원기능을 하는 것이다. 동시에 증권의 취득과정을 통하여 기업지배 또는 기업 상호 간의 연결을 촉진시키는 등 경제의 양적·질적 고도화에 기여한다.

또한 발행시장은 유가증권을 신규로 공급함으로써 국민들의 여유자금을 투자할 수 있는 투자대상, 즉 금융자산을 제공하는 역할을 하고 있다. 이렇게 제공되는 투자대상인 유가증권은 배당 또는 이자 등의 형태로 투자자들에게 되돌려져 기업 등 발행주체의 소득을 재분배하는 역할을 하고 있다.

정리하면, 발행시장은 자금조달기능, 투자대상의 제공 및 소득재분배기능을 가지고 있다.

2. 발행시장의 구조

증권을 발행하는 방법에는 직접발행과 간접발행이 있다. 직접발행은 발행주체가 일반투자자들을 대상으로 직접 증권을 발행하여 판매하는 것을 말한다. 직접발행을 위해서는 발행주체가 증권발행에 관한 전문지식이 있어야 하며, 유가증권을 판매할 수 있는 충분한 능력이 있어야 한다.

반면에 간접발행은 발행주체가 직접발행 능력을 갖추기 어렵기 때문에 증권발행의 사무절차와 발행위험을 담당하는 전문적인 발행기관을 통해서 증권을 발행하는 방법을 말한다. 이와 같은 발행시장의 구조를 나타내면 [그림 2-3]과 같다.

그림 2-3 발행시장의 구조

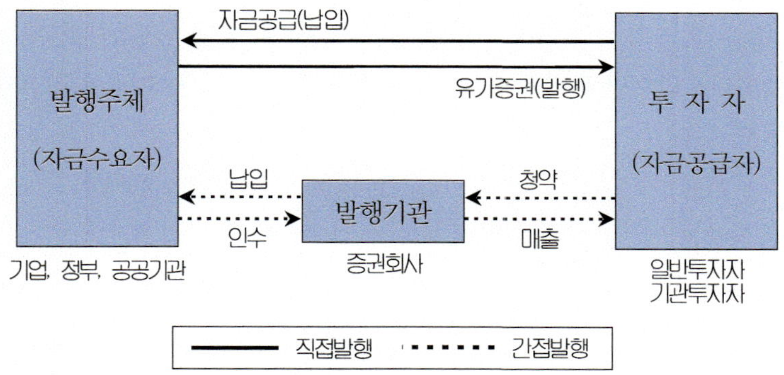

1) 발행주체

발행주체란 발행시장에서 유가증권을 발행하고 자본을 조달하는 기업, 정부 또는 공공기관을 말하는데, 증권의 공급자인 동시에 자금의 수요자이다. 여기에는 주식 및 회사채를 발행하는 사적 회사인 기업, 국공채를 발행하는 정부 및 공공기관, 그리고 특수채를 발행하는 특별법에 의해 설립된 특수법인, 특수은행 등이 있다.

2) 발행기관

발행기관은 발행주체와 투자자 사이에 개입하여 증권발행에 따른 사무처리와 여러 가지 위험을 부담하는 기관이다. 발행기관은 발행주체에게 조언을 하거나 사무적인 발행절차를 대행하는 일을 하며, 주된 기능은 증권을 모집하거나 매출[15]할 때 인수기능을 하는 것이다. 따라서 증권발행에 관한 지식과 경험 및 자금이 풍부하고 자본시장의 사정에 정통해야 효율적인 업무수행이 가능하다.

유가증권의 발행에 대한 위험을 분산하고 원활한 발행업무를 위해서 여러 기관이 공동으로 유가증권의 발행에 참여하는 것이 일반적이며, 이러한 발행기관 집단을 넓은 의미의 인수단(syndicate)이라고 한다. 발행기관은 간사단, 좁은 의미의 인수단, 청약단으로 구분되며, 그 역할을 달리 하고 있다.

간사회사(주관회사)는 발행주체와 투자자 사이에서 원활한 증권의 이전 및 배분이 이루어지도록 인수단을 구성하고 발행주체에게 증권발행에 대한 조언과 사무절차를 대행하는 기관이다. 발행규모가 클 경우에는 간사단을 구성하여 공동으로 업무를 수행하는데, 핵심적인 역할을 하는 회사를 주간사회사(대표주관회사)라고 한다. 그리고 간사회사는 증권회사가 담당하는 것이 일반적이다.

좁은 의미의 인수단(인수기관)은 유가증권을 발행주체로부터 직접 매입하는 인수기능을 수행한다. 인수단의 자격을 가지는 회사는 증권회사, 자산운용회사, 은행의 신탁계정 등이 해당된다.

청약단(청약기관)은 불특정 다수를 대상으로 청약을 대행해 주는 기관으로써 단순히 청약만 대행하며, 모집내역을 집계하여 인수단에게 직접 청약하는 역할을 수행한다. 청약단은 불특정 다수인을 모집할 수 있는 기관이면 가능하며, 일반적으로 증권회사가 청약단의 역할을 한다.

---

15) 모집이란 용어는 발행주체가 새로운 증권을 발행하여 투자자에게 판매할 때에 사용하고, 매출은 기존에 발행되어 있던 증권을 일반투자자에게 분매할 때에 사용한다.

3) 투자자

발행시장에서 투자자의 의미는 발행주체 또는 발행기관의 모집이나 매출에 응하여 최종적으로 유가증권을 취득하고, 이것을 다시 유통시장에서 매매하는 자를 말한다. 이러한 투자자는 발행주체에 대해서는 자금의 공급자가 되며, 유통시장에서는 최초의 투자자가 된다.

투자자는 보통 일반(개인)투자자와 기관투자자로 구분된다. 일반투자자는 개인자격으로 자산의 운용과 증식을 위하여 증권투자를 하는 사람을 말하며, 기관투자자는 대부분이 법인형태를 취하고 있는 투자기관으로서 증권회사, 자산운용회사, 보험회사, 은행, 연금기금, 각종 재단 등을 들 수 있다. 그리고 기관투자자 이외에 우리나라 증권시장에 투자하는 외국인투자자들이 있다.

기관투자자와 외국인투자자는 증권투자에 대한 고도의 전문적인 지식과 조직, 자본력을 가지고 있어 증권시장에서 그 위치와 역할이 매우 크다고 할 수 있다. 그리고 외국인투자자 비중과 역할의 확대는 세계 여러 나라에서 공통적으로 나타나고 있는 현상이며, 우리나라에서도 이들의 움직임에 의해 증권시장이 크게 영향을 받고 있다.

3. 증권발행의 방법

증권의 발행은 증권을 공급하는 방법에 따라 크게 증권발행과 매출로 구분된다. 이 중에서 증권발행은 전형적인 신규증권 발행방법인 것에 반하여, 매출은 이미 발행된 증권을 분매하는 방법으로 엄밀한 의미에서 증권의 발행은 아니다. 그러나 매출이 목적하는 바가 투자자 대중의 동원에 있으며, 투자자측에서 보면 신규증권으로 취득하기 때문에 넓은 의미에서 증권의 발행과 마찬가지의 결과를 얻게 된다.

그리고 발행기관의 개입여부에 따라 발행주체가 증권발행에 관련된 위험이나 발행사무를 자신이 모두 부담하는 직접발행과 직접발행에 따른 사무처리의 번잡함을 피하고 위험부담을 해소하기 위하여 발행기관을 통하여 발행하는 간접발행으로 구분할 수 있다.

1) 공모발행과 사모발행

공모발행(public offering)은 자금을 조달하기 위하여 발행주체가 50인 이상의 일반대중을 대상으로 유가증권의 수요자를 구하는 방법을 말한다. 이때 발행가격 및 발행시점 등이 균일한 조건하에 공개적으로 모집되며, 투자자들은 발행주체와 관련이 없는 일반투자자들을 대상으로 한다. 그리고 대부분의 공모발행은 발행주체가 모집능력이 떨어지기 때문에 간접발행의 형태를 취하게 된다.

이에 반해 사모(private placement)는 발행주체가 특정한 소수의 증권 수요자만을 대상으로 하여 발행하는 방법으로 발행에 따른 비용을 절감하면서도 단기간에 모집할 수 있는 장점이 있으나, 발행증권을 소화하는 능력에 문제가 있을 수 있다. 따라서 사모발행은 증권발행 총액을 모두 소화할 수 있는 경우에 취할 수 있는 발행방법이며, 대부분 직접발행의 형태를 취한다.

2) 직접발행과 간접발행

증권을 발행할 때 발행과 관련된 사무처리와 발행위험이 따르게 되는데, 사모발행의 경우와는 달리, 공모발행의 경우에는 문제가 될 가능성이 있다. 이 같은 증권발행에 따른 발행사무와 발행위험을 부담하는 발행기관의 개입여부에 따라 직접발행과 간접발행으로 구분한다.

직접발행은 발행주체가 스스로 발행사무를 담당하고 발행위험 또한 부담하는 방법으로 자기모집이라고도 하며, 발행위험이 작고 발행사무도 간단한 소액의 증권을 발행하는 경우 또는 사회적으로 신용도가 높고 발행주체가 광범위한 모집활동을 할 수 있는 능력을 지닌 경우에 채택할 수 있는 방법이다.

한편, 간접발행은 직접발행에 따른 사무처리의 번잡함을 피하고 모집능력의 부족과 인수위험을 해소하기 위하여 전문지식과 조직을 갖춘 발행기관의 도움을 받아서 간접적으로 증권을 발행하는 방법이다. 간접발행은 발행위험을 부담하는 방법에 따라서 위탁모집, 잔액인수, 총액인수로 구분된다.

(1) 위탁모집

유가증권 모집에 관한 제반 절차를 제3자인 발행기관에 위탁하는 방법으로 모집주선(best-efforts basis)이라고도 하며, 발행주체가 스스로 발행위험을 부담하지만 발행사무는 전문기관에 위탁하는 방법이다. 따라서 소화되지 못한 증권은 발행주체에게 되돌아오게 된다.

(2) 잔액인수

잔액인수(stand-by agreement)는 발행 및 모집사무와 인수위험을 분리하여 발행기관에 위임하는 방법으로 일단 전문기관에 발행 및 모집사무를 위탁하고 일정 매출기간이 경과한 후 모집부족액이 발생하는 경우 인수기관이 그 잔량을 인수하는 방법이다. 이 방법은 발행증권의 인수자를 일반투자자로부터 모집하고, 만일 응모총액이 모집총액에 미달하면 인수기관이 그 미달액을 인수할 의무를 갖게 된다.

(3) 총액인수

총액인수(firm commitment)는 인수기관이 공모증권 전액을 자기의 명의로 인수하고, 이에 따르는 발행위험 부담 및 발행사무를 모두 담당하는 방법으로 인수매출이라고도 한다. 총액인수는 인수기관이 발행증권을 인수하는데 많은 자금을 필요로 할 뿐만 아니라 매출이 완료되는 시점까지 인수증권의 매출잔량을 보유해야 하므로 발행증권의 가격변동에 따른 위험을 부담하게 된다. 일반적으로 간접발행의 대부분은 총액인수방식으로 공모발행되고 있다.

2.5 기업공개와 주식발행

1. 기업공개

주식이 거래소시장에서 투자대상으로써 자유롭게 거래되기 위해서는 기업공개가 이루어지고 발행주식은 상장되어야 한다. 기업공개는 상장을 전제로 이루어지지만 동일한 개념은 아니며, 한국거래소(Korea Exchange; KRX)의 유가증권시장과 코스닥시장에 상장하기 위해서는 공개 후 별도의 상장절차를 거쳐야 한다.

1) 기업공개의 의의

기업공개(going public)란 기업이 발행한 주식을 일반대중에게 널리 분산하고 재무내용을 공시함으로써 명실상부한 주식회사의 체제를 갖추는 것을 말한다.

형식상으로는 주식회사가 주식을 일반대중에게 분산시킴으로써 기업공개요건을 갖추는 것을 말하지만, 실질적으로는 소수의 대주주가 소유하고 있던 주식을 일반대중에게 분산시켜 증권시장을 통하여 자유롭게 거래될 수 있게 함으로써, 기업의 자금조달을 원활하게 하고 소유(자본)와 경영을 분리하여 경영합리화를 도모하는 것이라 할 수 있다.

기업공개를 위해서는 증권거래법 등의 규정에 따라 구주주의 신주인수권을 배제한 공모증자나 대주주가 소유한 주식의 일부를 매출하여 일반대중에게 발행주식의 25% 이상을 분산시켜야 한다. 공모를 통해 일반투자자들을 확보하기 위해서는 주식의 시장성과 유동성이 있어야 하는데, 이와 같이 환금성을 보장하기 위해서 주식을 거래소시장에 상장하게 된다. 앞에서 언급한 것처럼 원칙적으로 기업공개와 상장(listing)은 같은 개념이 아니며, 기업공개를 원활하게 하기 위해서 상장이라는 수단을 사용한다.

2) 기업공개의 필요성

기업이 점차 대형화되면서 자금수요 역시 증가하게 되어 과거와 같이 기업주 개인의 재산이나 은행차입 등의 간접금융만으로는 그 수요를 충족시킬 수 없게 된다. 이에 따라 직접금융시장을 통한 자금조달 필요성이 늘어나는데, 기업공개는 직접금융시장을 통한 기업의 자금조달능력을 높여주게 된다.

또한 기업공개를 통하여 기업의 소유권이 다수의 투자자들에게 분산됨으로써 소유와 경영이 분리되고, 재무 및 경영내용이 공시되어 경영합리화를 도모할 수 있는 동시에 언론매체를 통한 홍보기회 등이 확대되어 기업의 공신력이 제고된다.

3) 기업공개의 요건

기업공개는 궁극적으로 일반대중에게 주식을 분산시키는데, 그 목적이 있다. 그런데 분산된 주식에 대한 환금성을 보장해주기 위해서는 거래소시장에서 원활하게 유통될 수 있도록 최소한의 요소인 기업공개요건을 갖추어야 한다. 이러한 기업공개요건에는 한국거래소의 유가증권시장 상장규정상의 요건, 코스닥시장 상장규정상의 요건, 유가증권 신고 등에 관한 규정, 유가증권 인수업무에 관한 규정 등이 있다.[16)]

기업공개요건에는 여러 가지 내용이 포함되어 있지만 크게 보면 기업의 규모와 역사, 수익성 및 재무구조 등 기업내용에 대한 평가측면과 주식분산, 발행주식수 등 주식의 유통성 보장측면의 두 가지로 구분할 수 있다.

4) 기업공개의 방법

(1) 신주공모

기존기업이 자본시장으로부터 소요자금을 조달함과 동시에 기업을 공개하는 방법으로 신규발행주식 전량을 인수기관이 발행회사로부터 인수하여 일반대중에게 매출하고 발행

---

16) 유가증권시장과 코스닥시장 상장규정상의 신규상장 심사요건은 유가증권 인수업무에 관한 규정상의 기업공개요건을 포함한다. 이에 대해서는 제3장의 〈표 3.2〉 주요 신규상장요건을 참조하면 된다.

회사는 납입 시에 증자금액의 전액을 자본으로 변경하면 된다.

(2) 구주매출

기업이 신규자금을 필요로 하지 않거나 공개 전 자본금이 충분하여 더 이상 자본금을 증가시킬 필요가 없을 경우, 신주공모를 하게 되면 자본의 한계수익성이 감소하게 될 우려가 있다. 이러한 경우 대주주가 소유하고 있는 기존 발행주식의 일부를 일반대중에게 공개매출하는 방법을 구주매출이라고 한다.

(3) 모집설립

회사설립 시 발기인은 발행하는 주식의 일부만을 인수하고 총발행주식 중 상장규정상의 일정 비율(총발행주식의 25%) 이상을 일반대중으로부터 공모하는 방법을 말한다. 즉, 모집설립은 기업의 설립과 동시에 공개기업이 되는 경우이다.

2. 증자와 기타 주식발행

증권이 신규로 발행되는 것은 회사설립 시의 주식발행 이외에 자본금을 증자할 때에도 이루어진다. 증자란 주식의 증가발행, 즉 추가로 더 발행함으로써 자본금의 크기를 늘리는 것을 말한다. 이러한 증자는 유상증자와 무상증자 두 가지 방법을 통해서 이루어지는데, 유상증자의 경우 신주 발행방법과 발행가격에 따라 주주의 부에 영향을 미칠 수 있다.

1) 유상증자

유상증자는 현금으로 주금을 납입 받고 자본금을 증가시키는 것을 말한다. 유상증자는 증자되는 물량을 어떻게 소화시키느냐에 따라서 사모(주주배정, 제3자배정)와 공모(주주우선공모, 일반공모)로 나눌 수 있다.

사모에서 주주배정방식은 기존주주(구주주)에게 소유주식수에 비례하여 신주인수권을 나눠줌으로써 주주의 권리를 소유지분대로 보호하는데 목적이 있으며, 제3자배정방식은 구주주들을 배제하고 제3자에게 신주인수권을 부여하는 방식으로 회사정관에 명시되어 있거나 주주총회의 특별결의를 거쳐야 한다. 이때 제3자는 회사의 경영진, 임직원 등이 될 수 있다. 주주배정이나 제3자배정 등 사모에 의한 유상증자는 발행비용은 감소하지만 증권가격이 납입가격에 못 미칠 경우에 신주인수권을 행사하려들지 않을 것이므로 계획된 자금조달액을 확보하지 못할 수도 있다.

공모방법 중에서 주주우선공모방식은 인수기관이 유상증자분 총액을 인수하고, 구주주에게 우선청약권을 부여하여 청약을 받은 다음 청약미달분을 공모하는 방법이다. 한편 일반공모방식은 구주주의 신주인수권을 완전히 배제하고 일반투자자를 대상으로 공개적으로 신주를 모집하는 것이므로 자본조달 가능액이 극대화된다는 장점이 있다. 그러나 공모를 통한 유상증자는 전문인수기관을 통하여 증자물량을 소화시켜야 하므로 발행비용이 사모의 경우보다도 훨씬 높아지고 기존주주의 이익이 침해되는 상황이 발생할 수도 있다.

■ 유상증자와 발행가액

유상증자를 실시할 경우 투자자의 이해관계에 직접 영향을 미칠 수 있는 것은 발행되는 신주의 가격수준이다. 따라서 유상증자의 방식에 따라 발행가액을 정하는 방법이 조금씩 다를 수 있다. 먼저 주주배정방식과 주주우선공모방식은 구주주에게 우선적으로 신주를 배정하므로 신주배정에 따라 구주주가 피해를 볼 가능성이 낮아서 발행주체가 발행가액을 자유롭게 결정할 수 있다.

표 2.2 유상증자의 배정방식

배 정 방 식		내 용
사모	주주배정	발행주식의 20%를 우리사주조합에 배정하고, 나머지를 기존주주의 소유주식수에 비례하여 배정
	제3자배정	주주총회의 특별결의 또는 정관에 제3자배정이 명시되어 있을 경우 특정인에게 배정
공모	주주우선공모	주주와 우리사주조합에 신주인수권을 배정한 후 권리포기로 인한 실권분을 일반투자자에게 공모
	일반공모	주총 특별결의 또는 정관에 주주 신주인수권 배제에 관한 규정이 있는 경우에 한하여 일반투자자를 대상으로 공모

하지만 일반공모방식은 구주주의 신주인수권을 배제하고 일반투자자를 대상으로 모집하기 때문에 구주주의 피해를 최대한 줄이기 위해 청약일 전 제3거래일부터 제5거래일까지 평균주가를 기준주가로 하여 70% 이상에서 발행가액을 정해야 한다. 제3자배정방식 또한 기존주주의 피해를 줄이고 특정 투자자에게 과도한 특혜를 주지 않도록 일반공모보다 엄격하게 발행가액을 기준주가의 90% 이상으로 정하도록 하고 있다.

2) 무상증자

무상증자란 주주들의 실질적인 주금 납입 없이 회사의 자본항목 중에서 자본잉여금을 자본금으로 전입할 때 주주들에게 무상으로 신주를 발행하는 것을 말한다.

자본잉여금의 자본전입에 의한 무상증자를 살펴보면 다음과 같다. 주식회사는 영업활동이 아닌 자본거래에서 발생하는 차익을 자본잉여금(주식발행초과금, 감자차익, 분할차익, 자기주식처분이익 등)으로 적립하도록 의무화되어 있다. 이와 같이 적립된 자본잉여금은 이사회 결의를 통하여 그 전부 또는 일부를 자본금으로 전환하고, 그에 해당하는 금액만큼 새로운 주식을 발행하여 기존주주에게 무상으로 교부할 수 있다.

무상증자가 이루어지더라도 기업의 자산가치는 실질적으로 변하지 않고 발행주식수만 증가하므로 주당가격이 하락하여 주주의 부(총시장가치=주당가격×소유주식수)는 이론적으로 볼 때 무상증자 전과 후가 동일하여야 한다. 무상증자의 경우는 새로 현금이 유입되는 것이 아니라, 잉여금의 자본전입으로 단지 회계장부상의 잉여금항목에 있던 금액이 자본금항목으로 넘어온 것에 불과하기 때문이다.

자본금은 발행주식의 액면총액(자본금=액면가×발행주식수)을 의미하는 것이기 때문에, 기존주주들에게 해당 금액 상당의 주식을 지분에 따라 나누어줌으로써, 이러한 회계장부상의 변경이 완료될 수 있다. 그리고 나누어주고 난 이후의 지분에도 아무런 변동이 없게 된다. 다시 말하면 총자산에서 부채를 뺀 나머지, 즉 자본총계액은 무상증자 이전과 이후가 동일하며, 단지 자본을 구성하는 항목들끼리 금액의 이동이 생겼을 따름이기 때문에 무상증자의 경우는 재무구조를 개선하는 효과는 전혀 없다. 그러나 현실 증권시장에서는 일반적으로 무상증자 후 주가하락이 이론상의 가격하락보다 작은 것으로 알려져 있다.

3) 기타 주식발행

(1) 주식배당

주식배당(stock dividend)은 배당을 현금으로 하는 것이 아니라 자사의 주식을 발행하여 대신 지급하는 것이다. 기업활동에서 발생하는 이익 중에서 일정 금액을 이익잉여금(이익준비금, 기업합리화적립금 등)으로 내부에 축적하도록 되어 있다. 주식배당은 이러한 이익잉여금을 자본금으로 전환하고, 이에 해당하는 금액의 신주를 발행하여 기존주주에게 무상으로 교부하는 것을 말한다. 주식배당에 의한 신주 발행은 이익잉여금을 자본금으로 전환하는 회계계정상의 변화만 있을 뿐 외부자금의 유입은 없다.

따라서 주식배당을 시행하는 경우에 기업의 실질적인 내용에는 아무런 변동이 없고, 다만 주주들이 자신이 보유한 주식수에 비례하여 신주를 교부받기 때문에 무상증자와 그 내용이 동일하다. 다만, 무상증자의 재원이 자본잉여금인 반면에 주식배당은 이익잉여금을 신주발행의 재원으로 사용하는 점이 다르다고 할 수 있다. 주식배당의 목적은 배당에 따른 현금 유출을 방지하여 자금사정을 개선시킨다는 것 외에 간단한 절차만으로 자본을 증가시키며, 주식의 시장성을 높일 수 있다는데 있다.

(2) 주식분할

주식분할(stock split)은 주식회사가 자본금의 변화 없이 이미 발행된 주식을 세분화함으로써 주식수를 증가시키고, 이를 주주에게 소유주식수에 비례하여 교부하는 것을 말한다. 즉, 주식의 액면가를 감소시켜서 하나의 주식을 여러 개의 주식으로 분할하는 것으로, 발행주식수는 증가하지만 순자산가액은 변동이 없다. 주식분할은 통상적으로 주식의 단위를 세분화함으로써 주식의 시장성을 제고시키고, 이를 통해 주식의 소유권을 분산시킬 수 있으며, 이외에 증권시장에서 기업공개 및 상장, 기업 간 합병을 원활히 할 목적으로 행해진다.

(3) 전환주식과 전환사채의 전환

전환주식 또는 전환사채의 소유자가 전환권을 행사하는 경우, 미리 정해진 조건에 따라 신주가 발행되고 교환된다. 전환주식(convertible stock)은 보통 우선주에서 보통주로 전환되며, 주주의 회사에 대한 권리내용도 그에 따라 달라지게 된다. 그러나 이 경우에도 회사의 자본금이나 자산액에는 아무런 변화가 없다.

그리고 전환사채(convertible bond; CB)의 경우에는 전환액에 상당하는 타인자본(부채)이 감소하고 그 금액만큼 자기자본이 증가하므로, 신주발행이 회사자산에는 아무런 변화를 가져오지 않으나 타인자본이 자기자본화 된다는 점에서 사실상 실질적인 증자효과가 있다.

(4) 신주인수권부사채의 행사

신주인수권부사채(bond with warrant; BW)는 사채발행 후 일정한 가격에 일정 수량의 주식을 매입할 수 있는 권리가 부여된 조건부사채로, 채권자가 신주인수권을 행사할 경우 자동적으로 유상증자가 이루어진다. 권리행사 시에는 신주에 대한 추가적인 자금을 납부해야 하며, 채권자로서의 권리도 유지된다.

핵심정리

- 자금 수요자가 주식 또는 채권 등을 발행하여 투자자들로부터 자금을 직접 조달하는 시장을 직접금융시장이라고 하고, 은행과 같은 금융기관이 자금의 수요자와 공급자 사이에서 매개자 역할을 하는 시장을 간접금융시장이라고 한다.
- 단기금융시장 또는 화폐시장은 만기 1년 이내의 자금이 거래되는 시장이며, 자본시장은 만기 1년 이상의 장기자금의 수요와 공급을 연결해 주는 시장을 의미한다.
- 증권시장은 주식과 채권 등의 유가증권이 매매거래되는 시장으로 자본시장의 역할을 대부분 담당하고 있어서 협의의 자본시장이라고 한다.
- 단기금융상품은 그 종류가 다양하지만 유동성이 높고 위험이 작다는 점에서 동질적인 반면, 자본시장에서 거래되는 금융상품은 종류 면에서 단순하지만 증권의 발행자와 발행조건에 따라 수익률과 위험의 차이가 크다는 특징이 있다.
- 금융투자회사를 이익을 얻을 목적으로 투자매매업, 투자중개업, 집합투자업, 투자자문업, 투자일임업 및 신탁업의 6가지 기본업무 중 어느 하나에 해당하는 업무를 수행하는 회사로 정의하며, 어떤 업무라도 모두 겸영할 수 있다.
- 발행시장은 자금의 수요자인 발행주체가 증권발행을 통하여 자금의 공급자인 투자자로부터 자금을 조달하는 시장을 말한다.
- 공모발행은 자금을 조달하기 위하여 발행주체가 50인 이상의 일반대중을 대상으로 유가증권의 수요자를 구하는 방법을 말한다. 이에 반해 사모는 발행주체가 특정한 소수의 증권 수요자만을 대상으로 하여 발행하는 방법이다,
- 직접발행은 발행주체가 일반투자자들을 대상으로 직접 증권을 발행하여 판매하는 것인 반면, 간접발행은 발행주체가 발행능력을 갖추기 어렵기 때문에 전문적인 발행기관을 통해서 증권을 발행하는 것을 말한다.
- 직접발행은 발행주체가 스스로 발행사무를 담당하고 발행위험 또한 부담하는 방법으로 자기모집이라고도 한다. 반면에 간접발행은 발행기관의 도움을 받아서 간접적으로 증권을 발행하는 방법으로, 발행위험을 부담하는 방법에 따라서 위탁모집, 잔액인수, 총액인수로 구분된다.
- 기업공개는 주식회사가 발행한 주식을 일반대중에게 널리 분산하고 재무내용을 공시함으로써 명실상부한 주식회사의 체제를 갖추는 것이다.

연습문제

1. 만기 1년 이상의 장기자금의 수요와 공급을 연결해주는 시장을 (　　　　)라고 한다.

2. 단기금융상품들의 종류를 열거하시오.

3. 증권시장의 주요기능들을 열거하시오.

4. 금융부채의 발행을 통하여 자금을 조달하는 것을 (　　　　)이라고 한다.

5. 투자자로부터 자금을 모아서 유가증권 등의 자산에 운용하고, 그 결과를 투자자에게 귀속시키는 행위를 무엇이라고 하는가?

6. 발행시장의 기능들을 열거하시오.

7. 증권의 발행방법 중에서 공모와 사모의 차이점을 설명하시오.

8. 발행위험을 부담하는 방법에 따라 간접발행을 구분해 보시오.

9. 신규자금이 필요 없거나 자본금이 충분하여 더 이상 자본금을 증가시킬 필요가 없을 경우에 사용할 수 있는 기업공개방법은 무엇인가?

10. 유상증자와 무상증자를 구분하여 설명하시오.

제3장

유통시장과 거래제도

유통시장(secondary 또는 circulating market)은 이미 발행된 유가증권의 거래가 이루어지는 곳으로, 투자자가 소유하고 있는 유가증권을 매각하여 자금을 회수하거나 기발행된 증권을 취득하여 금융자산을 운용하는 시장을 말한다.

세계적으로 가장 활발하게 거래가 이루어지고 잘 알려진 유통시장으로는 미국의 뉴욕증권거래소(New York Stock Exchange), 영국의 런던증권거래소(London Stock Exchange), 일본의 도쿄증권거래소(Tokyo Stock Exchange), 중국의 상하이증권거래소(Shanghai Stock Exchange) 등이 있고, 우리나라에는 한국거래소(Korea Exchange)가 있다.

이번 장에서는 유통시장과 관련하여 한국거래소와 상장제도, 그리고 매매거래와 시장관리, 공시제도 등에 대해서 살펴보고, 마지막에서 장외시장에 대해서 설명할 것이다.

3.1 유통시장의 개요

1. 유통시장의 의의

제2장에서 살펴 본 발행시장은 자금의 수요자인 기업이나 정부, 공공기관 등이 증권발행을 통하여 자금의 공급자인 투자자들로부터 자금을 조달하는 시장이다. 이에 반하여 유통시장은 기발행된 유가증권이 투자자 상호 간에 매매거래되는 시장을 말한다. 즉, 유통시장은 투자자들이 소유하고 있는 유가증권을 매각하여 자금을 회수하거나 다른 투자자들이 가지고 있던 증권을 취득하는 시장이다.

유통시장은 기발행된 증권의 매매거래가 이루어지는 2차적 시장이기 때문에 유통시장에서 이루어지는 유가증권의 매매거래는 증권을 발행한 기업의 자금조달과는 직접적인 관계가 없다. 하지만 유통시장이 기발행된 증권들의 시장성과 유동성을 높여 주어서 유가증권의 담보력이 높아지고, 증권의 공정한 가격을 형성하게 해 준다는 점에서 중요한 역할을 담당한다. 이와 같이 발행시장과 유통시장은 상호의존적이며 보완적인 관계를 가지고 있다.

유통시장 구조를 시장조직의 형태로 구분하면 거래소시장(한국거래소)과 장외시장(거래소 이외의 모든 유통시장)으로 분류된다. 이 경우에 장외시장은 거래소시장 이외의 모든 추상적 시장을 의미한다.

유통시장은 거래 대상에 따라 주식시장, 채권시장과 수익증권시장 등으로 재분류된다. 이외에도 유통시장은 시장의 범위에 따라 국내증권만 거래되는 내국증권시장과 해외증권시장으로 분류할 수 있으며, 매매거래방법에 따라 현물거래시장과 파생상품시장 등으로도 구분된다.

그림 3-1 발행시장과 유통시장의 관계

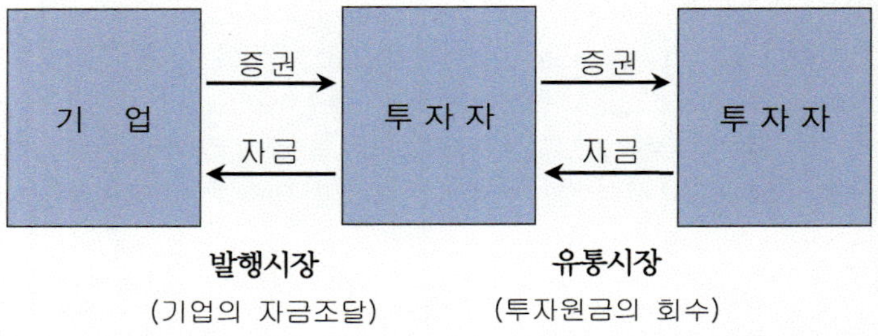

2. 유통시장의 기능

기존에 발행된 유가증권이 매매거래되는 유통시장은 다음과 같이 몇 가지 기능을 지니고 있다.

첫째, 유통시장은 기발행된 주식이나 채권의 시장성과 유동성을 높여 일반투자자들의 투자를 촉진시킴으로써 발행시장에서 기업들의 장기자본조달을 원활하게 해준다.

둘째, 유통시장이 존재함으로써 유가증권의 시장성과 유동성이 제고되어 증권의 담보력을 높여준다. 즉, 수시로 적정가격에 증권을 처분하여 현금화할 수 있기 때문에, 이를 담보로 한 차입이 용이해지는 것이다.

셋째, 유통시장에서는 주식이나 채권의 공정한 가격이 형성된다. 유통시장은 다수의 투자자가 참여하는 자유경쟁시장이므로, 여기에서 형성되는 증권의 가격은 공정한 적정가격이라고 할 수 있다.

넷째, 유통시장에서 형성되는 가격은 앞으로 발행될 새로운 증권의 가격을 결정하는데 기준이 된다.

이상의 기능들 중에서 가장 중요한 기능은 증권유통의 원활화라 할 수 있다. 이러한 역할은 유통시장기구의 중심적인 역할을 하는 증권회사의 업무가 확대됨에 따라 더욱 높아지고 있다.

표 3.1 유통시장의 규모

(단위 : 개, 조원)

연 도	유 가 증 권 시 장		코 스 닥 시 장	
	상장회사	시가총액	상장회사	시가총액
2000	704	188	604	29
2001	689	256	721	52
2002	683	258	843	37
2003	684	355	879	37
2004	683	412	890	31
2005	702	655	918	71
2006	731	704	963	72
2007	746	952	1,023	100
2008	765	577	1,038	46
2009	770	888	1,028	86
2010	777	1,142	1,029	96
2011	791	1,042	1,031	106
2012	784	1,154	1,005	109
2013	777	1,186	1,009	119
2014	773	1,192	1,061	143
2015	770	1,243	1,152	202
2016	779	1,308	1,208	202
2017	769	1,549	1,230	222

자료 : 한국거래소

3.2 한국거래소

거래소시장은 상설적으로 열리는 구체적이고 조직적이며, 경쟁적인 시장을 의미한다. 이는 일정한 장소에 구체적인 시장시설을 가지고 증권매매가 매일 계속해서 일어나며, 불특정 다수의 투자자들이 경쟁적으로 자유롭게 거래에 참여하는 조직화된 시장이라는 것이다.

그림 3-2 한국거래소의 구조

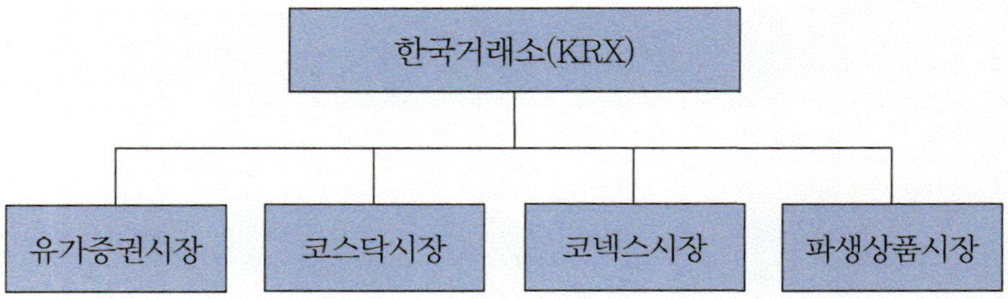

우리나라의 한국거래소(Korea Exchange; KRX)는 2005년 1월 기존 3개의 현물·선물거래소를 통합하여 출범하였다. 즉, 과거 증권거래소, 코스닥시장, 선물거래소가 통합증권거래소 체제로 단일화되어 하나의 거래소로 통합된 것이다. 처음에는 한국증권선물거래소로 출범하였다가 2009년 2월 한국거래소로 이름을 변경하였다. 한국거래소의 구조를 살펴보면, 사업본부제 형식으로 크게 유가증권시장과 코스닥시장, 코넥스시장, 그리고 파생상품시장이 각각 독립적인 시장으로 구분되어 있으며, 경영지원본부와 시장감시위원회 등이 별도의 사업본부로 구성되어있다.

유가증권시장(KOSPI시장)은 넓은 의미에서는 유가증권의 매매거래가 이루어지는 시장을 말하지만, 유가증권이 코스닥시장 등에서도 거래되므로 한국거래소의 유가증권시장은 종전의 한국증권거래소가 개설·운영하던 시장이라고 할 수 있다. 유가증권시장은 대형·우량기업 중심의 시장으로 상대적으로 안정적인 투자기회를 제공하는 시장으로써의 역할을 하고 있다.

코스닥시장(KOSDAQ시장)은 기업규모는 작지만 성장성과 기술력이 있는 유망 중소기업과 기술중심 기업들이 자금을 조달할 수 있는 시장이다. 즉, 코스닥시장은 유가증권시장과 함께 독립된 경쟁시장이라고 할 수 있으며, 중소·벤처기업 중심의 고위험-고수익을 추구하는 증권시장으로써의 역할을 하고 있다.

코넥스시장(KONEX시장)은 설립 초기 중소기업에 특화된 시장으로 「중소기업기본법」상 중소기업만 상장이 가능하며, 중소기업의 상장을 지원하기 위해 상장요건이 최소화되고, 유가증권시장 및 코스닥시장과 비교하여 공시의무, 기업지배구조 등의 측면에서 대폭 완화되어 있다.

파생상품시장은 현물시장에서 발생하는 가격변동위험을 효과적으로 관리하는 기능과 파생상품 자체를 투자대상으로 하여 거래하는 기능 등을 담당하고 있으며, 주식관련 선물, 금리선물, 통화선물, 일반상품선물과 다양한 옵션상품이 거래되고 있다.[17]

한편, 시장감시위원회는 유가증권시장, 코스닥시장, 코넥스시장, 파생상품시장에 대한 감시업무 및 시장감시업무와 관련된 제도개선 등의 독립적인 업무를 수행한다. 그리고 경영지원본부는 현업을 담당하는 각각의 본부들이 효과적으로 운영될 수 있도록 총괄·지원하는 업무를 맡고 있다.

한국거래소의 주요업무는 다음과 같이 여섯 가지 정도로 정리할 수 있다.

첫째, 유가증권시장, 코스닥시장, 코넥스시장 및 파생상품시장의 개설과 운영에 관한 업무

둘째, 유가증권의 매매거래 및 파생상품거래에 관한 업무

셋째, 유가증권 및 파생상품거래 품목의 상장에 관한 업무

넷째, 주권상장법인(유가증권시장 상장법인)과 코스닥상장법인, 코넥스상장법인의 공시에 관한 업무

다섯째, 유가증권과 파생상품 품목의 이상거래 심리 및 회원감리에 관한 업무

여섯째, 유가증권시장, 코스닥시장 및 코넥스시장, 파생상품시장의 매매거래와 관련된 분쟁의 자율조정에 관한 업무

미국의 월스트리트

증권 또는 금융을 이야기할 때 거의 빠짐없이 등장하는 단어들 중의 하나가 '월스트리트'이다. 같은 이름의 영화까지 있다. 월스트리트는 뉴욕시에 있는 맨하탄섬 남쪽에 위치해 있다. 월이란 이름은 1600년대 초기에 정착자들이 북쪽의 약탈자들로부터 자신을 방어하기 위해 세운 방벽(wall) 때문에 붙여졌다. 다음에 거리를 뜻하는 스트리트(street)가 나중에 붙여져 월스트리트라는 이름을 가지게 되었다. 그리고 증권거래자들이 이곳에 모여서 증권거래소를 만들었다. 오늘날 우리가 듣고 있는 월스트리트란 이름은 세계 금융산업의 중심지가 되어 더 이상 맨하탄의 조그만 거리로 남아있지 않게 되었다.

---

17) 파생상품시장에 대해서는 제11장과 제12장 선물과 옵션시장에서 자세히 다룰 것이다.

우리는 흔히 뉴욕증시라는 말을 사용하는데, 사실 뉴욕에는 NYSE와 NASDAQ 그리고 AMEX라는 3대 증권거래소가 있다. NYSE(New York Stock Exchange)는 뉴욕증권거래소라고 하며, 세계에서 가장 규모가 큰 거래소로 규모가 워낙 크기 때문에 'Big Board'라는 별명을 가지고 있다. NYSE의 기원은 1792년으로 거슬러 올라가며, NYSE라는 이름은 1817년부터 사용하고 있고 미국 증권거래소 중 가장 역사가 오래 되었다.

NASDAQ(National Association of Securities Dealers Automated Quotation)은 벤처기업과 정보기술 관련 기업들이 많이 상장되어 있고 규모, 안정성, 신용도 등의 면에서 미국 제2의 증권시장이라고 할 수 있다. 나스닥시장은 시장이라고는 하지만 미국증권업협회가 컴퓨터 전산망을 통해 증권매매를 중개하고 거래정보와 시세를 공개하는 전산시스템이다. 나스닥시장에는 애플, 구글, 마이크로소프트, 아마존, 페이스북, 인텔 등의 회사가 상장되어 있다.

그리고 아메리칸증권거래소라고 하는 AMEX(American Stock Exchange)는 뉴욕증권거래소에 비해 소형주이면서 성장성이 높은 주식들이 많이 상장되어 있으며, 미국의 3대 증권거래소이다.

3.3 상장제도

1. 상장의 의의

상장(listing)이란 유가증권이 거래소에서 거래될 수 있도록 자격을 부여하는 것을 말한다. 이때 거래대상으로 인정된 유가증권을 상장증권, 그 증권을 발행한 회사를 상장회사라고 한다. 거래소에서 매매할 수 있는 상장증권이 되기 위해서는 먼저 기업이 상장신청을 해야 하고, 한국거래소는 상장심사기준(유가증권시장 상장규정, 코스닥시장 또는 코넥스시장 상장규정)에 따라 상장적격여부를 심사하게 된다. 이렇게 상장심사를 하는 이유는 증권의 원활한 유통과 공정가격형성을 통해서 투자자들을 보호하기 위해서이다.

기업공개와 상장은 별개의 개념으로 기업공개는 소수의 주주들에 의해 폐쇄적으로 경영되던 기업의 주식을 일반대중들에게 분산하는데 목적이 있고, 상장은 상장기준을 충족하는 유가증권에 대하여 거래소에서 집단적이고 대량으로 매매거래가 이루어질 수 있도록 승인하는 것이다. 따라서 기업공개를 원활하게 하기 위해서 상장이라는 수단을 사용하게 된다.

2. 상장효과

상장의 효과를 투자자 입장과 상장회사의 입장에서 살펴보면 다음과 같다. 먼저 투자자 입장에서 보면 상장증권은 거래소를 통해서 매매가 가능해짐으로써 증권에 대한 환금성과 담보력이 높아지고, 상장증권은 다수의 투자자들에 의해서 거래가 이루어지기 때문에 공정한 가격을 형성할 것으로 기대할 수 있게 된다. 또한 거래소가 기업정보의 공개를 요구하기 때문에 투자자들에게 투자판단에 도움이 되는 정보를 얻기 쉽게 해준다.

상장회사의 입장에서 보면, 상장증권은 거래소시장에서 계속적으로 매매가 이루어지므로 상장증권의 시장성이 높아지고, 향후 직접금융시장을 통한 자금조달을 용이하게 해준다. 또 다수의 투자자가 주식매매에 참여하게 되어 소유주식의 분산이 촉진되며, 엄격한 요건을 충족한 기업만 상장을 할 수 있기 때문에 상장기업은 회사의 신뢰성이 높아져서 기업가치가 상승하는 효과를 얻을 수 있다.

3. 상장의 종류

한국거래소 유가증권시장과 코스닥시장에서의 주권상장의 종류를 살펴보면 다음과 같다.

1) 신규상장

기업공개 이후에 거래소에서 유가증권이 거래될 수 있도록 최초로 상장하는 것을 말하며, 신규상장은 크게 공모상장과 직상장으로 구분된다. 공모상장은 한국거래소의 예비상장 심사결과, 주식분산을 전제로 적격통보를 받은 기업이 모집 또는 매출을 통해 자금을 조달한 후 상장하는 것이다. 반면에 직상장은 주식이 25% 이상 분산되어 있고, 유가증권시장 또는 코스닥시장의 상장규정요건을 갖추고 있는 기업이 기업공개절차를 거치지 않고 바로 상장하는 것을 말한다.

2) 추가상장

추가상장은 기존의 상장회사가 우선주 발행이나 유상·무상증자, 주식배당, 그리고 전환사채의 주식전환 등으로 새로운 주권을 발행하여 상장하는 것을 말한다.

3) 변경상장

변경상장은 기존에 상장된 주권의 종목(상호), 종류(우선주, 보통주), 액면가, 수량 등의 변경으로 인하여 새로 발행한 주권을 상장하는 것을 의미한다.

4) 재상장

상장이 폐지되거나 분할 또는 합병된 회사가 일정 기간 이내에 당해 주권을 다시 상장하는 것을 재상장이라고 한다. 상장이 폐지된 법인일 경우 경영정상화 노력을 통하여 상장폐지된 날로부터 5년 이내에 재상장을 신청할 수 있고, 재상장은 신규상장보다 다소 완화된 요건이 적용된다.

5) 우회상장

우회상장(back-door listing)은 주권상장법인이 주권비상장법인과의 합병, 포괄적 주식교환 및 중요한 영업 또는 자산의 양수 등으로 인하여 경영권이 변동되고, 주권비상장기업의 지분증권이 상장되는 효과가 발행하는 경우를 말한다.

4. 상장요건과 상장폐지

한국거래소의 유가증권시장과 코스닥시장, 코넥스시장에 상장을 하기 위해서는 일정한 요건을 갖추고 상장신청을 해야 한다. 그리고 상장기업이라고 하더라도 요건을 유지하지 못하면 상장이 폐지되게 된다.

1) 상장요건

유가증권을 발행한 기업이 상장을 신청하게 되면, 한국거래소는 신청된 유가증권이 공정한 가격을 유지할 수 있고 원활한 유통으로 투자자들을 보호할 수 있는지 등에 중점을 두고 심사를 하게 된다. 그리고 상장심사기준에 적합한지의 여부에 따라 적격판정을 내리게 된다. 상장요건은 다양한 사항을 포함하지만 크게 기업의 규모, 주식의 유통성(분산요건), 재무내용, 건전성 및 투자자보호에 관한 요건을 충족할 것을 요구하고 있다.

유가증권시장 상장규정상의 신규상장요건을 간략하게 나타내면 〈표 3.2〉와 같다.[18] 코스닥시장의 상장기준은 유가증권시장 상장기준에 비하여 상당히 완화된 수준이며, 〈표 3.3〉은 코스닥시장 상장규정의 주요요건을 설명한 것이다. 유가증권시장에 상장한 법인은 주권상장법인이라고 하고, 코스닥시장과 코넥스시장에 상장된 법인을 코스닥상장법인,

---

18) 이때 유가증권 상장규정 상의 신규상장 심사요건은 유가증권 인수업무에 관한 규정 상의 기업공개요건을 포함한다.

코넥스상장법인이라고 한다.[19]

표 3.2 유가증권시장의 주요 신규상장요건

구 분	내 용
규모요건	① 자기자본 300억원 이상 ② 상장예정주식수 100만주 이상
분산요건	① 일반주주 소유비율 또는 공모주식수의 25% 이상을 분산 ② 일반주주의 수가 700명 이상일 것
경영성과요건	① 최근연도 영업이익, 법인세차감전 계속사업이익, 당기순이익의 시현 ② 자기자본이익률이 최근 5% 이상으로 3년 합계 10% 이상, 이익액이 최근연도 30억 이상 또는 3년 합계 60억 이상 ③ 최근 사업연도 매출액이 1,000억원 이상이고, 최근 3년간 평균매출액이 700억원 이상
건전성요건	① 설립 후 3년 이상 경과하고 계속영업 ② 감사인의 감사의견이 최근연도 적정의견, 직전 2년도에는 적정 또는 한정의견일 것

표 3.3 코스닥시장의 주요 신규상장요건

구 분	일 반 기 업	벤 처 기 업
설립연도	3년 이상	—
회사규모 (택1)	자기자본 30억원 이상	자기자본 15억원 이상
	시가총액 90억원 이상	
주식분산	소액주주 500명 & 지분(공모) 25% 이상	
경영성과	법인세차감전 계속사업이익 시현	
이익규모 (택1)	① 자기자본이익률 10% 이상 ② 당기순이익 20억원 이상 ③ 최근 매출액 100억원 & 기준시가총액 300억원 이상 ④ 최근 매출액 50억원 & 매출액증가율 20% 이상	① 자기자본이익률 5% 이상 ② 당기순이익 10억원 이상 ③ 최근 매출액 50억원 & 기준시가총액 300억원 이상 ④ 최근 매출액 50억원 & 매출액증가율 20% 이상

19) 코넥스시장은 초기 중소기업이 자본시장 진입과 활용을 통한 자본조달이 용이하게 이루어질 수 있도록 유가증권시장 및 코스닥시장보다 상장요건을 크게 완화하고 있다.

2) 상장폐지

상장폐지는 일단 상장된 유가증권에 대해서 거래소에서 매매거래대상이 될 수 있는 적격성을 상실시키는 조치를 말하며, 직권폐지와 신청폐지로 구분할 수 있다.

직권폐지란 상장폐지기준에 해당하는 기업에 대해서 거래소가 직권으로 상장을 폐지하는 것을 말하는 반면, 신청폐지는 당해 상장법인의 신청에 의하여 상장을 폐지하는 것을 말하는데, 신청폐지는 드문 경우이다. 상장폐지가 결정된 종목은 투자자에게 최종적으로 7일 동안 정리매매를 할 수 있는 기회를 준 후 상장을 폐지한다.

상장폐지기준으로는 정기보고서 미제출, 감사의견이 부정적이거나 의견거절, 자본잠식, 주식분산 미달, 거래량 미달, 재배구조 미달, 공시의무 위반, 매출액 또는 시가총액 미달, 회사정리절차 및 화의신청 개시 등을 들 수 있다.

3.4 매매거래제도

한국거래소의 유가증권시장과 코스닥시장은 매매대상에 따라 주식시장, 채권시장 및 수익증권시장 등으로 구분되며, 정규시장의 매매시간은 오전 9시에서 오후 3시 30분까지 6시간 30분 동안이다. 증권시장에서 매매거래에 직접 참가할 수 있는 자는 기획재정부 장관으로부터 증권업 허가를 받고 한국거래소에 증권거래회원으로 가입한 법인에 한정되어 있다. 따라서 투자자가 유가증권을 매매하기 위해서는 그 매매를 한국거래소의 회원인 증권회사에 위탁하여야 하며, 위탁받은 증권회사는 거래소시장에서 그 매매를 이행하게 된다.

1. 매매거래절차

일반투자자가 증권을 매매거래하기 위해서는 한국거래소에서 매매거래를 할 수 있는 증권회사에 위탁해야 하며, 다음과 같은 절차를 따라야 한다.

1) 계좌개설

투자자가 증권을 매매하기 위해서는 우선 증권회사와 투자자가 매매거래를 위한 매매거래계좌 설정계약을 체결해야 한다. 고객이 신분증을 가지고 증권회사(은행을 통해서도 가능)에 가서 계좌개설을 신청하면, 증권회사는 증권카드 또는 증권통장을 교부하게 된다.

2) 매매주문

매매거래계좌(위탁계좌)가 설정되면 고객은 증권회사에 매매거래주문을 낼 수 있게 된다. 주문을 내는 방법으로는 증권사에 직접 방문해야 하는 문서에 의한 주문과 전화를 통한 주문이 있으며, 요즘은 인터넷을 통한 홈트레이딩시스템(HTS)과 웹트레이딩시스템(WTS), 그리고 모바일트레이딩시스템(MTS)을 이용한 모바일거래가 일반화되었다.

3) 위탁증거금

증권회사는 투자자로부터 매매거래를 위탁받았을 때 위탁증거금을 징수하게 되는데, 이를 징수하는 이유는 결제이행을 위한 담보를 확보함으로써 거래의 안정을 도모하기 위해서이다. 위탁증거금의 징수비율은 증권회사 자율로 정하기 때문에 증권사별로 조금씩 다르며(일반적으로 40%), 위탁증거금을 차감한 나머지 잔액은 매매거래일로부터 3일째가 되는 날(T+2일) 결제할 때 입금하면 된다.

4) 위탁수수료

투자자들이 증권을 매매할 때는 위탁수수료를 부담해야 하며, 위탁수수료율은 증권회사가 자율적으로 정하도록 하고 있다. 한편, 증권을 매도할 때는 거래금액의 0.15%씩 거래세와 농어촌특별세를 납부하여야 하는데, 거래세와 농특세를 합한 거래금액의 0.3%의 세금을 증권거래세라고 한다.

2. 호가단위와 유형

호가(呼價)란 매수자나 매도자가 시장에서 매매하고자 하는 유가증권의 종목, 가격, 수량 등을 경쟁자에게 제시하여 거래상대자를 구하는 수단이다. 한국거래소는 매매거래를 신속하고 원활하게 하기 위해서, 호가단위를 규격화하고 있다. 증권회사(회원)는 호가를 위탁매매와 자기매매, 그리고 매도와 매수를 각각 구분하여 거래소 전산시스템에 입력해야 한다. 한편, 매매수량단위는 유가증권시장과 코스닥시장 구분 없이 1주 단위로 거래가 가능하다.

1) 호가단위

호가단위는 시장에서 가격표시 최소단위를 말하는 동시에 시세변동의 측정에 관한 기준역할을 한다. 호가단위는 해당 주식의 현재 시세에 따라 달라지는데, 투자자의 거래비용과 거래의 효율성 등을 고려하여 가격대에 따라 호가가격단위를 다르게 정하고 있다.

표 3.4 한국거래소의 호가가격 단위

구 분	유가증권시장	코스닥시장	코넥스시장
1. 1,000원 미만	1원	1원	1원
2. 1,000~5,000원 미만	5원	5원	5원
3. 5,000~10,000원 미만	10원	10원	10원
4. 10,000~50,000원 미만	50원	50원	50원
5. 50,000~100,000원 미만	100원	100원	100원
6. 100,000~500,000원 미만	500원	100원	100원
7. 500,000원 이상	1,000원	100원	100원

따라서 어떤 주식의 가격이 1,000원 미만일 때에는 매매주문 시 호가의 최소단위가 1원이고, 5,000원 미만인 경우에는 5원의 배수로 하여야 하며, 5,000~10,000원이면 10원을 최소단위로 해야 한다. 따라서 현재 9,500원인 주식을 사거나 팔기 위하여 가격을 제시할 때 9,520원 또는 9,490원 등과 같이 가격단위가 10의 배수인 호가는 가능하지만 최소단위가 1원인 9,515원 등의 가격제시는 할 수 없다. 그리고 어떤 주식의 현재가격이 35,000원이라면 호가의 최소단위가 50원이므로 34,950원 혹은 35,050원 등의 호가는 가능하지만 최소단위가 10원인 34,920원과 같은 가격은 제시할 수 없다.

2) 호가(주문)의 유형과 조건

매매거래를 하기 위한 매도 또는 매수의 의사표시인 호가방법은 시장가호가, 지정가호가, 최유리지정가호가, 최우선지정가호가, 조건부지정가호가가 있으며, 추가로 호가조건을 부여할 수 있다.

(1) 지정가호가

지정가호가는 매매하고자 하는 종목의 가격과 수량을 지정하는 주문방법이다. 매수의 경우는 지정된 가격이나 그 보다 낮은 가격, 매도는 지정된 가격이나 그 보다 높은 가격에 체결되지만 주문가격이 맞지 않으면 거래가 이루어지지 않을 수 있다.

(2) 시장가호가

주문 시 종목과 수량은 지정하되 가격을 지정하지 않는 호가방법으로 주문시점에서 시장에서 형성된 가격으로 즉시 매매체결을 하고자하는 호가이다. 상·하한가가 형성된 경우를 제외하고는 주문 즉시 매매체결이 가능한 호가이다.

(3) 조건부지정가호가

조건부지정가호는 호가제출 시에는 지정가호가와 동일하지만 종가결정을 위한 동시호가 접수시간 개시(15:20) 전까지 전량이 체결되지 않은 경우에는 자동적으로 시장가호가로 전환되는 호가를 말한다.

(4) 최유리지정가호가

매수 시 최유리지정가호가는 당해 호가의 접수시점에서 가장 낮은 매도호가, 매도 시 최유리지정가호가는 당해 호가 접수시점에서 가장 높은 매수호가의 가격을 의미한다.

(5) 최우선지정가호가

최우선지정가호가는 매수의 경우에는 당해 호가의 접수시점에서 가장 높은 매수호가의 가격, 매도 시 최우선지정가호가는 당해 호가 접수시점에서 가장 낮은 매도호가의 가격을 의미한다.

(6) 호가조건

전량매매가 체결되는 최우선지정가호가를 제외한 시장가, 지정가, 최유리지정가, 조건부지정가호가의 경우에는 일부충족조건(IOC)과 전량충족조건(FOK)을 부여할 수 있다. IOC(immediate-or-cancel)란 전량을 충족시키지 못하는 경우에 매매를 체결할 수 있는 수량에 대해서만 매매체결을 하고 체결되지 않는 잔량은 취소시키는 조건이고, FOK (fill-or-kill)는 전량을 충족시키지 못하는 경우에 호가전량을 즉시 취소하는 조건이다.

3. 매매계약의 체결

일반적으로 매매계약 체결방식에는 복수의 매도자와 복수의 매수자 간의 경쟁매매, 단일 매도자(또는 매수자)와 복수 매수자(또는 매도자) 간의 경쟁매매, 그리고 단일 매도자와 단일 매수자 간의 상대매매 세 가지 종류가 있다.

경쟁매매는 다시 집단경쟁매매와 개별경쟁매매로 나누어지는데, 집단경쟁매매는 매도측과 매수측 브로커들이 한 장소에 모여 공개적으로 손짓 및 발성에 의해 가격과 수량의 경합(가격경쟁)을 거쳐 매매계약을 체결시키는 방법이다. 반면에 개별경쟁매매는 입회장에 설치된 매매대(post)에서 각 브로커별로 호가표를 제출하면 거래소 직원이 이를 시간 순으로 정리하여 매매계약을 체결시키는 방법을 말한다.

한편, 상대매매는 매매거래 당사자 간에 개별적 교섭(협상)을 통해서 가격, 수량, 결제조건 등을 정하여 거래하는 방법으로 직접매매라고도 하며, 거래소에서 이루어지는 경쟁매매와 대조적인 방법이다.

우리나라에서는 1997년 9월 1일부터 SMATS(stock market automated trading system)라고 하는 전산매매시스템에 의해 매매거래를 처리하고 있다. 전산매매시스템은 주문전달에서 매매체결, 그리고 매매결과의 통보에 이르는 전과정이 전산시스템에 의하여 완전히 자동으로 이루어지는 것을 말한다.

1) 매매체결방법

우리나라 주식시장에서는 다수의 매도자와 매수자가 호가경쟁을 통한 경쟁매매를 하고, 거래조건이 한국거래소가 정한 매매체결원칙과 일치할 때에 매매주문이 체결된다. 이때 경쟁매매에는 단일가격에 의한 개별경쟁매매와 복수가격에 의한 개별경쟁매매로 구분된다.

단일가격에 의한 개별경쟁매매는 일정한 시간에 접수된 호가를 동일한 시간에 접수된 호가(동시호가)로 처리하여 단일가격(합치가격)으로 거래를 체결시키는 방법으로 동시호가매매라고도 한다.[20] 이 방법은 개장 시 시초가(시가) 결정이나 장 종료 시의 종가를 결정할 때, 그리고 거래가 일시적으로 중단된 이후에 최초로 형성되는 가격을 결정할 때에 적용되고 있다.

한편, 복수가격에 의한 개별경쟁매매는 호가 접수순서에 따라 각각의 매도호가와 매수호가가 매매체결원칙에 부합할 때마다 복수의 가격으로 거래를 체결시키는 방법으로 접속매매라고도 한다. 이러한 매매체결방식은 개장 시 동시호가에 의해서 시초가가 결정된 이후부터 당일의 종가를 결정하기 전까지 적용되고 있다.

2) 매매체결원칙

한국거래소에서는 매매체결의 우선순위와 관련하여 일정한 원칙을 정하고 있다.

---

20) 단일가매매는 체결순위가 우선하는 호가부터 순차적으로 누적한 매도호가의 합계수량과 매수호가의 합계수량이 일치하는 합치가격(단일가격)으로 호가의 체결우선순위에 따라 매매거래를 체결한다.

(1) 가격우선의 원칙

가격우선원칙이란 고가의 매수호가는 저가의 매수호가에 우선하고, 저가의 매도호가는 고가의 매도호가에 우선한다는 것이다. 즉, 가장 높은 가격의 매수주문이나 가장 낮은 가격의 매도주문에 대하여 우선적으로 거래를 성립시키는 방법이다.

(2) 시간우선의 원칙

한국거래소에서 매매를 성립시킬 때, 동일한 가격의 주문에 대해서는 시간의 선후에 따라 시간적으로 먼저 접수된 호가가 나중에 접수된 호가보다 우선한다는 것이다. 단, 단일가매매에서 동시호가가 적용되는 경우에는 시간우선의 원칙이 적용되지 않는다.

(3) 시간우선원칙의 예외

단일가매매에서는 동시에 접수된 호가로 보고 시간상 우선순위를 배제하여 위탁자우선의 원칙과 수량우선의 원칙을 적용한다. 동시호가매매에서는 고객이 제출한 위탁매매호가가 증권회사의 자기매매호가에 우선하여 체결되는데, 이를 위탁매매우선의 원칙이라고 한다. 그리고 수량우선의 원칙은 주문수량이 많은 호가부터 우선적으로 수량을 배분하여 매매거래를 체결하는 것을 말하며, 수량 분배는 거래소가 정한 기준에 따라 이루어진다.

4. 매매체결의 특례

매매체결의 특례란 거래소 정규시장에서 이루어지는 매매체결방식과는 별도의 방법으로 매매거래를 하는 제도로써 크게 시간외 매매와 장중 대량·바스켓매매로 구분된다.

1) 시간외매매

시간외매매제도는 한국거래소의 정규매매시간(09:00~15:30) 이전 또는 이후 일정 시간 동안 주문을 접수하여 매매거래하는 제도로써 거래성격에 따라 시간외종가매매, 시간외대량·바스켓매매, 시간외단일가매매로 구분된다.

표 3.5 시간외 매매시장의 구분

구 분	매매거래시간	호가접수시간	매매거래유형
장개시 전 시간외시장	07:30~08:30	07:30~08:30	시간외종가매매
	07:30~09:00	07:30~09:00	시간외대량 · 바스켓매매
장종료 후 시간외시장	15:40~16:00	15:30~16:00	시간외종가매매
	15:40~18:00	15:30~18:00	시간외대량 · 바스켓매매
	16:00~18:00	16:00~18:00	시간외단일가매매

(1) 시간외종가매매

시간외종가매매는 정규시장 개장 전 또는 폐장 후에 매수 · 매도주문을 받아서 시간우선의 원칙에 따라 종가로 매매를 체결하는 제도이다. 장개시 전(07:30~08:30) 시간외매매는 전일 종가로 매매가 가능하며, 장종료 후(15:40~16:00) 시간외매매는 당일 종가로 매매를 체결한다. 이러한 매매방식은 정규시장에서 근소한 가격 차이로 매매하지 못한 투자자에게 종가로 매매할 수 있는 기회를 제공함으로써 투자자의 매매편의를 제고하는 역할을 한다.

(2) 시간외대량 · 바스켓매매

증권회사가 고객으로부터 위탁받은 주문수량이 대량이어서 정규시장에서 적정한 시간 및 가격에 매매체결이 어려운 경우에 시간외시장(07:30~09:00, 15:40~18:00)에서 거래소가 정한 특정 방법으로 매매를 체결시키는 방법이다. 시간외대량매매는 회원사의 신청이 있는 경우에 한하여 일정 수량(5천주 또는 1억원) 이상의 매도 · 매수 쌍방호가를 체결시킨다.

바스켓(basket)매매는 다수의 종목을 일괄하여 매매하는 제도를 말하며, 5종목 이상 그리고 10억원 이상의 바스켓을 구성하는 각각의 종목에 대하여 수량과 가격이 동일한 매수 · 매도호가로 회원사의 신청이 있는 경우, 바스켓의 구성종목을 일괄하여 거래를 성립시키는 제도이다. 그리고 시간외대량 · 바스켓매매는 당일의 상 · 하한가 범위 이내의 가격으로 매매할 수 있다.

(3) 시간외단일가매매

시간외단일가매매는 시간외종가매매가 종료된 후 시간외시장 종료 시까지(16:00~18:00) 매수 · 매도주문을 받아 접수순서에 따라 단일가격으로 매매를 체결시키는 제도이다. 정규시장에서 매매가 형성된 모든 종목을 거래대상으로 하며, 당일 종가대비 ±10% 범위와 당일의 가격제한폭 이내의 가격범위에서 거래가 이루어지고 있다. 시간외단일가매매는 10분 단위로 호가를 받아서 한꺼번에 단일가격으로 매매를 체결(하루에 총 12회 매매)되며, 임의종료제도(허수성 호가를 방지하기 위해 예상체결가격이 ±3% 이상 변동 시)를 적용한다.

2) 장중 대량 · 바스켓매매

시간외시장에서 허용하던 대량매매와 바스켓매매를 2005년 3월부터 정규시장에서도 도입하여 운영하고 있는데, 이는 정규시장의 매매거래시간(09:00~15:30) 동안 일정 요건을 충족하는 개별 종목 또는 주식집단에 대한 매수 · 매도 쌍방호가에 대해 매매를 체결시켜주는 제도이다. 수량요건, 매매수량단위, 체결방법 등은 시간외대량 · 바스켓매매와 동일하지만 주문가격은 당해 주문을 제출할 때까지 정규시장에서 형성된 최고가격과 최저가격 이내의 가격으로 제한하고 있다.

5. 결제제도

고객주문이 거래소에서 체결되면 증권과 대금의 결제가 따로 일어나는데, 유가증권의 매매계약은 약속된 날짜에 결제가 되어야만 매매거래가 종료된다. 증권시장에서 결제는 매매거래와 마찬가지로 다수의 매매쌍방에 의해 이루어지고, 그 종목의 수나 양에 있어서 매우 다양하기 때문에 고도로 정형화된 결제방법을 가지고 있어야 한다.

따라서 증권시장에서 결제에 대한 책임을 지고 있는 거래소는 결제방법, 결제시한 등 결제와 관련된 주요내용을 구체적으로 정하고 있다. 또한 결제의 이행을 확보하기 위해 위약손해배상공동기금, 신원보증기금 등의 제도적 장치를 두고 있다.

1) 결제시한

한국거래소는 매매계약 체결일과 결제일의 시간적 간격에 따라 당일결제거래와 익일결제, 보통결제거래를 인정하고 있다. 증권시장에서 매매거래가 이루어진 후에는 투자자는 회원(증권회사)과 회원은 거래소와 결제를 함으로써 매매거래가 종결된다. 한국거래소는 주식의 경우 매매거래일로부터 2거래일(T+2일), 국채는 매매거래일로부터 1거래일(T+1일), 그리고 환매조건부채권과 일반채권의 경우는 매매거래 당일(T일)에 결제하도록 하고 있다.

2) 결제방법

우리나라의 결제제도는 실물거래만 인정하고 있으며, 매수대금을 각각 차감하여 결제시한 이전에 거래소가 정하는 결제기구에 납부하도록 하고 있다. 정리하면, 우리나라의 결제제도는 실물결제, 차감결제, 집중결제방식을 택하고 있는 것이다.

(1) 실물결제와 차금결제

실물결제는 결제증권과 결제대금을 결제일에 실질적으로 교환함으로써 결제가 이행되는 실물거래에서의 방법이고, 차금결제는 현금결제라고도 하는데 선물거래 등의 청산거래에서 사용되는 방법으로 결제일 전에 반대매매에 의한 매매 손익만을 결제하는 방법이다

(2) 전량결제와 차감결제

전량결제는 한 회원이 매수와 매도별로 전액 또는 전량을 결제하는 것을 의미하며, 차감결제는 회원사별로 매수와 매도증권 또는 매수와 매도대금을 차감한 잔량 또는 잔액만을 결제하는 방법이다.

(3) 집중결제와 개별결제

집중결제는 매매거래의 결제업무를 거래소의 결제기구에서 집중적으로 취급하는 방식이고, 개별결제는 매매당사자 간에 또는 거래소가 지정하는 상대방끼리 개별적으로 결제하는 방식을 말한다.

3) 대체결제제도

증권시장의 규모가 확대됨에 따라 유가증권의 양이 크게 증가하고 종류도 다양해져서 유가증권의 수불업무와 보관이 큰 문제로 등장하였으며, 분실 등 제반사고 위험도 높아지게 되었다. 따라서 이러한 문제점을 해소하고 유가증권의 수불업무, 보관업무, 그리고 결제업무를 간소화하기 위해서 대체결제제도가 필요하게 된다.

대체결제는 증권회사나 기관투자자가 소유하고 있는 유가증권을 일정한 계좌관리기관에 예탁하여 미리 계좌를 개설한 후, 매매거래 시 실제로 이전하는 대신에 장부상의 계좌에 대체기재만으로 예탁자 상호 간에 결제하는 제도이다. 이와 같이 매매거래에 따른 대체결제업무는 한국거래소로부터 위임받은 한국예탁결제원에서 담당하고 있다.

6. 신용거래

신용거래제도란 증권회사가 유가증권의 매매와 관련하여 고객에게 자금을 융자해 주거나 유가증권을 빌려주는 방법으로 신용을 제공하여 이루어지는 거래를 말하는데, 전자를 융자거래라 하고 후자를 대주거래라고 한다.

신용거래가 가능한 종목은 증권선물위원회가 따로 지정하는 종목으로 한정하고 있으며, 증권회사는 자기가 발행한 주권에 대해서는 신용거래융자 또는 신용거래대주를 하지 못한다. 또한 관리종목, 시장경보종목 등으로 지정된 종목의 경우에도 신용거래가 금지된다.

1) 융자거래

융자거래는 고객의 매매를 위탁받는 증권회사가 신용거래보증금을 받고 주식을 사려는 사람에게 자금을 빌려준 후 일정 기간이 지난 후에 자금을 회수하는 제도이다.

개인투자자의 입장에서 융자거래는 신용거래보증금을 예치하고 증권회사로부터 일정 금액을 대출받아 자기자금 이상으로 주식을 매입하여 보유하고 있다가 일정 기간 이내에 반대매매나 현금으로 상환하는 것이다. 따라서 신용융자거래는 주식가격이 상승할 것으로 예상되는 상황에서 매매차익을 얻기 위해서 이용되는 신용거래이다.

2) 대주거래

대주거래는 주식을 보유하고 있지 않은 고객에게 증권회사가 보유하고 있는 주식을 빌려주고 일정 기간(30~60일)이 지난 후에 다시 주식을 회수하는 제도이다.[21)]

개인투자자의 입장에서 대주거래는 증권회사로부터 주식을 빌려서 매도하고, 일정 기간 이내에 그 주식을 시장에서 다시 매입하여 상환해야 하므로 주식가격이 하락할 것으로 예상되는 상황에서 매매차익을 얻기 위해 이용되는 신용거래이다. 신용융자거래는 주가가 상승하여 매수할 때보다 높은 가격에 주식을 처분하면 이득이 발생하지만, 대주거래의 경우에는 주가가 하락할 때 이득이 발생하게 된다.

예를 들어, 어떤 투자자가 증권회사로부터 특정 주식을 차입하여 1주당 30,000원에 주식을 매도하였다고 할 경우, 그 후에 이 주식을 상환하는 시점에서 1주당 25,000원이 되었다면 투자자는 이 가격에 주식을 매입하여 증권회사로부터 빌린 주식을 상환함으로써

---

21) 소유하지 않은 주식을 매도하는 거래방법을 공매도(short selling)하는데, 무차입공매도와 차입공매도가 있다. 우리나라에서는 차입공매도만 허용하고 있으며, 기관투자자만 거래가 가능하다. 차입공매도는 한국예탁결제원 또는 한국증권금융에서 주식을 빌려서 매도하는 것으로 대차거래라고도 하는데, 순수한 의미의 공대도라고 할 수는 없다. 개인투자자는 공매도가 불가능하여 대주거래를 하게 된다.

1주당 5,000원의 이득을 얻게 된다. 반대로 주식을 상환할 때 주가가 오히려 35,000원으로 상승하였다면 주당 5,000원의 손실이 발생하므로 주식을 매입하여 상환하려하지 않을 것이다. 그러나 증권회사로부터 빌린 주식은 반드시 만기일 이내에 상환하여야 한다는 조건이 있기 때문에 만기일까지 주가가 하락하지 않아 손해를 보더라도 매입하여 상환해야 한다.

3.5 시장관리제도

1. 가격폭제한

한국거래소는 유가증권의 공정한 가격형성과 급격한 시세변동에 따른 투자자들의 피해를 방지하기 위하여 하루에 변동할 수 있는 증권가격의 상하폭을 일정한 범위로 제한하고 있다.

가격폭제한은 증권가격이 하루에 변동할 수 있는 폭을 전일 종가를 기준으로 일정하게 제한함으로써 증권가격의 급변을 방지하여 증권시장의 안정을 도모하는 제도적 장치이다. 주식의 경우 가격제한폭은 전일 종가의 ±30%로 기준가격에 0.3을 곱하여 산출한 금액을 일일 가격제한폭으로 한다. 주권의 경우와 같이 외국주식예탁증서, 상장지수펀드 및 수익증권도 동일한 가격제한폭을 적용하고 있다. 한편 정리매매종목, 신주인수권증서 및 채권의 경우에는 가격제한폭을 두지 않고 있다.

가격폭제한은 주가의 급변을 방지하여 증권시장의 안정을 도모하는 제도적 장치이지만, 정보가 효율적으로 주가에 반영되지 못해서 시장의 효율성을 저해하고 시장을 왜곡시킨다는 문제점이 있다. 미국, 영국, 싱가포르 등의 나라에는 가격제한폭이 없으며, 우리나라도 6%에서 8%, 12%, 15%로 점차 폭이 넓어지다가 2015년 6월부터 30%로 확대되었다.[22]

2. 관리종목과 시장경보종목의 지정

한국거래소는 유가증권을 효율적으로 관리함으로써 선의의 투자자를 보호하고 공정거래질서를 확립하기 위하여 관리종목 및 시장경보종목의 지정과 같은 제도적 장치를 마련하고 있다.

22) 코넥스시장은 일일 가격제한폭을 ±15%로 제한하고 있다.

1) 관리종목

거래소는 기업이 부실경영, 영업정지, 부도발생 등으로 상장폐지기준(상장규정 제37조)에 해당하는 사유가 발생하면 일반투자자에게 주의를 환기시켜 투자에 유의하도록 관리종목으로 지정한다.

관리대상종목으로 지정되면 기업의 신인도가 떨어지고, 투자자들로부터 외면을 받게 된다. 또한 관리종목을 매매할 때는 위탁증거금을 100% 납부해야 하며, 신용거래종목에서도 제외된다. 그리고 부실기업이기 때문에 대용증권으로 인정되지 않는 등의 불이익을 받게 된다.

2) 단기과열종목

단기과열종목 지정제도는 미확인된 정보 등의 시장확산으로 불특정 다수의 투자자들이 추종매매로 특정 종목의 주가가 단기간에 급등락을 반복하는 단기과열현상을 예방하기 위한 제도이다. 이러한 단기과열종목은 특정 불공정거래 세력에 의해 이루어지는 것이 아니라 주로 불특정 다수 투자자들의 추종매매에 의해서 발생한다. 단기과열종목으로 지정되면 3일 동안 30분 단위의 단일가매매방식으로 매매가 이루어진다.

3) 시장경보종목

한국거래소의 시장감시위원회는 가격급등락 등 이상매매가 발생할 경우, 투자자들의 주의를 환기시키기 위해서 시장경보제도를 운영한다. 1단계인 투자주의는 투기적이거나 불공정거래의 개연성이 있는 종목을 투자주의종목으로 공표하여 일반투자자들의 뇌동매매 방지 및 잠재적 불공정거래 행위자에 대한 경각심을 고취시킨다. 2단계는 투자경고로 특정 종목의 주가가 비정상적으로 급등한 경우 투자자에게 주의를 환기시키고 불공정거래를 사전에 방지하기 위하여 투자경고종목으로 지정한다. 마지막 3단계는 투자경고종목 지정에도 불구하고 투기적인 가수요 및 뇌동매매가 진정되지 않고 주가가 지속적으로 상승할 경우 투자위험종목으로 지정한다.

투자경고종목과 투자위험종목으로 지정되면 위탁증거금을 100% 납부해야 하고 신용거래종목에서 제외되며, 주가가 추가적으로 급등할 경우 매매거래가 정지될 수 있다.

3. 매매거래중단

한국거래소는 주가나 거래량이 급변하는 등 시장관리가 필요하다고 판단되는 경우에는 개별종목 및 시장전체에 대해서 일시적으로 매매거래를 중단할 수 있다.

1) 개별종목의 매매거래중단

매매거래중단이란 매매거래가 폭주하여 신속하게 매매거래를 성립시킬 수 없는 경우, 매매 중 또는 매매개시 전에 풍문 등과 관련하여 주가 및 거래량이 급변하거나 급변이 예상되는 경우 등 시장관리가 필요하다고 인정하는 때에 해당 종목의 매매거래를 일시적으로 정지하는 조치이다. 매매거래의 폭주로 인한 중단인 경우는 호가상황과 매매거래상황을 감안하여 재개하며, 풍문과 관련한 매매거래중단은 사유에 대한 조회결과를 공시한 후 30분이 경과한 때에 거래를 재개한다.

2) 시장전체의 매매거래중단

우리나라 주식시장은 급격한 가격변동이 발생할 때 시장충격을 완화하기 위해 매매거래중단제도(circuit breaker)를 도입하고 있다. 서킷브레이커는 주가지수(코스피지수, 코스닥지수)가 전일보다 8%, 15%, 20% 이상 하락한 상태가 1분 이상 지속되는 경우에 발동된다. 매매거래가 중단된 다음 20분이 경과한 후에 매매거래가 재개되는데, 10분간 호가를 접수하여 단일가로 체결하고, 그 이후에는 접속매매로 전환된다.

3) 프로그램매매의 관리

프로그램매매호가의 효력에 대한 일시정지제도(sidecar)는 프로그램매매를 관리하기 위한 제도의 일종으로, 선물시장이 현물(주식)시장에 미칠 수 있는 영향을 최소화하여 현물시장을 안정적으로 운영하기 위한 제도이다. 사이드카는 주가지수선물(KOSPI200)가격이 전일종가 대비 5% 이상 상승 또는 하락한 상태가 1분간 지속될 때 발동하며, 일단 발동되면 그 시점부터 주식시장 프로그램매매호가의 효력이 5분간 정지된다.[23] 그러나 5분이 지나면 자동적으로 해제되어 매매체결이 재개되고 1일 1회에 한해서만 발동할 수 있으며, 장종료 40분 전(14시 50분) 이후에는 발동할 수 없도록 되어 있다.

---

23) 코스닥시장에서는 코스닥150지수선물가격이 6% 이상 변동하고 코스닥150지수가 3% 이상 변동하여 1분간 지속되는 경우 발동된다.

4. 배당락과 권리락

배당락과 권리락은 배당 또는 유・무상증자를 받을 권리가 사라졌음을 나타내는 말이다. 따라서 배당이나 증자를 받을 권리가 없기 때문에 그 만큼 주가가 하락하게 된다.

1) 배당락

배당락(配當落)은 배당기준일(보통 사업연도 종료일)인 결산일이 지난 후에 주식을 매입한 사람이 배당을 받을 수 없는 상태를 말한다. 한국거래소는 주식의 경우에 매매거래일로부터 2거래일(T+2일)에 결제하도록 하고 있어서 오늘 매수주문이 체결되더라도 내일 건너뛰고 3일째 되는 날 비로소 주주명부에 이름이 올라가게 된다. 따라서 이익배당을 받을 권리를 확보하기 위해서는 결산일 이틀 전까지는 주식을 매입해야 한다.

예를 들어, 3월 결산법인의 경우에 3월 31일이 결산일, 즉 배당기준일이 되기 때문에 3월 29일까지 주식을 매입해야 31일 기준으로 주주명부에 등재되어 당해 연도의 배당을 받을 수 있게 된다. 3월 30일 이후에 매입하게 되면 올해는 배당을 받을 수가 없다.[24] 배당락이 되면 배당을 받을 권리가 사라지므로 전날의 주가보다 다소 하락하는 것이 보편적인 현상이다.

2) 권리락

권리락(權利落)은 신주배정일 이후에 주식을 소유한 투자자에게 유・무상증자를 실시할 경우 구주식에 포함되어 있는 신주인수권 또는 신주를 무상으로 교부 받을 수 있는 권리가 부여되지 않은 상태를 말한다.

따라서 신주배정기준일을 중심으로 주가가 하락하게 되는데, 거래소는 이를 합리적으로 관리하기 위해서 유・무상증자가 발생한 증권에 대하여 권리락 조치를 취하고 있다. 앞에서 설명한 바와 같이 우리나라에서는 매매계약체결 후 3일째 되는 날(T+2일) 결제가 이루어지므로 권리락이 행해지는 날짜는 신주배정기준일의 전일이 된다.

$$\text{유・무상증자시 권리락 주가} = \frac{\text{신주납입금액} + (\text{권리부종가} \times \text{증자전 주식수})}{1 + \text{증자후 주식수}} \qquad \text{(식 3.1)}$$

24) 12월 결산법인일 경우 매년 12월 31일은 거래소가 휴장일인 관계로 12월 30일에 주식을 보유하고 있어야 배당을 받을 수 있으므로 12월 28일까지는 주식을 매입해야 한다.

한편 기존주주들이 신주인수권 행사를 포기하고 새 주식을 청약하지 않아서 실권처리된 주식을 실권주라고 부른다.[25)]

3.6 공시제도와 불공정거래의 제한

1. 공시제도

공시제도는 상장법인의 기업내용을 투자자 및 이해관계자들에게 공개하여 해당 기업의 주가가 공정하게 형성되고 거래가 원활하게 이루어질 수 있도록 하는 제도이다. 또한 공시제도는 투자자보호제도의 일종이므로 공시되는 자료는 일반투자자가 주가판단을 할 수 있도록 정확한 최신의 자료가 제공되어야 하며, 이용하기 쉬워야 한다.

기업내용의 공시제도가 증권시장의 투명성을 확보하고 투자자를 보호하기 위해서는 다음과 같은 조건이 필요하다.

첫째, 공시되는 정보가 정확하고 완전하며, 최신의 것이어야 한다.

둘째, 공시정보를 투자자가 쉽게 접근하고 이해할 수 있어야 한다.

셋째, 공시되는 정보는 모든 투자자에게 공정하게 전달되어야 한다.

1) 공시의 유형

기업내용의 공시는 발행시장공시와 유통시장공시로 구분되며, 유통시장공시는 다시 정기공시와 수시공시로 구분된다. 발행시장공시는 신주발행 시 일회적으로 이루어지는 반면, 유통시장공시는 사업보고서, 반기보고서, 분기보고서 등 정기적이고 계속적으로 이루어지는 정기공시와 기업내용의 변동사항에 대한 수시공시가 있다.

(1) 자율공시

상장기업은 공시의무사항 이외에 회사의 경영, 재산 및 투자자의 투자판단에 중대한 영향을 미칠 수 있다고 판단되는 사항 또는 장래 계획에 관한 사항에 대해서 사유발생일

---

25) 이런 실권주는 회사가 일반투자자들에게 공개해 팔게 된다. 실권주의 발행가는 유상증자의 발행가와 같으며, 일반투자자들이 시세보다 싼값에 주식을 살 수 있는 것이다. 실권주청약은 유상증자 공모청약 때처럼 투자기회로 통하지만 시세가 하락할 가능성을 전혀 배제할 수 없기 때문에 회사의 재무상태를 잘 따져 보아야 한다.

다음 날까지 한국거래소에 자진하여 신고하여야 하는데, 이를 자율공시라고 한다.

(2) 조회공시

조회공시는 거래소가 상장법인의 기업내용에 대한 풍문이나 보도내용의 사실 여부를 확인 또는 주가 및 거래량이 급변하는 경우에 중요한 정보의 유무를 확인하기 위해서 한국거래소가 공시하도록 요구하는 것을 말한다.

(3) 공정공시

공정공시제도는 기업이 증권시장을 통해서 공시되지 않은 중요 정보를 기관투자자 등 특정인에게 선별적으로 제공하고자 하는 경우에, 모든 시장참가자가 이러한 정보를 알 수 있도록 특정인에게 제공하기 전에 거래소에 신고하여 이를 공시하는 제도이다.[26)]

2) 불성실공시 및 조치

불성실공시의 유형에는 공시불이행, 공시번복, 공시변경이 있다. 공시불이행은 신고기한 내에 공시를 하지 않은 경우이고, 공시번복은 이미 공시한 내용을 전면 취소 또는 부인하는 것을 말한다. 그리고 공시변경은 공시한 내용에서 비율, 금액 등 중요한 사항을 변경하는 것을 뜻한다.

공시의무를 위반하여 불성실공시 법인으로 지정되는 경우에는 거래소 공시규정이 정하는 범위 내에서 벌점 및 과징금을 부과하고 지정사실을 공표한다. 또한 불성실공시 법인의 공시담당자는 불성실공시 재발을 방지하기 위한 교육을 이수해야 하며, 개선계획서 제출 등의 조치를 취하고 있다.

부과벌점이 5점 이상일 경우에는 하루 동안 매매거래가 정지되고, 1년 내의 누계벌점이 15점 이상이 되는 경우 관리종목으로 지정되며, 이후 1년간 15점 이상이 추가되면 상장폐지된다.

2. 불공정거래행위의 제한

한국거래소는 개인투자자자들을 보호하고 시장질서를 확립하기 위하여 내부자거래를 제한하고 시세조정을 엄격하게 금지하고 있다.

---

26) 상장법인은 경영내용, 사업계획 및 전망 등에 대한 기업설명회(investor relations; IR)를 개최할 때 공개적으로 하여야 하며, 설명자료의 작성은 공정성과 객관성을 유지해야 한다. 그리고 IR을 실시할 때 그 일시, 장소, 설명회 내용 등을 문서로 한국거래소에 신고하여야 한다.

1) 내부자거래의 제한

내부자거래는 정보에 접근이 용이한 내부자들이 독점적인 정보를 이용하여 해당 회사의 주식을 매매하거나, 이를 타인에게 이용하게 하는 행위를 말한다. 내부자거래는 유리한 지위를 이용하여 부당이익을 취하는 불공정행위로 간주되며, 선의의 일반투자자가 최대의 피해자가 된다. 따라서 내부거래자는 공정거래질서를 저해하는 것이므로 증권거래법에 의해서 엄격하게 규제하고 있다.

이때 내부자는 회사의 임직원, 대리인, 주요 주주를 말하며, 그 외에 회사에 대한 인허가나 감독을 하는 공무원, 감독기관의 임직원, 회계사, 세무사 등도 준내부자로 내부자거래에 해당된다.

2) 시세조정의 금지

시세조정(주가조작) 금지는 증권시장에서 인위적으로 증권의 시세를 변동시키는 행위를 금지하는 것이다. 즉, 부당한 이득을 얻기 위하여 고의로 허위사실을 유포하거나 불완전한 문서를 이용하는 행위를 금지하는 것이다. 시세조정의 유형으로는 통정매매, 가장매매, 공모조작행위 등에 의한 시세조종행위가 있으며, 위반 시에는 형사처벌과 민사배상의 책임이 있다.

3.7 장외시장

장외시장은 일반적으로 조직적인 거래소시장에 대응하는 개념이며, 거래소 이외의 장소에서 이루어지는 모든 증권거래를 의미한다. 거래소시장이 조직화된 구체적인 시장인데 반하여 장외시장은 원칙적으로 비상장증권을 중심으로 증권회사의 창구에서 고객과 증권회사, 증권회사 상호 간, 또는 고객 상호 간에 개별적인 매매거래, 소위 상대매매의 형태로 거래가 이루어지는 비조직적인 시장이다.

장외시장은 증권회사의 창구에서 고객과 증권회사 사이에 이루어지는 점두매매시장(over-the-counter market; OTC)과 증권회사의 개입 없이 매매당사자 간에 개별적으로 거래가 이루어지는 직접매매시장(no broker market) 두 가지로 구분할 수 있는데, 증권회사의 영업점에서 이루어지는 점두매매가 장외거래의 대부분을 차지하고 있다.

최근에는 비상장증권의 원활한 유통과 투자자보호를 위해 점두시장의 매매방법과 대상증권 등이 점차 조직화되고 있으며, 그 규모도 확대되는 추세이어서 거래소시장의 보조적인 시장 또는 거래소시장과 대등한 위치의 경쟁관계의 시장으로 변모하여 가고 있다. 우리나라의 조직화된 장외시장으로는 한국금융투자협회에서 운영하는 K-OTC가 있다.[27)]

1. 장외시장의 특징

거래소시장과 구분되는 장외시장의 특징은 다음과 같이 정리할 수 있다.

첫째, 매매거래가 주로 증권회사의 창구에서 이루어진다. 장외시장에서는 매우 다양한 종류의 증권들이 거래되는데 반해, 이에 대한 상세한 자료가 일반에게 제공되지 않고 있다. 따라서 이러한 자료를 얻을 기회가 많고 시장전체의 동향에 정통한 증권회사를 중심으로 매매거래가 이루어지는 것이다.

둘째, 일정한 조직이 없는 전국적인 규모의 비조직적 시장이다. 거래소시장이 상장증권의 모든 거래가 집합되는 일정한 장소를 지닌 구체적인 시장인 데 비하여 장외시장은 이러한 일정한 집합장소가 없다.

셋째, 거래방법이 매도자와 매수자의 직접 협상에 의한 상대매매이다. 거래소시장이 매매상대방을 모르는 상태에서 이루어지는 경쟁매매인 데 반하여 장외시장은 직접대면, 전화연락 등에 의한 매매쌍방의 접촉에 의해 개별적으로 매매가 체결된다.

넷째, 동일 종목이 같은 시각에 매매되더라도 증권회사나 거래장소에 따라 가격이 상이할 수 있다. 장외거래는 개별적으로 매매가 이루어지기 때문에 매매당사자별로 매매조건이 달라질 수 있는 것이다.

다섯째, 거래의 대상인 증권이 매우 다양하다. 장외거래는 원칙적으로 그 대상이 비상장증권이지만, 이외에 상장증권까지도 거래가 이루어지고 있다.

표 3.6 장외시장과 거래소시장

구 분	거래소시장	장외시장
매매장소	일정한 장소	제한 없음(주로 증권회사)
매매방법	경쟁매매	상대매매
매매가격	일물일가	일물다가
매매대상	상장증권	주로 비상장증권

27) 현재 한국거래소에 포함되어 있는 코스닥시장도 초기에는 증권업협회(현, 금융투자협회)가 운영하는 장외시장으로 출범하였다.

2. 장외시장의 기능

장외시장은 거래소시장의 기능을 보완하고 유통시장의 기능을 확대하는 등의 역할을 하고 있는데, 주요기능을 살펴보면 다음과 같다.

첫째, 비상장증권에 시장성을 부여함으로써 거래소시장 전단계의 기능을 한다. 즉, 장외시장은 비상장증권이 거래소의 상장요건을 충족하기까지 유통성을 제공하는 시장으로써의 역할을 하는 것이다.

둘째, 거래소시장의 기능을 보완한다. 장외시장은 거래시기, 결제기한, 거래장소의 한정 등 거래소시장의 제약에 구애받지 않고 모든 유가증권의 매매거래가 이루어지므로, 거래소시장의 기능을 보완하고 전체 유통시장의 기능확대에 기여한다.

셋째, 장외시장이 잘 발달하여 조직적인 관리체계를 갖추고 규모가 확대되어감에 따라 거래소시장에 대한 보완적인 관계에서 점차 경쟁적인 관계로 변모하여 가고 있다.

3. K-OTC시장

K-OTC시장은 한국거래소의 유가증권시장과 코스닥, 코넥스시장의 상장요건을 충족하지 못하는 비상장법인이 발행한 주식에 유통성을 부여하기 위한 조직화된 장외시장이다. K-OTC는 한국금융투자협회에서 운영하는 조직화된 장외시장으로 개별적인 장외주식거래를 통해서 발생할 수 있는 불공정거래로부터 투자자들을 보호하고, 장외주식의 공정가격형성에도 도움을 주고 있다. 한편, K-OTC에서 거래되는 주식들은 위험이 크기 때문에 높은 이익을 기대할 수 있는 반면에 손해를 볼 가능성도 높으므로 투자에 유의해야 할 필요가 있다.

핵심정리

- 유통시장은 기발행된 유가증권이 투자자 상호 간에 매매거래되는 시장으로 투자자들이 소유하고 있는 유가증권을 매각하여 자금을 회수하거나 다른 투자자들이 가지고 있던 증권을 취득하는 시장이다.
- 거래소시장은 상설적으로 열리는 구체적이고 조직적이며, 경쟁적인 시장을 의미한다. 즉, 일정한 장소에 구체적인 시장시설을 가지고 증권매매가 매일 계속해서 일어나며, 불특정 다수의 투자자들이 경쟁적으로 자유롭게 거래에 참여하는 조직화된 시장이다.
- 유가증권시장은 넓은 의미에서는 유가증권이 매매거래가 이루어지는 시장을 말하지만, 한국거래소의 유가증권시장은 종전의 한국증권거래소가 개설・운영하던 시장이라고 할 수 있다.
- 유가증권시장은 대형・우량기업 중심의 시장으로 상대적으로 안정적인 투자기회를 제공하는 반면, 코스닥시장은 중소・벤처기업 중심의 고위험-고수익을 추구하는 증권시장으로써의 역할을 하고 있다.
- 상장이란 유가증권이 거래소에서 거래될 수 있도록 자격을 부여하는 것을 말한다. 이때 거래대상으로 인정된 유가증권을 상장증권, 그 증권을 발행한 회사를 상장회사라고 한다.
- 한국거래소에서는 모든 거래의 주문체결을 가격우선의 원칙과 시간우선의 원칙에 따라 처리하며, 단일가매매에서는 동시에 접수된 호가로 보고 시간상 우선순위를 배제하여 위탁자우선의 원칙과 수량우선의 원칙을 적용한다.
- 신용거래제도란 증권회사가 유가증권의 매매와 관련하여 고객에게 자금을 융자해 주거나 유가증권을 빌려주는 방법으로 신용을 제공하여 이루어지는 거래를 말하는데, 전자를 융자거래라 하고 후자를 대주거래라고 한다.
- 가격폭제한은 증권가격이 하루에 변동할 수 있는 폭을 전일 종가를 기준으로 일정하게 제한함으로써 증권가격의 급변을 방지하여 증권시장의 안정을 도모하는 제도적 장치이다.
- 공시제도는 상장법인의 기업내용을 투자자 및 이해관계자들에게 공개하여 해당 기업의 주가가 공정하게 형성되고 거래가 원활하게 이루어질 수 있도록 하는 제도이다.
- 장외시장은 일반적으로 조직적인 거래소시장에 대응하는 개념이며, 거래소 이외의 장소에서 이루어지는 모든 증권거래를 의미한다.

연습문제

1. (   )은 대형 · 우량주 중심의 상대적으로 안정적인 투자기회를 제공하고 (   )은 중소 · 벤처기업 중심의 고수익-고위험을 추구하는 시장이다.

2. 유가증권이 거래소에서 거래될 수 있도록 자격을 부여하는 것을 (   )이라고 한다.

3. 호가방법 중에서 최유리지정가와 최우선지정가에 대해서 설명하시오.

4. 한국거래소에서 시행하고 있는 주문체결의 원칙을 설명하시오.

5. 우리나라의 결제제도는 (   )결제, (   )결제, (   )결제방식을 택하고 있다.

6. 증권거래방법 중에서 대주거래에 대해서 설명하시오.

7. 한국거래소 유가증권시장과 코스닥시장의 가격제한폭은 전일 종가 대비 (   )%이다.

8. 선물시장이 주식시장에 미치는 영향을 최소화하기 위해서 프로그램매매호가를 일시정지 시키는 제도를 무엇라고 하는가?

9. 배당락과 권리락에 대해서 설명하시오.

10. 공정공시제도에 대해서 설명하시오.

제 II 부

주가정보와 증권분석

제 4 장
주가정보의 이해

오늘날 거의 모든 신문에서 주식란을 한 두면 정도, 경제신문의 경우는 4~5면 이상을 할애하여 싣고 있으며, 인터넷을 통해서도 다양한 정보를 얻을 수 있다. 그런데 투자자들 중에는 이러한 증시정보를 스스로 파악하려고 노력을 하기보다는 증권회사 직원이나 지인 등의 권유에 따라 투자하는 경우를 자주 볼 수 있다. 그 이유는 주식에 관해 언론매체 등에서 발표하고 있는 주가관련 정보를 정확하게 이해하기 어려워하기 때문이다.

투자자들이 주식투자에 관심을 갖는 것에 비해 주식에 대한 정보를 제대로 파악하지 못하는 가장 큰 이유는 주식시세표를 제대로 읽지 못하는데 있다. 2018년 1월 현재 유가증권시장과 코스닥시장, 코넥스시장을 합하여 2,190여 개 회사 2,330여 종목의 시세를 나열해 놓은 주식시세표를 들여다보고 있으면 도대체 무엇을 살펴봐야 할지 난감하다. 이러한 혼돈 속에서 정보를 알 길이 없는 사람은 도저히 스스로 주식투자를 할 수 없다고 생각하게 되는 것이다.

이번 장에서는 언론매체에 게재되고 있는 주식관련 정보들을 중심으로 용어와 그것이 갖는 의미를 설명하고자 한다. 우선 주식의 개념과 종류 및 주가지수에 대해서 설명한 다음 주식시세표와 그 밖의 정보들을 활용하는 방법 등을 살펴볼 것이다.

4.1 주식의 개념

주식은 기업에 출자한 주주의 지분을 의미하는 것인 동시에 주주의 권리를 나타내는 유가증권으로써의 주권을 가리킨다. 기업이 주식을 발행하는 목적은 대규모의 자금을 조달하기 위한 것으로 투자자들로부터 기업 성장에 필요한 자금을 모을 수가 있다. 기업이 주식발행을 통해서 자금을 조달하는 경우에는 정기적인 이자지급이나 원금상환에 대한 부담이 없이 장기적으로 자금을 사용할 수 있다. 즉, 영업실적이 좋을 경우에만 배당을 지급함으로써 자금 사용에 대한 부담이 줄어든다. 반면에 투자자의 입장에서 보면 주식을 매입하는 행위는 해당 기업에 투자를 하는 것이며, 이로 인해서 그 기업의 주주가 된다. 어떤 사람이 특정 기업의 주식을 1주만 보유하더라도, 그 사람은 회사의 주인이 되는 법적 효력을 가지고 있는 셈이다.

주주의 권리는 주주평등의 원칙에 의해 소유주식수에 비례해서 정해지며, 각각의 주식 내용을 이루는 권리는 모두 평등한 것이 원칙이다. 그러나 회사는 정관의 규정에 따라 권리를 달리하는 여러 종류의 주식을 발행할 수도 있는데, 이 경우 권리가 각기 다른 주식의 내용과 수량은 정관에 기재할 뿐만 아니라 주식청약서, 주주명부 및 주권 등에서 기재하도록 상법에 규정되어 있다.

1. 보통주와 우선주

주식의 종류는 기본적으로 보통주와 우선주로 구분된다. 보통주는 주주총회에서 의결권을 가지는 반면에, 우선주는 의결권이 없는 대신 배당이나 잔여재산의 배분에 대한 우선적인 권리를 주장할 수 있는 주식이다.

1) 보통주

보통주(common stock)는 주주에게 출자에 대한 증거로 발행하여 교부해 주는 증권으로, 일반적으로 주식이라고 하면 보통주를 의미한다.

보통주 주주는 회사를 설립할 때나 신주발행 시에 출자를 하면 주식을 취득할 수 있다. 또 증권시장을 통하여 주식을 매입할 수 있고 기업합병이나 상속 또는 다른 사람으로부터 양도를 받을 수도 있다.

보통주 주주는 회사에 출자를 했으므로 회사의 주인으로서 권한을 행사할 수 있다. 즉, 소유주식수에 따라 주주총회에서 의결권을 행사함으로써 간접적으로 경영에 참여할 수 있고, 배당의 형태로 회사의 이익배분에 참여할 수 있는 이익배당청구권이 주어진다. 또 회사에 문제가 발생하여 청산하게 된다면 선순위에 해당하는 배분이 끝난 후에 남아 있는 자산에 대하여 청구할 수 있는 잔여재산분배청구권이 있다.

그림 4-1 주식의 견양

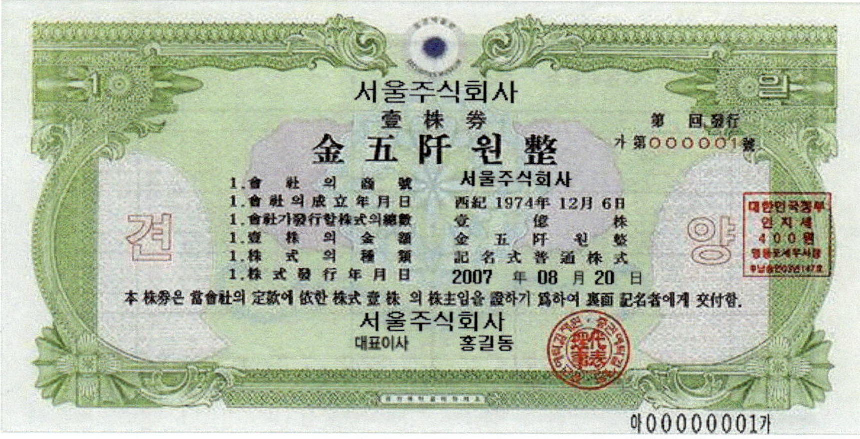

2) 우선주

우선주(preferred stock)는 이익의 배당과 잔여재산배분에 있어서 표준이 되는 보통주에 비하여 우선적 지위가 인정되는 주식을 말한다. 우선주는 회사의 자기자본인 지분을 형성하므로 회사에 대한 소유권을 주장할 수 있다는 점에서는 보통주와 같다. 하지만 배당금을 지급받을 때와 회사를 청산하는 경우 잔여재산분배에 있어서 보통주에 우선하여 청구권을 가지게 되는 반면, 주주총회에서의 의결권이 제한된다.

우선주는 다시 참가적 우선주와 비참가적 우선주, 누적적 우선주와 비누적적 우선주로 구분할 수 있다. 참가적 우선주와 비참가적 우선주는 우선주 주주가 일정률의 우선 배당을 받은 다음에 남은 이익에 대해서도 보통주 주주와 같이 일정한 비율로 배당받을 수 있는가 없는가에 따른 구분이다. 그리고 누적적 우선주와 비누적적 우선주는 당해 연도의 배당이 약속된 우선 배당률에 미치지 못하는 경우에, 그 부족액에 대해서 다음 회계연도에 누적해서 배당을 받을 수 있는가 없는가에 따라 구분된다.[1)]

---

1) 우리나라에서 유통되는 우선주는 크게 구형우선주와 신형우선주로 구분된다. 구형우선주는 보통주보다 액면가의 1%만큼 배당을 더 지급하는 조건으로 발행된 비전환, 비누적적 우선주이다. 반면에 1996년 상법개정 이후에 발행되는 우선주는 모두 신형우선주로 회사별로 최저배당률을 정관에 고시하도록 정해져 있으며, 발행 후 일정 기간(3~10년)이 지나면 보통주로 전환할 수 있는 권리를 부여하기도 한다. 또 특정한 경우에는 이전에 받지 못한 배당에 대해서 소급하여 받을 수 있는 누적적 우선주의 형태로 발행한다. 그리고 신형우선주는 구형우선주와 구분하기 위해 우B(우N 또는 우U)로 표시한다.

2. 기타 주식의 종류

주식은 보통주와 우선주 외에도 주권에 액면가의 표시여부, 주주 이름의 명시여부, 그리고 다른 종류의 주식으로 전환이 가능한지 등의 여부에 따라 그 종류를 구분할 수 있다.

1) 액면주와 무액면주

액면주는 주권에 1주당 액면가액이 표시되어 있는 주식을 말한다. 액면가액은 회사 자본금의 구성단위이며, 회사에 최초로 자본을 출자한 주주의 출자 자본액인 동시에 유한책임 한도를 표시한다. 그러나 최초 출자 이후에는 시장가치가 기준이 되므로 액면가는 무의미해지며, 시장가치에 따라 발행하게 된다. 한편, 발행주식의 액면총액이 회사의 자본금이 되며, 시가발행 시에 액면총액을 초과하는 금액은 주식발행초과금으로 자본잉여금이 된다. 우리나라 상장기업의 경우, 액면가는 100원, 200원, 500원, 1,000원, 2,500원, 그리고 5,000원 중의 하나로 정할 수 있다.

무액면주는 주권에 1주당 액면가액을 표시하지 않고, 다만 발행주식수만 기재되어 있으며, 발행가격은 주식을 발행할 당시에 결정한다. 우리나라 상법에서는 무액면주의 발행을 인정하지 않고 있으나, 미국, 일본 등에서는 일반화되어 있다. 액면가액은 정관에 규정된 것을 단순히 주권에 표시했을 따름이지 주가와는 관련이 없으며, 투자자가 불입할 금액을 표시한 것도 아니므로 액면가액에 대한 의미는 크지 않다고 볼 수 있다.

2) 기명주와 무기명주

기명주는 주권에 주주의 이름이 명시되어 있는 주식이다. 이는 주주권을 행사할 수 있는 사람을 즉시 확인할 수 있는 장점이 있지만, 주식을 매매할 때마다 명의를 새로 고쳐 써야 하는 번거로움이 있다.

반면에 무기명주는 주권에 주주의 이름이 기재되어 있지 않고, 주식을 소유한 사람이 주주권을 행사할 수 있는 주식이다. 무기명주식은 정관에 규정이 있는 경우에만 발행할 수 있으며, 상법에서는 주주는 언제든지 무기명주를 기명주로 변경해 주도록 청구할 수 있게 규정하고 있다. 이러한 무기명주식은 신속하고 원활하게 유통될 수 있다는 장점이 있는 반면, 권리 행사자를 확정짓기 곤란하다는 단점이 있다.

3) 전환주식과 상환주식

전환주식이란 여러 종류의 주식을 발행하는 경우에 한 종류의 주식을 다른 종류의 주식으로 바꿀 수 있는 권리가 부여된 주식을 말한다. 일반적으로 전환우선주를 일정 기간이 경과한 후에 일정한 가격에 보통주로 전환하는 것을 말한다. 전환우선주를 보통주로 전환하는 경우, 전환가격과 전환비율은 전환우선주를 발행할 때 미리 정해진다.

상환주식은 회사가 일정한 요건하에 벌어들인 이익을 가지고 상환할 수 있는 주식을 말하는데, 기업이 자금조달 필요에 의해서 주식을 발행하지만 장래 일정한 시기에 그 주식을 회수하여 소각함으로써 경리상의 부담을 덜고자 하는 경우에 발행된다. 상법은 이익배당에 관하여 우선적 내용이 있는 종류의 주식(배당우선주)에 한하여, 이를 인정하고 있다. 따라서 상환우선주는 회사가 일정 기간 후에 약정된 조건에 따라 상환할 수 있는 우선주를 말한다.

4.2 주가지수

주식시장과 관련하여 가장 많이 언급되는 용어들 중에 하나가 주가지수일 것이다. '종합주가지수 급등', 'KOSPI지수 하락' 등의 표현들을 언론매체를 통해서 자주 접할 수 있다. 투자자들은 특정 종목에 투자하기에 앞서 주식시장의 전반적인 상황에 대해서 먼저 관심을 갖는다. 그 이유는 과연 현재 주식시장이 투자할 만한지, 그렇지 못한지를 파악하는 것이 중요하기 때문이다. 시장상황을 알려주는 주가지수에 대해서 살펴보자.

1. 주가지수의 의미

주가지수는 작성방법에 따라 여러 종류가 있지만 종합주가지수를 중심으로 설명하면, 유통시장에서 거래되고 있는 주식가격의 변동을 종합적으로 표시하는 지수를 말하는 것으로, 어떤 기준시점을 결정하여 100(일부는 1,000)으로 놓고 비교시점의 주가수준을 상대적으로 지수화한 것이다.

한국종합주가지수(Korea composite stock price index; KOSPI)의 경우는 1980년 1월 4일이 기준시점이며, 이때 시장가격수준을 100으로 하여 사용하고 있다. 예를 들어, 2017년 11월 3일의 종합주가지수가 2,557.97이라고 하면, 이는 1980년 1월 4일의 주가를 기준으로 할 때 2017년 11월 3일의 주가가 약 25.6배 되었다는 의미이다. 이러한 (종합)주가지수가 갖는 의미는 크게 세 가지로 나누어 볼 수 있다.

첫째, 주가지수는 특정 시점의 경제상황을 대표하는 지표이다. 종합주가지수는 단순히 상장된 기업들의 전체적인 주가동향을 반영할 뿐만 아니라 한 나라의 정치, 사회 그리고 투자자들의 심리적 요인까지 반영하고 있다. 즉, 주가지수는 일정 시점에서의 그 나라 경제상황을 대표하는 지표이며, 미래의 경제예측까지 반영한다.

둘째, 주가지수는 주식에 투자한 결과인 투자성과의 평가기준이 된다. 투자자들이 주식투자를 통한 투자성과를 평가할 때, 단순히 해당 주식의 이익만을 고려할 것이 아니라 시장의 전반적인 움직임을 표시하는 주가지수까지 고려해야 한다. 예를 들어, 특정 기간 내에 15%의 투자성과를 올린 반면에 같은 기간 동안에 종합주가지수가 25% 상승하였다면 설령 이익을 남겼다 하더라도 성공적이라고 말하기 어렵다.

셋째, 주가지수는 개별주식이나 분산투자를 할 때 포트폴리오의 위험을 측정하는 기준치가 된다. 투자자들이 주식에 투자할 때 위험을 감수하게 되는데, 이러한 위험에는 두 가지가 있다. 하나는 증권시장 전체의 동향에 따라 발생하는 위험이고, 다른 하나는 그 주식을 발행한 기업의 고유한 위험이다. 기업의 특성으로 인해 나타나는 위험은 분산투자를 통해서 어느 정도 회피할 수 있다. 하지만 증권시장 전체의 동향에 따라 발생하는 위험은 어느 특정 기업에만 미치는 것이 아니라 모든 기업이 영향을 받는 경제 전반에 걸친 위험이기 때문에 주가지수가 투자자들의 관심대상이 되는 것이다.[2)]

2. 주가지수의 작성방법

주가지수는 여러 가지 방법으로 작성될 수 있으므로 동일한 주식시장에 대해서도 수치가 다른 여러 종류의 주가지수가 있을 수 있다. 주가지수의 작성방법은 크게 표본을 어떻게 설정하느냐와 표본별로 가중치를 어떻게 설정하는가에 따라 두 가지로 나눌 수 있다.

첫째, 표본의 선정문제이다. 주식시장에 상장되어 있는 주식 중 몇 개의 주식을 표본으로 선정하느냐에 따라 주가지수가 달라진다. 다우존스 산업평균지수(DJIA)의 경우는 미국 증권시장을 대표할 수 있다고 생각되는 30개 주식을 표본으로 삼고 있으며, S&P500지수는 표본을 500개로 선정하고 있다. 우리나라의 코스피지수는 표본을 한국거래소의 유가증권시장에 상장되어 있는 모든 주식을 대상으로 하고 있다. 표본을 선정할 때는 모든 주식을 선정하는 것이 주식시장을 잘 설명해 주기 때문에 바람직하지만 계산상

2) 분산가능 위험과 분산불가능 위험에 대해서는 제8장 포트폴리오이론에서 자세하게 설명한다.

의 복잡성 때문에 다우존스 산업평균지수처럼 (시장전체의 가격수준을 대변할 수 있는) 일부 종목만을 표본으로 선정할 수도 있다.

둘째, 가중치의 결정문제이다. 이는 주가지수를 계산하기 위해 선정된 표본 중에서 각각의 표본이 가지고 있는 주식가격, 발행주식수, 시가총액 등을 어떻게 고려하는 것이 시장전체를 잘 설명할 수 있는가 하는 것이다. 가중치를 결정하는 방법은 크게 주가평균(단순평균)방식과 시가총액(가중평균)방식 두 가지로 구분된다.

현재 시장에 상장되어 있는 주식이 A, B, C 세 종류밖에 없다고 가정하고, 가중치 선정방법에 따른 주가지수 계산방법을 알아보자. 〈표 4.1〉은 기준시점과 비교시점의 주당가격, 발행주식수, 시장가치를 나타낸 것이다.

표 4.1 A, B, C주식의 비교

(단위 : 원)

구 분	기준시점			비교시점		
	A주식	B주식	C주식	A주식	B주식	C주식
주당가격	100	50	100	300	200	50
발행주식 수	50	100	100	50	100	100
총 가 치	5,000	5,000	10,000	15,000	20,000	5,000

1) 주가평균방식

주가평균(단순평균)방식 주가지수는 가격가중지수(price weighted index)라고도 하며, 비교시점의 주가평균을 기준시점의 주가평균으로 나누어서 계산하는 방법으로, 모든 주식을 동일하게 가중하는 방법이다. 이때 주가평균은 선정된 표본의 주식가격을 모두 더해서 표본주식수로 나누어서 계산하게 된다. 주가평균방식으로 산출되는 주가지수는 DJIA와 니케이225(Nikkei225)가 대표적이다.

$$\text{주가지수} = \frac{\text{비교시점의 주가평균}}{\text{기준시점의 주가평균}} \times 100 \qquad \text{(식 4.1)}$$

$$= \frac{183.33}{83.33} \times 100 = 220.00$$

$$\text{기준시점의 주가평균} = \frac{100 + 50 + 100}{3} = 83.33$$

$$\text{비교시점의 주가평균} = \frac{300 + 200 + 50}{3} = 183.33$$

2) 시가총액방식

상장된 모든 주식의 시장가치를 이용하여 주가지수를 계산하는 방식으로 시장가치법이라고도 하며, 이 방식으로 산출된 지수를 가치가중지수(value weighed index)라고 한다. 이는 비교시점의 전체 시가총액(시장가치)을 기준시점의 시가총액으로 나누어 계산한다. 시가총액은 발행주식수에 주식의 시장가격을 곱한 것이다. 우리나라의 종합주가지수, S&P500지수, NYSE종합지수 등이 이 방법을 사용하고 있다.

$$\text{주가지수} = \frac{\text{비교시점의 시가총액}}{\text{기준시점의 시가총액}} \times 100 \qquad \text{(식 4.2)}$$

$$= \left(\frac{15{,}000 + 20{,}000 + 5{,}000}{5{,}000 + 5{,}000 + 10{,}000}\right) \times 100 = 200.00$$

시가총액방식에 의한 주가지수는 주식시장에 상장된 기업의 총가치가 기준시점으로부터 비교시점까지 얼마나 변동했는지를 나타내는 지표이다. 계산식에는 여러 가지 제반사항, 즉 유상증자, 신규상장 혹은 상장폐지 등이 표시되어 있지 않지만 시장에는 이러한 외적 요인들이 많이 발생하기 때문에 주가지수의 일관성을 조정하기 위하여 기준시점의 시가총액을 조정하게 된다. 즉, 신규상장이나 유상증자가 있을 경우에는 기준시가총액이 증가하며, 상장폐지가 있을 경우에는 기준시가총액도 비례하여 줄어들게 된다.

3. 주가지수의 종류

주가지수의 종류는 그 작성방법에 따라 여러 가지가 존재한다. 외국의 경우에는 DJIA, S&P500지수, NYSE종합지수, 니케이225 등이 있고, 우리나라의 경우는 코스피지수, 코스닥지수, KRX100 등이 있다. 이외에도 주가지수선물 및 옵션거래의 대상지수인 KOSPI200과 KOSDAQ150 및 경제신문사에서 발표하고 있는 한경다우지수와 MKF500지수 등이 있다.

1) 코스피지수

코스피지수(KOSPI) 또는 종합주가지수는 한국거래소의 유가증권시장에서 거래되는 모든 개별주식의 시가총액을 합산하여 기준시점과 비교한 주식시장 전반의 주가변동 상황을 나타내는 지표이다. 코스피지수의 기준시점은 1980년 1월 4일로 정하고 있으며, 이날의 주가지수를 100포인트로 놓았다. 초기에는 지수계산에 포함되는 개별종목의 가중치를 가격에 두는 주가평균방식을 이용한 다우식 주가지수 산출방법을 1982년까지 사용하였다. 그런데 가격이 높은 주식이 낮은 주가의 주식에 비하여 지수에서 차지하는 비중이 높으며, 시장 외적 요인을 지수에 반영하기 위하여 수정을 가함으로써 지수의 하향화를 가져오는 단점 때문에 1983년부터는 시가총액방식을 사용하고 있다.

시가총액방식은 전체적인 시장상황 변동을 손쉽게 파악할 수 있는 장점이 있는 반면에, 시가총액이 '주가 × 상장주식수'로 결정되므로 주가가 높거나 주식 수가 많은 종목이 지수결정에 큰 영향을 미친다. 따라서 저가주들의 주가는 계속하여 하락하는데, 삼성전자나 LG생활건강 등의 일부 고가주 종목이나 우리금융, 한국전력 등 상장주식수가 많은 종목들의 주가가 상승을 하면 코스피지수도 상승하는 현상이 발생할 수도 있다.

2) 코스닥지수

코스닥지수는 코스닥종합지수(KOSDAQ composit index)의 약칭으로 코스닥시장에서 거래되는 전종목을 구성종목으로 하여 산출하는 주가지수이다. 코스닥지수는 기준시점인 1996년 7월 1일을 100포인트로 하여 1997년 7월 3일부터 발표하기 시작하였으며, 2004년 1월 26일부터는 기준지수를 1,000포인트로 상향조정하였다. 지수산정은 종합주가지수와 마찬가지로 시가총액방식을 사용하고 있다.

3) KRX100과 KRX300

KRX(Korea Exchange)100은 한국거래소의 유가증권시장과 코스닥시장을 대표하는 100개의 종목으로 구성된 통합주가지수로, 기준일인 2001년 1월 2일을 1,000포인트로 하여 2005년 6월 1일부터 발표하고 있다. 100개 종목의 선정기준은 유가증권시장과 코스닥시장을 대표하는 종목으로써 시가총액과 거래대금, 즉 유동성이 큰 종목들 가운데 자기자본이익률과 유보율, 부채비율이 우량한 기업을 대상으로 하고 있으며, 구성종목은 정기적으로 변경된다.

한편 KRX300은 유가증권시장과 코스닥시장의 300개 우량종목으로 구성되며, KRX100에 비해 코스닥시장 종목이 좀더 많이 포함되는 특징이 있다. KRX 300의 기준시점은 2010년 1월 4일이며, 기준지수를 1,000포인트로 하여 2018년 2월 5일부터 발표하고 있다. KRX300은 주가지수선물의 대상지수로도 활용된다.

4) KTOP30

KTOP30지수는 미국의 다우존스 산업평균지수를 벤치마킹하여 삼성전자, LG화학, 현대자동차, 네이버, 셀트리온 등 한국을 대표하는 초우량기업 30개로 구성된 지수이다. KRX100 종목 중에서 경제 및 증시대표성, 지속성장성, 투자자 접근성, 지수영향도 등을 고려하여 지수선정위원회가 정성적 판단에 의해 시장을 대표하는 30개 종목을 구성하며, 지수산출방법은 시가총액방식이 아니라 주가평균방식을 채택하고 있다. 따라서 구성종목의 주가가 고가일수록 지수 내에서 차지하는 비중이 높아진다.

5) KOSPI200

KOSPI200지수는 1996년 5월부터 시작된 주가지수선물의 대상지수이며, 유가증권시장에 상장된 종목 중에서 거래가 활발하고 시가총액이 일정 규모 이상인 종목 200개를 선별해서 구성하고 있다. 이 지수의 기준시점은 1990년 1월 3일이며, 기준지수는 100포인트이다. KOSPI200지수 산정기준으로는 거래의 활발한 정도를 측정하는 유동성, 시가총액이 일정 규모 이상인 시장대표성, 그리고 업종대표성을 고려하여 산정한 시가총액식 지수이며, 유동주식가중방식을 채택하고 있다. KOSPI200은 주가지수선물과 주가지수옵션의 거래대상지수이며, 인덱스펀드(index fund)의 기준지수로도 널리 활용되고 있다.

6) KOSTDAQ150

KOSDAQ150지수는 코스닥시장에 상장된 종목들 중에서 시장 및 섹터대표성, 유동성 요건과 재무요건 등을 감안하여 선정한 150개의 종목으로 구성된 지수이며, 2010년 1월 4일을 1,000포인트로 하여 2015년 7월 13일부터 산출하여 발표하고 있다. 코스닥150지수의 지수산출은 시가총액방식과 유동주식가중방식을 따르고 있으며, 기술주섹터에 중점을 두면서 코스닥지수의 흐름을 잘 따라가도록 설계되었고, 주가지수선물의 대상지수이기도 하다.

7) 시가총액 규모별 주가지수

한국거래소는 2003년 2월 17일부터 상장종목을 기업규모에 따라 대·중·소형주로 분류하여 시가총액 규모별 지수를 산출함으로써 각종 시황분석 및 포트폴리오 성과측정지표로 활용하고 있다. 지수산출 대상종목은 증권투자회사, 관리종목, 정리매매종목, 신규상장종목을 제외한 전체 보통주이며, 기준시점 및 기준지수는 2000년 1월 4일, 1,000포인트이고, 정기변경은 연 2회이다. 유가증권시장의 분류기준은 대형주는 종목별 시가총액 상위 100위 이내, 중형주는 101~300위, 소형주는 301위 이하이다. 한편, 코스닥시장에서는 상위 100위까지를 대형주로 하고, 중형주는 101~400위, 나머지는 소형주로 구분한다. 투자자들이 투자하려는 종목이 대기업인지 아니면 중소기업인지에 따라 규모별 주가지수를 참고하면 더욱 유용한 수단이 될 수 있다.

표 4.2 유가증권시장 규모 및 업종별 주가지수

지수명	지수	전일대비		거래량(천주)	거래비중	등락률	
		등락폭	등락률			전주대비	연초대비
코스피지수	2,557.97	+11.61	+0.46	535,879	100.00	+0.9	+3.1
대형주	2,430.57	+13.51	−0.69	155,774	29.50	+0.9	+3.2
중형주	2,744.35	+5.42	−0.24	167,811	31.78	+1.1	+2.3
소형주	2,064.04	−3.97	+0.30	163,397	30.95	+0.4	+2.3
음식료품	4,468.31	+28.87	−0.94	12,129	2.30	+5.2	+7.3
섬유의복	308.37	−2.36	−0.97	13,510	2.56	+3.7	+5.8
종이목재	305.95	+0.97	+0.37	16,228	3.07	−2.1	−1.4
화학	5,039.17	+27.13	+0.54	37,847	7.17	+1.8	+0.9
의약품	11,930.33	−27.75	−0.78	13,888	2.63	+3.6	+4.1
비금속광물	1,425.02	+2.47	+0.37	4,682	0.89	+2.5	+1.3
철강금속	6,581.50	−3.90	−0.06	13,890	2.63	+1.8	+0.2
기계	1,356.63	+9.18	+0.68	75,924	14.38	−3.0	+1.3
전기전자	18,697.65	+131.13	−1.44	90,543	17.15	+2.3	+3.8
의료정밀	3,139.08	+15.88	+1.24	11,683	2.21	+2.8	+10.1
운수장비	2,637.01	−63.38	−2.35	36,867	6.98	−3.4	−1.2
유통업	520.87	−2.60	−0.50	25,247	4.78	+4.3	+10.1
전기가스	1,188.63	−8.39	−0.96	2,934	0.56	+2.2	−2.2
건설업	201.91	−1.11	−0.55	9,768	1.85	−1.7	+0.7
운수창고	2,579.52	+28.98	−1.11	19,001	3.60	+3.5	+10.3
통신업	239.54	−3.07	−1.27	11,217	2.12	+0.9	−4.2
금융업	542.95	+3.46	+0.78	113,736	21.54	−0.9	+2.3
은행	328.53	+5.65	+2.21	8,093	1.53	−1.1	−3.2
증권	2,143.29	+6.49	+0.30	87,769	16.62	−2.6	+12.9
보험	21,173.40	+109.15	+0.67	7,282	1.38	+0.4	+9.6
서비스업	976.43	+3.13	+0.32	14,897	2.82	+3.4	+1.9
제조업	5,647.46	−43.88	−1.05	353,343	65.94	+1.1	+2.7

8) 산업별 주가지수

한국거래소는 각각의 산업별로도 주가지수를 산정해서 발표하고 있다. 즉, 동일한 업종에 종사하는 기업들을 한데 묶고, 그들의 주식가격을 이용해서 주가지수를 계산한 것이다. 이러한 산업별 지수는 유가증권시장은 음식료품, 전기전자, 건설업, 서비스업, 금융업 등 22개 업종으로 나누고 있으며, 코스닥시장은 일반업종 20개와 14개 IT업종으로 구분하여 산출하고 있다. 산업별 지수는 특히 주식가격이 산업별로 동시에 상승·하락하는 경우 아주 중요한 정보를 담고 있는데, 이를 이용해서 투자자들은 자신이 투자하려는 투자대상 기업이 어느 업종에 속하는지를 고려하면 산업별 주가지수는 한층 더 유용한 투자지표가 될 수 있다.

4.3 주식시세표

주식시세표는 크게 유가증권시장과 코스닥시장 등 시장별로 시세로 나누어 발표하고 있다. 그런데 유가증권시장의 시세표에서 일반종목은 다시 음식료품, 건설업, 전기전자, 유통업과 같이 산업별 20여 업종으로 구분하여 발표하고 있다. 또한 상장된 회사가 상장요건을 충족하지 못하게 되거나 영업정지 혹은 부도발생 등으로 주권이 상장폐지기준에 해당하는 사유가 발생할 경우 관리종목으로 지정하여 발표하고 있으며, 상장지수펀드(ETF), 상장지수증권(ETN) 등은 일반종목에 포함시키지 않고 별도로 기재하고 있다.

코스닥시장의 시세표는 우량기업부, 중견기업부, 벤처기업부, 신성장기업부, 외국기업 등으로 구분되어 있고 유가증권시장과 마찬가지로 상장폐지기준에 해당하는 기업들은 관리종목으로 따로 분류하고 있다.

〈표 4.3〉은 한국경제신문에서 볼 수 있는 주식시세표의 실례이다. 2017년 11월 3일의 종합주가지수는 2,557.97포인트이며, 전일의 종가기준으로 볼 때 11.61포인트 상승했다는 것을 알 수 있다. 증권회사의 HTS, WTS, MTS 등에서 제공하는 주식시세표를 보는 방법도 동일하다.

1) 종목명(코드번호)

주식을 발행하는 기업의 이름을 말한다. 각 종목에는 고유 코드번호가 있는데, 이는 ○○○○○○의 형식(6자리)으로 되어 있으며, 같은 회사라도 보통주와 우선주는 코드번호가 다르다. 즉, 별개의 종목으로 취급하는 것이다.

일반적으로 아무런 표시가 없으면 보통주를 가리키며, 우선주 또는 신형우선주가 발행된 기업이면 기업명 밑에 1우 혹은 1우N, 2우N 등으로 종목을 구분하게 된다. 1우는 구형우선주를 나타내며, 1우N, 2우N 등은 신형우선주를 의미한다.

표 4.3 시세표 실례

코스피지수 2557.97 +11.61(0.46%)				코스닥지수 701.13 +6.17(0.89%)			
종목 (종목코드)	종가	등락	거래량(10주)	고가	저가	52주	
						고가	저가
철 강 · 금 속							
POSCO (005490)	325500	▲2500	16711	328000	322500	349500	226500
동국제강 (001230)	10850	▲200	35337	11050	10650	15850	7860
현대제철 (004020)	59500	▽2400	73094	59500	57400	65400	46500
휴 스 틸 (005010)	14650	–	555	14750	14600	16900	13800
전 기 전 자							
L G 전 자(066570)	92000	▲200	86537	93000	91000	98500	44700
〃 1 우(066575)	44150	–	3331	44450	43400	47800	22400
SK하이닉(000660)	84400	▲1000	405012	84500	81900	90300	38700
삼성전기 (009150)	102500	▲1000	38720	103500	100500	114500	44800
〃 1 우(009155)	50000	▲300	1160	50300	49550	58500	24600
삼성전자 (005930)	2819000	▽34000	19871	2857000	2793000	2876000	1539000
〃 1 우(005935)	2300000	▽29000	5176	2334000	2285000	2359000	1206000
삼영전자 (005680)C	13200	▽250	2511	13500	13200	14950	10850
삼화콘덴 (001820)D	22450	▽1300	47404	24000	22150	29750	7950
건 설 업							
G S 건 설(006360)	26700	▲150	26602	26900	26350	34800	23050
고려개발 (004200)	5800	▲410	36414	6780	5800	8280	4800
대림산업 (000210)	89500	▲2500	61327	91300	86500	94600	74600
〃 1 우(000215)	35950	▲2600	5366	38900	34000	39800	27800
동부건설 (005960)	11500	▽50	2664	11650	11250	17200	9150
운 수 장 비							
기 아 차 (000270)	35250	▲100	86308	35800	35150	41900	29950
대우부품 (009320)C	2200	▽60	169602	2255	2180	2545	1370
현대중공((009540)	159500	▲3000	14088	159500	157000	187500	123690
현 대 차 (005380)	161500	▲1500	42667	164000	159500	173000	129000
〃 1 우 (005385)	106000	▲2500	5320	106000	102000	116000	87000
〃 2우N (005387)	117000	▲1000	10269	117000	114500	121500	91500
〃 3우N (005389)	96800	▲600	868	97000	95800	108000	83000

2) 액면가

액면가는 종목명(코드번호) 옆에 알파벳 A, B, C, D, E 등으로 표기하며, 최저 100원(A)부터 200원(B), 500원(C), 1,000원(D), 2,500원(E), 그리고 아무런 표시가 없으면 액면가 5,000원을 의미한다.

3) 권리락과 배당락

유·무상증자 시 신주인수권 또는 신주의 무상교부권을 받을 수 있는 권리가 사라져서 주가가 하락한 상태를 의미하는 권리락은 ◉표시로 나타내고, 배당기준일이 지나서 배당을 받을 권리가 소멸되어 주당 배당금만큼 주가가 하락한 상태를 의미하는 배당락은 ★표시로 나타낸다.

4) 시장경보종목

한국거래소에서는 단기간에 주가와 거래량이 급변한 종목에 대하여 투자자들의 주의를 환기시키기 위한 조치로 시장경보종목으로 지정한다. 한국경제신문의 경우, 시장경보종목을 투자주의는 ①, 투자경고는 ②, 투자위험은 ③으로 표시하고 있다.

5) 종가

당일 마지막 거래에서 성립된 가격을 종가(終價)라고 한다(장종료 전 10분 간 동시호가매매에서 결정). 흔히 종가는 그 날의 가격상승 및 하락폭, 상·하한가 등을 결정하는 가준가격으로써 중요한 의미를 갖는다. 2017년 11월 3일 삼성전자의 종가는 2,819,000원이다. 한편 시가(始價)를 나타내는 경우도 있는데, 하루 중에서 최초로 성립된 가격, 즉 최초의 입회에서 형성된 가격을 말하며 개장가 또는 시초가라고도 한다(개장 전 1시간 동안 동시호가매매에서 결정).

6) 등락

주가의 등락은 현재가격이 전일의 종가와 비교하여 얼마나 상승 또는 하락하였는지를 수치로 나타낸 것이다. 전일의 종가에 비해 상승한 경우에는 ▲표시를, 하락한 경우에는 ▽표시를 나타낸다. 또한 가끔 검은색(또는 붉은색)의 상향화살표(⬆)와 하얀색(또는 파란색)의 하향화살표(⇩)를 볼 수 있는데, 이는 상승 혹은 하락한 금액이 일일 가격제한폭과 동일한 경우에 나타난다. ⬆표시는 상한가라고 하여 해당 종목의 주가가 가격제한폭까지 상승한 경우를 의미하며, ⇩표시는 하한가라고 하고 해당 종목의 주가가 가격제한폭까지 하락한 경우를 의미한다. 2017년 11월 3일 삼성전자는 전일 종가 대비 34,000원이 하락하였다.

7) 고가와 저가

당일의 체결가격 중에서 가장 높은 가격과 최저 가격을 지칭하며, 이 두 가격의 차이가 클수록 주가의 일일 변동성이 크다는 의미한다. 삼성전자의 2017년 11월 3일 하루 중의 최고가는 2,857,000원이고 최저가는 2,793,000원 이었다.

8) 거래량

거래량(매수량=매도량)은 주식시장에서 거래가 성립된 주식수, 즉 거래당일에 매입 혹은 매도된 주식의 총수를 나타낸다. 삼성전자의 11월 3일 거래량은 198,710주이다.

9) 52주 주가

최근 52주 동안 각 주식의 최고 및 최저가격을 나타내는 것으로 현재의 주가가 이 기간 동안의 주가수준으로 미루어 보아 어느 가격대에 있는지를 살펴보기 위한 것이다. 경우에 따라 20일(1개월), 120일(6개월) 또는 연중 최고・최저가격을 나타내는 경우도 있다.

4.4 주식(시장)지표

1. 증시주변 자금동향

주식가격은 기본적으로 시장의 수요와 공급에 의해 결정된다. 공급이란 상장기업들이 발행한 주식수가 되며, 수요는 주식을 매입하려고 하는 투자자의 자금동향을 통해 파악할 수 있다. 발행물량에 비해 주식시장에 유입되는 자금이 적으면 주식가격은 하락하게 되고, 반대로 유입자금이 많으면 대체적으로 주가는 상승하게 된다. 주식시장에 유입되는 자금은 수많은 요인에 의해 영향을 받는데, 이러한 요인들을 모두 파악하기는 현실적으로 불가능하다. 따라서 증시주변 자금들 간의 상호관계를 파악함으로써 증시에 유입되는 자금, 즉 주식의 수요를 분석해야 한다.

표 4.4 증시주변 자금동향

(단위 : 백만원)

구 분	2017년 12월 14일	전일대비	전월대비
고 객 예 탁 금	24,931,177	+222,027	+582,886
선 물 예 수 금	8,300,539	−33,174	−80,446
신용 융자 잔고	10,070,519	+53,465	+730,311
대 주 잔 고	6,448	−588	−3,023
위탁자 미수금	126,571	−13,919	+22,476
환 매 잔 고	69,179,557	−294,139	−2,320,428

1) 고객예탁금과 선물예수금

투자자가 보유하고 있던 주식을 팔면서 받게 되는 매도대금은 특별한 일이 없는 한 보통 증권회사에 맡겨두게 되는데, 이렇게 맡겨두는 금액과 신규로 유입되는 자금을 합하여 고객예탁금(투자자예탁금)이라고 한다.[3)]

고객예탁금은 투자자들이 주식을 매수하려고 맡겨둔 일시적인 자금이기 때문에 앞으로 증권시장에 유입될 수 있는 자금이다. 따라서 고객예탁금이 많다는 것은 주식을 매수할 수 있는 여력이 충분하다는 것을 의미한다. 그리고 고객예탁금이 증가하고 있다면 향후 주식시장의 전망을 밝게 보는 투자자들이 주식매입을 위해 증권시장에 진입한다고 이해할 수 있다. 따라서 고객예탁금 증가는 주식시장의 상승을 의미하는 지표가 되며, 고객예탁금 감소는 향후 주식시장의 하락을 나타내는 징후로 볼 수 있다.

고객예탁금은 주가변동과 매우 밀접한 관계를 갖고 있다. 시황에 따라 다소 다른 유형의 변화를 보이기는 하지만, 대체로 주가상승 시기에는 주식시장으로 유입되는 예탁자금의 증가 속도가 주가상승 속도보다 빨라서 예탁금이 빠르게 증가한다. 반면에 주가하락 시기에는 예탁자금이 시장으로부터 유출되기는 하지만, 자금이 빠지는 속도는 주가하락 속도보다 다소 느리게 나타난다.[4)]

한편 선물예수금은 파생상품시장, 즉 선물・옵션시장에 투자하기 위해 예탁하는 자금으로 현물 주식시장에 투자하기 위한 자금인 고객예탁금과 비교하여 살펴볼 필요가 있다.

2) 신용융자잔고와 대주잔고

투자자들은 일정한 위탁증거금을 담보로 하여, 증권회사로부터 돈을 빌려 주식을 살

---

3) 고객예탁금은 증권회사가 일정한 이용료를 고객에게 지급하고 사용할 수 있다.

4) 주의할 점은 일반투자자들은 주가가 계속 올라 주식시장이 과열된 상태에서 시장에 진입하는 경우가 많으므로, 지나친 고객예탁금의 증가는 주식시장이 하락세로 반전될 시기가 가까워졌음을 의미할 수도 있다.

수도 있고(신용매수) 반대로 주식을 빌려서 팔 수도 있는데(신용매도), 이러한 제도를 신용거래라고 한다. 즉, 신용거래에는 융자(融資)와 대주(貸株)가 있는데, 융자는 증권회사의 고객이 신용거래에 의해 주식을 매입하는 경우, 이에 필요한 자금을 증권회사가 대출해 주는 것을 말한다. 반면에 대주란 증권회사의 고객이 신용거래에 의하여 주식을 매도하는 경우, 이에 필요한 주식을 증권회사가 빌려주는 것을 말한다. 이러한 신용거래는 대출기간이 정해져 있기 때문에 일정 기간 후에는 빌려간 자금이나 주식을 상환하여야 한다.[5)]

신용융자잔고가 증가한다는 것은 주가상승을 기대하고 돈을 빌려서 주식을 매수하려는 사람이 늘어난다는 것이므로 주식시장의 상승을 예상할 수 있다. 하지만 신용융자에 의한 주식매수는 향후 매도주문으로 전환되기 때문에 과도한 수준까지 증가한 경우는 급격한 매물압박을 받을 가능성이 있으므로 유의하여야 한다. 한편 신용융자가 감소한다는 것은 매수세력이 줄어들어 주가하락을 예상할 수 있다.

반면에 대주잔고가 증가한다는 것은 기본적으로 증권사로부터 주식을 빌려서 매도하는 사람이 많다는 것이다. 이는 많은 투자자들이 주가하락을 예상하고 있다는 간접적인 증거가 될 수 있다. 하지만 대주잔고 또한 조만간 매수주문으로 전환되어야 하므로 주의 깊게 판단할 필요가 있다.

3) 위탁자 미수금

위탁자 미수금이란 증권사의 고객이 주식투자와 관련하여 증권회사에 납부하여야 할 매수대금 미납분, 신용거래 결제부족금, 유상증자 청약대금의 미납분 등을 말한다. 위탁자 미수금이 발생하면 증권사는 미수금을 상환할 것을 고객에게 통보하고, 만일 기간 내에 납부하지 않을 경우에는 수탁계약준칙에 의거하여 반대매매로 강제로 결제처리한다. 미수금이 증가할 경우에는 대기 매도물량이 증가하여 시장의 하락세를 가져올 수 있으므로 미수금의 추이는 시장의 장세를 판단하는 중요한 지표이다.

4) 환매잔고

환매잔고는 단기금융상품인 환매조건부채권(RP)의 잔고로, 투자자들이 마땅한 투자처를 찾지 못한 돈을 일시적으로 넣어둔 것이다. 따라서 환매잔고는 언제든지 주식에 투자할 수 있는 증시주변 자금으로 인식되어 주식시장에 대한 유동성 공급여력을 파악하는 지표로 활용된다.

---

5) 일반적으로 신용거래에서 융자거래의 신용기간은 90일(2회 연장 가능)이고 대주거래의 신용기간은 60일(연장 불가)로 정해져 있다.

2. 장세지표 및 거래현황

표 4.5 장세지표 및 거래현황

구 분	2017년 12월 14일	전 일	전일대비
시가 총액(10억원)	1,606,804	1,613,324	6,520
상장주식수(10만주)	424,838	424,883	45
거래량회전율(%)	1.51	1.81	−0.30
거래대금회전율(%)	0.67	0.77	−0.10
상 승(종목)	419	373	−78
상 한 가(종목)	1	1	0
하 락(종목)	384	479	95
하 한 가(종목)	0	0	0
보 합(종목)	75	77	−2
기 세(종목)	0	1	1
거 래 형 성(종목)	878	878	0
거래형성률(%)	98.9	89.9	0
가중주가평균(원)	37,464	37,496	−32
수정주가평균(원)	39,338	39,356	−18
신 고 가(종목)	16	9	−7
신 저 가(종목)	5	8	3

1) 시가총액과 상장주식수

시가총액은 주식시장에 상장되어 있는 모든 주식수와 그때의 주가를 곱하여 산출하는데, (식 4.3)에서 볼 수 있는 바와 같이 시가총액은 주가의 변동과 함께 시시각각 변하게 된다.

$$\text{시가총액} = \sum_{i=1}^{n} (\text{상장주식수}_i \times \text{주식가격}_i) \quad (\text{식 } 4.3)$$

여기서, i : 상장주식

시가총액은 주식시장의 규모를 나타내고 있기 때문에 한 국가의 경제지표로써도 중요한 의미를 가진다. 따라서 국가별 주식시장의 규모를 비교할 경우, 우선적으로 시가총액이 사용된다. 시장규모가 크다는 것은 주식의 유동성이 크다는 것, 즉 매매가 원활하게 이루어지고 있다는 것을 의미하기 때문에 대량의 자금을 운용하는 기관투자자의 입장에서는 참여하기가 용이한 것이다. 또한 GDP 대비 시가총액의 비율을 이용하면 경제전체에서 주식시장이 차지하는 위치 등을 알아볼 수 있다.

시가총액의 증감은 상장주식수의 증감과 주가의 등락에 의하여 결정된다. 주가 변동 없이도 발행주식의 물량이 증가하면 시가총액은 증가할 것이며, 주식가격의 하락에도 불구하고 물량의 증가율이 주가 하락률보다 높을 경우에는 시가총액은 오히려 증가할 수 있다.

시가총액의 증가는 주식시장의 규모를 점점 확대하는 양적인 힘을 가지고 있지만 증가의 주된 원인이 무엇인지에 따라 주가에 미치는 파급효과가 다르게 나타난다. 따라서 업종별 시가총액의 증감을 파악하고 신규상장, 유・무상증자, 상장회사가 이미 발행한 전환사채의 주식전환 등을 통하여 최근, 과거 혹은 향후 주식물량을 검토하여야 한다.

시가총액이 가지는 또 다른 중요성은 시가총액을 기타 다른 지표와 함께 사용하여 주식시장의 활황성 혹은 매매빈도성(회전율) 등을 측정할 수 있다는데 있다.[6]

2) 거래량회전율

주식시장에서 거래가 성립된 주식의 수를 '거래량'이라 하고, 거래된 매매대금을 '거래대금'이라고 한다. 경제규모가 확대되면서 상장기업들은 주식을 계속 발행하려고 하고(증자), 새로이 상장되는 기업들의 수가 늘어나게 된다. 그렇게 되면 자연히 거래량이 증가하게 되는데, 거래량의 증감추이를 살펴볼 때 단순히 거래량의 변동만을 고려할 것이 아니라 상장주식수까지를 고려하는 것이 바람직하다.

거래량회전율은 개별종목의 회전율과 전체시장의 회전율로 나눌 수 있다. 개별종목의 거래량회전율은 일간, 주간, 월간 또는 연간의 거래량을 상장주식수로 나누어 산출하여 일정 기간에 당해 주식거래의 회전율을 나타내준다. 회전율이 높은 종목일수록 증권시장에서 거래가 활발히 이루어지는 인기주라고 할 수 있다.[7]

$$\text{개별종목의 거래량회전율} = \frac{\text{당해종목의 거래량} \times \text{거래일수}}{\text{당해종목의 상장주식수}} \times 100(\%) \quad \text{(식 4.4)}$$

전체시장의 거래량회전율은 당일의 거래량에 매매거래일수를 곱하여 연간 거래량으로 환산하여 계산하는 것으로 증권의 시장성을 측정하는 지표로 이용된다.

$$\text{전체시장의 거래량회전율} = \frac{\text{당일거래량} \times \text{연간거래일수(통상300일)}}{\text{상장주식 총수}} \times 100(\%) \quad \text{(식 4.5)}$$

6) 시가총액회전율을 예로 들 수 있는데, 일정 기간 동안의 거래대금을 당해 기간 중의 평균시가총액으로 나누어 회전율을 산출한다.

7) 가끔 대량의 자전거래(한 종류의 주식이 동일수량, 동일가격으로 매수와 매도를 동시에 실시하는 매매)에 의해 거래량회전율이 급격히 상승하는 경우도 있다.

거래량회전율이 높을수록 시장은 강세를 나타내는데, 우리나라에서는 100% 이상이면 대체로 천정권으로 인식하여 시장이 과열된 것으로 보고 20% 이하이면 주가가 바닥수준을 나타내는 침체장으로 본다.

거래량회전율이 전일에 비하여 상승하였다는 것은 거래가 더 활발해졌다고 해석할 수 있지만 거래량회전율만을 가지고 시장의 실체를 정확히 파악할 수 없어서 거래대금회전율과 병행하여 사용하고 있다. 발행주식수가 많은 대형주의 종목은 거래량회전율 공식의 분모를 증가시키므로 대체로 회전율이 낮게 나오고, 발행주식수가 적은 소형주는 회전율이 높게 나오는 경향이 있기 때문이다.

3) 거래대금회전율

주식들의 가격은 모두 다르기 때문에 거래된 주식의 양이 같다고 하더라도 고가의 주식이 거래되는 경우와 저가의 주식이 거래되는 경우에는 그 매매대금이 차이가 나게 마련이다. 따라서 거래량회전율뿐만 아니라 거래대금회전율을 동시에 살펴보는 것이 바람직하다. 거래대금회전율은 당일의 거래대금을 시가총액으로 나누고, 거래일수를 곱하여 계산한다.

$$\text{거래대금회전율} = \frac{\text{당일의 거래대금} \times \text{연간거래일수}}{\text{시가총액}} \times 100(\%) \qquad \text{(식 4.6)}$$

앞에서 설명한 거래량회전율이 동일하다 하더라도, 고가주의 거래가 더 자주 발생한다면 거래대금회전율은 더 높게 나타나게 된다. 반대로 가격이 낮은 주식의 거래가 활발하게 일어난다면 거래대금회전율은 낮게 나타날 것이다. 어떤 기간 중에 거래량회전율과 거래대금회전율이 모두 다른 기간에 비하여 높다면 주식시장의 매매가 활발하여 시장성이 높으며, 거래량회전율은 높고 거래대금회전율은 낮게 나타난다면 저가주의 거래가 활발하고, 반대로 거래량회전율이 낮고 거래대금회전율이 높다면 고가주의 거래가 활발하다고 할 수 있다.

4) 상승과 하락

상승 · 하락은 전일의 종가와 비교하여 가격이 상승한 종목들과 하락한 종목들의 수를 나타낸다. 상승종목의 수가 하락종목의 수보다 많다는 것은 전반적인 장세가 상승국면이라는 것을 나타내며, 반대의 경우에는 장세가 하락하고 있음을 나타낸다.

5) 상한가와 하한가

주가가 시세를 반영하지 않고 수급의 불균형이나 과당투기 등으로 폭등하거나 폭락하면 투자자들은 예상하지 못했던 손해를 입을 수 있다. 이것을 방지하기 위해 한국거래소에서는 하루 동안에 주가가 움직일 수 있는 범위를 제한하고 있다. 이 가격제한폭(±30%)은 주식의 경우 원칙적으로 기세를 포함한 전일 종가를 기준으로 하여, 주가가 당일의 가격폭 상한선까지 오른 경우를 상한가, 하한선까지 내린 경우를 하한가라고 한다.

6) 보합

보합(保合, stationary)이란 시세가 특별한 변동을 보이지 않고 일정 수준에서 계속 유지되는 것을 말한다. 시세가 상승한 상태에서 보합상태를 유지하는 것을 강보합, 시세가 하락한 상태에서 보합상태를 유지하는 것을 약보합이라고 한다. 오랫동안 보합상태를 지속하다가 어느 순간에 주가가 보합권을 탈피하여 움직이게 되면 주가의 방향은 향후의 주가추이를 예고하는 경향이 있다.

7) 기세

기세란 거래소에서 매매거래가 장종료 시까지 이루어지지 않은 경우의 호가로, 전일의 시세에 비하여 가장 낮은 매도호가 또는 가장 높은 매수호가를 말한다. 기세는 매매가 형성되지 않았을 뿐 시세의 흐름을 반영하고 있기 때문에 주가 흐름의 연속성을 부여하기 위하여 시세로 인정하고 있다.

직전의 시세에 비하여 낮은 매도호가가 있음에도 불구하고 매매가 형성되지 않았다는 것은 당해 종목의 주가가 하락현상을 보이고 있음을 의미한다. 그리고 직전 시세에 비하여 높은 매수호가가 있음에도 불구하고 매매가 성립되지 않는다는 것은 그 날의 당해 종목의 주가가 상승세에 있음을 뜻한다. 시세표에는 당해 종목의 시세 앞에 ×표시를 하고 있다.

8) 거래성립률

거래성립률이란 주가의 상승이나 하락과는 상관없이 거래가 성립된 종목이 증권시장에 상장된 종목수와 비교해서 어느 정도인가를 비율로 나타낸 것이다.

$$\text{거래형성률} = \frac{\text{거래성립 종목수}}{\text{총상장 종목수}} \times 100(\%) \qquad \text{(식 4.7)}$$

이 비율이 80% 선이면 보통 수준이며, 90% 정도이면 높은 수준, 70% 선이면 낮은 수준으로 판단한다.

9) 가중(수정)주가평균

가중주가평균은 주가에 시가총액의 구성비율에 따라 가중치를 주어 계산한 주가평균을 말하는 것이다. 한편, 수정주가평균은 채용종목 중 어떤 종목이 권리락, 유·무상증자, 주식분할 등이 있거나 채용종목이 추가, 삭제, 교체가 있는 경우에 항생제수의 수정에 의하여 조정함으로써 주가평균의 단절을 제거하여 주가평균의 연속성을 유지하기 위한 것이다.

10) 신고가와 신저가

현재까지 거래된 가격 중 최고가 혹은 최저가를 의미한다. 경우에 따라서 연중신고가 또는 연중신저가를 표시하는 시세표도 있는데, 이는 연중 최고, 최저가격을 의미한다.

11) 거래량 상위종목

거래량 상위종목은 어떤 종목이 활발하게 거래되었는지를 알 수 있는 좋은 지표일 뿐만 아니라 주식시장을 주도하는 업종이 무엇인가를 알 수 있는 유용한 정보이다. 특히 우리나라와 같이 업종별로 장세를 주도하는 시장에서는 더욱 그 유용성이 높다. 거래량 상위종목 중에 건설, 철강·금속 등의 업종이 많이 포함되어 있다면 건설관련 주식이 장세를 주도하는 것으로 해석할 수 있으며, 음식료품, 섬유·의복 등의 업종이 많이 포함되어 있다면 소형주가 시장을 주도하였으므로 코스피지수의 상승은 미미한 것으로 나타날 수 있다.

개별종목에서 거래량의 추이는 향후 주가의 동향을 예측하는 중요한 지표가 될 수 있다. 왜냐하면 거래량은 개별주식에 대한 투자자의 관심도를 반영하기 때문이다. 그러나 거래량이 많다고 해서 그 주식에 대한 투자가 증가할 것이라는 단순한 판단은 큰 손실을 초래할 수도 있다. 거래량은 매수수요의 증가로 상승할 경우도 있지만 주가가 상한선으로부터 하락하기 시작할 때 매도물량이 증가하여 거래량이 증가할 수도 있기 때문이다. 따라서 매수세에 의한 거래량의 증가인지, 아니면 매도세에 의한 거래량의 증가인지를 주의 깊게 살펴볼 필요가 있다.

표 4.6 거래량 상위종목

순위	종 목 명	현재가	등 락	거래량	거래대금(백만)	시가총액(억)
1	금호타이어	4,455	▲435	39,135,002	186,556	7,039
2	주연테크	740	▲22	32,240,583	24,581	472
3	우리들휴브레인	3,780	▲245	8,878,568	34,468	815
4	삼성중공업	7,330	▲110	8,333,811	61,021	28,587
5	서울식품	275	▽5	7,776,292	2,150	928
6	미래에셋대우	10,400	▽500	7,134,487	75,146	69,297
7	영화금속	1,475	▲50	7,036,416	10,806	670
8	우리들제약	11,950	▲600	6,519,294	79,372	1,349
9	우리종금	523	▲35	6,173,261	3,301	2,480
10	암 니 스	9,950	▽700	4,983,750	41,572	1,886

부자가 되고 싶으면 재무목표를 만들어라

요즘 재테크에 대한 사람들의 관심이 대단히 높습니다. 그렇다면 재테크를 위해 무엇부터 어떻게 시작해야 할까요? 여기에 대한 의견은 분분하지만 전문가들의 의견을 종합해 보면, 가장 중요한 부분이 먼저 개인의 재무목표를 명확히 설정하는 것입니다. 이때 '막연히 얼마를 모으고 싶다거나, 나도 부자가 되고 싶다' 등의 상상이나 꿈은 안됩니다. 사랑하는 가족을 위해 실패하지 않고 무조건 달성해야 하는 구체적인 재무목표를 기간에 따라 설정한 후, 이를 위해 공부하고 실행하며, 우직하게 목표를 달성할 때까지 노력해야 합니다.

재무목표의 설정과 실현에 관한 흥미로운 사례를 살펴보겠습니다.

1950년대 미국의 명문 예일대학에서 그 해 졸업을 앞둔 졸업생들을 대상으로 재미있는 실험을 한 적이 있습니다. 예일대학 졸업생의 목표달성 추적연구(Yale Goal Study)로 1953년 한 연구팀이 예일대학 졸업반 학생들에게 인생에서 성취하고 싶은 목적을 구체적으로 적어놓은 것이 있는지를 물어보고, 20년 후, 그 졸업생들을 추적조사한 연구입니다. 그 결과 구체적인 목표를 세운 3%의 학생들이 나머지 97%의 동창생들보다 훨씬 성공한 것으로 나타났다는 내용입니다.

비슷한 실험으로 하버드경영대학원의 경우 1979년 졸업생들을 조사하였는데, 구체적인 목표가 없다고 대답한 사람이 84%, 장래목표는 있지만 적어본 적이 없다고 한 사람이 13%, 그리고 장래목표를 명확하고 구체적으로 종이에 적어본 적이 있는 졸업생이 3%였습니다. 그리고 10년 후, 1989년 놀라운 결과가 나왔습니다. 13%의 그룹은 84%의 그룹보다 평균 2배 많은 돈을 벌고 있었고, 놀랍게도 3%의 그룹은 나머지 97%의 졸업생보다 10배가 넘는 돈을 벌고 있었습니다.

놀랍지 않습니까?

목표와 꿈을 구체화해서 기록으로 남기는 것이 행동을 지배합니다.

4.5 주식의 가격결정과정

시장에서 거래되고 있는 물건들은 가격이라는 매개체에 의해 매매된다. 소비자들은 가격을 통해서 제품의 구입 여부를 결정하게 되는데, 이러한 가격은 아무렇게나 결정되는 것이 아니다. 우선 제품 공급자측에서는 얼마간의 이익을 남기고자 하기 때문에 제품원가에 어느 정도의 마진을 붙여서 파는 것이 상례이다.

그렇다고 마진을 무작정 높일 수 있는 것은 아니다. 가격이 너무 높아서 소비자들에게 팔리지 않는 선이 가격의 최고한계선이고, 가격이 너무 낮아서 기업이 이익을 실현시킬 수 없는 수준이 최저한계선이다. 그 사이에서 산업 내 경쟁자들의 상황에 따라 가격이 다르게 결정된다. 이와 같이, 가격은 공급자측의 일방적인 계획에 의해서 결정되는 것이 아니라 수요자측의 반응과 어우러져서 결정되게 된다.

주식가격 또한 마찬가지이다. 주식을 발행할 때, 기본적인 가격결정요인은 주식을 통해 미래에 이익을 얼마나 실현시킬 수 있는지 여부에 달려있다. 하지만 은행이자나 채권처럼 주식이 확실한 수익을 보장해주는 것은 아니기 때문에, 주식을 보유하는데 따르는 이익의 실현가능성 여부를 투자자들이 가지고 있는 정보에 의해 판단하여 나름대로의 가격을 예상하게 된다. 각기 다른 정보를 가진 투자자들이 생각하는 주가는 상당히 주관적일 수밖에 없으며, 설령 동일한 정보를 가지고 있다고 하더라도 투자자들이 정보에 대해 느끼는 정도가 상이하기 때문에 각각 다른 판단을 하게 된다.

가정을 단순하게 해서 생각해 보자. 주식시장에는 갑, 을, 병 세 명의 투자자와 오직 하나의 주식 H만 존재한다. 그리고 이 주식은 시장에서 20,000원에 거래되며, 현재 갑이 소유하고 있다고 하자. 다음은 세 사람이 가지고 있는 주식 H에 대한 각기 다른 견해를 보여주고 있다.

투자자 갑 H주식에 대한 정보를 분석해 본 결과, 수익성이 낮을 것 같다. 또한 향후 증시전망도 그렇게 밝지 못하기 때문에 H주식의 가격은 19,000원으로 떨어질 것이다. 따라서 H주식을 시장에 내다 팔기로 하자.

투자자 을 H주식의 정보를 수집해 본 결과, 투자자 갑이 가지고 있지 않은 유용한 정보가 있다. 또한 주식시장은 향후에 활황을 보일 것이며, 이에 따라 H주식의 가격이 23,000원까지 오를 것이다. 그러므로 현재 H주식을 매입하는 것이 유리하다.

투자자 병 H주식에 관한 정보를 분석해 본 결과, 우량주는 아니지만 수익성이 괜찮아 21,000원의 가치가 있어서 현재 20,000원 정도면 적당할 것으로 생각된다. 따라서 20,000원에 H주식을 구입해야겠다.

갑, 을, 병 세 사람이 동일한 주식을 놓고 서로 다른 견해를 보이고 있다. 현재 투자자 갑은 H주식을 내다 팔려고 하는데, 19,000원보다 높은 가격이면 기꺼이 매도하려고 할 것이다. 투자자 을은 H주식이 우량주라고 판단하고 있으며, 앞으로 가격이 상승할 것으로 내다보고 있다. 따라서 현재 H주식을 20,000원에 매입하려고 할 것이다. 마찬가지로 투자자 병 또한 H주식에 대해 양호하다고 결론 내려 20,000원에 매입하려고 할 것이다. 물론 투자자들이 저마다 갖고 있는 이러한 생각은 서로가 알 수 없다. 이와 같은 상황에서 H주식의 가격은 어떻게 결정되는 것일까?

현재 H주식의 가격은 20,000원에 시장에서 거래되고 있기 때문에 을과 병은 이 주식을 매입하려고 할 것이다. 그런데 주식은 한 사람밖에 살 수 없기 때문에 을과 병은 주식을 구입할 욕심으로 두 사람 모두 20,000원보다 높은 가격을 제시할 것이고 주식의 가격은 상승하게 된다. 그러면 얼마까지 상승할 것인가. 그것은 을과 병 두 사람 중에 주식을 포기하는 가격선에서 결정될 것이다. 현재 병은 H주식의 가치를 21,000원까지 내다보기 때문에 그 이상으로 주식가격이 상승하면 사려고 하지 않을 것이다. 그러나 을은 주식의 가치를 23,000원까지 평가하고 있어서 21,000원이라도 기꺼이 매입하려 할 것이다. 따라서 주식 H의 가격은 시장에서 21,000원으로 결정될 것이다.

이와 같이, 가격결정과정이 마치 주식을 놓고 두 사람이 경매하듯이 서로 사고자하는 가격을 부르는 과정에서 계속 가격이 올라가다가 어느 한 사람에게 낙찰되는 방식을 취하는 것으로 생각하기 쉽지만 실상은 그렇지 않다. 현실 증권시장에서 주식의 경쟁매매방식에는 가격우선의 원칙과 시간우선의 원칙이 존재한다.[8] 따라서 투자자 을이 더 높은 가격 21,000원에 매수주문을 내놓더라도, 투자자 병이 먼저 20,500원에 사겠다고 주문을 내놓으면 시간우선의 원칙에 의해 주식은 병에게 팔리게 되어 있다.

이번에는 실제 증권시장에서 주식의 수급관계에 의해 가격이 결정되는 예를 설명하기로 하자. 〈표 4.7〉은 증권시장에서 수작업으로 거래를 성립시켜 가격을 결정할 때 사용하는 사과전자 주식에 대한 호가집계표이다. 현재 사과전자의 시장가격은 550,000원에 거래되고 있다. 매도호가란에는 사과전자에 대해서 공급자들이 팔고자 하는 수량과 이들이 위탁한 증권회사명이 표시되어 있다. 매수호가란에는 마찬가지로 사과전자 주식에 대해서

8) 제3장의 3.4 매매거래제도를 참조하면 보다 자세한 내용을 확인할 수 있다.

표 4.7 **호가집계표**

㈜사과전자 기준가(550,000원 : 전일종가)

공급자(매도잔량)	가격(호가)	수요자(매수잔량)
150/A 100/C 130/B 210/D 90/E 120/G	554,000	
140/G 120/F 50/C 110/B 80/D	553,000	
200/A 250/D 190/H 300/K	552,000	
400/A 200/D	551,000	
300/C	550,000	
	549,000	200/A 300/D
	548,000	110/D 80/C 240/G
	547,000	200/A 400/B 80/C 10/H 190/D
	546,000	100/A 200/S 300/B 400/D 300/H 200/G

수요자들이 사고자 하는 수량과 위탁한 회사명이 표시되어 있다. 공급자들은 되도록 비싼 가격에 팔려고 하고 수요자들은 낮은 가격에 사려고 하기 때문에 표에서도 볼 수 있듯이 가격이 높아질수록 공급자가 많고 가격이 낮을수록 수요자가 많아진다. 그리고 가격에 가까이 있으면 있을수록 시간상 먼저 매매를 하겠다고 주문을 낸 것이다. 즉, 매도호가의 경우에는 가장 우측에 있는 것이 그 가격대에서 가장 먼저 접수된 것이며, 매수호가의 경우에는 가장 좌측에 있는 것이 그 가격대에서 가정 먼저 접수된 호가이다.

가격이 554,000원선인 맨 위의 항목을 통해서 살펴보면 어떤 투자자가 G증권회사를 통해 먼저 120주를 팔겠다고 주문을 냈고, 또 다른 투자자가 E증권회사를 통해서 90주 매도주문을 내고 있다. 위의 호가집계표를 통해서 가장 낮은 가격으로 팔겠다는 550,000원과 가장 높은 가격으로 사겠다는 549,000원이라는 호가내용이 모든 증권회사의 증권거래시스템(HTS, WTS, MTS)과 시황판에 동시에 전달된다. 이 주식을 사고 싶은 사람은 550,000원에 매수주문을 내게 되면 즉시 살 수 있으며, 팔고 싶은 사람은 549,000원에 매도주문을 하면 즉시 팔 수 있는 상황이다.

만일 수요자측에서 549,000원에 사려고 했던 투자자들이 매수호가를 550,000원으로 정정한다면 사과전자 주식에 대한 거래가 발생하게 된다. 그런데 현재 550,000원에 사려고 정정한 투자자들이 A증권사를 통해서 200주와 D증권사를 통해서 300주를 합쳐서 500주나 되는데 비해, 550,000원에 팔려고 하는 투자자는 C증권사를 통해서 300주밖에 없다. 이 경우에는 시간우선원칙에 의해 A회사를 통해서 매수주문을 낸 투자자가 먼저 550,000원에 200주를 살 수 있고 D회사를 통해서 매수주문을 낸 투자자는 300주를 모두 살 수 없고 잔량 100주만을 구입할 수 있다. 만일 그 투자자가 구입하지 못한 200주를 추가적으로 더 사기를 원한다면 호가를 551,000원으로 올려야 매입할 수가 있는 것이다. 이 단계에서 주식의 현재가는 증권시장 전산망을 통해 551,000원으로 표시된다.

우리는 두 가지 예를 통해서 주식의 가격결정은 증권시장에서 경쟁매매방식을 통해서 이루어진다는 것을 살펴보았다. 결론적으로 주식의 가격결정은 주식시장에 참여한 투자자들이 나름대로의 정보를 통해 각 주식을 사고자 하는 측과 팔고자 하는 측으로 나뉘게 되며, 누가 먼저 매수 또는 매도주문을 통해서 거래를 발생시키느냐에 의해 이루어지게 된다.

핵심정리

- 주식은 기업에 출자한 주주의 지분을 의미하는 것인 동시에 주주의 권리를 나타내는 유가증권으로써의 주권을 가리킨다.
- 주식의 종류는 기본적으로 보통주와 우선주로 구분된다. 보통주는 주주총회에서 의결권을 가지는 반면, 우선주는 의결권이 없는 대신 배당이나 잔여재산의 배분에 대한 우선적인 권리를 주장할 수 있는 주식이다.
- 주가지수는 유통시장에서 거래되고 있는 주식가격의 변동을 종합적으로 표시하는 지수를 말하는 것으로, 어떤 기준시점을 결정하여 100(일부는 1,000)으로 놓고 비교시점의 주가수준을 상재적으로 지수화한 것이다.
- 동일한 주식시장에 대해서도 수치가 다른 여러 종류의 주가지수가 있을 수 있는데, 이는 주가지수 작성 시 표본을 어떻게 설정하느냐와 각 표본별로 가중치를 어떻게 설정하는가에 따라 달라지는 것이다.
- 시가총액방식은 상장된 모든 주식의 시장가치를 이용하여 주가지수를 계산하는 방식으로서 시장가치법이라고도 하며, KOSPI지수의 산출방식이 여기에 해당된다.
- KOSPI는 한국거래소의 유가증권시장에서 거래되는 모든 개별주식의 시가총액을 합산하여 기준시점(1980년 1월 4일)과 비교한 주식시장 전반의 주가변동 상황을 나타내는 지표이다.
- 코스닥지수는 코스닥시장에서 거래되는 전종목을 구성종목으로 하여 산출하는 주가지수이다. 한편, KRX100은 한국거래소의 유가증권시장과 코스닥시장을 대표하는 100개의 종목으로 구성된 통합주가지수이다. 그리고 KTOP30지수는 KRX100 종목 중에서 한국 증권시장을 대표하는 초우량기업 30개로 구성하고 주가평균방식으로 산출한 주가지수이다.
- 주식가격은 기본적으로 시장의 수요와 공급에 의해 결정된다. 공급이란 상장기업들이 발행한 주식수가 되며, 수요는 증시주변 자금들 간의 상호관계를 파악함으로써 증시에 유입되는 자금, 즉 주식의 수요를 분석할 수 있다.
- 증시주변의 자금동향을 파악하기 위해서는 고객예탁금, 신용융자잔고, 대주잔고, 위탁자 미수금, 환매잔고 등의 지표를 살펴보아야 한다.
- 시가총액은 주식시장에 상장되어 있는 모든 주식수와 그때의 주가를 곱하여 산출하며, 주식시장의 규모를 나타내고 있기 때문에 한 국가의 경제지표로써도 중요한 의미를 가진다.

연습문제

1. 보통주와 우선주를 구분하여 설명하시오.

2. 주가지수 작성방법에서 주가평균방식과 시가총액방식의 차이점을 설명하시오.

3. 다음 중 주가지수 선물거래의 대상지수는 무엇인가?
   ① KOSPI ② KRX100 ③ KTOP30 ④ KOSDAQ150

4. (　　　)는 그 날의 가격상승 및 하락폭, 상・하한가 등을 결정하는 대표가격으로써 중요한 의미를 갖는다.

5. 증시주변의 자금동향을 통해서 파악하고자 하는 것은 무엇인가?

6. (　　　)은 투자자들이 주식을 매수하려고 맡겨둔 일시적인 자금이기 때문에 미래 증권시장에 유입될 수 있는 자금이다.

7. 거래량회전율과 거래대금회전율을 통해서 알 수 있는 내용은 무엇인가?

8. 시가총액이 가지고 있는 의미를 설명하시오.

9. 시세가 특별한 변동을 보이지 않고 일정한 수준에서 유지되는 상태를 무엇이라고 하는가?

10. 현재까지 거래된 가격 중 최고가를 (　　　)라고 하고 최저의 가격을 (　　　)라고 한다.

제 5 장 기본적 분석

증권투자를 통하여 돈을 벌 수 있는 가장 확실한 방법은 좋은 증권을 쌀 때 사서 비쌀 때 파는 것이다. 지극히 평범한 이야기이지만 사실 이 말을 실행에 옮겨서 실제로 돈을 벌기란 쉽지가 않다. 도대체 어떤 주식이 좋은 주식이고 언제 사고팔아야 싸게 사고 비싸게 파는 것인지 알 수 있는 방법이 있을까? 이번 장에서는 이러한 질문에 답하기 위해서 먼저 증권분석에 대해서 살펴보고, 경제, 산업, 기업분석으로 구분하여 기본적 분석방법을 설명할 것이다.

5.1 증권분석과 기본적 분석의 체계

1. 증권분석의 의의

증권시장이 형성된 이래로 좋은 증권을 선택하고(selection), 그 증권을 사고파는 매매시점을 결정하는 것(market timing)은 모든 투자자들의 지대한 관심사이다. 많은 사람들이 자신들의 지식이나 경험을 토대로 좋은 증권의 선택과 매매시점에 관하여 다양한 이야기들을 하고 있다. 그 이야기들의 내용을 우리는 증권분석(security analysis)이라고 한다. 즉, 좋은 증권의 선택과 그 매매시점의 결정에 관한 모든 분석이 증권분석인 것이다.

증권은 시장에서 나름대로의 가치를 갖는다. 투자자들은 각 증권이 갖는 고유한 가치, 즉 본질적 가치를 파악하고 이를 근거로 투자를 하게 된다. 증권의 가치를 파악하는 방법은 증권가격에 영향을 미칠 것으로 예상되는 변수들을 찾아내어, 이 변수들과 증권가격과의 관계를 알아보면 된다. 하지만 현실적으로 증권가격에 영향을 미치는 변수들은 무수히 많을 뿐만 아니라, 그 변수들이 증권가격에 어느 정도의 영향력을 행사하는지는 쉽게 알기 어렵다.

주식가격을 예측하는 방법은 크게 기본적 분석과 기술적 분석에 의한 접근으로 구분한다. 기본적 분석(fundamental analysis)은 시장에서 형성되는 주가는 그 주식을 발행한 기업의 가치에 의하여 결정된다고 본다. 즉, 좋은 기업이 발행한 주식은 시장에서 높은 가격으로 거래가 될 것이고, 반대의 경우는 낮은 가격으로 거래가 이루어질 것이다. 결국, 주식의 시장가격은 기업의 가치를 반영한다고 보는 것이다. 그래서 기본적 분석은 본질가치(fundamental value) 또는 내재가치(intrinsic value)라고 하는 기업의 진정한 가치를 찾아내고, 이렇게 찾아낸 본질가치가 시장에서 반영될 것으로 기대한다. 예를 들어, A기업의 본질가치가 주당 10,000원으로 평가되는데, 이 기업이 발행한 주식의 시장가격이 9,000원이라면 시장가격은 기업의 본질가치를 반영하여 10,000원으로 상승한다고 보는 것이다.

반면에 기술적 분석(technical analysis)은 주가는 시장에서의 수요와 공급에 의해서 결정되고, 수요와 공급은 시장에 참여하는 투자자들의 심리상태에 의하여 결정된다고 본다. 그리고 투자자들의 심리상태는 증권시장에서 나타나는 여러 현상들을 주의 깊게 살펴보면 알 수 있다는 것이다. 따라서 기술적 분석은 시장에서 나타나는 가격이나 거래량의 변화 등을 살펴봄으로써 향후 수요와 공급의 변화를 예측하게 된다. 또한 기술적 분석에서는 주가가 일정한 행태를 지니고 있어서 과거의 주가 움직임을 파악함으로써 미래 주가의 변동추이를 예측할 수 있다고 생각한다. 기술적 분석은 다음 장에서 다루고, 이번 장에서는 기본적 분석에 대해서 살펴볼 것이다.

2. 기본적 분석의 체계

주식의 가치를 평가하기 위한 일반모형은 (식 5.1)과 같이 특정 주식을 보유함으로써 얻게 되는 미래의 현금흐름(cash flow)들을 위험이 반영된 할인율(discount rate)로 할인한 현재가치를 구하는 것이다.

$$\begin{aligned} P_0 &= \frac{CF_1}{(1+k)} + \frac{CF_2}{(1+k)^2} + \frac{CF_3}{(1+k)^3} + \cdot\cdot\cdot\cdot\cdot \\ &= \sum_{t=1}^{\infty} \frac{CF_t}{(1+k)^t} \end{aligned} \quad \text{(식 5.1)}$$

여기서, CF_t : t기의 현금흐름

k : 위험반영 할인율

주식을 보유함으로써 기대할 수 있는 현금흐름(배당소득과 자본이득)은 그 기업의 미래 이익흐름에 의해서 결정되는데, 기업의 미래이익에 영향을 미치는 요인들은 크게 거시경제적 요인, 산업적 요인, 기업자체의 요인으로 구분할 수 있다. 따라서 주식의 본질가치를 평가하기 위해서는 기업의 미래이익에 영향을 미칠 수 있는 요인들에 대한 분석, 즉 경제분석, 산업분석, 기업분석을 실시하게 된다.

경제분석은 경기변동, 통화량, 금리, 물가, 환율 등의 거시경제지표를 중심으로 분석하게 되며, 이러한 경제지표들이 기업의 이익에 어떠한 영향을 미치는지를 파악하는 것을 목적으로 한다. 한편 동일한 경제 내에서도 산업에 따라 성장률, 경쟁강도, 수익 및 비용구조 등이 다르게 나타날 수 있다. 이는 해당 기업이 속해있는 산업의 특성이 기업의 미래이익에 영향을 미친다는 것이다. 이와 같이, 산업적 특성이 특정 기업의 이익흐름에 미치는 영향을 분석하는 것을 산업분석이라고 한다. 끝으로 기업분석에서는 개별 기업의 경쟁력, 자산구성, 재무구조, 경영효율성 등을 분석함으로써 향후 이익발생능력을 파악하게 된다.

거시경제적 요인, 산업적 요인, 기업자체의 요인들은 기업의 미래 이익흐름 뿐만 아니라 할인율에도 영향을 미치게 된다. 다시 말하면, 할인율은 금리수준, 인플레이션, 그리고 해당 기업의 위험도 등이 반영되어 결정된다.

기본적 분석의 목적은 기업의 본질가치를 파악하여 해당 주식의 시장가치와 비교하여 과대 또는 과소평가되어 있는지를 판단하고자 하는 것이며, 이를 위해서는 미래의 이익흐름과 위험을 반영한 할인율을 추정하는 것이 필요하다. 따라서 기본적 분석은 기업의 미래 이익흐름과 할인율에 영향을 미치는 여러 요인들에 대해서 분석하는 것이며, 일반적으로 경제-산업-기업분석의 체계에 따라 이루어지게 된다.

5.2 경제분석

미국의 증권분석가 킹(B. F. King)에 의하면, 주가변화의 절반 이상이 시장의 전체적인 요인에 의하여 설명될 수 있다고 한다. 시장 전체적인 요인은 경제의 전반적인 요인으로 볼 수 있으므로, 경제분석은 주식투자의 성공 여부에 커다란 영향을 준다고 볼 수 있다. 사실 주식의 가치에 영향을 미치지 않는 경제현상은 없다고 해도 과언이 아닐 만큼 경제상황과 주가는 밀접한 관계가 있다.

경제분석에서 살펴보고자 하는 바는 각각의 경제현상이 주식가격과 어떠한 관계를 맺고 있는가 하는 것이고, 더 나아가 현재시점이 투자자들의 증권투자에 적절한 시점인지 아닌지를 판단해보고자 하는 것이다.

그림 5-1 경기변동의 순환주기

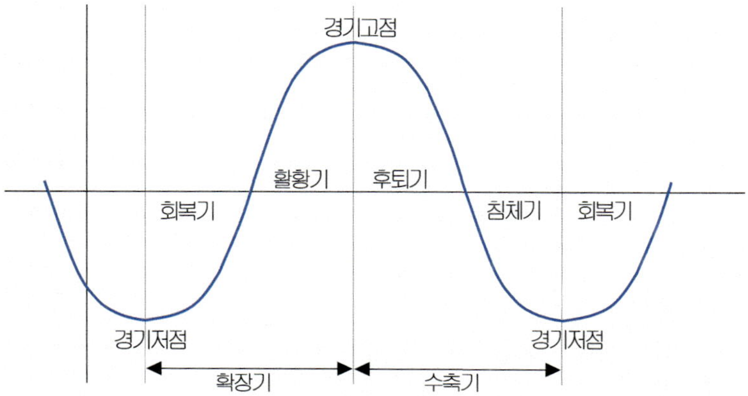

1. 경기전망과 주가

흔히 뉴스나 신문 등을 통해서 '경기가 좋다'거나 '경기가 악화되었다'는 등의 보도를 접하곤 한다. 경기는 주로 그 나라 경제활동의 움직임을 통해서 파악되는데, 기업들이 생산성 향상을 위해 생산설비를 확장한다든지, 고용을 늘린다든지 하는 상황에서는 '경기가 좋다'라는 말을 하고, 노사분규가 잦아 생산이 중단된다거나, 실업률이 높아 취업이 어렵다든가, 생산한 제품의 판매가 잘 안되는 상황에서는 '경기가 악화되었다'고 한다.

경제활동이 활발하여 경기가 상승하면 마침내 경기의 고점에 도달하게 되고, 그 후에 다시 경제활동이 둔화되어 경기가 하강하여 마침내 저점에 이르게 되는데, 이를 경기순환(business cycle, 경기변동)이라고 한다. 경기의 확장기를 다시 회복기와 활황기로 나누고, 수축기를 후퇴기와 침체기로 나누는 4단계의 구분법이 사용되기도 한다. 또한 경기회복기의 후반부터 후퇴기까지를 호황기로, 경기후퇴기의 후반부터 회복기의 전반부까지를 불황기로 구분하기도 한다.

이러한 시장경기는 주가와 밀접한 관련을 맺고 있으며, 일반적으로 주식시장의 움직임은 경기의 움직임보다 앞서서 변화하는 것으로 알려져 있다. 즉, 실물경기가 최고조에 이르기 전에 주식시장은 이를 먼저 반영하여 주가는 하락세를 보이게 되며, 또한 실물경기 상황이 악화되었다가 조금씩 상승세를 보이면 주가는 이미 상승국면을 타게 된다는 것이다. 하지만 주가가 시장경기보다 항상 앞서서 움직이지는 않는데, 이는 주가가 비단 실물경기뿐만 아니라 다른 여러 가지 변수에 의해서도 영향을 받기 때문이다.

경기상태를 객관적으로 지표화한 경기종합지수(composite index; CI)는 통계청에서 작성하고 있으며, 경제적 중요도, 경기 대응성, 통계적 적합성 등을 고려하여 각 부문(생산, 소비, 고용, 금융, 무역, 투자 등)의 구성지표를 선정하고 있다. 현재는 경기와의 시차정도(cyclical-timing)에 따라서 선행지표 9개, 동행지표 7개, 후행지표 5개로 구성되어 있다.

CI의 전월에 대한 증가율이 양(+)인 경우에는 경기상승을 의미하고, 음(−)인 경우에는 경기하강을 나타내며, 증감률의 크기에 의하여 경기변동의 진폭까지 파악할 수 있다.

표 5.1 경기종합지수의 구성지표

선행구성지표 (9개)	구인구직비율, 재고순환지표, 소비자기대지수, 코스피지수, 기계류내수출하지수, 건설수주액, 국제원자재가격지수, 장단기금리차, 수출입물가비율
동행구성지표 (7개)	광공업생산지수, 서비스업생산지수, 비농림어업취업자수, 소매판매액지수, 건설기성액, 내수출하지수, 수입액
후행구성지표 (5개)	회사채유통수익률, 생산자제품재고지수, 도시가계소비지출, 상용근로자수, 소비재수입액

경기란 '국민경제의 총체적인 활동수준'을 의미한다. 이러한 경제의 상태를 숫자로 나타내는 것이 '경기지표'이다. 이에 반해 체감경기는 우리가 경제활동을 하는 과정에서 주관적으로 느끼게 되는 경기를 말한다. 동일한 기온하에서도 건강한 사람과 허약한 사람이 느끼는 체감온도가 다르듯이 체감경기도 우리에게 주어진 상황에 따라 다르게 나타난다. 본질적으로 지표경기와 체감경기가 항상 같을 수는 없다.

체감경기를 측정하는 대표적인 지수로 기업경기실사지수(business survey index; BSI)와 소비자태도지수(consumer sentiment index; CSI)가 있다. 기업인들에게 '앞으로 경기가 좋아질 것인가, 나빠질 것인가'를 물어보고 그 답을 지수로 표현한 것이다.

$$BSI = \frac{\text{경기 낙관 응답자수} - \text{경기 비관 응답자수}}{\text{전체 응답자수}} \times 100 + 100$$

BSI는 0과 200 사이의 값을 가지며, BSI가 100 이상이면 경기를 낙관적으로 보는 기업인이 비관적으로 보는 기업인에 비해 많다는 것이므로 경기가 확장국면이고, 100 미만이면 수축국면으로 판단할 수 있다. 그리고 BSI가 100일 때는 경기 전환점으로 본다. 한편 CSI는 소비자의 구매의도나 태도 및 전망 등을 설문조사하여 지수화함으로써 체감경기를 파악하려는 방법이다.[9)]

2. 금리와 주가

금리(이자율)는 자금의 수요와 공급을 일치시켜주는 자금에 대한 가격이라고 할 수 있다. 이러한 금리는 어떤 금융시장에서 형성되는가에 따라 여러 종류로 구분할 수 있으며, 자금의 용도, 위험도, 차입자의 신용도 등에 따라 금리수준이 다르게 결정된다.

일반적으로 금리와 주가는 반대방향으로 움직이는 것으로 알려져 있다. 시중이자율이 높으면 기업들은 이자부담이 가중되기 때문에 쉽게 자금을 차입하여 설비투자를 하려 들지 않을 것이다. 그렇게 되면 기업의 수익성이 낮아지게 되고, 배당성장률 또한 둔화되어 주식가격이 하락하게 된다. 반대로 이자율이 낮다면 기업들은 이자부담에 대한 압박을 덜 받게 되므로 자금조달이 용이해지고, 그에 따라 설비투자로 인한 기업의 수익성이 높아지며, 그 결과 주가가 상승하게 될 것이다.

또한 투자자 입장에서도 금리가 높은 시기에는 정기예금 등의 금융상품을 선호하지만, 금리가 하락하게 되면 투자자금을 주식시장으로 옮김으로써 주가를 상승시키게 된다. 결론적으로 시장이자율이 높아지면 주식의 가격은 낮아지게 되고 시장이자율이 낮아지면 주가는 높아지는 역의 관계가 성립한다.

금리변동은 경제와 매우 밀접하게 연관되어 있어서 채권수익률은 주가의 선행지표로 받아들여지고 있으며, 우리나라의 경우에도 회사채수익률과 주가는 대체적으로 역의 상관관계를 보이고 있다고 한다.

그림 5-2 금리와 주가의 관계

이자율상승 → 자금조달축소 → 설비투자축소 → 수익성악화 → 주가하락

이자율하락 → 자금조달확대 → 설비투자확대 → 수익성향상 → 주가상승

---

9) 오는날 경제구조는 글로벌화되어 있어서 국가 간에 상호 영향을 주고 있으며, 특히 수출의존도가 높은 경제구조를 가지고 있는 우리나라는 세계경제의 향방에 많은 영향을 받는다. 이러한 세계경제가 앞으로 어떻게 움직일지를 알아보기 위해서는 여러 기관에서 발표하는 세계경제전망을 참고할 수 있다. 국제통화기금(IMF)과 경제협력개발기구(OECD) 등이 공신력이 높으며, 우리나라에서는 대외경제정책연구원(KIEF)에서 전망을 내놓고 있다.

3. 통화량과 주가

통화량은 시중에 돌아다니고 있는 돈의 유통량을 말하는 것으로 현금통화와 은행의 요구불예금이 해당되며, 저축성예금을 포함하기도 한다. 통화량을 측정하는 기준이 되는 지표를 통화지표라고 하는데, 협의통화(M1), 광의통화(M2), 금융기관유동성(Lf), 광의유동성(L)이 있으며, 매월 한국은행에서 발표하고 있다. 〈표 5.2〉는 통화종류별 범위를 나타내고 있으며, 우리나라는 현재 통화관리의 중심지표로써 M2를 사용하고 있다.

이러한 통화량의 변동은 주식가격에 많은 영향을 미치게 된다. 우선 통화량이 늘어나 자금이 기업부문으로 흡수되면 기업은 이 자금을 활용하여 각종 설비투자를 확대시켜 기업의 수익성을 높일 수가 있게 되고, 이에 따라 그 기업의 주식가격이 상승하게 된다. 또한 늘어난 통화량이 민간부문으로 흡수된다면 일반투자자들은 주식투자를 원활히 할 수 있으므로 주식가격을 상승시키게 된다.

그림 5-3 통화량과 주가의 관계

기업부문 : 통화량증가 → 자금확보 → 시설투자 → 수익성향상 → 주가상승
민간부문 : 통화량증가 → 자금확보 → 주식매입 → 증시활황 → 주가상승

하지만 통화량이 증가한다고 해서 언제나 주식가격이 상승한다고 볼 수는 없다. 화폐공급의 증가가 이자율에 미치는 효과는 유동성효과, 소득효과, 피셔효과로 구분할 수 있다. 유동성효과란 통화량 증가에 따라 단기적으로 이자율이 하락하는 현상이다. 그런데 이자율이 하락하게 되면 투자가 증가하고, 그 결과 국민소득이 증가하는데, 이는 다시 화폐수요의 증가로 나타나서 이자율을 상승시키게 된다. 이를 화폐공급의 이자율에 대한 소득효과라고 한다. 그리고 피셔효과(Fisher effect)는 화폐공급의 증가로 인플레이션이 발생하면 피셔방정식[10]에 따라 명목금리가 상승하는 효과를 말한다.

이상의 논의를 정리하면, 통화량 증가는 단기적으로는 주가에 긍정적인 영향을 미치지만, 장기적으로는 이자율을 상승시켜 주가에 부정적인 영향을 줄 수 있다는 것이다.

---

10) $1 + R = (1+r)(1+i)$

$R \approx r + i$

위 식을 피셔방정식이라고 하며, 명목이자율(R)이 실질이자율(r)과 인플레이션율(i)의 합으로 나타낼 수 있음을 보여준다. 이는 실질이자율과 인플레이션의 곱($r \times i$)이 매우 작은 값을 가져서 무시할 수 있기 때문이다.

표 5.2 **통화의 종류와 범위**

통화의 종류	통 화 의 범 위
협의통화(M1)	현금통화 + 요구불예금 + 수시입출식 저축성예금(MMF포함)
광의통화(M2)	M1 + 기간물 예・적금 및 부금 + 시장형금융상품(CD, RP, 표지어음 등) + 실적배당형금융상품(금전신탁, 수익증권, CMA 등) + 금융채 + 기타(투신증권저축, 종금사 발행어음 등)*
금융기관유동성(Lf)	M2 + 예금취급기관의 2년 이상 유동성상품 + 증권금융 예수금 + 생명보험회사 보험계약준비금 등
광의유동성(L)	Lf + 정부 및 기업 등이 발행한 유동성상품 등

* 단, 만기 2년 이상은 제외

4. 물가와 주가

물가는 경제 내에서 거래되는 각종 재화와 용역의 가격수준을 나타낸다. 이러한 가격수준을 쉽게 파악하기 위해서 물가지수를 작성하는데, 물가지수는 일정 시점의 물가지수를 100으로 하고 비교시점의 물가수준을 상대적으로 나타낸 것이다. 물가가 상승하면 화폐가치가 하락하고 구매력이 감소하는 현상이 나타난다. 이러한 물가지수는 기업수지 및 투자심리에 영향을 주어 주식시장에 상당한 영향을 미치게 된다.

인플레이션(inflation)의 정의는 "물가가 단기간에 빠른 속도로 계속 오르는 현상이 심해진 상태"를 말한다. 하지만 얼마만큼 심해야 인플레이션인지 정확히 규정되어 있지는 않다.[11)]

일반적으로 완만하고 지속적인 물가상승은 실물경기의 상승을 가져오면서 기업수지 개선과 자산가치를 증대시켜 주므로 주가를 상승시키게 된다. 하지만 급격한 물가상승은 금융자산에 대한 투자를 위축시키고 부동산, 귀금속 등의 실물자산을 선호하게 하여 주가를 하락시키는 요인으로 작용할 수 있다.

경기가 침체되면서 물가가 상승하는 스태그플레이션(stagflation)이 계속되는 경제상황하에서는 비용인상형 인플레이션이 발생하여 기업수지에 부정적인 영향을 미친다. 또한 물가상승으로 인한 소비자의 실질소득 감소는 구매력의 약화를 초래하고, 이는 다시 기업

11) 반면에 디플레이션(deflation)은 물가가 떨어지는 형태로 화폐가치가 오르는 현상을 말한다. 단순하게 생각하면 소비가 활발해져 경기가 좋아질 것 같지만 디플레이션이 진행되는 것은 구매력이 떨어진다는 증거이다. 이렇게 되면 기업은 생산과 투자를 줄이게 되는데, 그에 따라 고용이 줄어 실업률이 증가한다. 또 계속 물가가 내려가기 때문에 더 싸질 것이라 기대하고 사람들은 소비를 줄이게 된다. 이것이 악순환의 원인이 된다.

수지를 악화시킬 수 있으므로 주가를 떨어뜨리는 것이 일반적이다.

물가상승률이 낮아져 가는 디스인플레이션(disinflation) 시기에는 저물가와 저금리 현상이 나타나기 때문에 실물자산보다 은행예금, 주식 등의 금융자산을 선호하게 된다. 이 시기에는 금융자산 전반에 대한 수요증대와 함께 주식에 대해서도 한정된 공급물량에 비해 수요가 급격히 증가함으로써 주가는 큰 폭으로 상승하게 된다.

그림 5-4 물가와 주가의 관계

완만한 물가상승 → 실물경기상승 → 기업수지개선 → 주가상승
급격한 물가상승 → 금융자산회피 → 실물자산선호 → 주가하락
스태그플레이션 → 비용↑/구매력↓ → 기업수지악화 → 주가하락
디스인플레이션 → 저물가/저금리 → 금융자산선호 → 주가상승

물가는 크게 소비자물가지수와 생산자물가지수로 구분할 수 있다. 소비자물가지수는 소비자가 일상생활에 사용하기 위해서 구입하는 재화의 가격과 서비스 요금의 변동을 측정하는 한편, 생산자물가지수는 생산자가 상품을 출하하는 시점인 1차 거래에서 형성된 가격, 즉 공장도 가격을 기준으로 작성된다.

5. 환율과 주가

환율이란 자국통화와 외국통화의 교환비율을 말한다. 예컨대, 원화 대 미 달러화의 비율이 $1: ₩1,000이라면 미화 1달러로 우리나라 돈 1,000원과 바꿀 수 있다는 말이다. 이러한 환율은 시장에서 어떤 물건의 수요와 공급에 의해 가격이 결정되는 것처럼 외환시장에서 외화의 수요와 공급에 의해 결정되는데, 경제상황이나 통화의 수급에 따라 달라진다.

환율 변동이 국내 수출주도형 기업들에 미치는 영향을 살펴보자. 예를 들어, $1: ₩1,000하던 환율이 $1: ₩500으로 변동되었다고 하자. 이러한 상황을 환율이 하락했다고 하며, 우리나라의 원화가치가 상승하고 반대로 미국의 달러가치가 하락하게 되었다는 것을 의미한다. 이렇게 되면 수출이 줄어들고 수입이 늘어나게 된다. 왜냐하면 2,000원 상당의 물건을 미국이 수입할 때 환율이 변하기 전에는 $2만 주어도 되었는데, 환율이 변함으로 말미암아 $4를 주어야 수입을 할 수 있기 때문이다.

이와는 반대로 환율이 $1: ₩2,000으로 상승하였다고 하자. 이때 미국의 수입업자는

환율이 변하기 전에는 $2를 주어야 할 것을 환율의 변화로 인해서 $1만 주어도 수입할 수 있으므로 상대적으로 저렴하다고 느끼게 되어 더 많이 수입하려 할 것이다. 이 경우, 국내 기업의 수출이 늘어나는 현상이 발생한다.

그림 5-5 환율과 주가의 관계

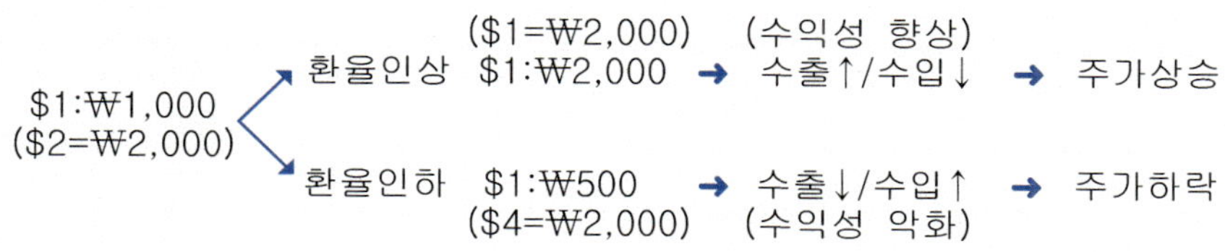

우리나라처럼 국가경제에서 수출의존도가 높은 경우에는 환율의 변동이 국가경쟁력을 변화시키고, 이에 따라 기업의 수익성이 달라지게 된다. 앞에서 보았듯이, 환율이 하락하면 수출이 줄어들어 기업의 수익성이 낮아져 주가는 하락하게 되고, 반대로 환율이 상승하면 수출이 늘어나 기업의 수익성이 높아져 주가가 상승하는 것이 일반적인 예상이다. 그러나 실제에 있어서는 환율과 주가는 그 관계가 단순하지 않고, 여러 가지 요인에 의해 다소 복잡한 양상으로 나타나게 된다.[12)]

6. 원자재가격과 주가

원자재가격과 주가는 역의 관계에 있다. 부존자원이 많은 국가에서는 원자재가격과 주가는 장기적으로 보아 같은 방향으로 움직이고 있으나, 우리나라와 같이 국내에 부존자원이 빈약하여 많은 부분을 수입해야 하는 나라에서는 상황이 다르다. 국제원자재가격이 상승할 때에는 원자재의 수입액이 증가하여 국제수지를 악화시킬 뿐만 아니라 물가를 상승시키는 요인으로도 작용하므로 경제여건이 악화된다. 그리고 수출상품의 가격경쟁력이 약

12) 이는 환율과 주가의 관계가 '환율하락→수출감소→기업수지악화→주가하락'과 같이 단순하지 않다는 것이다. 환율하락은 경제가 안정되고 수출이 수입보다 많아져서 경상수지 흑자폭이 확대될 때 나타나는 것이 일반적이다. 따라서 경상수지 개선은 시중의 유동성을 풍부하게 하여 주식 매수수요를 증가시키므로, 안정적 환율하락은 주가를 상승시키는 요인으로 작용할 수도 있다. 또 환율상승은 수출비중이 높은 기업에 대해서는 유리하게 작용하나 수입 원자재가격과 물가상승 우려 및 경제성장을 둔화시키는 요인으로 작용할 수 있어서 지속적인 주가상승을 기대하기 어려울 수도 있다.(증권투자권유자문인력, 금융투자교육원, 2017)

화되어 기업의 채산성을 약화시키기 때문에 주가는 하락하게 된다.

그림 5-6 **국제원자재가격과 주가의 관계**

원자재가격상승 → 국내제품가격상승 → 판매저조 → 주가하락

원자재가격하락 → 국내제품가격하락 → 판매증대 → 주가상승

국제원자재가격의 동향을 파악하기 위해서는 국제상품가격지수를 살펴보아야 하는데, 주로 다우존스 상품가격지수와 CRB지수 등이 이용된다. 미국의 다우존스사가 발표하는 다우존스 상품가격지수는 12개 종목(금, 은, 동, 목재, 쇠고기, 돼지고기, 커피, 설탕, 콩, 소맥, 옥수수, 면화)으로 구성하여 지수를 산출한다. 또한 CRB지수는 CRB(Commodity Research Bearau)사가 곡물, 원유, 산업용원자재, 귀금속 등 19개 주요 상품선물가격을 기준으로 산출하는 지수이다.

한편, 우리나라의 경제에 많은 영향을 미치고 있는 원유가격의 동향은 중동산 두바이유나 서부텍사스 중질유, 북해산 브렌트유의 가격추이를 참고하면 된다.

지금까지 여섯 가지의 경제적 변수들이 주가에 미치는 영향을 살펴보았다. 이외에도 국제수지, 국내외 정치상황 등 많은 변수들이 주가에 직・간접적으로 영향을 주게 된다. 따라서 신문이나 뉴스를 통해서 보도되는 각종 소식 중 어느 것 하나 주식가격에 영향을 미치지 않는 것이 없다고 해도 과언이 아닐 것이다. 주식투자를 하는 사람들은 주식투자를 하기 전에는 국제 원유가격이 상승하거나 말거나 또는 시중금리가 높아지거나 말거나 별 관심을 갖지 않았는데, 주식투자를 시작한 후에는 국내뿐만 아니라 해외에서 발생하는 각종 기사거리가 자신의 투자수익에 영향을 미치게 되므로 관심을 갖지 않을 수가 없다고 한다.

5.3 산업분석

경제분석은 기업 외적인 요인들을 살펴봄으로써 주식시장의 동향을 파악하고 주식을 매입할 시기인지 아닌지를 알아보고자 하는 것인 반면, 산업분석은 주식을 매입하게 된다면 어떠한 산업이 투자대상으로 유망한 업종인지를 살펴보고자 하는데 그 목적이 있다.

2018년 1월 현재 한국거래소의 유가증권시장과 코스닥시장, 코넥스시장에는 2,190여 개 회사 2,330여 종목의 주식이 상장되어 있는데, 이 중 어느 회사의 주식을 매입할 것인가를 알아보기 위해서 상장회사 모두를 분석하기보다는 유망한 업종을 택한 뒤, 그 업종에서 유력하다고 판단되는 회사의 주식을 매입하는 것이 현명한 방법이다. 따라서 산업분석은 투자종목을 선정하기 앞서 보다 용이한 투자를 위해서 투자대상기업의 범위를 제한하는 것이라고 할 수 있다.

1. 산업분석방법

산업분석의 방법은 크게 산업의 구조변화에 대한 분석과 개별 산업에 대한 분석에 대한 분석으로 구분할 수 있다.

1) 산업구조 변화분석

산업구조의 변화에 대한 분석은 경제가 발전함에 따라 산업구조가 어떻게 바뀌어 나아갈 것인지를 파악함으로써 각 산업의 미래비전을 전망하는 것이다. 산업구조는 경제가 발전함에 따라 지속적으로 변화하는 특성을 보이는데, 이는 산업 간 성장속도가 일정하지 않고 다르다는 것을 말한다. 산업 간 성장속도의 차이를 초래하는 것은 각 산업에서 생산되는 제품에 대한 수요의 변화가 동일하지 않아서 생기는 수요측면의 요인과 혁신을 통한 신기술 및 신제품의 개발로 인한 공급측면의 요인, 그리고 경제정책 및 경제여건의 변화 등에서 원인을 찾을 수 있다. 따라서 산업구조의 변화를 관찰하고 전망하는 것이 곧바로 개별 산업의 미래 성장성과 수익성을 예상해 볼 수 있는 하나의 수단이다.

2) 개별 산업분석

개별 산업에 대한 분석은 다양한 분석기법을 통해서 관심이 있는 특정 산업을 직접 분석하는 것이다. 여기에는 해당 산업의 수요와 공급, 시장에서의 가격결정 메커니즘 등 시장상황에 대한 검토뿐만 아니라 원자재나 인력공급, 기술개발, 연관산업, 경쟁구도 등을 통해 산업 전반 또는 그 산업 내에서 영업활동을 하는 기업들의 경쟁기반을 분석하는 것도 포함된다. 또한 최근 몇 년 동안의 성장률을 파악하는 것도 개별 산업의 분석에 도움이 될 수 있다.

2. 시장규모와 산업정책분석

산업분석에서 해당 산업의 시장규모를 측정하고 정부가 개별 산업에 대해서 취하는 정책을 파악하는 것은 매우 중요하다.

1) 시장규모분석

산업의 시장규모는 기업의 매출액에 영향을 미치게 된다. 산업의 시장규모 및 변화추이를 측정하는 것이 중요하며, 이를 통해서 기업의 수익성과 위험에 대한 중요한 정보를 얻을 수 있다. 시장규모분석에서 중요한 것은 현재 규모와 잠재적 규모를 파악하는 것이다. 현재 규모와 잠재적 규모의 차이에 대한 분석결과로부터 산업의 성장가능성과 장래 수익성과 위험 등에 대한 정보를 얻을 수 있다.

2) 산업정책분석

산업정책분석은 정부의 산업에 대한 정책방향이 각 산업에 미치는 영향을 분석하는 것이다. 최근 시장경제의 중요성이 부각되면서 정부의 역할이 다소 축소되고 있기는 하지만, 산업정책은 국민경제의 경쟁력을 높이는 정책으로 대부분의 국가에서 시행되고 있으며, 개별 산업들에 상당한 영향을 미치고 있다. 산업정책은 크게 산업구조정책과 산업조직정책으로 구분할 수 있다.

산업구조정책은 몇 가지 기준에 입각해서 바람직한 최적의 산업구조를 상정하고, 현재의 산업구조를 전환하기 위해 의도적으로 산업 간에 자원배분의 변화를 도모하는 정책을 의미한다. 이를 위해 높은 성장이 예상되는 유망산업분야에 새로운 기업들이 진입하는 것을 촉진하며, 경쟁력이 상실되는 기업들이 원활히 퇴출될 수 있도록 지원하기도 한다.

산업구조정책이 산업 간의 구조를 대상으로 하는 것인 반면, 산업조직정책은 산업 내의 구조, 즉 산업조직(또는 시장구조)을 대상으로 기업 간의 경쟁형태 및 시장구조에 영향을 미침으로써 산업의 효과성을 증진시키는 정책을 의미한다. 산업조직은 한 시장 내에서 수요자와 공급자의 수, 그리고 상대적 규모에 의해서 결정된다.

3. 주력제품의 수명주기

산업의 수익성이나 성장전망 등은 산업 내 주력제품의 수명주기상 단계에 따라 달라진다. 따라서 미래의 경영성과를 예측하고 평가하기 위해서는 해당 산업이 어느 단계에 있는지를 분석할 필요가 있다. 이와 같이 제품의 수익성과 위험에 미치는 영향을 몇 단계로 나누어 대조적으로 식별하는 것이 제품수명주기(product life cycle; PLC)이며, 각 단계별 특징을 살펴보면 다음과 같다.

1) 개발단계

신제품을 연구개발하는 단계로 개발하려고 하는 제품의 성공여부가 기업에 결정적인 영향을 미칠 수 있다. 제품개발에 실패할 경우 막대한 손실을 입을 수도 있기 때문에 소비자의 욕구를 만족시키는 동시에 기술적으로도 성공 가능성이 높은 제품을 개발대상으로 선정하는 것이 바람직하다. 이 시기에는 예상되는 개발기간과 개발에 투입되는 비용이 중요한 고려대상이 된다. 기업들은 미래시장에서의 경쟁력을 확보하고 유지하기 위해서 신제품에 대한 기획과 연구개발에 많은 노력과 예산을 투입하고 있다.

2) 도입단계

신제품이 처음으로 시장에 소개되어 주목받기 시작하는 단계로 고정비의 부담 때문에 이익이 발생하기 힘든 것이 보통이다. 매출 증가율이 완만하고 광고비 지출이 과다하기 때문에 손실이 나기 쉬우며, 이익이 발생하더라도 상당히 낮은 수준이다. 따라서 이 단계에서는 사업위험이 크며, 시장에서 제품의 우수성이 인정되어 성장하기 시작하면 제품이 속한 산업자체가 시장에서 주목을 받게 된다.

3) 성장단계

제품의 유통경로가 확대되고 시장규모가 증대되어 수요가 급증한다. 제품가격은 도입기 수준을 유지하기 때문에 매출액 증가는 광고선전비를 충분히 흡수하여 이윤이 증가하게 된다. 이러한 상황에서 기업들은 대부분의 이익을 재투자하며, 성장에 필요한 투자자금을 외부차입으로 조달하게 되므로 기업의 지불능력 유지가 중요시된다.

4) 성숙단계

시장의 수요가 포화상태에 이르러 기업 간에 시장점유율을 확대하기 위한 격심한 경쟁을 벌이게 되고 제품의 단위당 이익은 줄어들게 된다. 이 단계에서 원가절감이나 신제품 개발로 구매자의 수요변화에 적절히 대응하는 기업만이 경쟁우위를 지켜 살아남고 경쟁력이 약한 기업은 탈락하게 된다. 안정적인 시장점유율을 확보한 기업들은 성장기에서 차입한 외부자금에 대한 상환이 이루어진다. 기업이 지속적인 성장을 하기 위해서는 새로운 업종에 대한 진출을 필요로 하는 단계이기도 하다.

5) 쇠퇴단계

쇠퇴기에 들어서면 매출이 안정적인 경향을 보이지만, 구매자의 수요변화, 대체품의 출현 등으로 수요가 점차 감소하고 매출액이 감소하게 되어 수익성이 악화된다. 따라서 유휴 생산시설이 증가하고 이윤이 감소하므로 수익이 낮아지게 되어 많은 기업들이 업종을 다각화하거나, 해당 산업에서 완전히 철수하는 것을 고려하게 된다.

그림 5-7 제품의 수명주기와 이익곡선

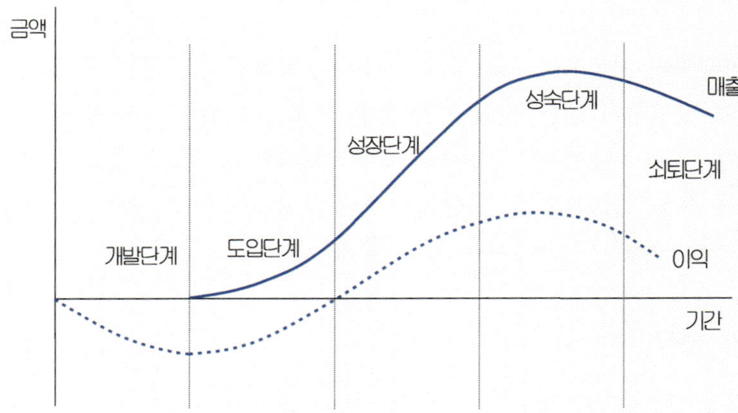

4. 산업의 경쟁강도

기업의 수익성과 위험, 그리고 성장성 등은 그 기업이 속한 산업에 따라 매우 다르게 나타난다. 기업이 생산하는 제품의 가격과 매출은 1차적으로 그 기업이 속한 산업에 대한 수요와 공급에 의해서 결정된다. 일반적으로 산업에 대한 수요는 소비자집단의 크기, 소득수준, 그리고 대체품의 가격수준 등에 의해서 결정되며, 반면에 공급은 노무비, 원자재비, 금융비용 등에 의해서 영향을 받는다. 따라서 산업의 수요와 공급 중 어느 쪽이 초과하는지를 예측하여 산업에 대한 성장잠재력을 평가할 수 있다.

특정 산업의 경쟁강도는 그 산업에 속해있는 기업들의 경영성과를 좌우하는 중요한 요인이다. 포터(M. E. Porter)에 의하면 특정 산업의 경쟁강도는 [그림 5-8]에 나타낸 것과 같이 5가지의 구조적인 경쟁요인들에 의해서 결정된다고 한다. 이들 5가지의 경쟁요인은 잠재적 진출기업의 위협, 대체품의 위협, 구매자의 교섭력, 공급자의 교섭력, 그리고 산업 내 기존 기업들 간의 경쟁을 말하며, 이러한 5가지 경쟁요인들의 총체적인 힘이 그 산업에서 기대할 수 있는 궁극적인 이윤잠재력을 결정짓게 된다.

따라서 이윤잠재력을 결정짓는 산업의 경쟁강도가 장기적인 측면에서 투자의 수익성에 영향을 미치기 때문에 산업의 구조적 요인에 대한 분석이 필요하다.

1) 기존업체 간의 경쟁강도

특정 산업 내에서 기존업체들은 가격, 신제품, 고객서비스 등을 통하여 시장에서 유리한 위치를 차지하기 위한 치열한 경쟁을 벌인다. 산업 내 기존업체 간의 경쟁강도는 경쟁기업의 수, 가격경쟁 및 제품차별화 정도, 철수장벽의 높이 등에 의하여 결정된다. 산업 내 업체들 간의 경쟁강도가 높을수록 수익성은 낮아진다.

2) 진입장벽

진입장벽(barriers to entry)이란 신규 진입을 막는 장애요인으로 특정 산업에 새로 진출하려는 기업들의 진입을 어렵게 만드는 장벽이다. 높은 진입장벽은 해당 산업에 이미 진출하고 있는 기업들의 수익성을 높게 해주고 위험을 낮춰준다. 진입장벽의 결정요인에는 규모의 경제, 제품 차별성, 진입을 위한 소요자본, 제품 생산비용, 정부의 규제 등이 있다.

3) 대체가능성

특정 산업의 기업들은 대체품을 생산하는 기업들과 경쟁을 하고 있다. 대체품은 특정 산업에서 제품의 가격상한선을 제시해주며, 이는 기업이 속한 산업의 이윤잠재력을 제한한다. 대체품이 우수할수록 가격상한선은 낮게 결정된다.

4) 구매자의 교섭력

가격인하, 품질향상, 서비스증대 요구 등 특정 산업에서 제품을 구매하는 측의 교섭력이 강할수록 그 산업에 속한 기업들의 경쟁은 심해지기 때문에 해당 산업의 수익성은 낮아진다. 제품이 규격화되어 있어서 차별화의 정도가 낮고, 다른 대체품으로의 교체비용이 작은 경우, 그리고 구매집중도가 높은 경우에 구매자의 교섭력이 강해진다.

5) 공급자의 교섭력

교섭력이 강한 공급자는 공급가격의 인상, 제품품질 저하 등의 위험을 증가시키며, 이로 인하여 산업의 수익성은 감소할 수 있다. 제품에 대한 대체품이 존재하지 않는 경우, 공급자의 제품이 차별화되어 있거나 교체비용이 소요되는 경우, 공급자가 몇몇 기업에 의해 과점되어 있는 경우에 공급자의 교섭력이 증가한다.

그림 5-8　산업의 경쟁강도에 영향을 미치는 구조적 요인

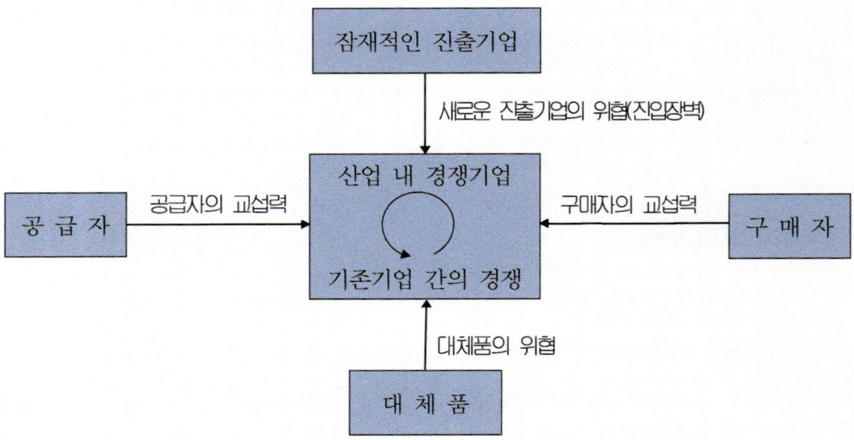

주식투자의 황금률

전설적인 펀드매니저 피터 린치(Peter Lynch)는 13년 간 마젤란펀드를 운용했는데, 연평균 투자수익률이 29.2%로 타임지가 최고의 펀드매니저라고 격찬했던 인물이다. 1977년에 1만 달러를 맡겼던 투자자들은 90년에 27만달러를 찾아올 수 있었다.

피터 린치는 보스턴대학 수학과 교수였던 아버지가 암으로 세상을 떠나자, 11세 때부터 학비를 벌기 위해 골프장 캐디로 일하기 시작했다. 피델리티 사장이었던 조지 설리반의 캐디를 한 것이 인연이 되어 피델리티에서 여름방학 중 인턴사원으로 일을 하기도 했다. 68년 펜실베니아대 와튼스쿨에서 MBA를 받은 후 69년 피델리티에 애널리스트로 입사, 77년 마젤란펀드를 맡게 되기까지 다양한 산업분야의

리서치를 담당했는데, 이러한 경험은 나중에 펀드매니저로 활동하는 좋은 밑거름이 되었다.

그는 발로 뛰는 정보가 가장 고급정보이고 시간과 노력을 투자하지 않고는 주식투자에서 성공할 수 없다는 신념을 철저히 지켰다. 가장 확실한 투자는 기업방문에서 얻을 수 있다는 것이 그의 소신이었다. 10년 넘게 시장수익률을 능가하는 경우는 월가에서 피터 린치와 워렌 버핏을 제외하면 없다고 한다. 한창 전성기인 47세에 가족과 소중한 시간을 위해서 은퇴를 선언하면서 월가의 전설적인 영웅이 되었다.

이러한 피터 린치가 다음과 같은 '주식투자의 황금률'을 제안했다. 주식투자의 최고수가 밝힌 황금률의 제1조는 지극히 평범한 충고다. 주식투자는 잃어도 좋을만한 여윳돈이 있을 때 해야 한다는 것이다. 과거 1백여년 동안 미국의 경험으로 보면 주식을 사두는 것이 은행예금이나 채권 또는 부동산투자보다 훨씬 유리하다는 것이 확인되었다. 그렇지만 이는 장기투자일 경우이고 단기에는 주가의 부침이 심하기 때문에 참을성과 여유가 없는 사람들은 투자를 삼가는 것이 좋겠다는 얘기다.

황금률 제2조는 일단 주식에 투자하기로 했다면 자신이 내용을 잘 아는 회사의 주식에만 투자하라는 것이다. 린치가 들려주는 중학교 1학년생들의 모의투자클럽 얘기가 흥미롭다. 미국 보스턴 부근의 학교에 재학 중이던 이들은 1990년 1월부터 투자를 시작하였는데, 대부분 자신들에게 친숙하고 인기 있는 학용품(펜텍), 식품(펩시콜라), 신발(나이키)을 만들어 내는 회사들의 주식을 사 모았다. 2년 간의 투자 후 뚜껑을 열어보니 월가의 일류 펀드매니저들보다 훨씬 높은 수익률을 올렸다는 것이다. 이런 주식들에만 투자했었다면 더 높은 수익률을 올릴 수도 있었는데, 학생들이 괜히 건방을 떨며 어른들 흉내를 내어 IBM같은 주식도 사들인 것이 조그만 흠으로 지적되었다.

요즘처럼 은행금리가 낮고 마땅한 투자처를 찾지 못할 때에는 개인투자자들은 주식 쪽으로 눈을 돌리게 마련이지만 린치의 황금률에 따른 신중한 투자가 바람직하다.

5.4 기업분석

앞에서 살펴본 바와 같이, 경제분석을 통해서 주가흐름의 대세를 파악하여 주식투자를 할 시기인지 아닌지를 판별하고, 산업분석을 통해서 어떤 산업이 유망업종인지를 파악한다. 그 다음은 기업분석을 통해 우수한 기업을 선정해서 그 회사 주식의 매입 여부를 결정해야 한다. 기업분석은 크게 질적 분석(qualitative analysis)과 양적 분석(quantitative analysis) 두 가지로 나눌 수 있다.

1. 질적 분석

질적 분석이란 기업마다 가지고 있는 질적인 특성, 즉 제품의 구성과 시장지위, 경영자원, 경영전략, 연구개발능력 등에 대해서 분석하는 것을 말한다. 이러한 질적인 특성은 기업마다 다르며, 기업의 성장에 커다란 영향을 미치고 있다. 따라서 이들 질적인 특성을 파악하면 기업의 수익성이나 성장 가능성 등을 파악할 수 있게 된다. 하지만 이러한 내용들은 특정 수치로 나타낼 수 없어서 분석하는 사람들마다 각기 다른 평가가 나올 수 있기 때문에 객관적 평가가 불가능하다는 단점이 있다. 다만, 분석가 나름대로 일정한 기준을 설정하고 분석대상 기업에 대해서 공통적으로 적용하는 것이 필요하다.

1) 제품구성과 시장지위

기업의 수익은 대부분 제품판매에서 비롯되기 때문에 해당 기업의 제품구성(product mix)이 매우 중요하며, 제품의 시장지위에 대한 평가 또한 제품의 성장 가능성과 수익성을 예측하는데 반드시 필요하다. 이를 평가하기 위한 기법으로는 제품포트폴리오관리(product portfolio management; PPM)가 있으며, 이 방법은 시장점유율과 시장성장률에 의해 기업이 생산하는 제품의 위치를 분석하여 앞으로의 전개방향을 예측할 수 있게 해준다. 이상적인 제품포트폴리오를 가지고 있는 기업은 기존제품에서 발생하는 현금흐름과 확고한 시장지위로 인해서 신제품 개발에 따르는 위험을 부담할 수 있다.

2) 경쟁우위분석

기업의 경쟁우위(competitive advantage)는 장기적으로 지속가능한 경쟁적 우위를 의미하는 것으로, 시장에서의 성공요인과 밀접한 관계를 맺고 있어야 한다. 시장에서 경쟁우위를 확보한다는 것은 기업의 장기적인 수익성과 위험에 긍정적인 영향을 미친다. 경쟁적 우위를 분석하기 위한 방법으로는 경험곡선분석(experience curve analysis)이 있다. 생산경험을 축적함에 따라 원가절감을 통해 기업의 경쟁적 우위를 확보하는 것이다. 또다른 방법은 차별화분석(differentiation analysis)으로 기업의 제품이나 서비스 등이 경쟁업체가 도저히 따라 올 수 없을 정도로 차이를 가지고 있는지를 분석하는 것이다. 한편, 집중화분석(focus analysis)은 어느 특정 고객집단이나 시장을 대상을 중점적으로 집중하여 장기적으로 유지가능한 경쟁적 우위를 확보하고 있는지를 평가하는 방법이다.

3) 경영전략

기업들은 고유한 경영전략을 가지고 있으며, 이러한 경영전략은 미래 기업가치에 지대한 영향을 미친다. 경영전략을 평가하거나 수립하는데 있어서 많이 사용되는 방법으로 SWOT분석과 BSC분석 등이 있다. SWOT분석은 외부환경을 기회(opportunity)요인과 위협(threat)요인으로 구분하고, 기업내부의 강점(strength)과 약점(weakness)을 연결하여 기업의 전체적인 상황을 파악한다. 그리고 BSC(balanced scorecard)분석은 기업활동을 재무, 고객, 내부프로세스 및 혁신과 학습이라는 4가지 관점에서 파악한 후 각각의 관점에서 목표와 측정치들을 조직의 비전과 전략으로부터 도출하고 궁극적으로 재무적 관점에서 성과를 측정하는 기법이다.

4) 경영자원

기업이 계속해서 성장할 수 있는지의 여부는 기업이 보유하고 있는 경영자원에 달려있으며, 기업분석에 있어서 이에 대한 평가는 중요한 위치를 차지하고 있다. 이러한 경영자원은 경영조직과 경영자 및 종업원 등의 인적 자원, 제품의 생산과 판매에 직접적으로 활용되는 물적 자원, 유동성, 재무구조 및 자금동원능력과 같은 재무적 자원, 그리고 경영정보시스템 등의 정보인프라자원 등으로 구분할 수 있다.

5) 연구개발능력

현대 기업의 성장원천은 창조적 혁신(creative innovation)에 있는데, 혁신의 정도는 기업의 연구개발(research and development)능력에 의해 결정된다. 연구개발능력을 평가할 수 있는 지표로는 매출액에 대한 연구개발비의 비율, 연구개발에 종사하는 연구원의 수, 연구원의 자질, 그리고 시장에 도입된 제품에 대한 고객의 평가 등을 검토해야 한다. R&D능력을 평가하는데 있어서 연구자의 창조적이고 효율적인 개발활동을 지원할 수 있는 연구개발환경도 중요하게 다루어진다.

2. 재무제표분석

재무제표분석은 기업의 재무제표를 사용하여 계량적으로 분석하는 것이다. 기업마다 일정 기간 동안의 경영성과와 재무상태가 어떠한지를 파악해야 지속적으로 기업을 이끌어 나아가는 계획을 수립하고 실행할 수가 있다. 이러한 목적으로 기업은 기업회계기준에 따라 일정한 양식의 보고서, 즉 재무제표를 작성하여 기업 외부에 공시하여야 한다. 재무제표에는 재무상태표, 손익계산서, 자본변동표, 현금흐름표 등이 있다.

1) 재무상태표

재무상태표(statement of financial position; F/P)는 일정 시점(stock 개념)에서 현재 기업의 모든 자산과 부채 및 자본의 내용을 포괄적으로 나타내줌으로써, 정보이용자들이 기업이 현재 처한 재무적 상황을 쉽게 파악할 수가 있게 해준다.

재무상태표는 크게 보면 자산, 부채, 자본의 세 가지 항목으로 구성되어 있으며, 기업은 타인자본과 자기자본을 합하여 자본을 조달하고, 이렇게 조달된 자본을 자산의 구입에 사용하게 된다. 따라서 자산의 총계, 즉 총자산은 총자본과 일치하게 되어 있다.

총자산 = 부채(타인자본) + 자본(자기자본) = 총자본

자산과 부채항목은 크게 유동자산과 비유동자산, 유동부채와 비유동부채로 구분되는데, 이에 대한 구분은 기업의 회계기간인 1년을 기준으로 한다. 즉, 자산을 현금화하는데 소요되는 기간이 1년 이내이면 유동자산, 그 이상이면 비유동자산으로 구분되며, 1년 이내에 상환해야 하는 부채를 유동부채, 만기가 1년 이상인 부채를 비유동부채로 구분한다.

표 5.3 재무상태표 양식

자 산				부채와 자본		
I 유동자산			○ ○ ○	I 유동부채		○ ○ ○
당좌자산		○ ○ ○		매입채무	○ ○ ○	
현금및현금성자산	○ ○ ○			단기차입금	○ ○ ○	
단기금융상품	○ ○ ○			미지급금	○ ○ ○	
매출채권	○ ○ ○			II 비유동부채		○ ○ ○
재고자산		○ ○ ○		사 채	○ ○ ○	
				장기차입금	○ ○ ○	
II 비유동자산			○ ○ ○	기타비유동부채	○ ○ ○	
투자자산		○ ○ ○		부채총계		○ ○ ○
장기금융상품	○ ○ ○					
투자유가증권	○ ○ ○			I 자본금		○ ○ ○
투자부동산	○ ○ ○			II 자본잉여금		○ ○ ○
유형자산		○ ○ ○		III 자본조정		○ ○ ○
건물및기계설비	○ ○ ○			IV 기타포괄손익		○ ○ ○
건설중인자산	○ ○ ○			V 이익잉여금		○ ○ ○
무형자산		○ ○ ○		자본총계		○ ○ ○
자산총계			○ ○ ○	부채및자본총계		○ ○ ○

자본은 주주의 청구권이므로 주주지분 또는 소유주지분이라고 하며, 총자산에서 총부채를 차감한 부분이므로 순자산이라고도 한다. 크게 자본금, 자본잉여금, 이익잉여금 등으로 구성된다.

2) 손익계산서

손익계산서(profit and loss statement; P/L)는 일정 기간(flow 개념) 동안 기업이 경영활동을 얼마나 잘 하였는지를 파악하기 위해서 작성하는 재무제표이다.

〈표 5.4〉에 손익계산서 양식이 간략하게 나타나 있다. 매출총이익은 매출액에서 매출원가를 차감한 금액으로, 이는 제품의 판매액에서 제품을 생산하는데 드는 비용을 차감한 금액을 나타낸다.

매출액 − 매출원가 = 매출총이익

영업이익은 매출총이익에서 판매비와 관리비를 차감한 금액으로 기업의 영업활동을 통해서 얻은 경영성과를 의미한다.

매출총이익 − 판매비와 관리비 = 영업이익

법인세차감전이익은 순수한 영업활동 이외의 항목들을 영업외수익과 영업외비용으로 설정하여 영업이익에서 수익은 가산하고 비용은 차감하여 계산한 결과이다.

영업이익 + 영업외수익 − 영업외비용 = 법인세비용차감전이익

법인세차감전이익에서 일정한 법인세비용을 차감하고 남은 금액이 당기순이익이다.

법인세차감순이익 − 법인세 = 당기순이익

한편, 포괄손익계산서에서는 당기순이익에 기타포괄손익을 가감하여 총포괄손익을 산출한다.[13)]

13) 기타포괄손익은 기업의 주된 영업활동이 아닌 기타부문에 의한 손익이며, 아직 손익이 확정되지는 않았지만 미래에 발생할 수 있는 포괄적인 의미의 손익을 말한다. 기타포괄손익의 세부항목으로는 매도가능한 금융자산평가손익, 지분법자본변동(자회사의 증자나 감자 등), 유형자산재평가손익 등이다.

표 5.4 손익계산서 양식

매　　출　　액	○ ○ ○
매 출 원 가	○ ○ ○
매 출 총 이 익	○ ○ ○
판매비와 관리비	○ ○ ○
영　업　이　익	○ ○ ○
영 업 외 수 익	○ ○ ○
영 업 외 비 용	○ ○ ○
법인세차감전이익	○ ○ ○
법 인 세 비 용	○ ○ ○
당 기 순 이 익	○ ○ ○

3) 현금흐름표

현금흐름표(statement of cash flow)는 일정 기간 동안 기업의 현금흐름, 즉 현금의 유입과 유출을 나타내는 보고서이며, 기업활동을 영업활동, 투자활동, 재무활동으로 구분하여 작성한다. 현금흐름표를 통하여 일정 기간 동안 현금흐름의 변동원인, 미래 현금흐름창출능력 및 현금결제능력 등에 관한 유용한 정보를 얻을 수 있다.

4) 자본변동표

자본변동표(statement of changes in equity)는 회계기간 동안 발생한 소유주지분의 변동을 표시하는 재무보고서로써, 자본을 구성하고 있는 자본금, 자본잉여금, 이익잉여금(또는 결손금), 자본조정, 기타포괄손익누계액 등의 변동에 관한 포괄적인 정보를 제공해준다.

지금까지 네 가지 재무제표를 간략히 살펴보았는데, 재무분석가들은 재무제표 그 자체를 통해서 기업의 상태를 평가하기도 하지만, 그보다는 재무제표의 구성항목들을 이용한 재무비율분석을 통해서 기업을 평가한다. 다음 절에서는 주요한 재무비율들에 대해서 알아보기로 하자.

3. 재무비율분석

재무비율분석(financial ratio analysis)은 재무제표들을 구성하고 있는 항목들 간의 관계를 이용하여 해당 기업이 우량기업인지 아니면 부실기업인지를 판단해 보는 것이다. 이는 재무상태표 및 손익계산서 등의 재무제표 항목들을 이용하여 기업의 수익성, 안정성, 활동성, 성장성 등에 관한 재무비율을 분석하고, 이러한 비율들을 기초로 하여 현재 기업의 상태를 평가하는 것을 말한다.

기업분석을 할 때 개별 기업에서 산출된 재무비율을 비교할 기준이 필요한데, 한국은행에서 발간하는 '기업경영분석' 등의 자료에서 얻을 수 있는 산업평균을 이용하여 비교평가하는 것이 대표적인 방법이다. 또한 재무비율을 분석할 때는 단순한 비교로 판단이 가능한 것도 있지만, 대부분은 다른 비율들과 인과관계를 가지고 있기 때문에 다른 비율들과 함께 비교하여 분석하는 것이 바람직하다.

1) 안정성비율

기업이 안정성을 지니고 있다는 것은 부채를 상환하는데 있어서 별 무리가 없으며, 또한 국내외적으로 잦은 경기변동에 적절하게 대처할 수 있는 능력이 있다는 것을 말한다.

(1) 유동비율

기업이 타인자본, 즉 부채를 사용하는데 있어서 상환기간이 1년이 넘는 장기부채뿐만 아니라 1년 이내의 단기부채로도 조달하여 사용한다. 단기부채의 경우는 차입 후 상환하는 기간이 비교적 짧기 때문에 현금흐름이 그만큼 빠르다고 할 수 있다. 이러한 단기채무 지급능력을 알아보고자 측정하는 비율이 유동비율(current ratio)이다. 유동비율은 유동자산을 유동부채로 나누어서 계산하며, 일반적으로 200% 이상이면 적당하다고 판단한다.

$$\text{유동비율} = \frac{\text{유동자산}}{\text{유동부채}} \times 100\ (\%) \qquad \text{(식 5.2)}$$

유동자산 중에서 재고자산은 판매과정을 통해서 현금화되는 속도가 상대적으로 늦을 뿐만 아니라 처분 시 손실이 발생할 가능성이 높은 자산이다. 따라서 유동자산 중에서 재고자산을 제외한 당좌자산을 유동부채로 나누어 유동성을 측정할 수 있으며, 이를 당좌비율(quick ratio) 또는 산성시험비율(acid test ratio)이라고 한다.

$$\text{당좌비율} = \frac{\text{당좌자산}}{\text{유동부채}} \times 100\ (\%) \qquad \text{(식 5.3)}$$

(2) 부채비율

기업의 총자본은 타인자본과 자기자본으로 구성되어 있다고 설명한 바 있다. 이러한 자본의 구성 중 타인자본과 자기자본이 차지하는 비율이 얼마인지를 알아보고자 타인자본을 자기자본으로 나눈 비율이 부채비율(debt to equity ratio)이다.

$$\text{부채비율} = \frac{\text{타인자본}}{\text{자기자본}} \times 100\ (\%) \qquad \text{(식 5.4)}$$

이 비율을 통해서 기업의 자본구성이 얼마나 건전한지를 파악할 수 있다. 보통 타인자본과 자기자본을 같은 비율로 조달하여 부채비율이 100%인 경우가 적당한 것으로 알려지고 있다. 그러나 타인자본의 사용을 늘리면 늘릴수록 재무레버리지효과로 인해 이득을 볼 수 있기 때문에 가급적 자기자본보다는 타인자본을 더 많이 조달하여 사용하려는 경향이 있다.

그리고 총자본 중에서 자기자본이 차지하는 비중을 나타내는 자기자본비율(stockholders' equity to total asset)은 다음과 같이 계산된다.

$$\text{자기자본비율} = \frac{\text{자기자본}}{\text{총자본}} \times 100\ (\%) \qquad \text{(식 5.5)}$$

(3) 이자보상비율

이자보상비율(interest coverage ratio)은 기업의 부채사용으로 인해 발생하는 금융비용, 즉 이자비용이 미치는 영향을 살펴보기 위한 것으로 기업의 영업활동으로 창출한 영업이익이 지급해야 할 이자비용의 몇 배에 해당하는가를 나타내는 비율이다. 따라서 이자보상비율은 높을수록 좋다고 할 수 있다.

$$\text{이자보상비율} = \frac{\text{영업이익}}{\text{이자비용}}\ (\text{배}) \qquad \text{(식 5.6)}$$

2) 활동성비율

활동성비율은 기업 자산의 활용정도를 알아보고자 하는 것으로 손익계산서의 매출액을 재무상태표에 있는 각 자산의 항목들로 나누어서 계산한다.

(1) 매출채권회전율

매출채권회전율(receivables turnover)은 매출액을 매출채권으로 나눈 값으로 매출채권의 현금화 속도를 측정한다. 동일한 매출액에 대해서 매출채권이 적을수록 매출채권의 관리가 잘 이루어지고 있다는 것을 의미하므로 매출채권회전율은 높을수록 좋다.

$$\text{매출채권회전율} = \frac{\text{매출액}}{\text{매출채권}} \text{(회)} \qquad \text{(식 5.7)}$$

매출채권회전율과 관련하여 매출채권평균회수기간은 매출이 이루어진 후 얼마 만에 현금으로 회수되는지를 보여주는 지표이다. 매출채권평균회수기간은 매출채권을 1일 평균매출액(=매출액/365)으로 나누어 계산된다.

$$\begin{aligned}\text{매출채권평균회수기간} &= \frac{\text{매출채권}}{\text{1일 평균매출액}} \text{(일)} \qquad \text{(식 5.8)} \\ &= \frac{365}{\text{매출채권회전율}} \text{(일)}\end{aligned}$$

(2) 재고자산회전율

재고자산이란 기업이 판매를 목적으로 보유하고 있는 자산으로 제품이나 반제품, 재공품 등을 말한다. 재고자산회전율(inventories turnover)은 매출액을 재고자산으로 나눈 값으로, 재고자산이 1년 동안 몇 번 정도 현금이나 매출채권으로 전환되는지, 즉 재고자산이 당좌자산으로 변화하는 속도를 나타낸다. 재고자산회전율이 낮다는 것은 매출액에 비하여 재고자산을 과도하게 보유하고 있다는 것이며, 재고자산회전율이 높다는 것은 적은 재고자산으로 생산 및 판매활동을 효율적으로 수행하고 있다는 것을 의미한다. 또 재고자산회전율을 이용하여 재고자산판매기간(=365/재고자산회전율)도 구할 수 있다.

$$\text{재고자산회전율} = \frac{\text{매출액}}{\text{재고자산}} \text{(회)} \qquad \text{(식 5.9)}$$

(3) 총자산회전율

총자산회전율(total assets turnover)은 기업이 보유하고 있는 전체자산의 효율적 이용도를 측정하는 지표이다. 총자산회전율은 매출액을 총자산으로 나눈 것으로 총자산은 자기자본과 타인자본을 합한 총자본과 같으므로 총자본회전율이라고도 한다. 이 비율은 기업의 총자산이 1년에 몇 번 정도 회전되는지를 나타내므로 자산 이용의 종합적인 효율성을 보여준다. 총자산회전율이 낮은 경우에는 우선 매출액을 증대시키는 방안을 모색해야 하고, 불필요하거나 과다하게 투자된 자산들은 매각 등을 통해서 총자산의 규모를 줄이는 방안에 대해서도 검토해야 한다.

$$\text{총자산회전율} = \frac{\text{매출액}}{\text{총자산}}\ (\text{회}) \qquad (\text{식 } 5.10)$$

3) 성장성비율

특수한 경우를 제외하고는 기업을 몇 년 동안만 운영하다가 그만두려고 하는 경영자는 거의 없을 것이며, 회사의 수명이 영구적이라는 가정하에 경영활동을 벌이는 것이 일반적이다. 그리고 해마다 경영실적을 성장시키려고 하는 것이 경영자의 바람일 것이다. 성장성비율은 기업의 경영규모나 영업성과가 어느 정도 증대되었는가를 측정하는 재무비율이다.

(1) 총자산증가율

총자산증가율(growth rate of total assets)은 일정 기간 동안에 기업 규모가 얼마나 성장했는지를 알아보고자 하는 지표이다. 총자산증가율이 높다는 것은 투자활동이 적극적으로 이루어져서 기업규모가 빠르게 성장하고 있다는 징표이다.

$$\text{총자산증가율} = \frac{\text{당기말 총자산} - \text{전기말 총자산}}{\text{전기말 총자산}} \times 100\ (\%) \qquad (\text{식 } 5.11)$$

(2) 매출액증가율

이 비율은 전년도에 비해 당해 연도의 매출액이 얼마나 증가했는가를 알아보고자 하는 것으로 아래와 같이 계산된다.

$$\text{매출액증가율} = \frac{\text{당기 매출액} - \text{전기 매출액}}{\text{전기 매출액}} \times 100\ (\%) \qquad (\text{식 } 5.12)$$

매출액증가율(growth rate of sales)을 이용할 때, 해당 기업의 과거나 현재만을 놓고 비교할 것이 아니라 산업전체 평균과 비교해야 한다. 예를 들어, 어느 기업의 매출액증가율이 전년도에 비해 금년에 15% 증가하였다고 하자. 그러나 동종산업의 경우는 평균 18% 증가하는 것으로 나타났다면, 이 기업은 시장점유율측면에서 오히려 감소했다고 볼 수 있을 것이다.

(3) 순이익증가율

매출액증가율은 기업의 외형적 신장세를 나타내지만 매출액 증가가 반드시 순이익의 증가로 연결되는 것은 아니다. 따라서 기업의 실질적인 성장지표인 순이익증가율(growth rate of net income)에 대한 분석을 병행하는 것이 바람직하다.

$$\text{순이익증가율} = \frac{\text{당기순이익} - \text{전기순이익}}{\text{전기순이익}} \times 100\ (\%) \qquad (\text{식 } 5.13)$$

기업의 영업활동이 얼마나 효율적으로 성장하고 있는지를 알아보기 위해서는 영업이익증가율을 살펴보면 되는데, 영업이익증가율은 전년도 영업실적에 대한 당해 연도 영업이익의 증가율로 표시된다.

$$\text{영업이익증가율} = \frac{\text{당기 영업이익} - \text{전기 영업이익}}{\text{전기 영업이익}} \times 100\ (\%) \qquad (\text{식 } 5.14)$$

4) 수익성비율

기업이 보유하고 있는 자산으로 얼마의 수익을 올릴 수 있는지의 여부를 알아보는 것은 중요한 일이며, 이를 이용하여 기업이 자본을 투입하여 얼마의 잉여가치를 창출하는지를 평가하기 위한 수익성관련 비율을 측정하게 된다.

(1) 매출액순이익률

매출액순이익률(return on sales; ROS)은 기업의 매출액과 당기순이익의 관계를 알아보기 위한 것으로 이 비율을 통해 기업의 전반적인 경영활동이 얼마나 합리적으로 이루어졌는가를 평가해 볼 수 있다.

$$\text{매출액순이익률} = \frac{\text{당기순이익}}{\text{매출액}} \times 100\ (\%) \qquad (\text{식 } 5.15)$$

손익계산서를 통해서 알 수 있듯이 기업이 제품을 팔아서 벌어들인 매출액에서 해당 기업의 재투자와 배당의 근원이 되는 당기순이익이 산출되기까지는 많은 수익과 비용항목들이 발생하게 된다. 즉, 당기순이익이 산출되는 과정에서 영업활동과는 직접적인 연관이 없는 비용들이 발생하기 때문에 이 비율만을 가지고는 진정한 기업의 영업활동의 효율성을 판단하는 것은 곤란하다. 이 비율과 더불어 고려해야 할 비율이 매출액영업이익률(operating margin on sales)이다.

$$\text{매출액영업이익률} = \frac{\text{영업이익}}{\text{매출액}} \times 100\ (\%) \qquad (\text{식 } 5.16)$$

손익계산서에서 영업이익이 산출되기까지는 기업의 순수한 영업활동에 의해 발생한 비용만을 고려하게 되므로, 이 비율을 통해서 영업활동의 효율성을 좀 더 효과적으로 측정할 수가 있는 것이다.

(2) 총자산순이익률

총자산순이익률(return on asset; ROA)은 기업의 생산활동에 투입된 자산이 효율적으로 운영이 되고 있는가를 측정하는 것이다. 아무리 많은 자산을 보유하고 있더라도 이를 효율적으로 운영하지 못한다면 진정한 자산의 가치를 높일 수가 없는 것이다. 총자산순이익률은 당기순이익을 총자산으로 나누어서 계산한다.

$$\text{총자산순이익률} = \frac{\text{당기순이익}}{\text{총자산}} \times 100\ (\%) \qquad \text{(식 5.17)}$$

앞에서 총자산과 총자본은 금액이 같다고 하였으므로 총자산 대신에 총자본을 사용하여서 총자본이익률이라고도 한다. 또 위의 식은 다음과 같이 바꿔 쓸 수 있다.

$$\begin{aligned}\text{총자산순이익률} &= \frac{\text{당기순이익}}{\text{매출액}} \times \frac{\text{매출액}}{\text{총자산}} \\ &= \text{매출액순이익률} \times \text{총자산회전율}\end{aligned} \qquad \text{(식 5.18)}$$

이를 통해 ROA가 과거와 비교해서 금년에 변화된 원인이 매출액순이익률의 변화에 의해서인지, 아니면 총자산회전율의 변화 때문인지, 혹은 두 요인 모두 작용한 것인지를 알아볼 수 있다.

(3) 자기자본순이익률

총자본에는 자기자본뿐만 아니라 타인자본, 즉 부채도 포함되어 있다고 설명한 바 있다. 자기자본순이익률(return on equity; ROE)은 타인자본을 제외한 순수한 자기자본의 효율적 운영측면을 알아보고자 하는 목적으로 산출된다.

$$\text{자기자본순이익률} = \frac{\text{당기순이익}}{\text{자기자본}} \times 100\ (\%) \qquad \text{(식 5.19)}$$

ROE는 기업의 실질적 소유자인 주주들이 투자한 자본이 얼마만큼의 수익성을 내고 있는가를 보여주는 지표로써, 기업에 투자하는 투자자들의 입장에서는 가장 관심이 있고 중요한 비율이라고 할 수 있다. 자기자본순이익률은 매출액순이익률(수익성비율)과 총자산회전율(활동성비율), 그리고 자기자본비율의 역수(안정성비율)의 곱으로 나타낼 수도 있다.

$$\text{자기자본순이익률} = \frac{\text{당기순이익}}{\text{매출액}} \times \frac{\text{매출액}}{\text{총자산}} \times \frac{\text{총자산}}{\text{자기자본}} \quad \text{(식 5.20)}$$

$$= \text{매출액순이익률} \times \text{총자산회전율} \times \frac{1}{\text{자기자본비율}}$$

$$= \text{매출액순이익률} \times \text{총자산회전율} \times (1 + \text{부채비율})$$

이상으로 기업의 안정성, 활동성, 성장성, 수익성을 파악하기 위한 지표로 몇 가지 재무비율들을 살펴보았다. 이외에도 재무비율은 재무제표에 표시된 항목들을 조합하여 수없이 많은 비율을 만들 수 있다. 위에서는 성장성의 지표로 단지 네 가지만 언급하였지만 자기자본증가율, 배당성장률 등 여러 가지가 있고, 활동성 측면에서도 유동자산회전율, 자기자본회전율 등이 있다. 따라서 재무제표를 이용하여 필요하다고 생각하는 항목을 얼마든지 비율로 만들어 사용할 수 있지만, 그 중에서도 기업경영에 있어서 의미있는 항목들만을 선별하여 사용하는 것이 바람직하다.

4. 시장가치비율분석

시장가치비율분석은 재무비율분석의 일종이지만 시장가치 측면에서 접근하고 있다. 기업의 가치는 경영활동을 통해서 나타난 영업성과들이 이익을 실현시키는 과정 중에 시장에서 평가된 주식의 가치라고 말할 수 있다. 따라서 시장가치비율은 앞에서 설명한 재무비율과 다르게 증권시장에서 해당 기업의 주식가격을 주당이익이나 장부가치 등 주식과 관련된 각종 비율로 나타내서 투자자들이 기업의 가치를 어떻게 바라보는가를 파악하는데 도움을 준다.

1) 주가수익비율

주가수익비율(price earnings ratio; PER)은 주식가격을 주당순이익(earnings per share; EPS)으로 나눈 값으로 주당순이익의 몇 배가 주가로 나타나는가를 의미한다. 일반적으로 높은 성장이 기대되는 기업은 주가수익비율이 높게 나타나며, 성장이 낮을 것이라고 예상되는 기업들은 이 비율이 낮게 나타나는 경향이 있다.

$$\text{주가수익비율} = \frac{\text{주 가}}{\text{주당순이익}} \text{(배)} \quad \text{(식 5.21)}$$

2) 주가순자산비율

주가순자산비율(price book-value ratio; PBR)은 주가를 주당순자산으로 나눈 비율로 장부가치대 시장가치비율(book-to-market ratio)이라고도 한다. 이는 소유지분의 장부상 가치와 주식시장에서 평가되는 가치를 비교한 것으로 기업의 미래 수익전망이 밝고 경영이 효율적일수록 장부가치와 시장가치의 차이가 커져서 주가순자산비율이 크게 나타난다.

$$\text{주가순자산비율} = \frac{\text{주 가}}{\text{주당순자산}} = \frac{\text{주당시장가치}}{\text{주당장부가치}}\ (\text{배}) \qquad (\text{식 } 5.22)$$

3) 주가매출액비율

주가매출액비율(price sales ratio; PSR)은 기업의 순수한 영업활동으로 얻어진 매출액을 기준으로 주가를 평가하는 재무비율이다. 주가수익비율은 수익을 근거로 하고, 주가순자산비율이 자산가치를 근거로 한 투자지표인데 비해서 주가매출액비율은 기업의 외형을 나타내는 매출액을 기반으로 하는 투자지표이다.

$$\text{주가매출액비율} = \frac{\text{주 가}}{\text{주당매출액}}\ (\text{배}) \qquad (\text{식 } 5.23)$$

4) 주가현금흐름비율

주가현금흐름비율(price cash-flow ratio; PCR)은 주가를 1주당 영업현금흐름으로 나눈 것으로, 영업현금흐름 대비 주가수준을 평가하고자 하는 비율이다. 영업현금흐름은 당기순이익에 감가상각비와 같이 현금유출을 수반하지 않는 비용은 더하고 현금유입을 수반하지 않는 수익은 차감하여 산출하는데, 이는 현금흐름표상의 영업활동으로 인한 현금흐름에서 영업활동으로 인한 자산과 부채의 변동(순운전자본의 증감)을 제외한 것이다.

$$\text{주가현금흐름비율} = \frac{\text{주 가}}{\text{주당현금흐름}}\ (\text{배}) \qquad (\text{식 } 5.24)$$

5) 토빈의 *q*

토빈(J. Tobin)의 q는 기업의 부채 및 자기자본의 시장가치를 보유자산의 대체원가

(replacement cost)로 나눈 비율을 말한다. 이때 대체원가는 기업이 보유하고 있는 모든 자산의 장부상의 가치가 아니라 실제로 대체하는데 드는 비용을 추정한 것이다.

$$\text{Tobin's } q = \frac{\text{부채와 자기자본의 시장가치}}{\text{추정 대체원가}} \qquad \text{(식 5.25)}$$

토빈의 q가 1보다 크면 부채와 자기자본의 가치가 그 기업의 자산을 대체하는데 드는 비용보다 더 큰 가치를 지니고 있다는 것으로, 기업이 투자자들로부터 조달된 자본을 잘 운영하여 기업가치가 증가한다는 징표이다. 하지만 토빈의 q가 1보다 작으면 부채와 자본의 시장가치가 대체비용보다 낮다는 것을 의미하며, 이 경우는 기업들은 투자의욕을 갖지 못하고 대체비용에 비하여 저렴하게 평가되어 있으므로 M&A의 대상이 될 수도 있다.

5. 레버리지분석

레버리지효과(leverage effect)란 지렛대 역할을 말하는 것으로, 기업의 비용구조상 고정비 비중이 클수록 매출액의 변동에 따른 이익의 변동이 확대되는 현상을 의미한다. 이러한 레버리지는 기업의 영업활동에서 고정영업비용에 의해 발생하는 영업레버리지와 재무활동에서 부채사용에 따른 고정재무비용으로 인해서 발생하는 재무레버리지가 있다.

1) 영업레버리지

영업레버리지(operating leverage)는 영업비용 중에서 고정영업비용이 차지하는 비중을 의미한다. 총자산에서 비유동자산이 차지하는 비중이 높아져서 고정비 부담이 증가하게 되면 판매량의 변화가 영업이익의 크기와 질에 영향을 미치게 되는데, 이를 영업레버리지효과라 한다.

$$DOL = \frac{\text{영업이익 변화율}}{\text{판매량 변화율}} = \frac{\Delta EBIT / EBIT}{\Delta Q / Q} \qquad \text{(식 5.26)}$$
$$= \frac{\text{매출액} - \text{변동비}}{\text{매출액} - \text{변동비} - \text{고정비}}$$

여기서, Q : 판매량
$EBIT$: 영업이익

영업레버리지도(degree of operating leverage; DOL)는 비유동자산 보유에 따른 고정영업비용으로 인해서 매출액이 변동할 때, 영업이익이 어느 정도 변동하는지를 측정하는데 이용된다. 고정비가 존재하는 한 영업레버리지도는 1보다 크게 되며, 영업레버리지도가 높을수록 매출액 증가에 따른 수익성의 개선효과를 기대할 수 있지만 영업위험 또한 커지게 된다.

2) 재무레버리지

재무레버리지(financial leverage)는 기업의 총재무비용 중에서 고정재무비용이 차지하는 비중, 다시 말하면 총자본 중에서 타인자본(부채)이 차지하는 비중을 의미한다. 그리고 타인자본의 비중이 높을수록 고정재무비용(지급이자)의 부담이 증가하기 때문에 인하여 영업이익이 변화할 때 주당순이익의 변동이 보다 크게 확대되는 재무레버리지효과가 나타난다.

$$DFL = \frac{\text{주당순이익 변화율}}{\text{영업이익 변화율}} = \frac{\Delta EPS \,/\, EPS}{\Delta EBIT \,/\, EBIT} \qquad \text{(식 5.27)}$$

$$= \frac{\text{영업이익}}{\text{영업이익} - \text{지급이자}}$$

여기서, EPS : 주당순이익
$EBIT$: 영업이익

재무레버리지도(degree of financial leverage; DFL)는 영업이익 변화율에 대한 주당순이익 변화율의 상대적 비율로써 재무레버리지효과를 측정한다. 기업의 타인자본 이용에 따른 고정재무비용이 커질수록 영업이익의 증가에 따라 주당순이익이 증대되는 효과가 나타난다. 하지만 그만큼 변동성이 커져서 재무위험 또한 증가한다.

3) 결합레버리지

기업의 투자결정에 따른 영업레버리지와 자본조달결정에 따른 재무레버리지를 통합한 것을 결합레버리지(combined leverage)라고 한다. 결합레버리지효과는 영업레버리지로 인하여 판매량 변화가 영업이익의 변동을 확대시키고, 재무레버리지로 인하여 영업이익 변화가 주당순이익의 변동을 확대시키는 종합적인 효과를 의미한다. 결합레버리지효과를 측정할 수 있는 결합레버리지도(degree of combined leverage; DCL)는 다음과 같이 나타낼 수 있다.

$$DCL = \frac{\text{주당순이익 변화율}}{\text{판매량 변화율}} = \frac{\Delta EPS / EPS}{\Delta Q / Q} \quad \text{(식 5.28)}$$
$$= DOL \times DFL$$
$$= \frac{\text{매출액} - \text{변동비}}{\text{매출액} - \text{변동비} - \text{고정비} - \text{지급이자}}$$

기업은 영업레버리지와 재무레버리지가 클수록 매출이 증가할 때, 수익성이 높아지는 효과를 얻을 수 있지만, 매출이 감소하는 경우는 그 반대의 현상이 나타난다. 즉, 이익 변동폭이 커져서 위험이 증가하므로 위험과 수익 간의 상반관계를 고려하여 레버리지를 결정해야 한다.

4) 레버리지와 위험

레버리지가 커지면 그만큼 위험도 커진다. 판매량(매출액)이 불확실한 상황에서 영업레버리지도가 크면 클수록 영업이익의 변화폭이 커지며, 재무레버리지도가 크면 주당순이익의 변화폭도 더욱 증폭되어 나타난다. 따라서 기업의 위험은 영업레버리지도와 재무레버리지도에 의해 좌우되며, 이는 투자정책과 자본조달정책이 기업위험에 영향을 미친다는 것을 의미한다.

6. 경제적 부가가치(EVA)분석

경제적 부가가치(economic value added; EVA)는 경영활동을 통해서 창출된 영업이익이 경영활동에 투자된 자본비용을 초과하는 금액, 즉 세후영업이익(net operating profit after tax; NOPAT)에서 투하자본(invested capital; IC)에 대한 자본비용을 차감한 잔여이익(residual income)으로 경영성과를 나타내는 성과지표이다.[14]

이때 잔여이익은 자본제공자인 주주와 채권자들의 위험을 고려한 비용과 세금을 영업이익으로부터 차감한 순수 잔여이익, 즉 주주에게 귀속되는 이익을 의미한다. 따라서 EVA가 양(+)이라는 것은 주주들에게 기회비용을 초과하여 경제적으로 새로운 가치를 창출하였다는 것을 의미하고, EVA가 음(−)이라면 투자자들은 자본제공에 대한 대가를 충분히 보상받지 못하고 있음을 의미한다.

---

14) NOPAT = 매출액 − 매출원가 − 판매비와 관리비 + 기타 영업관련 수익
− 기타 영업관련 비용 − 조정법인세
IC = (영업관련)순운전자본 + (영업관련)비유동자산 + 기타 영업관련 자산

$$\begin{aligned} EVA &= \text{세후영업이익} - \text{자본비용액} \\ &= NOPAT - (IC \times WACC) \\ &= IC \times (ROIC - WACC) \end{aligned} \qquad \text{(식 5.29)}$$

EVA는 세후영업이익에서 자본비용을 차감한 것이므로 투하자본수익률(return on invested capital; ROIC)과 가중평균자본비용(weighted average cost of capital; WACC)의 차액에 투하자본을 곱한 값으로도 나타낼 수 있다. 이때 ROIC는 세후영업이익을 투하자본으로 나눈 비율을 의미하고,[15] WACC는 부채비용과 자기자본비용을 원천별 비용률로 추정한 다음 자본구성비에 따라 가중평균하여 구한 것이다.

위의 EVA 산출식을 살펴보면, 순수한 영업활동의 성과를 반영하는 투하자본수익률이 재무활동의 결과를 나타내는 가중평균자본비용보다 높을수록, 그리고 투자규모가 클수록 EVA가 커지게 됨을 알 수 있다. 그리고 투하자본수익률이 가중평균자본비용보다 높은 경우에는 새로운 기업가치를 창출하는 것이지만, 반대의 경우는 기업가치가 감소하는 것으로 판단할 수 있다.

우리나라 기업들의 경영전략이 과거 외형위주의 성장전략에서 내실화를 기하고 가치를 중시하는 방향으로 변화하고 있다. EVA는 이러한 가치창조경영(value based management; VBM)을 실현하기 위한 대표적인 성과지표라고 할 수 있다.

5.5 기본적 분석의 한계점

기본적 분석에 대해서 요약하면, 주가는 주식을 발행한 기업 자체의 요인뿐만 아니라 기업 외적인 요인, 즉 경기변동, 물가상승, 환율, 국제원자재가격, 그리고 산업의 구조와 특성 등이 주식가격을 형성하는데 영향을 미친다는 것이다. 따라서 기본적 분석가들은 이러한 기업의 내적·외적 상황들을 분석하여 주식의 본질가치를 알아낸 다음, 시장에서 해당 주식이 본질가치보다 가격이 낮게 책정되어 있다면 이 주식을 매입함으로써 싸게 구입하는 효과를 볼 수 있으며, 반대로 시장가격이 본질가치보다 높게 형성되어 있다면 이를 매도함으로써 주식을 비싼 가격으로 처분하는 효과를 가져와서 주식투자로 인한 수익을 올릴 수 있다고 생각한다.

그러나 이러한 기본적 분석을 통해서 투자수익을 올릴 수 있기까지는 몇 가지 문제점

15) ROIC = NOPAT / IC

이 있다.

첫째, 본질가치의 다양성 여부이다. 예를 들어, 갑이라고 하는 투자자가 내적·외적 분석을 통해서 어떤 기업이 발행한 주식의 진정한 가치, 본질가치를 알게 되었다고 하자. 그리고 시장에서는 그 기업 주가가 갑이 알게 된 본질가치보다 낮게 거래되고 있는 상황이라면 투자자 갑은 이 주식을 매입하려들 것이다. 그러나 시장에 참여한 다른 투자자들이 투자자 갑이 분석한 본질가치를 인정해주지 않는다면, 이 주식은 현재 시장에서 거래되고 있는 가격에 계속 거래되고 갑은 아무런 수익을 올릴 수가 없게 된다. 이처럼 주식의 본질가치라는 것이 투자자 갑뿐만 아니라 시장에 참여한 다른 투자자들도 모두 동일하게 인식해야 초과수익을 올릴 수 있는 것이다.

둘째, 본질가치의 적정성 여부이다. 본질가치를 파악하기 위해서는 기업의 회계자료인 재무제표를 분석하는데, 재무제표라는 것은 작성하는 회사가 동일한 사건을 놓고도 여러 가지 회계처리기준 중 어떤 것을 사용하느냐에 따라서 달라질 수 있다. 또한 기업마다 회계처리기준을 다르게 설정할 수도 있어서 산업 내의 기업 간 비교의 의미가 줄어들 수 있으며, 동일한 기업이라도 회계기간마다 어떠한 사정에 의해서 회계처리방법을 달리 했다면 기업 자체의 평가에도 별 도움이 되지 않을 수도 있다.

셋째, 분석을 하는데 시간이 많이 소요된다. 위의 두 가지 문제점이 모두 해결된다고 하더라도 기본적 분석을 통해서 기업의 진정한 가치를 파악하는데 걸리는 시간이 너무 길다는 것이다. 시장에는 새로운 정보가 수시로 발행하는데, 새로운 정보가 출현하여 이를 반영하여 분석하는 동안 또 다시 새로운 정보가 발생하여 기업가치를 제대로 평가하기 어렵다는 것이다.

이러한 기본적 분석의 한계를 보완하기 위한 하나의 방편으로 기술적 분석방법을 이용하게 되는데, 이에 대해서는 다음 제6장에서 자세히 살펴보기로 하자.

핵심정리

- 주식가격을 예측하는 방법은 기본적 분석과 기술적 분석에 의한 접근방법이 있다. 기본적 분석은 시장에서 형성되는 주식의 가격은 그 주식을 발행한 기업의 가치에 의하여 결정된다고 보는 것이고, 기술적 분석은 주가는 시장에서의 수요와 공급에 의해서 결정된다고 본다.
- 주식의 본질가치를 평가하기 위해서는 기업의 미래이익에 영향을 미칠 수 있는 요인들에 대한 분석, 즉 경제분석, 산업분석, 기업분석을 실시하게 된다.
- 경제활동이 활발하여 경기가 상승하면 고점에 도달하게 되고, 다시 경제활동이 둔화되고 경기가 하강하여 저점에 이르게 되는데, 이를 경기순환 또는 경기변동이라고 한다. 경기는 주가와 밀접한 관련을 맺고 있으며, 일반적으로 증권시장의 움직임은 경기보다 선행하는 것으로 알려져 있다.
- 금리와 주가는 반대방향으로 움직이는 것으로 알려져 있다. 시중이자율이 높으면 기업들이 설비투자를 하지 않아 수익성이 낮아지게 되고, 주가는 하락하게 된다. 반대로 이자율이 낮다면 자금조달이 용이해지고, 설비투자로 인한 기업의 수익성이 높아져서 주가가 상승하게 된다.
- 산업분석의 방법은 크게 산업의 구조변화에 대한 분석과 개별 산업에 대한 분석으로 구분할 수 있다.
- 특정 산업의 경쟁강도는 5가지의 구조적인 경쟁요인, 즉 잠재적 진출기업의 위협, 대체품의 위협, 구매자의 교섭력, 공급자의 교섭력, 그리고 산업 내 기존 기업들 간의 경쟁들에 의해서 결정된다고 한다.
- 재무비율분석은 재무제표들을 구성하고 있는 항목들 간의 관계를 이용하여 해당 기업이 우량기업인지 아니면 부실기업인지를 판단해 보는 것이다.
- 시장가치비율분석은 재무비율분석의 일종이지만 시장가치 측면에서 접근하고 있다. 따라서 시장가치비율은 해당 기업의 주식가격을 주당이익이나 장부가치 등의 주식과 관련된 각종 비율로 나타내서 투자자들이 기업의 가치를 어떻게 바라보는가를 파악할 수 있다.
- 레버리지효과는 지렛대 역할을 말하는 것으로, 기업의 비용구조상 고정비 비중이 클수록 매출액의 변동에 따른 이익의 변동이 확대되는 현상을 의미한다.
- 경제적 부가가치는 경영활동을 통해서 창출된 영업이익이 경영활동에 투자된 자본비용을 초과하는 금액, 즉 세후영업이익에서 투하자본에 대한 자본비용을 차감한 잔여이익으로 경영성과를 나타내는 성과지표이다.

연습문제

1. 기본적 분석의 체계는 (   )분석-(   )분석-(   )분석의 순으로 이루어진다.

2. 증권시장에서 수요와 공급에 의해서 형성되는 주가와 관계없이 합리적인 평가기준에 의해 측정되는 주식의 가치를 (   )라고 한다.

3. 다음 중 주가와 정반대의 관계를 가지는 것은?(   )
   ① 물가 ② 환율
   ③ 이자율 ④ 통화량

4. 통화량과 주가의 관계를 장기와 단기적 관점으로 나누어 설명하시오.

5. 특정 산업의 경쟁강도에 영향을 미치는 5가지 요인에 대해서 설명하시오.

6. ROA는 다음 중 어떤 것을 알아보고자 하는 비율인가?(   )
   ① 안정성 ② 성장성
   ③ 활동성 ④ 수익성

7. ROE를 수익성, 활동성, 안정성비율로 분해하여 설명하시오.

8. 토빈의 q에 대해서 설명하시오.

9. 경기상사는 전구를 생산하는 기업이다. 월 평균 300만원의 고정비가 소요되고 전구를 1개 생산할 때마다 400원의 변동비가 발생한다고 한다. 경기상사는 매월 50만원의 이자비용을 지급하고 있으며, 개당 1,000원씩 월간 10,000개의 전구가 판매될 때, 이 기업의 결합레버리지도는 얼마인가?

10. 경제적 부가가치(EVA)와 가치창조경영에 대해서 설명하시오.

제6장
기술적 분석

증권분석은 크게 기본적 분석과 기술적 분석으로 나눌 수 있으며, 앞 장에서 기본적 분석은 주식의 본질가치를 산출하는데 초점을 두고 있음을 살펴보았다. 반면에 이번 장에서 다루게 될 기술적 분석은 본질가치 결정에 영향을 주는 기본적 요인들보다는 주가나 거래량 등의 과거흐름을 분석하여 주가를 예측하려는 방법이다. 즉, 기술적 분석은 주가나 거래량 등을 도표화하여 일정한 추세나 패턴을 찾아내고, 이를 이용하여 주가변동을 예측하고자 하는 것이다.

이번 장에서 우리는 기술적 분석을 추세분석, 패턴분석, 그리고 지표분석으로 구분하여 알아볼 것이다.

6.1 기술적 분석의 의의와 가정

주식투자를 하는 사람들은 크게 두 가지 문제에 직면하게 된다. 하나는 상장되어 있는 주식들 가운데 과연 어떤 주식을 사야 할 것인가 하는 종목선정(selection)의 문제와 선정된 종목을 언제 사고팔아야 하는지에 대한 매매시점(market timing)을 파악하는 것이다.

종목선정의 문제는 앞에서 살펴본 기본적 분석 방법을 토대로 어느 정도 해결할 수 있다. 그러나 주식가격은 단순히 기업의 내・외적 요인으로만 결정되는 것이 아니라 주식시장 분위기나 개별 주식이 갖는 인기도 등 투자자들의 심리적 요인에 의해 쉽게 변하게 된다.

주가는 어느 순간에 어떤 요인에 의해서도 변할 수 있으므로 투자종목을 선정하는 것 못지않게 매매시점 파악이 중요하다. 그런데 기본적 분석은 재무제표 등의 계량화된 정보를 이용하기 때문에 투자자들의 심리적 변동요인과 같이 계량화와 객관화하기가 어려운 변수들은 고려할 수 없다. 따라서 종목선정의 경우와는 달리 매매시점을 파악하는 것은 상당히 주관적이어서 기본적 분석만으로는 쉽지 않다는 것을 알 수 있다.

기술적 분석은 주식가격이 시장에서 수요와 공급에 의해서 결정되며, 가격변동은 어떤 추세나 일정한 패턴을 갖고 움직인다고 가정하고, 이를 찾아내어 주가의 변동을 예측하는 분석방법이다.

기술적 분석가들은 주가는 시장에 참여한 투자자들의 투자활동에 의해 결정되는데, 이들 투자자들은 나름대로의 기본적 분석방법을 통해서 투자를 하게 되므로, 결국 시장 내에서 주가와 거래량 등의 움직임만 파악하게 되면 미래 주식가격의 동향을 예측할 수 있다고 생각한다. 이러한 기술적 분석은 다음과 같은 몇 가지 가정하에서 이루어진다.

첫째, 주가는 주식의 수요와 공급에 의해서 결정된다.

둘째, 수요와 공급은 합리적이든 비합리적이든 수없이 많은 요인에 의해 좌우된다.

셋째, 사소한 파동을 무시한다면 주가는 상당 기간 지속되는 흐름을 따라 특정한 추세를 장기간에 걸쳐 형성하면서 변화한다.

넷째, 추세의 변동은 수요와 공급의 변화 때문에 일어난다.

다섯째, 수요와 공급을 변화시키는 이유는 정확히 알 수 없으나 수요・공급의 변화추세는 조만간 도표상에 나타난다.

여섯째, 도표상에 나타나는 특정 형태의 주가모형은 반복하려는 속성을 가지고 있다.

기술적 분석의 방법은 수없이 많지만, 이들을 정리해보면 크게 추세분석, 패턴분석, 그리고 지표분석으로 구분할 수 있다. 이러한 세 가지 분류에 따라 기술적 분석을 살펴보도록 하자.

6.2 추세분석

추세분석은 불규칙하게 보이는 주가 움직임에서 추세(trend)를 찾아내고, 이러한 추세가 상승추세인지 하락추세인지를 파악하여 투자결정에 이용하고자 하는 방법이다. 즉, 추세분석은 한번 상승추세에 있는 주식은 상승하려는 경향이 있고 하락추세에 있는 주식은 계속 하락하는 속성을 이용하는 분석방법이다.

1. 도표의 종류

주가 또는 거래량을 표시하는 대표적인 도표에는 선도표(line chart)와 봉도표(bar chart)가 있다. 선도표는 한 가지 가격(일일 종가, 평균가 등)을 연속적으로 표시한 도표이고, 봉도표는 일별(또는 주별, 월별) 시가, 고가, 저가, 종가와 가격의 등락폭을 모두 표시한 도표이다. 우리가 흔히 보게 되는 봉차트는 가장 쉽고 편리한 차트라고 할 수 있다. 봉차트는 일본식과 미국식으로 나눠지며, 일본식 봉차트는 시가, 고가, 저가, 종가가 모두 표현되어 있을 뿐만 아니라 시가보다 종가가 올랐는지 또는 내렸는지에 대한 정보도 함께 표현되어 있어 미국식 봉차트보다 보기가 쉬워서 많이 활용되고 있다.

[그림 6-1]은 일본식 봉차트 기본형을 나타내고 있다. 붉은색으로 나타나는 경우는 종가가 시가보다 높은 경우, 즉 주가가 상승한 경우이며, 파란색으로 나타낸 것은 시가보다 종가가 하락한 경우, 즉 주가가 하락한 경우이다. 이러한 봉차트는 하루의 변화를 기록한 것은 일봉, 1주일의 주가등락을 보여주는 주봉, 한달간의 변화를 나타내는 월봉 등 만들기에 따라 어떤 기간물이든 가능하다. 또한 개별종목이나 전체지수 등 어떤 것이든 그릴 수 있다는 장점이 있다. 각각의 봉에 대하여 살펴보면 다음의 〈표 6.1〉과 같다.

그림 6-1 봉차트의 기본형

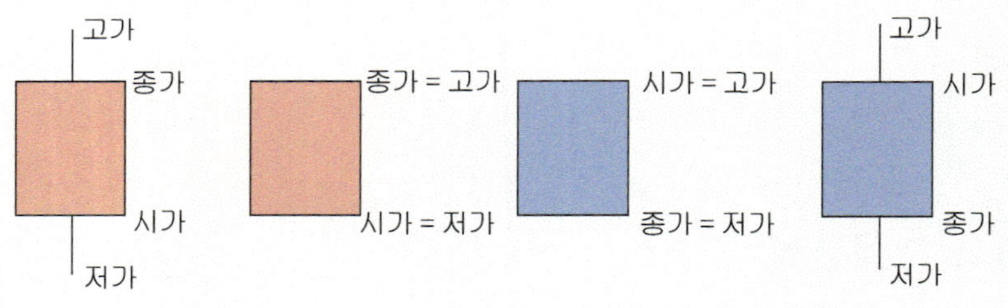

표 6.1 봉차트의 예시

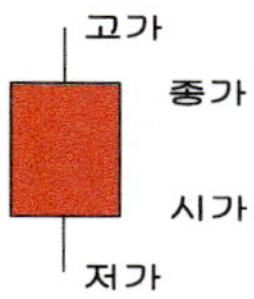	종가가 시가보다 올랐지만 하루 중 등락이 거듭되었음을 보여준다. 그러면서도 전체적으로 하루 중 주가가 상당히 올랐다는 것을 알 수 있다.
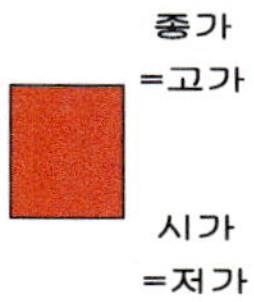	아침부터 오르기 시작해 상승폭 내에서 다소 후퇴는 있었지만 줄기찬 상승세를 보인 경우라고 볼 수 있다. 이런 형태는 시장이 강력한 강세장에 진입해 있음을 보여주며, 대개 이튿날에도 상승세가 지속된다.
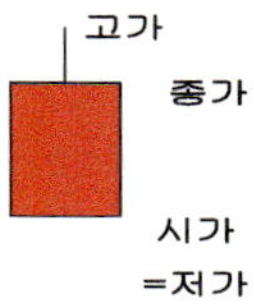	종가가 시가보다 높은 경우로 고가권에서 약간 시세가 밀린 형태이다. 밀려 내린 주가의 폭에 따라 다음 날의 방향이 예상될 수 있다. 만일 꼬리가 길게 밀려 내렸다면 이튿날 주가가 상당폭 떨어질 가능성이 있다고 볼 수 있다.
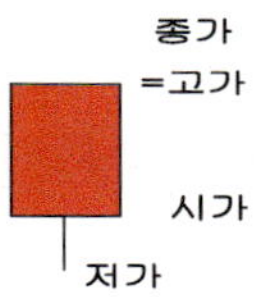	매수세력이 강하다는 것을 의미한다. 하루 중 등락이 있었지만 매수세가 강력하게 반등을 끌어낸 경우이다. 이 경우라면 주가는 계속 상승세를 보일 가능성이 있다. 그러나 상승폭 자체가 그리 크지 않다면 조심할 필요가 있다.
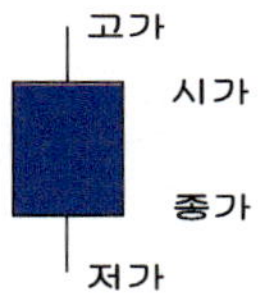	종가가 시가보다 하락했지만, 주가가 하루 중에 등락을 거듭한 경우이다. 상승했다가 되밀리고, 하락했다가 다시 오르는 경우로 시세가 팽팽히 대립하고 있다는 것이다.
	종가가 시가보다 떨어졌는데 하루 종일 줄곧 하락하였다는 것을 보여준다. 이런 그림이 나오면 주가가 계속 하락할 가능성이 많고 하락장세의 전형적인 모양이라고 볼 수 있다.
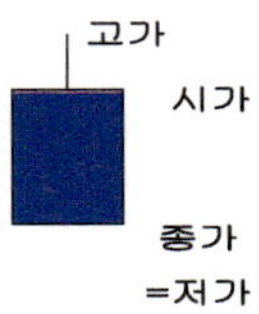	주가가 장중에 다소 오르다가 다시 떨어졌음을 나타내는 모양이며, 하락장이 계속될 것임을 보여준다. 이런 그림이 나오면 대개 다음날 주가가 떨어질 것으로 예상할 수가 있다.
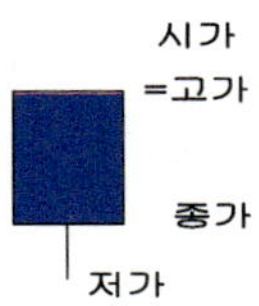	이런 모양은 주가는 떨어졌지만 반발매수세도 다소는 있다는 뜻이다. 만일 꼬리부분이 아주 길게 만들어진다면 장세가 상승세로 돌아설 가능성도 있다고 볼 수 있다.

2. 추세분석의 기초

추세(trend)는 지속적으로 상승하려는 상승추세와 긴 하락세를 나타내는 하락추세, 그리고 장기적으로 횡보하는 모습의 평행추세가 있으며, 추세분석에서는 상승추세와 하락추세가 중요하다.

1) 추세선

추세선은 의미 있는 두 고점 또는 두 저점을 연결하는 직선을 말한다. 주가는 매일매일 상승과 하락을 반복하면서 규칙적인 운동을 한다. 이러한 주가 움직임에서 저점과 고점이 나타나며, 일정 시점의 고점 또는 저점을 연결하면 추세선을 설정할 수 있다. 일반적으로 상승추세선과 평행추세선은 저점을 연결하고 하락추세선은 고점을 연결하는 것이 일반적이다.

그림 6-2 추세선의 유형

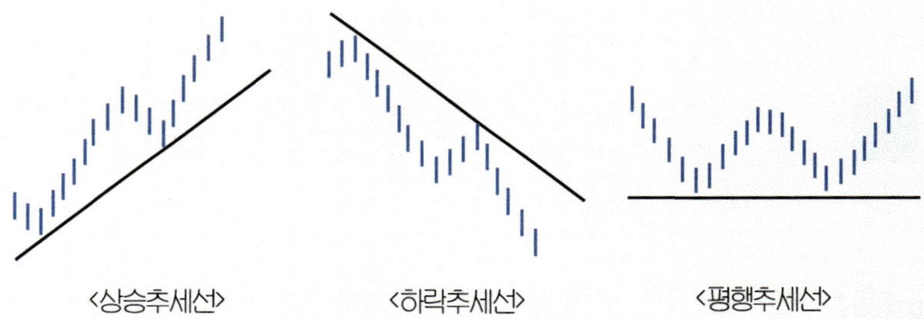

2) 추세대

추세분석은 기본적으로 추세선에 바탕을 두고 있지만, 추세선 반대편에 보조 추세선을 그어 추세대를 설정할 수도 있다. 추세대는 추세통로라고도 하며, 상승추세대, 하락추세대, 평행추세대로 구분된다.

그림 6-3 추세대의 유형

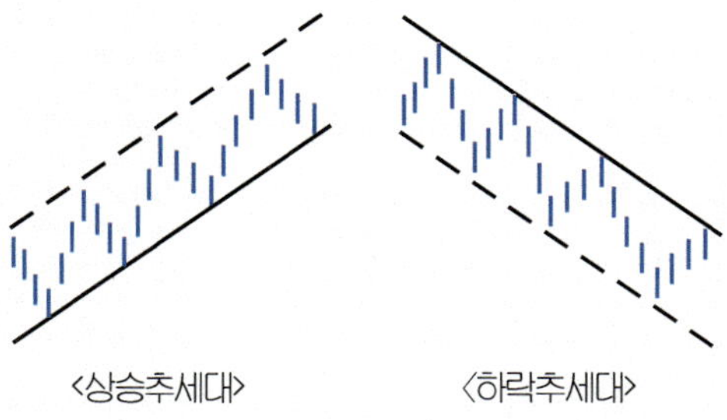

이와 같이 추세선과 추세대를 그리게 되면 주가의 미래 움직임을 파악하여 매매시점을 훨씬 편리하게 분석할 수 있다.

3) 지지선과 저항선

특정 기간에 있어서 주가의 하락추세를 멈추기에 충분한 매입과 매입하려는 세력을 지지라고 하며, 이러한 현상을 선으로 연결한 것을 지지선이라고 한다. 반면에 저항은 일정 기간 동안 매입에 따른 주가의 상승추세에 대항하는 매도세력을 의미하며, 상승저항을 받고 있는 고점들을 연결한 것을 저항선이라고 한다.

그림 6-4 지지선과 저항선

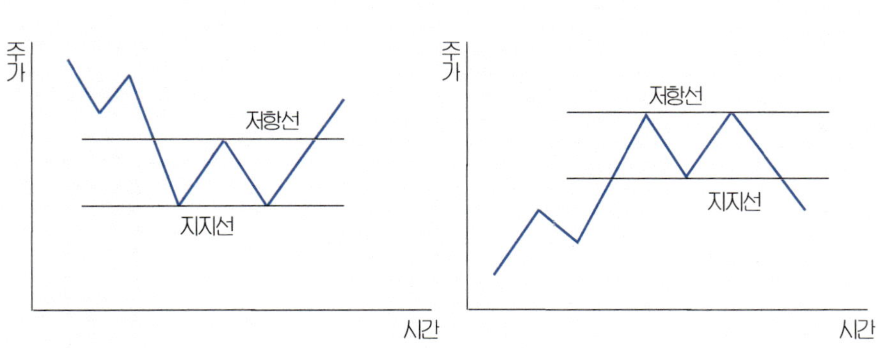

3. 다우이론

다우이론은 대표적인 추세분석으로 미국의 월 스트리트 저널의 편집장이었던 찰스 다우(Charles H. Dow)가 고안한 방법으로, 19세기부터 20세기에 걸쳐 주식시장 전체의 방향을 예시할 수 있는 주기적인 경향을 발견하고 1929년 경제대공황을 예측하여 유명해졌다. 다우이론에 의하면, 증권시장의 주가는 다음과 같은 세 가지 움직임을 갖는다고 한다.

단기변동은 매일매일의 주가 움직임을 말하는 것으로 일일변동이라고도 하며, 변동이 불규칙하여 다우이론에서는 거의 분석가치가 없다고 본다. 2차 변동이라고도 하는 중기변동은 수주에서 수개월 동안의 주가추세를 나타낸 것이다. 다우이론에서는 중기변동을 중시하는데, 2차 변동의 움직임을 관찰하여 장기변동의 움직임을 찾아내는 것이 주목적이기 때문이다. 장기변동은 주변동이라고 하며, 수년, 즉 1년~10년에 걸친 증권시장의 흐름을 말한다.

다우이론에서 증권시장의 장기추세를 예측하는 방법은 다음과 같다. [그림 6-5]에서 보면, 많은 중기추세가 반복되는 가운데 A점까지는 상승하는 장기추세가 형성되고, A점에서 B점까지는 하락하는 장기추세가 형성되고 있음을 알 수 있다. 이러한 중장기추세를 이용하여 다우이론은 다음과 같이 미래상황을 예측한다.

그림 6-5 주가의 변화와 다우이론

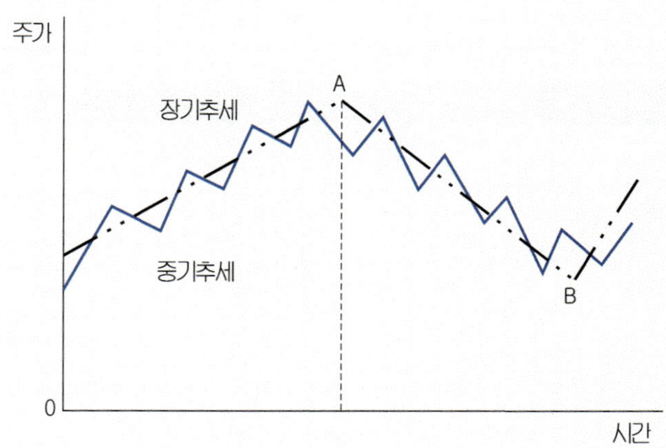

① 새로운 중기변동의 최고점이 그 이전의 최고점을 넘어서지 못하면 장기변동은 하락국면으로 접어들게 된다.

② 새로운 중기변동의 최저점이 그 이전의 최저점보다 높으면 장기변동은 상승국면으로 접어들게 된다.

미래상황을 예측하는 방법을 이렇게 설명하고 있으나, 실제로는 장기추세의 전환점을 정확히 포착하기가 쉽지 않다. 따라서 장기추세의 진행국면을 보아 가면서 기타 사항, 예를 들어 전반적인 경제흐름 및 중장기적인 시장의 주요 이슈 등을 고려하면 장기추세의 전환점을 포착하는데 도움이 된다.

장기추세는 강세장세와 약세장세로 구분할 수 있으며, 강세시장은 다시 매집, 상승, 과열국면으로 나눌 수 있고, 약세시장은 분산, 공포, 침체국면으로 구분할 수 있다. 각 국면의 특징은 다음과 같다.

(1) 매집국면(강세 1국면)

매집국면은 강세시장의 초기단계로 경제여건과 기업환경이 아직 회복되지 못하여, 이에 실망한 다수의 투자자들이 매도하고자 한다. 반면에 전문투자자들은 시장 내・외적 여건이 호전될 것을 감지하고 일반투자자들이 실망매물을 매입하려는 활동으로 이어져 거래량이 점차 증가하게 된다.

(2) 상승국면(강세 2국면)

상승국면에서는 전반적으로 경제여건과 기업의 영업수익이 좋아짐으로써 일반투자자들의 관심이 고조되어 주가가 상승하고 거래량도 증가한다. 이 시기에는 기술적 분석을 이용하는 투자자가 가장 많은 수익을 올릴 수 있다고 한다.

(3) 과열국면(강세 3국면)

전체 경제와 기업수익이 호조세가 이어지면 증권시장은 과열기미를 보이게 된다. 주식투자에 경험이 없는 사람들은 과열국면에서 확신을 가지고 적극 매수에 나서는 경향이 있는데, 손해를 볼 수 있기 때문에 주의해야 한다.

(4) 분산국면(약세 1국면)

강세시장 3국면에서 증권시장이 과열된 것으로 판단한 전문투자자들이 투자수익을 취하고 빠져나가는 단계로써, 분산국면에서는 주가가 조금만 하락하여도 거래량이 증가하는 양상을 보이게 된다.

(5) **공포국면(약세 2국면)**

공포국면에서는 경제상황과 기업수익이 악화됨에 따라 주식을 매도하려는 일반투자자들이 조급해지고 매수세력은 상대적으로 크게 위축되어 주가가 큰 폭으로 하락하며, 거래량도 급격하게 감소하는 양상이 나타난다.

(6) **침체국면(약세 3국면)**

침체국면에서는 일반투자자들이 실망매물을 내놓음으로써 투매양상이 나타나며, 이러한 투매양상에 따라 주가는 계속 하락하지만 시간이 경과할수록 낙폭은 작아지는 현상을 보이게 된다.

그림 6-6 주추세의 진행과정

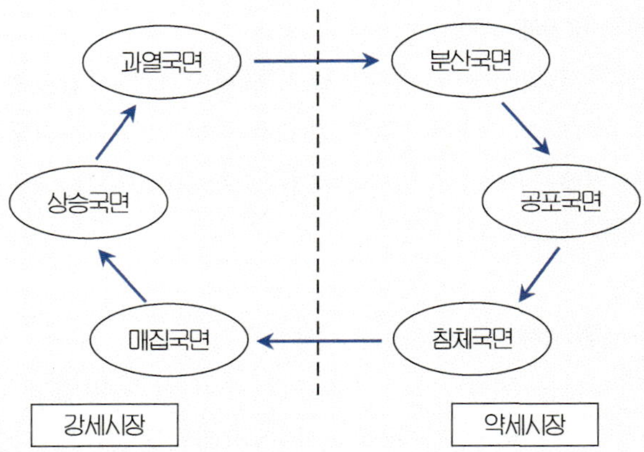

4. 엘리어트 파동이론

엘리어트(R. N. Elliot)는 주가흐름을 차트를 이용하여 분석한 결과, 주가의 변동은 5번의 상승국면 파동과 3번의 하락국면 파동으로 끝없이 순환한다는 것을 발견하고, 19세기까지 거슬러 올라가 주가변화를 추적하여 상승 5파와 하락 3파의 파동설을 확인함으로써 파동이론을 정립하였다. 엘리어트 파동이론이 투자자들의 관심을 끌게 된 것은 한 증권분석가가 이 이론을 근거로 1987년 10월 19일에 발생한 미국 주식시장의 대폭락사태인 '블랙먼데이(black monday)'를 예측한 다음부터이다.

이 이론에 따르면 한 번의 가격 움직임에는 모두 8번의 상하 파동이 존재한다. 5개의 상승국면의 파동은 각각 3번의 상승파동(충격파동)과 2번의 하락파동(조정파동)으로 구성되며, 3번의 하락국면의 파동은 각각 2번의 하락파동(충격파동)과 1번의 상승파동(조정파동)으로 구성된다. [그림 6-7]은 엘리어트 파동이론의 기본적인 파동패턴을 나타내고 있다.

그림에서 주가의 상승국면은 5개의 파동으로 이루어진다. 이 중에서 1, 3, 5의 파동은 상승파동이며, 2와 4의 파동은 조정파동이다. 주가의 하락국면은 3개의 파동으로 이루어지는데, 이 중 a와 c는 하락파동이고 b는 조정파동이다.

그런데 좀더 장기적으로 보면 5번의 상승국면의 파동을 1개의 상승파동으로 볼 수 있고, 3개의 하락국면의 파동을 1개의 하락파동으로 볼 수 있다. 따라서 1개의 상승파동과 1개의 하락파동이 하나의 주기를 형성하게 된다. 마찬가지로 더욱 시야를 넓혀 보면 좀더 큰 주기의 파동은 다시 5개의 상승국면의 파동과 3개의 하락국면의 파동을 형성하게 된다. 이를 반복하면, 각각의 큰 파동들은 무수히 많은 작은 파동들로 단계별로 나눌 수 있고, 반대로 무수히 많은 작은 파동들의 합은 다시 단계별로 좀더 큰 파동을 구성하게 된다. 이러한 파동이 형성되는 기간을 기준으로 나눠보면 초단기순환부터 대규모의 장기순환까지 여러 단계로 세분화될 수 있다.

그림 6-7 엘리어트 파동의 구성

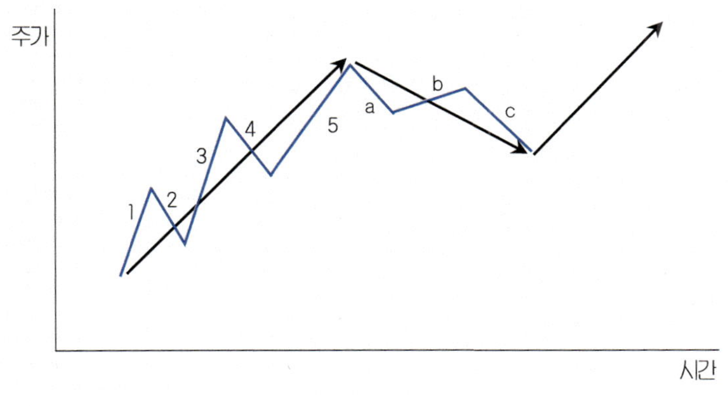

엘리어트 파동이론의 단점은 융통성이 많다는 것이다. 즉, 거의 모든 법칙들이 예외를 가지고 있고, 또한 전형적인 파동이 있는 반면에 파동이 변형되는 경우도 많기 때문에 파동에 대한 해석이 분석가에 따라 달라질 수 있는 약점을 가지고 있는 것이다.

이러한 모호한 면이 있는 단점을 극복하고 엘리어트 파동인지를 확인하기 위한 세 가지 절대불가침의 법칙이 있다. 그것은 2번 파동의 저점이 1번 파동의 저점보다 반드시 높아야 한다는 것, 3번 파동이 1, 3, 5번 파동 중에서 가장 짧은 파동이 될 수 없다는 것, 그리고 4번 파동의 저점이 1번 파동의 고점과 겹칠 수 없다는 것이다.

5. 주가이동평균선

주가는 수시로 변동할 뿐만 아니라 그 행태도 불규칙적이다. 이러한 불규칙적인 변동을 제거하고 주가의 움직임을 살펴 보기 위해서 이동평균(moving average)을 이용하게 된다.

이동평균주가는 일정 기간의 주가에서 첫 번째 날의 주가를 가장 최근의 주가로 대체시키면서 매일매일의 주가를 단순 평균하여 계산한다. 이동평균주가는 표본기간에 따라 달라 5일, 20일, 60일, 120일 단위 등으로 계산한다.

표 6.2 5일간 이동평균주가의 계산

구 분	1	2	3	4	5	6	7	8	9
주식가격	20,000	19,500	19,800	21,000	21,500	20,500	20,300	19,900	20,100
이동평균값					20,360	20,460	20,620	20,640	20,460

5일을 기준일로 보고 1일부터 5일까지의 이동평균주가는 20,360원이고,

$$\text{5일에서 이동평균주가} = \frac{20{,}000+19{,}500+19{,}800+21{,}000+21{,}500}{5} = 20{,}360$$

마찬가지로 6일째 이동평균주가는 20,460원이 된다.

$$\text{6일에서 이동평균주가} = \frac{19{,}500+19{,}800+21{,}000+21{,}500+20{,}500}{5} = 20{,}460$$

5일 이동평균주가는 주식가격의 불규칙적인 변동만을 제거한 것으로 주식의 매수시기를 포착하는 데에는 별 도움이 되지 못한다. 따라서 20일, 60일, 120일 이동평균주가 등 중기 또는 장기이동평균주가와 같이 분석을 하는 것이 일반적이다. [그림 6-8]은 5일, 20일, 60일, 그리고 120일 이동평균선을 나타내고 있으며, 이동평균선의 성질은 다음과 같다.

그림 6-8 **이동평균선**

① 강세장에서는 주가가 이동평균선 위에서 파동하면서 상승한다.
② 약세장에서는 주가가 이동평균선 아래에서 파동하면서 하락한다.
③ 주가가 상승하는 이동평균선을 하향돌파할 때는 하락 반전할 가능성이 크다.
④ 주가가 하락하는 이동평균선을 상향돌파할 때는 상승 반전할 가능성이 크다.
⑤ 주가가 이동평균선으로부터 멀어지면 이동평균선에 가까워지려는 회귀현상이 나타난다.
⑥ 주가가 장기이동평균선을 돌파할 때는 주추세의 반전이 예상된다.

[그림 6-9]는 골든크로스(golden cross)와 데드크로스(dead cross)를 보여주고 있다. 그림에서 보는 바와 같이, 데드크로스는 단기이동평균선(20일선)이 장기이동평균선(120일선)을 하향 돌파하는 것을 가리키며, 반대로 골든크로스는 단기이동평균선(20일선)이 장기이동평균선(120일선)을 상향 돌파하는 것을 가리킨다.

그림 6-9 골든크로스와 데드크로스

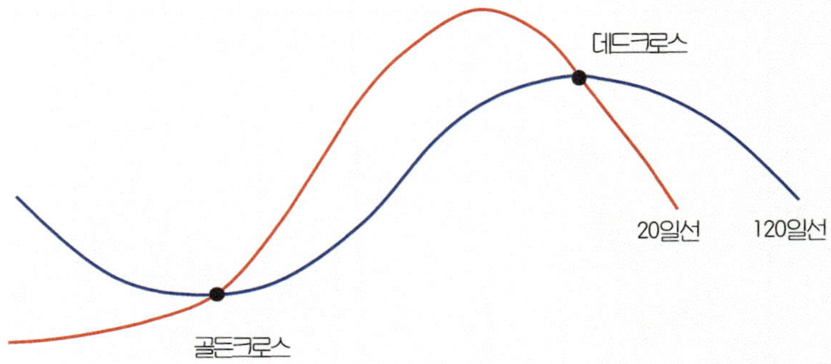

증권시장의 전반적인 상승 시에는 단기이동평균선이 장기이동평균선 위에 위치하며 양자가 나란히 상승한다. 그러나 하락으로 반전되면 단기이동평균선이 장기이동평균선보다 먼저 하락하기 시작한다. 왜냐하면 일반적으로 단기이동평균선은 장기이동평균선보다 탄력성이 크기 때문이다. 따라서 단기이동평균선이 하락하면서 장기이동평균선을 하향 돌파하면 대세하락을 의미하게 된다.

반면에 전반적인 하락 시에는 장기이동평균선이 위에 위치하고 단기이동평균선이 아래에 위치한다. 그러다가 전반적인 장세가 상승세로 바뀌면 상대적으로 탄력성이 큰 단기이동평균선이 먼저 상승하기 시작하면서 장기이동평균선을 상향 돌파하게 된다.

이동평균주가는 단순히 과거 주가의 움직임을 일정한 기간단위로 나누어서 평균한 것에 불과하기 때문에, 단기, 중기, 장기이동평균선을 모두 분석에 이용한다고 하더라도 주식의 매수나 매도시기를 파악하는 데에는 한계가 있다. 이러한 이동평균분석의 한계점을 보완하기 위하여 이격도, MACD, 볼린저밴드 등의 분석방법을 병행하게 된다.[16)]

1) 이격도

주가이동평균선을 이용해서 주식의 매매시점을 즉각적으로 포착하기 어렵기 때문에 이격도(disparity)를 이용한 분석을 병행하고 있다. 이격도는 당일의 주가를 당일의 이동평균주가로 나눈 것을 의미한다.

16) 이격도나 MACD, 볼린저밴드 등은 추세분석이라기 보다는 오히려 지표분석에 가깝지만, 이동평균선을 보완한다는 점에서 이번 절에서 같이 설명하고 있다.

그림 6-10 이격도

$$\text{이격도} = \frac{\text{당일의 주가}}{\text{당일의 이동평균주가}} \times 100\ (\%) \qquad \text{(식 6.1)}$$

이격도가 100% 이상이면 당일의 주가가 이동평균선보다 위에 있고, 100% 이하이면 아래에 위치한 상태를 의미하며, 단기투자자는 20일 이격도, 중장기투자자는 60일 이격도를 주로 사용한다. 이격도를 이용한 분석 방법은 아래와 같이 크게 두 가지로 나누어 볼 수 있다.

① 증권시장이 상승국면에 있는 경우
20일 이격도가 98%수준이면 매수시점으로 보고, 106% 이상이면 매도시점으로 본다. 또한 60일 이격도가 98%수준이면 매수시점, 110% 이상이면 매도시점으로 본다.

② 증권시장이 하락국면에 있는 경우
20일의 이격도가 92%수준이면 매수시점으로 보고, 102% 이상이면 매도시점으로 본다. 또한 60일 이격도가 88%수준이면 매수시점, 104% 이상이면 매도시점으로 본다.

2) MACD

MACD(moving average convergence and divergence)는 장기이동평균선과 단기이동평균선의 차이를 이용하여 매매신호를 포착하는 기법이다. 이는 장·단기이동평균선이 서로 멀어지게 되면 언젠가는 다시 가까워지고 결국 서로 교차하게 된다는 성질을 이용하는 것으로, 장·단기이동평균선이 괴리도가 가장 큰 시점에서 시세전환이 이루어진다고 보는 것이다. MACD는 장·단기이동평균선의 교차점을 매매신호로 보는 이동평균기법의 단점인 시차 문제를 극복할 수 있다는 장점을 가지고 있다.

MACD 곡선 = 단기이동평균 − 장기이동평균
Signal 곡선 = n일 MACD 이동평균

MACD곡선과 시그널곡선에 사용되는 이동평균은 단순이동평균과는 달리 과거의 주가를 모두 반영하고, 최근일 주가에 더 큰 가중치를 두는 지수이동평균(exponentially smoothed moving average)을 사용한다. 시그널곡선은 장·단기이동평균의 괴리가 가장 큰 시점을 찾기 위해 MACD곡선을 다시 이동평균한 것이다.

그림 6-11 MACD

MACD곡선이 시그널곡선을 상향 돌파하거나, MACD값이 0선을 기준선으로 하여 음(−)에서 양(+)으로 전환될 때를 매수시점으로 보며, MACD곡선이 시그널곡선을 하향 돌파 하거나, MACD값이 양(+)에서 음(−)으로 전환할 때를 매도시점으로 파악한다.

3) 볼린저밴드

볼린저밴드(Bollinger band)는 주가가 등락을 거듭하면서 움직이지만 이동평균선을 중심으로 일정한 표준편차 거리 내에서 상하 밴드를 형성하여 움직인다는 것을 전제로 만들어진다. 따라서 주가의 등락이 작아서 변동폭이 작은 기간은 볼린저밴드의 폭이 좁아지고, 주가의 등락이 심하여 변동폭이 큰 기간은 볼린저밴드의 폭도 넓어진다.[17]

주가가 볼린저밴드 밖으로 이탈하면 추세가 지속됨을 의미하고, 좁은 밴드 범위 내에서 장기간 지속될 때에는 주가가 크게 변동할 가능성이 커지게 된다. 일정 기간 동안의 이동평균(주로 20일선)에서 표준편차(σ)의 2배를 가감하여 볼린저밴드의 중심선과 하한선을 결정하며, 산출식은 다음과 같다.

그림 6-12 볼린저밴드

---

17) 볼린저밴드와 유사한 분석방법으로 엔빌로프(envelope)가 있는데, 볼린저밴드가 밴드폭이 변동하는 반면 엔빌로프는 상하 밴드폭을 ±*k*%로 일정하게 설정한다.

$$
\begin{aligned}
\text{추세중심} &= n\text{일 이동평균선} \\
\text{상 한 선} &= \text{추세중심선} + 2\sigma \\
\text{하 한 선} &= \text{추세중심선} - 2\sigma
\end{aligned}
$$

볼린저밴드를 활용한 매매기법은 주가가 하한선 근처에서 움직일 때는 매수시점, 주가가 상한선 근처에서 움직일 때 매도시점으로 판단하는 것이다.

6.3 패턴분석

주가의 움직임을 그림으로 나타내면 마치 어떤 모형, 즉 특정한 패턴(pattern)을 이루는 경우가 있는데, 이러한 패턴을 발견하여 향후 주가를 예측하고자 하는 방법이 패턴분석이다. 추세분석이 주가 움직임을 동적으로 관찰하여 주가 흐름의 방향을 예측하고자 하는 반면, 패턴분석은 주식시장을 정적으로 관찰하여 주가의 전환시점을 포착하는 데 목적이 있다.

패턴분석에는 일반적으로 잘 알려진 서양식 패턴분석과 일본식 캔들차트분석이 있다. 서양식 패턴분석을 이용하여 주가변동의 패턴을 찾는 방법에는 삼봉형(HST), 원형, 삼각형, 직사각형, 쐐기형, 깃대형, V자형, 확대형 등의 모형들이 있으며, 일본식 캔들차트에는 우산형, 샅바형, 장악형, 별형 등이 있다.

1. 서양식 패턴분석

패턴은 크게 반전형과 지속형으로 구분할 수 있는데, 반전형은 시세의 천정과 바닥권에서 일어나는 패턴을 분석함으로써 주가의 전환점을 포착하고자 하는 전략이며, 지속형은 시세의 상승 또는 하락과정에서 힘의 변화가 일어나지 않을 때, 현재 주추세선의 방향에서 특별한 모형을 만든 다음 다시 원래의 추세를 강화하는 패턴으로 찾으려는 전략이다. 삼봉형과 원형이 대표적인 반전형 패턴이고 직각삼각형, 직사각형은 지속형 패턴에 속한다.

1) 삼봉형

삼봉천정형(head and shoulder tops formation)은 왼쪽 어깨에서 강한 매입세력에 의해 가격이 상승하여 고점 A를 형성하고 하락한 후, 다시 새로운 매입세력에 의해서 머

리부분인 고점 B를 형성한다. 오른쪽 어깨는 고점 A와 B를 형성할 때보다 적은 거래량을 수반하며, 고점 C는 B보다 낮고 왼쪽 어깨의 정상 정도에서 형성된 다음 하락하기 시작하여 기준선을 하향 돌파한다. 삼봉바닥형(head and shoulder bottoms formation)은 삼봉천정형과 반대로 주가의 추세가 하향에서 상향으로 반전되는 과정에서 형성된다.

그림 6-13 삼봉천정형과 삼봉바닥형

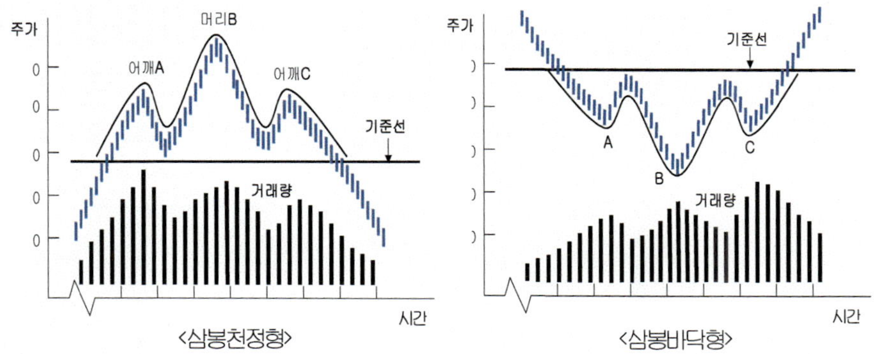

2) 원형

원형천정형(rounding top formation)은 주가가 상당 기간 동안 상승추세가 지속되고 난 다음, 서서히 하락세로 전환되려고 할 때 볼 수 있는 패턴이다. 이때 거래량의 추세는 대체로 주가 움직임의 반대방향으로 나타나는 특징이 있다. 그리고 원형바닥형(rounding bottom formation)은 원형천정형과 반대의 형태로 주가가 바닥권을 탈피하여 서서히 상승추세로 전환되는 패턴이다.

그림 6-14 원형천정형과 원형바닥형

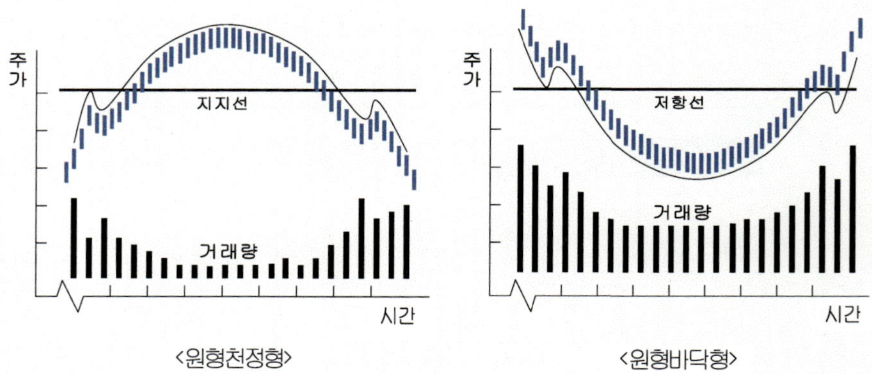

3) 직각삼각형

고점경계선이 직각을 이루고 저점경계선은 상향기울기를 가지는 상향직각삼각형(ascending right triangle)은 매도물량이 흡수되고 나면 저항선을 돌파하여 본격적인 상승국면으로 돌입하는 패턴을 나타낸다. 반면에 하향직각삼각형(descending right triangle)은 매도세력에 의해서 고점이 낮아지다가 마침내 지지선이 붕괴되면서 하향 돌파하는 모형이다.

그림 6-15 상향직각삼각형과 하향직각삼각형

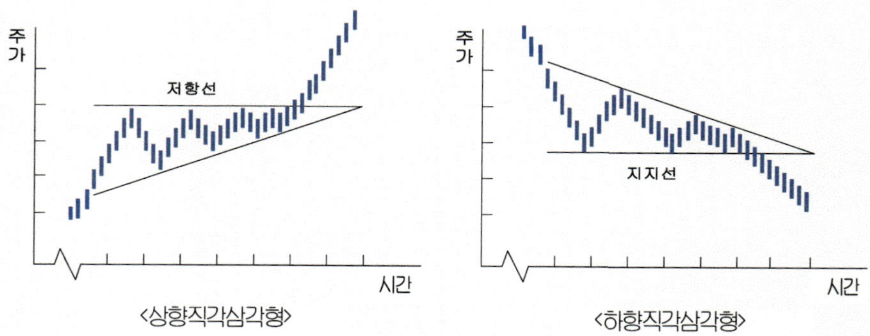

4) 직사각형

직사각형(rectangle formation)은 두 개의 평행한 추세선 사이에서 주가가 움직이는 패턴으로, 매도세력과 매수세력이 균형을 이루고 있으면서 거래가 활발하지 못할 경우에 발생한다. 상승직사각형은 상승추세에서 일정 기간 보합권을 유지할 때 나타나며, 저항선을 돌파하면 계속적인 상승국면을 보인다. 반면에 하락직사각형은 반대의 상황에서 나타나며, 지지선을 돌파하면 기존의 하락추세가 계속된다.

그림 6-16 상승직사각형과 하락직사각형

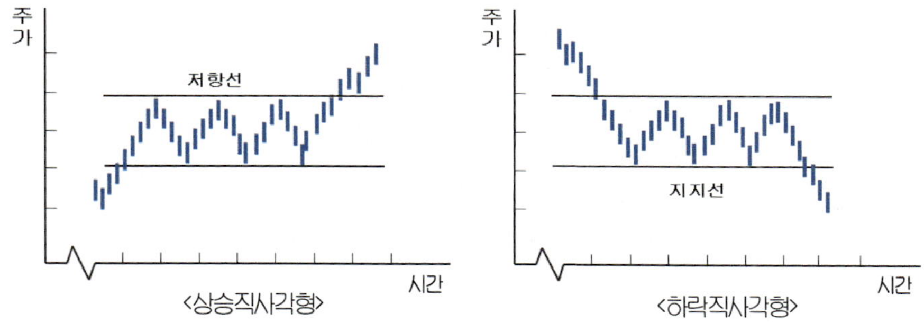

2. 일본식 캔들차트분석

일본식 캔들차트는 그 형태에 따라 매우 다양하지만, 1개의 캔들차트(우산형, 유성형, 역전된 해머형), 2개의 캔들차트(장악형, 관통형, 먹구름형), 그리고 3개의 캔들차트(샛별형, 석별형)로 구분하여 살펴볼 것이다.[18]

1) 우산형

우산형(umbrella)은 꼬리가 몸체의 두 배 이상인 우산모양의 캔들차트를 말한다.

18) 일본식 캔들차트분석을 포함한 추세분석의 내용은 증권투자권유자문인력(금융투자교육원, 2017) 교재를 참고하였다.

추세의 천정권이나 바닥권에서 우산형이 나타나면 추세전환 신호로 볼 수 있다. 하락추세에서 아래로 꼬리가 긴 양선의 해머형(hammer)이 나타나면 더 이상 주가가 하락하지 않고 상승추세로 돌아설 가능성이 많다. 반면에 상승추세에서 아래로 꼬리가 긴 음선을 갖는 교수형(hanging man)은 과도한 매수상태에서 하락추세로 발전할 가능성이 많다.

그림 6-17 해머형과 교수형

2) 역전된 해머형과 유성형

역전된 해머형(inverted hammer)은 하락추세에서 위로 꼬리가 길고 몸체가 작은 양선의 캔들차트를 말하는데, 상승추세로 전환되는 신호로 본다. 반대로 유성형(shooting star)은 상승추세가 한계에 다다라 추세의 하락반전을 예고하는 신호로 대개 갭(gap)을 동반하며, 작은 몸체와 위로 몸체보다 2배 이상 꼬리가 긴 음선의 캔들차트의 모습을 보인다.

그림 6-18 역전된 해머형과 유성형

3) 장악형

장악형(engulfing pattern)은 몸체가 짧은 일봉과 긴 일봉이 연이어 나오는 형태를 말하며, 전일의 몸체보다 다음 날 몸체가 클수록 추세의 힘이 강한 것으로 판단한다. 상승장악형은 하락추세에서 전일보다 몸체가 큰 양선이 나타나는 형태로 상승전환 신호로 보고, 하락장악형은 상승추세에서 전일보다 몸체가 큰 음선이 나타나는 형태로 하락전환 신호로 받아들인다.

그림 6-19 상승장악형과 하락장악형

4) 관통형과 먹구름형

관통형은 몸체가 긴 음선이 출현한 후, 다음 날 시가는 전일 종가보다 낮게 형성되나 종가는 전일 시가와 비슷하게 형성되는 긴 양선이 나타나는 캔들차트로 하락추세에서 상승전환 신호로 본다. 먹구름형은 몸체가 긴 양선이 출현한 후, 다음 날 시가는 전일 종가보다 높게 형성되나 종가는 전일의 시가 부근에서 형성되는 경우로, 하락전환 신호로 본다.

그림 6-20 관통형과 먹구름형

5) 별형

샛별형(morning star)은 관통형과 비슷한데 하락추세에서 몸체가 긴 음선이 나타난 후, 갭을 만들면서 몸체가 작은 캔들차트가 출현하고, 다시 몸체가 긴 양선이 나타나는 경우로 상승전환 신호로 본다. 먹구름형과 비슷한 석별형(evening star)은 상승추세에서 몸체가 긴 양선이 출현한 후, 갭과 함께 몸체가 작은 캔들차트가 출현하고, 다시 몸체가 긴 음선이 나타나는 경우로 하락전환 신호로 볼 수 있다.

그림 6-21 샛별형과 석별형

<샛별형> <석별형>

6.4 지표분석

지표분석(index analysis)은 주가와 거래량, 그리고 주가지수 등의 변동을 계량적으로 측정하고 분석함으로써 주식의 매수 또는 매도시점을 지표화하려는 분석방법을 말한다. 지표분석 역시 많은 분석방법이 있지만 대표적인 방법인 OBV, 볼륨레이쇼(VR), 등락비율(ADR), 투자심리도, 역시계곡선, 상대적 강도지표(RSI) 등에 대해서 살펴볼 것이다.

1. OBV

OBV(on balance volume)는 그랜빌(J. E. Granville)에 의해 고안된 것으로 주가(종합주가지수)가 전일에 비해 상승하였을 때의 거래량 누계에서 하락하였을 때의 거래량 누계를 뺀 거래량을 말한다. OBV지표를 통해서 증권시장이 상승국면으로 접어들 것인지(매집단계에 있는지), 아니면 하락국면으로 접어들 것인지(분산단계에 있는지)를 광범위하게 알아볼 수 있다.

표 6.3 OBV 계산

일자	주가지수	거래량	상승시 거래량	하락시 거래량	상승시 ① 누적거래량	하락시 ② 누적거래량	OBV ① − ②
1	2,500	100					
2	2,520	120	120		120		120
3	2,495	110		110	120	110	10
4	2,510	130	130		250	110	140
5	2,520	120	120		370	110	260
6	2,500	90		90	370	200	170
7	2,480	80		80	370	280	90
8	2,500	100	100		470	280	190

〈표 6.3〉은 8일간의 종합주가지수와 거래량을 기록한 것인데, 이를 통해서 OBV분석 방법을 알아보자. 표에서 알 수 있듯이 2일에는 전일에 비해 주가지수가 20포인트 상승하였고 거래량은 120주이다. 3일에는 전일에 비해 25포인트 하락하였고, 거래량은 110주이다. 따라서 3일의 OBV는 아래와 같이 10주가 된다.

OBV = 상승한 날의 누적거래량 − 하락한 날의 누적 거래량
= 120주 − 110주
= 10주

그림 6-22 U마크와 D마크

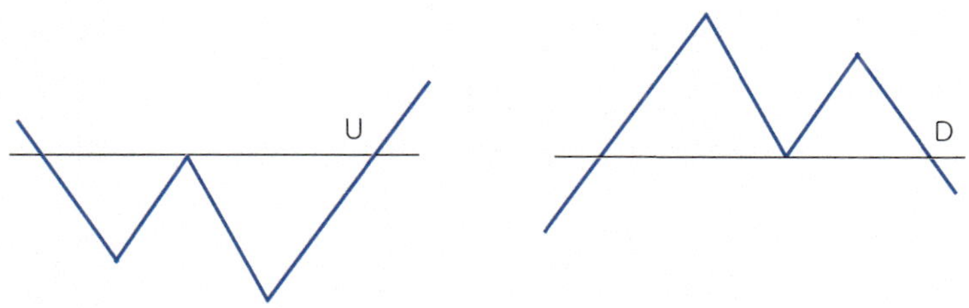

<U 마크> <D 마크>

같은 방식으로 6일에는 5일에 비해 주가지수가 20포인트 하락하였고, 거래량은 90주이다. 그리고 6일까지의 누적거래량은 상승한 날의 경우는 370주이고, 하락한 날의 경우는 200주이다. 따라서 6일의 OBV는 170주가 되는 것이다.

이런 식으로 계속 계산해 나가면서 도표상에 거래량과 주가지수를 그려나가는데, OBV가 직전의 고점을 초과할 때에는 U마크를 하고 직전의 저점 이하로 내려갈 때에는 D마크를 한다. 그리고 U마크가 있을 때에는 주가가 상승할 것으로, D마크는 주가가 하락할 것으로 판단하면 된다. [그림 6-23]은 주가지수와 OBV와의 관계를 나타낸 것이다.

그림 6-23 주가지수와 OBV

■ 볼륨레이쇼

VR(volume ratio)은 일정 기간 동안 주가가 상승한 날과 하락한 날의 거래량을 비교하여 백분율(%)로 나타내는 지표이다. OBV가 과거의 수치와 비교하기 어려운 누적차수인 점을 보완하기 위해 비율로 나타내는 것이다. 예를 들어, VR이 150%라면 주가상승 시의 거래량이 주가하락 시 거래량의 1.5배라는 것을 의미한다.

$$VR = \frac{\text{주가 상승일 거래량 합} + \text{변동이 없는 날의 거래량 합} \times 0.5}{\text{주가 하락일 거래량 합} + \text{변동이 없는 날의 거래량 합} \times 0.5} \qquad \text{(식 6.2)}$$

일반적으로 VR은 150%가 보통수준이며, 70% 이하이면 단기 매입시점으로 보고 450%를 초과하면 단기적으로 경계신호로 받아들인다. 주로 20일 VR을 사용하는데, 천정권보다는 시장의 바닥권을 판단할 때 신뢰도가 높은 것으로 알려져 있다.

2. 등락주선

주가는 매일매일 변동하는데 지속적으로 상승하거나 계속 하락하는 경우는 드물고, 대부분의 주식이 상승과 하락을 반복하는 등락현상을 보이는 것이 보통이다. 이러한 등락현상을 토대로 주식시장의 동향을 알아보는 방법으로 등락주선(advance decline line; ADL)을 이용한다.

OBV는 일정 기준일과 전일의 주식 거래량을 비교해서 도표를 작성하는 반면, ADL은 주가가 오른 종목수에서 내린 종목수를 뺀 것을 매일 누계해서 그것을 선으로 이어서 작성한다.

표 6.4 AD 계산

일자	주가지수	주식가격이 오른 종목의 수 (1)	주식가격이 내린 종목의 수 (2)	(1)-(2)	AD
1	2,500	400	500	−100	−100
2	2,525	550	350	200	100
3	2,510	500	400	100	200
4	2,530	590	310	280	480
5	2,555	430	470	−40	440
6	2,220	510	390	120	560

〈표 6.4〉는 AD계산의 실례를 보여주고 있다. OBV의 경우는 누적거래량을 비교하는 반면 AD는 당일의 상승·하락한 종목수를 비교한다. ADL을 분석하는 방법은 다음과 같다.

① 종합주가지수가 하락하지만 가격이 오른 종목수가 내려간 종목수보다 많은 경우, 즉 ADL이 상승하는 경우는 장세가 상승국면에 있다.

② 종합주가지수가 상승하지만 가격이 내린 종목수가 오른 종목수보다 많은 경우, 즉 ADL이 하락하는 경우는 장세가 하강국면에 있다.

③ 종합주가지수가 이전의 최고치에 접근하고 있을 때 ADL이 그 이전의 최고치보다 낮을 경우에는 장세는 약세국면이다.

④ 종합주가지수가 이전의 바닥권에 접근하고 있지만, ADL이 그 이전의 바닥권보다 상당 수준 상회하고 있을 때의 장세는 강세국면이다.

⑤ 종합주가지수와 ADL이 모두 하락할 경우 장세는 대폭 하락할 가능성이 높다.

⑥ 종합주가지수 및 ADL이 모두 상승할 경우 장세는 대폭 상승할 가능성이 높다.

이러한 ADL은 주식시장에 자금이 유입되고 있는지 아니면 유출되고 있는지를 파악하는 데에는 도움이 되지만, 자금이 유입 또는 유출되는 시기를 파악하는 데에는 한계가 있다. 또한 ADL만으로는 상승 또는 하락의 정확한 타이밍을 맞출 수는 없고, 단지 가까운 장래에 상승 또는 하락할 것이라고 예상할 수 있다. [그림 6-24]는 ADL과 주가지수와의 관계를 나타내고 있다.

그림 6-24 주가지수와 ADL

■ 등락비율

등락비율(advance decline ratio; ADR)은 일정 기간 동안의 등락종목수(상승종목수와 하락종목수)의 비율로써 시장상황이 어느 정도인가를 나타낸다. 등락종목의 누계를 사용하는 ADL이 전체시장의 대세를 판단하는데 유용한 지표인 반면, 등락비율은 특정 시점의 시장상황을 나타내며 ADL의 보조적 지표로 사용함으로써 보다 합리적인 분석을 할 수 있다.

$$ADR = \frac{\text{분석기간 동안의 상승종목수}}{\text{분석기간 동안의 하락종목수}} \times 100\,(\%) \qquad \text{(식 6.3)}$$

등락비율의 분석기간은 1개월(20일)을 주로 사용하며, ADR이 70%~75%범위 내에서는 시장이 바닥권에 있는 것으로 판단하여 매수신호로 파악한다. 그리고 ADR이 120%~125%에 속할 때는 시장이 과열되어 있다고 보고 매도신호로 파악한다.

3. 투자심리선

주가는 투자자들 사이의 거래행위에 의해 결정된다. 즉, 주식의 수요자(매수자)가 공급자(매도자)보다 많은 초과수요 시에 상승하고, 주식의 매도자가 매수자보다 많은 초과공급 시에 하락한다. 주식시장이 약세시장이 되면 단순히 주가가 하락한다는 사실만으로 투자자들은 불안을 느끼게 되고, 이로 인하여 형성된 주식시장의 침울한 분위기는 주가를 더욱 끌어내린다. 반대로 강세시장에서는 주가가 오른다는 사실만으로 투자자들은 욕심을 가지게 되고 낙관적인 생각을 하게 되며, 이로 인하여 주가상승을 더욱 가속화시킨다.

투자심리선은 투자자들의 심리 변화를 일정 기간 동안 파악하여 시장이 과열상태인지 또는 침체상태인지를 식별하는 지표이며, 투자심리도는 최근 10일(또는 20일) 중 주가(또는 종합주가지수)가 전일보다 상승한 날의 비율을 의미한다.

$$\text{투자심리도} = \frac{\text{최근 10일(또는20일) 중 주가상승일 수}}{\text{10(또는20)}} \times 100\ (\%) \qquad \text{(식 6.4)}$$

투자심리선이 25% 이하이면 침체상태, 75% 이상이면 과열상태를 나타낸다. 따라서 투자심리선에 따른 투자전략은 25% 이하이면 주식을 매수하고, 75% 이상이면 매도하는 전략이 된다.

일반적으로 투자심리선은 시장의 과열 또는 침체상태를 개략적으로 나타내는 지표이므로, 투자심리선만을 단독으로 이용하기보다는 다른 지표와 복합적으로 이용해야 한다.

4. 상대적 강도지표

상대적 강도지표(relative strength index; RSI)는 시장가격 변동폭 중에서 시장가격의 상승폭이 어느 정도인지를 분석하는 것으로, 주가가 상승추세일 경우 얼마나 강한 상승세인지, 하락추세라면 얼마나 강한 하락세인지를 객관적 수치로 표현하는 분석방법이다.

보통 RSI를 사용할 때는 기본적으로 14일 RSI를 사용한다. 그러나 9일, 25일 RSI도 자주 사용되는 수치이다. RSI는 기간을 짧게 사용할수록 민감하게 움직이고 기간이 길수록 둔감하게 움직이므로 사용자의 특성에 맞는 기간을 선택하는 것이 좋다.

$$RSI = \frac{n\text{일간의 주가 상승폭 합계}}{n\text{일간의 주가 상승폭 합계} + n\text{일간의 주가 하락폭 합계}} \times 100\% \qquad \text{(식 6.5)}$$

RSI는 추세의 강도를 계산하여 향후의 추세전환 가능성을 유추해 낼 수 있는 기술적 지표이다. 강한 하락추세가 지속되었다면 과도매도(침체)를 뜻하므로 추세의 상승반전을 기대하여 매수 타이밍을 포착할 수 있고, 강한 상승추세의 지속은 과도매수(과열)를 의미하므로 높은 RSI수치를 보이며, 조만간 하락추세로의 반전을 예측할 수 있어 매도 준비를 할 수 있게 된다.

RSI는 0~100 사이의 값을 가지는데, 70 이상으로 결정되면 상승추세가 과열된 상태라고 판단하고, 시장가격의 상승추세는 조만간 끝날 것임을 예상할 수 있다. 그리고 RSI의 값이 30 이하로 나타나면 시장가격의 하락추세가 과열된 상태로 판단할 수 있으므로, 조만간 하락추세는 끝날 것으로 유추할 수 있다.

5. 역시계곡선

역시계곡선은 주가와 거래량과의 상관관계가 매우 높다는 사실과 주가보다 거래량이 선행한다는 두 가지 주장을 배경으로 하여 만들어진 분석기법으로, 중기의 주가예측에 유용한 지표로 사용되고 있다.

역시계곡선은 주가와 거래량의 20일 이동평균을 구하여, 세로축에는 주가를 표시하고 거래량은 가로축에 나타낸 다음, 일별의 교점을 연결하여 작성한다. 이러한 작업을 하면 시계 반대방향의 움직임이 나타난다고 하여 역시계곡선이라고 하고, 주가와 거래량의 움직이는 방향에 따라 8가지 국면으로 구분하며, 해석방법은 다음과 같다.

① 거래량은 증가하고 주가는 바닥수준에서 상승방향으로 전환될 신호로 본다.
② 거래량은 급격히 증가하고 주가도 상승하므로 매입신호로 본다.
③ 거래량은 일정하나 주가는 급격한 상승을 하므로 계속 매입을 하라는 신호로 본다.
④ 거래량은 감소하고 주가는 완만한 상승하면 매입을 자제하고 관망을 하라는 신호로 본다.
⑤ 거래량은 급격히 떨어지고 주가는 일정하므로 하락방향으로 전환될 신호로 본다.
⑥ 거래량과 주가 모두 하락하면 매도신호로 본다.
⑦ 거래량은 일정하고 주가만 하락하면 계속 매도하라는 신호로 본다.
⑧ 거래량은 점차 증가하고 주가는 완만하게 하락하면 매도를 자제하고 관망하라는 신호로 본다.

그림 6-25 역시계곡선

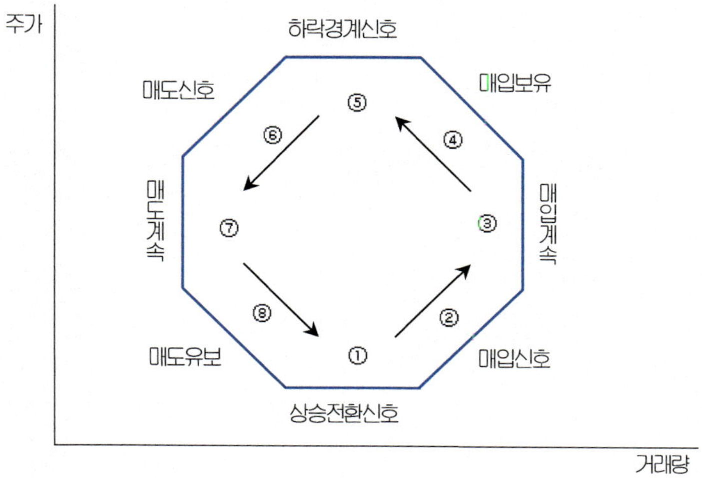

대한민국 최고의 미녀는 누구인가?

대한민국 최고의 미인을 뽑기 위한 미스코리아 선발대회가 1년에 한번씩 열린다. 전국 각지에서 심지어는 해외에서도 아름다운 여성들이 한국 최고의 미인이라는 영예를 얻기 위해서 모여든다. 미스코리아 선발대회를 바라보는 사람들은 나름대로 최고의 미인이 누구일까를 알아 맞혀보려고 한다. 최고의 미인을 식별해 낼 수 있는 자신의 안목을 확인해보기 위해서도 사람들은 자신의 예측과 실제결과가 일치하기를 은근히 기대한다.

많은 후보자 가운데 누가 최종적으로 1등으로 선발될 것인가? 그리고 그 선발된 미인은 내가 예측한 바로 그 후보일까? 그렇다면 최종적으로 1등으로 선발될 후보를 내가 정확하게 알아 맞추기 위해서는 어떻게 하는 것이 좋을까?

'제 눈에 안경'이라는 말이 있듯이, 사람들마다 미인에 대한 평가기준은 매우 다르다. 미스코리아 선발대회에서는 심사위원들과 일반인들의 투표참여에 의해 이루어진다. 즉, 심사위원과 일반대중으로부터 가장 많은 점수를 얻은 참가자가 1등 미인이 되는 것이다. 이 경우, 그 선발된 여성이 내 눈에는 탈락된 후보보다 덜 예뻐 보일 수도 있는 것이다. 결국, 모든 사람이 인정하는 최고의 미인은 내 눈에 예뻐 보이는 후보가 아니라 심사위원과 일반대중의 눈에 예쁘게 보이는 여성이라는 것이다.

우리는 똑같은 논리를 주식투자에도 적용해 볼 수 있다.

많은 후보주식 중에서 어느 주식을 선정해 투자할 경우 가장 큰 수익을 올릴 수 있을까? 내 눈에, 내 판단에만 좋아 보이는 주식일까, 아니면 일반대중의 눈에 좋게 보이는 주식일까? 주식의 가격은 수요가 많아야만 올라간다는 사실을 상기해 보면, 결국 일반대중이 좋게 생각하여 매수하려는 주식의 가격이, 나 혼자만 좋다고 생각하는 주식의 가격보다 훨씬 빨리, 그리고 높게 상승할 것이라는 것을 알 수 있다. 즉, 좋은 주식의 선택은 미인선발대회에서 최고의 미인을 알아맞히는 것처럼, 내 눈이 아닌 일반대중의 눈에 좋아 보이는 주식을 골라야 하는 것이다.

그래서 케인즈(John Maynard Keynes)는 주식투자를 미인선발대회와 같다고 했다고 한다.

6.5 기술적 분석의 한계점

기술적 분석은 그 방법이 비교적 간단하고 시각적인 기법을 사용하기 때문에 이해하기 쉽다는 이유로 실무적으로 많이 이용되고 있다. 그러나 기술적 분석은 몇 가지 단점을 내포하고 있다.

첫째, 기술적 분석은 과거의 주가자료를 통해서 일정한 변동추이를 찾아내어 미래의 주식가격을 예측할 수 있다고 설명한다. 그런데 과거에 형성된 주가는 그 당시의 경제상황, 산업특성, 기업가치, 투자자들의 심리적 요인에 의해 이루어졌는데, 이러한 주가형성 요인들이 반복해서 미래에 나타난다고 주장하는 것은 다소 비현실적일 수 있다.

둘째, 동일한 주가변화의 양상을 분석할 때도 어느 시점이 주가변화의 시작점인가 하는 해석이 분석가마다 달라질 수 있다. 기본적 분석에서의 한계점 중에서 본질가치의 다양성을 설명한 바 있다. 즉, 아무리 정확한 분석을 통해서 주식의 본질가치를 파악하였다고 하더라도 다른 투자자들이 이를 인정해 주지 않는다면 아무런 의미가 없듯이, 기술적 분석에서도 주가변화 양상을 통해서 남들과는 다른 시각으로 주가변화의 시작점을 찾아냈다고 하더라도, 다른 투자자들이 이를 인식하고 뒤늦게 발견하지 않는다면 별 의미가 없는 것이다.

셋째, 기술적 분석은 주식이 가지고 있는 기업 고유의 가치를 찾아내어 투자가치를 측정하기보다는, 단지 시장의 변동 그 자체에만 관심을 갖고 투자를 하기 때문에 시장이 변화하는 원인을 알 수가 없다. 이럴 경우, 모든 투자자들이 시장변화의 원인을 알려고 하기보다는 변동 그 자체만을 중시하여 매매시점을 찾아내서 똑같이 사거나 팔려고 하기 때문에 기술적 분석이 더 이상 의미가 없을 수도 있다.

지금까지 과거 주가나 거래량의 움직임을 토대로 미래의 주가를 예측하려는 기술적 분석에 대해 설명하였다. 이미 살펴본 대로 증권분석에는 기술적 분석뿐만 아니라 기본적 분석이 있다. 따라서 실제 주식투자에 있어서는 기본적 분석과 기술적 분석을 적절히 활용할 수 있어야 한다.

핵심정리

- 기본적 분석은 주식의 내재가치를 산출하는데 초점을 두고 있는 반면에 기술적 분석은 주가나 거래량 등의 과거흐름을 분석하여 주가를 예측하려는 방법이다. 즉, 기술적 분석은 주가나 거래량 등을 도표화하여 일정한 추세나 패턴을 찾아내고, 이를 이용하여 주가변동을 예측하고자 하는 것이다.
- 기술적 분석에도 수많은 방법들이 있지만, 이들을 정리해보면 크게 추세분석, 패턴분석, 그리고 지표분석으로 구분할 수 있다.
- 추세분석은 불규칙하게 움직이는 것처럼 보이는 주가 움직임에서 추세를 찾아내고, 이러한 추세가 상승추세인지 하락추세인지를 파악하여 투자결정에 이용하고자 하는 방법이다.
- 골든크로스는 단기이동평균선이 장기이동평균선을 아래에서부터 위로 뚫고 올라가는 것으로 증시가 강세시장으로 변한다고 하며, 데드크로스는 단기이동평균선이 장기이동평균선을 위에서부터 아래로 뚫고 내려가는 것으로 증시가 약세시장으로 변한다고 한다.
- 이동평균선은 단순히 과거 주가의 움직임을 일정한 기간단위로 나누어서 평균한 것에 불과하기 때문에 단기, 중기, 장기이동평균선을 모두 분석에 이용한다고 하더라도 주식의 매수나 매도시기를 파악하는 데에는 한계가 있다. 이러한 이동평균분석의 한계점을 보완하기 위하여 이격도, MACD, 볼린저밴드 등의 분석방법이 병행된다.
- 주가의 움직임을 그림으로 나타내면 특정한 패턴을 이루는 경우가 있는데, 이러한 패턴을 발견하여 향후 주가를 예측하고자 하는 방법이 패턴분석이다.
- 지표분석은 주가와 거래량, 그리고 주가지수 등의 변동을 계량적으로 측정하고 분석함으로써 주식의 매수 또는 매도시점을 지표화하려는 분석방법을 통칭한다.
- OBV는 주가가 전일에 비해 상승하였을 때의 거래량 누계에서 하락하였을 때의 거래량 누계를 차감한 거래량을 말한다. OBV지표를 통해서 증권시장이 상승국면으로 접어들 것인지, 아니면 하락국면으로 접어들 것인지를 알아볼 수 있다.
- 주식의 가격은 매일매일 변동하는데 지속적으로 상승하거나 계속 하락하는 경우는 드물고, 대부분의 주식이 상승과 하락을 반복하는 등락현상을 보이는 것이 보통이다. 이러한 등락현상을 토대로 주식시장의 동향을 알아보는 방법으로 등락주선을 이용한다.
- 역시계곡선은 주가와 거래량과의 상관관계가 매우 크다는 사실과 주가보다 거래량이 선행한다는 두 가지 주장을 배경으로 하여 만들어진 분석기법으로, 중기의 주가예측에 유용한 지표로 사용되고 있다.

연습문제

1. 기술적 분석의 가정에 대해서 기술하시오.

2. 추세분석, 패턴분석, 지표분석에 대해서 설명하시오.

3. 단기이동평균선이 장기이동평균선을 상향 돌파하는 것을 (   )라 하고, 단기이동평균선이 장기이동평균선을 하향 돌파하는 것을 (   )라고 한다.

4. 다우이론에서 주추세의 진행과정을 설명하시오.

5. 엘리어트의 파동이론에 대해서 설명하시오.

6. 이격도, MACD, 볼린저밴드의 공통점을 설명하시오.

7. 패턴분석에서 삼봉천정형이 나타나면 주가의 (① 상승, ② 하락)을 암시한다.

8. ADL과 ADR에 대해서 설명하시오.

9. 역시계곡선을 이용하여 투자판단을 하는 방법을 설명하시오.

10. 다음 중 이동평균선을 이용한 분석방법이 아닌 것은 무엇인가?
    ① OBV　　② 이격도　　③ MACD　　④ 볼린저밴드

제 III 부

가치평가와 포트폴리오

제 7 장

주식의 가치평가

우리는 제4장 주가정보의 이해에서 주식가격이 증권시장에서 결정되는 과정을 설명하면서, 투자자들 개인이 가지고 있는 정보에 따라 주식의 가치를 서로 다르게 판단하며, 또 동일한 주식에 대해서 같은 정보를 가지고 있다하더라도 투자자들이 느끼는 정도가 서로 다르기 때문에 주식거래가 이루어진다고 하였다.

이번 장에서는 그렇다면 주식의 가치, 다시 말해서 본질가치(또는 내재가치)를 어떻게 평가할 것인지에 대해서 이론적으로 접근하고자 한다. 이를 위하여 가치평가의 기본이 되는 화폐의 시간적 가치에 대해서 먼저 살펴보고, 주식의 가치평가모형을 크게 현금흐름할인모형과 상대가치평가모형으로 구분하여 설명할 것이다.

7.1 화폐의 시간적 가치

화폐의 시간가치는 시간의 흐름에 따라 동일한 금액이라 하더라도 미래의 현금흐름보다는 현재의 현금흐름이 가치가 더 크다는 사실에서 나온 개념이다. 현재의 금액이 동일한 미래의 금액보다 가치가 더 큰 이유는 인플레이션 영향 때문이다. 따라서 사람들은 동일한 금액이라면 미래에 받는 것보다 지금 당장 받는 것을 선호한다. 그리고 미래 소비보다는 현재의 소비를 더 선호하는 사람들의 소비성향을 시간선호(time preference)라고 한다. 이와 같은 소비성향으로 인해 현재의 소비를 미래로 연기하는 데에는 적절한 보상이 존재하게 된다. 우리들이 저축을 한다든지 누군가에게 돈을 빌려주는 것은 이자라는 대가, 즉 보상이 있기 때문에 가능하다. 결국, 사람들이 갖는 시간선호 때문에 화폐의 시간가치가 존재하는 것이다.

현재의 100만원과 1년 후의 100만원은 그 가치가 서로 다르며, 또한 지금 100만원을 투자해서 1년 후에 120만원을 받을 수 있는 투자안 A와 지금 100만원을 투자해서 2년 후에 120만원을 받을 수 있는 투자안 B를 비교할 때 화폐의 시간적 가치를 고려하면 현재의 100만원과 투자안 A의 1년 후 120만원은 투자안 B보다 더 높은 가치를 지닌다고 할 수 있다.

이번에는 1년 후에 100만원을 받을 수 있는 것과 10년 후에 300만원을 받는 두 가지 제안이 있을 때 어느 것을 택할 것인가? 이 문제를 현명하게 판단하기 위해서는 미래가치, 현재가치, 연금의 미래가치, 연금의 현재가치 계산방법에 대하여 이해해야 한다. 이제부터 현재가치와 미래가치의 개념 및 계산방법에 대하여 살펴보도록 하자.[1)]

1. 미래가치

미래가치(future value)란 현재의 일정 금액이 일정 기간 후 얼마가 되는가 하는 미래 시점의 가치를 말한다. 예를 들어, 현재 100만원을 은행에 연 10%의 이자율로 예금하면 1년 후에 110만원을 받게 된다. 즉, 현재 100만원의 1년 후 미래가치는 110만원이 되는 것이다.

현재의 일정 금액을 PV, 이자율을 r이라고 하면, 1년 후의 미래가치 FV_1은 다음과 같다.

$$\begin{aligned} FV_1 &= PV + PV \times r = PV(1+r) \\ &= 1{,}000{,}000 \times (1+0.1) = 1{,}100{,}000 \end{aligned}$$

또한 2년 후의 미래가치는 1년 후에 받을 금액 110만원을 다시 10%의 이자율로 1년 동안 저축하는 것과 같다.

$$\begin{aligned} FV_2 &= PV_1(1+r) = PV_0(1+r)(1+r) = PV_0(1+r)^2 \\ &= 1{,}000{,}000 \times (1+0.1)^2 = 1{,}210{,}000 \end{aligned}$$

따라서 n년 후의 미래가치는 다음과 같이 나타낼 수 있다.

$$FV_n = PV(1+r)^n \qquad \text{(식 7.1)}$$

1) 계산을 편리하게 할 수 있는 미래가치이자요소(FVIF), 현재가치이자요소(PVIF), 연금의 미래가치이자요소(FVIFA), 그리고 연금의 현재가치이자요소(PVIFA)는 부록을 참고하면 된다.

어떤 사람이 현재 100만원을 소비하지 않고 8%의 이자율로 은행에 3년간 예금하였다고 할 때, 이 예금의 3년 후 미래가치는 얼마가 되는지 보자.

$$FV_3 = PV(1+r)^3 = 1{,}000{,}000 \times (1+0.08)^3 = 1{,}259{,}712$$

위의 예에서 $(1+0.08)^3 = 1.2597$은 이자율이 8%일 때 현재의 1원이 3년 후 1.2597원이 된다는 것을 말한다. $(1+r)^n$을 미래가치이자요소(future value interest factor; FVIF)라고 하며, (식 7.1)을 이용하면 다음과 같이 나타낼 수 있다.

$$FV_n = PV \times FVIF_{(r,n)} \qquad \text{(식 7.2)}$$

미래가치이자요소는 이자율이 높을수록, 기간이 길어질수록 커지는 특징을 갖는다. 따라서 현재 일정 금액은 이자율이 높거나 기간이 길어질수록 미래가치가 증가한다.

2. 현재가치

현재가치(present value)란 미래에 발생할 일정 금액을 현재시점의 화폐가치로 평가한 가치이다. 따라서 현재가치는 미래가치의 반대 개념으로 생각하면 된다. 앞에서 현재 100만원을 연 10%의 이자율로 은행에 예금하면 1년 후에는 110만원이 되는 것을 보았다. 반대로 생각해 보면, 1년 후의 110만원은 현재의 100만원과 같다는 것을 알 수 있다. 이때 현재의 100만원을 1년 후 110만원의 현재가치라고 한다.

이처럼 현재가치와 미래가치는 역의 관계를 가지고 있고, 현재가치는 항상 미래가치보다 작아지기 때문에 현재가치를 구하는 것을 할인(discount)한다고 하며, 이때 사용하는 이자율을 할인율(discount rate)이라고 한다. 위의 예에서는 할인율이 10%가 된다.

$$1{,}000{,}000 = \frac{1{,}100{,}000}{(1+0.1)} = 1{,}100{,}000\,(1+0.1)^{-1}$$

현재가치(PV)의 계산은 n기간 후의 미래가치(FV_n)를 할인율(r)로 나눈 것으로 공식으로 나타내면 다음과 같다.

$$PV = \frac{FV_n}{(1+r)^n} = FV_n\,(1+r)^{-n} \qquad \text{(식 7.3)}$$

예를 들어, 할인율이 8%일 때 5년 후에 받기로 한 500만원의 현재가치는 얼마가 되는지 계산해 보자.

$$PV = FV_5(1+r)^{-5} = 5{,}000{,}000(1+0.08)^{-5} = 3{,}402{,}916$$

여기서 $(1+0.08)^{-5}=0.6806$은 이자율이 8%일 때 5년 후 1원의 현재가치를 나타내 주는 값으로 현재가치이자요소(present value interest factor; PVIF)라고 한다. 이를 이용하여 (식 7.3)을 나타내보면 다음과 같다.

$$PV = FV_n \times PVIF_{(r,n)} \qquad \text{(식 7.4)}$$

이번에는 2년 후에 100만원을 받는 것과 10년 후에 200만원을 받는 것 두 가지 중 어느 쪽이 유리한지를 살펴보자.[단, 이자율(할인율)은 연 10%이다.]

2년 후에 100만원을 받는 경우

$$PV = FV_2(1+r)^{-2} = 1{,}000{,}000(1+0.1)^{-2} = 826{,}446$$

10년 후에 200만원을 받는 경우

$$PV = FV_{10}(1+r)^{-10} = 2{,}000{,}000(1+0.1)^{-10} = 771{,}087$$

따라서 10년 후에 200만원을 받는 것보다 2년 후에 100만원 받는 것이 유리함을 알 수 있다.

3. 연금의 미래가치

앞에서는 단순히 특정 시점에서 발생하는 일정 금액의 현재가치와 미래가치의 개념을 알아보았다. 하지만 은행의 정기적금과 같이 일정 기간 동안 일정한 간격으로 일정 금액의 현금흐름이 발생하는 경우도 있다. 이와 같은 형태의 현금흐름을 연금(annuity)이라 한다. 은행의 정기적금은 매달 일정 금액을 예금하고 일정 기간이 지나 만기가 되는 시점에 한꺼번에 받게 되는데, 이처럼 연금의 미래가치란 매기간 일정 금액을 불입할 때 만기일에 받게 되는 미래가치 총액을 의미한다.

예를 들어, 2018년부터 2020년까지 매년 말에 100만원씩을 연간 이자율 10%로 정기적금을 할 경우 2020년 말에 받게 되는 투자자의 미래가치를 계산하여 보자.

이 투자자가 예입하는 금액과 연금의 미래가치는 다음과 같다.

예입금액 :		100만원 ↓	100만원 ↓		100만원 ↓
연 도 :	2018. 1. 1	2018. 12. 31	2019. 12. 31		2020. 12. 31
		100만원(1+0.1)^2		=	1,210,000
			100만원(1+0.1)	=	1,100,000
					1,000,000
			합 계	=	3,310,000

위의 현금흐름을 살펴보면 매기 일정한 금액이 발생한다. 이처럼 매기 동일한 현금흐름(A)이 n기간 동안 지속된다고 할 때, 이를 수식으로 표현하면 다음과 같다.

$$FVA_n = A + A(1+r) + A(1+r)^2 + \cdots\cdots + A(1+r)^{n-1} \qquad \text{(식 7.5)}$$
$$= A\left[\frac{(1+r)^n - 1}{r}\right]$$

위 식에서 $((1+r)^n - 1)/r$은 이자율이 r일 때 n기간 동안 매기 말에 발생하는 1원의 n기간 후의 가치를 나타낸다. 이를 연금의 미래가치이자요소(future value interest factor for annuity; FVIFA)라고 하며, 이를 이용하여 (식 7.5)를 나타내면 다음과 같다.

$$FVA_n = A \times FVIFA_{(r,n)} \qquad \text{(식 7.6)}$$

만일 위에서 투자자가 연말에 예금하지 않고 연초에 예금을 하게 되면 2020년 말에 받게 되는 금액은 다음과 같이 달라진다. 이를 수식으로 나타내면 다음과 같다.

$$FVA_n = A(1+r)\left[\frac{(1+r)^n - 1}{r}\right]$$
$$= A(1+r)\,FVIFA_{(r,n)}$$

예입금액 :	100만원 ↓	100만원 ↓	100만원 ↓		
연 도 :	2018. 1. 1	2019. 1. 1	2020. 1. 1		2020. 12. 31
	100만원(1+0.1)^3			=	1,331,000
		100만원(1+0.1)^2		=	1,210,000
			100만원(1+0.1)	=	1,100,000
			합 계	=	3,641,000

4. 연금의 현재가치

연금의 현재가치는 매기마다 받는 금액을 현재가치로 환산한 금액의 합계이다. 예를 들어, 매년 말 100만원씩 3년간 지급되는 연금을 이자율이 10%인 상황에서 일시불로 받으려고 할 때 연금의 현재가치는 다음과 같다.

받을금액 :		100만원 ↓	100만원 ↓	100만원 ↓
연 도 :	2018. 1. 1	2018. 12. 31	2019. 12. 31	2020. 12. 31
	909,091 =	$\frac{100만원}{(1+0.1)}$		
	826,446 =		$\frac{100만원}{(1+0.1)^2}$	
	751,315 =			$\frac{100만원}{(1+0.1)^3}$
합 계 =	2,486,852			

현재가치와 미래가치는 역의 관계에 있다고 앞에서 설명하였다. 따라서 현금흐름이 연금의 형태인 경우에도 마찬가지로 생각하면 된다. n기간 동안 매기 말 발생하는 일정한 현금흐름(A)을 현재가치로 환산하여 합한 것으로 다음과 같이 표현할 수 있다.

$$\begin{aligned} PVA &= \frac{A}{(1+r)} + \frac{A}{(1+r)^2} + \frac{A}{(1+r)^3} + \cdots\cdots + \frac{A}{(1+r)^n} \\ &= A\left[\frac{1-(1+r)^{-n}}{r}\right] \end{aligned} \quad \text{(식 7.7)}$$

여기서 $(1-(1+r)^{-n})/r$은 1원씩 매기 말 n기간 동안 지급될 경우 연금의 현재가치를 나타내는 연금의 현재가치이자요소(present value interest factor for annuity; PVIFA)이며, 이를 이용하여 식으로 나타내면 다음과 같다.[2)]

$$PVA = A \times PVIFA_{(r,n)} \quad \text{(식 7.8)}$$

이때 매기 말마다 A원씩 받는 영구연금(perpetuity)의 현재가치는 n이 무한대(∞)이므로 다음과 같이 나타낼 수 있다.

2) 연금 수령이 매년도 말에 발생할 때는 현금흐름에 대한 할인이 n번 이루어진다. 하지만 연금을 매년 초에 수령한다면 할인이 $n-1$번 이루어지므로 (식 7.7)과 (식 7.8)에 $(1+r)$을 곱해주어야 한다.

$$PVA = A\left[\frac{1-(1+r)^{-\infty}}{r}\right]$$
$$= \frac{A}{r}$$

이와 같은 현재가치와 미래가치, 그리고 연금의 현재가치와 미래가치의 개념을 알고 있으면, 서로 다른 시점에 다른 금액을 받는다 할지라도 어느 것의 가치가 더 큰지 비교할 수 있다.

5. 단위기간의 변경

앞에서 설명한 복리계산방법은 현금흐름이 발생하는 단위기간(1년)과 이자율의 단위기간(1년)이 일치하였다. 그런데 이자율의 단위기간보다 짧은 기간을 주기로 하여 현금흐름이 발생하는 경우는 어떻게 되는지 생각해 보자.

예를 들어, 오늘 100만원을 연 10%의 이자율로 예금하는 경우, 이자지급기간의 변화에 따라 1년 후의 미래가치가 어떻게 달라지는지 계산해 보자.

① 이자지급기간이 1년인 경우

$$FV_1 = PV(1+r)^1 = 1{,}000{,}000\,(1+0.1) = 1{,}100{,}000$$

② 이자지급기간이 6개월인 경우

$$FV_1 = PV\left(1+\frac{r}{2}\right)^2 = 1{,}000{,}000\left(1+\frac{0.1}{2}\right)^2 = 1{,}102{,}500$$

③ 이자지급기간이 3개월인 경우

$$FV_1 = PV\left(1+\frac{r}{4}\right)^4 = 1{,}000{,}000\left(1+\frac{0.1}{4}\right)^4 = 1{,}103{,}813$$

현재의 일정금액 PV에 대해서 연 r의 이자율로 연간 q회 지급하는 경우, n년 후의 미래가치를 구하는 공식은 다음과 같이 일반화할 수 있다.

$$FV_n = PV\left(1+\frac{r}{q}\right)^{qn} \qquad \text{(식 7.9)}$$

■ 연속복리

연속복리(continuous compounding)의 계산은 (식 7.9)에서 단위기간 동안 이자지급 횟수 q를 무한히 크게 하는 경우로, 다음과 같이 나타낼 수 있다.

$$
\begin{aligned}
FV_n &= \lim_{q\to\infty}\left[PV\left(1+\frac{r}{q}\right)^{qn}\right] \qquad \text{(식 7.10)}\\
&= PV\cdot\lim_{q\to\infty}\left(1+\frac{r}{q}\right)^{qn} = PV\cdot\lim_{q\to\infty}\left[\left(1+\frac{r}{q}\right)^{q/r}\right]^{rn}\\
&= PV\cdot e^{rn}
\end{aligned}
$$

이때 e는 2.71828…로 특정한 상수 값을 나타낸다.[3)4)] 연속복리는 실제로는 있을 수 없는 이자지급을 가정한 것이지만, 일정한 현금흐름이 빠른 속도로 발생하는 경우에는 실제의 복리계산과 큰 차이를 보이지 않으므로 상수 e를 사용하는 연속복리를 이용하는 것이 바람직하다.[5)]

복리의 마술'72의 법칙'

'맨해튼(Manhattan)'은 인디언 말로 '돌섬'이라고 한다. 1626년 네덜란드는 이민자들이 살 땅을 마련하기 위해 인디언들과 계약을 통해서 맨해튼을 사들이고, 자신들의 수도 이름을 따서 '뉴 암스테르담(New Amsterdam)'이라는 도시를 세운다. 그리고 이후 이 도시를 차지한 영국의 찰스(Charles)왕은 동생 요크(York)공의 이름을 붙여서 'New York'라고 부르게 되었다.

고층빌딩이 빽빽하게 들어선 뉴욕 맨해튼, 세계 금융의 중심지인 만큼 이 작은 섬은 땅값 비싸기로 유명하다. 그러나 지금으로부터 약 400년 전인 1626년, 대서양을 건너와 미국 땅에 발을 들여놓은 네덜란드인들이 인디언들로부터 맨해튼을 사면서 지불한 가격은 60길더, 단돈 24달러였다. 이것조차 현금이 아니라 장신구와 구슬로 대신했다. 그동안의 물가 상승률을 감안해도 지금 금싸라기 땅이 된 맨해튼을 보면, 그때 인디언들의 판단이 어리석었다고 비웃을 수도 있다.

그러나 월가의 전설적인 투자자 중의 한사람인 피터 린치는 1989년 재미있는 분석자료를 내놓았다. 당시 인디언들이 받은 24달러를 연 8%의 채권에 복리로 투자했다면 363년이 흐른 1989년에는 그 가치가 30조달러로 훌쩍 뛴다. 반면에 1989년 당시 맨해튼 전체 땅값은 600억달러에도 미치지 못하였다. 누가 현명한 판단을 했는가에 대한 답은 쉽게 나온다.

이것이 아인슈타인박사가 세계 8번째 불가사의라고 한 복리의 마법이다. 피터 린치의 분석은 '72의 법칙'과 통한다. 재테크에서 자주 거론되는 이 법칙은 투자한 금액이 두 배가 되기까지 걸리는 시간을

---

3) $\lim_{x\to\infty}[1+(1/x)]^x = 2.71828\cdots$이며, 이 값을 e라고 정의한다.

4) (식 7.9)에서 $q/r = x$ 라고 하면 $r/q = 1/x$ 이므로 $q\to\infty$일 때, $x\to\infty$이다. 따라서 $\lim_{q\to\infty}[1+(r/q)]^{q/r} = \lim_{x\to\infty}[1+(1/x)]^x$이 되므로 e로 나타낼 수 있다.

5) (식 7.10)은 연속복리를 이용하여 미래가치를 계산하는 방법이고, 현재가치의 계산은 e^{rn} 으로 양변을 나눠주면 $PV_0 = FV_n\cdot e^{-rn}$이 된다.

계산하는 방식이다. 예를 들어, 은행 금리가 6%라면 72를 6으로 나눠 나온 숫자 12가 바로 투자금액을 두 배로 불리는데 필요한 연수이다. 복리의 마술을 보여주는 법칙인 것이다.

7.2 주식의 가격결정

투자자들이 주식에 투자하는 이유는 주식을 보유함으로써 어느 정도 소득을 기대하기 때문이다. 이러한 소득은 크게 두 가지로 나누어진다. 하나는 기업 이익의 일부를 주주에게 배당하게 되는데, 이때 받게 되는 배당소득이고, 다른 하나는 주주들이 주식가격이 상승하여 이를 되팔게 되면 얻게 되는 시세차익, 즉 자본이득이 있다. 시장에서 주식은 각기 가격이 다르게 거래되는데, 그 이유는 주식마다 기대되는 배당소득과 자본이득이 서로 다르기 때문이다. 많은 수익(배당소득과 자본이득)을 가져다줄 것으로 기대되는 주식은 그만큼 투자자들에게 매력적인 투자대상으로 기꺼이 높은 가격을 지불하고서라도 구입하려 하고, 수익이 적을 것이라고 예상되는 주식은 투자자들이 관심을 크게 갖지 않는다.

따라서 주식의 가치를 평가하는 방법은 우리가 주식을 보유하는 기간 동안 얼마의 수익을 올릴 수 있는지를 파악하고, 이러한 수익을 적절한 할인율로 할인하는 것이다. 하지만 주식의 가치를 평가하는 것은 채권을 평가하는 것보다 어렵다. 왜냐하면, 채권의 경우는 보유기간 동안의 이자수익이 분명하게 명시되어 있고 만기에 원금을 상환 받을 수 있어서 미래의 수익금액을 확실히 알 수 있다. 또한 할인 시 보통 시장수익률을 할인율로 사용하기 때문에 비교적 쉽게 가치를 평가할 수 있다.[6)]

하지만 주식의 경우는 미래수익과 할인율을 결정하는 것이 결코 용이하지 않다. 주식을 통해서 얻을 수 있는 수익은 배당금과 자본이득뿐이지만, 이 두 가지를 확실하게 알기 어렵다는 것이다. 배당금은 해당 기업의 당기순이익, 기업의 성장성, 그리고 주주총회의 배당결정에 따라 달라질 수 있어서 매년 얼마의 배당금액을 받게 되는지 정확히 알 수 없으며, 또한 주식의 가치가 매순간 변동할 수 있는 상황에서 주식처분 시점에서의 주가를 알아낸다는 것도 거의 불가능하기 때문이다. 이 뿐만 아니라 주식마다 할인율이 서로 다르기 때문에 시장에서 바로 구하기도 쉽지 않다.

따라서 주식의 가치를 평가하기 위해서는 일정한 가정이 필요하고 서로 다른 가정에 따라 평가모형도 달라진다. 주식평가모형은 크게 현금흐름할인모형과 주가배수(multiples)

6) 채권의 가치평가에 대해서는 제10장에서 살펴볼 것이다.

를 이용한 상대가치평가모형으로 구분할 수 있다. 현금흐름할인모형은 계속기업(going concern)을 가정하여 투자에 따른 미래 현금흐름을 적절한 할인율로 할인한 현재가치, 즉 수익가치를 구하는 방법이며, 이때 사용되는 현금흐름의 종류에 따라 배당평가모형, 이익평가모형 등으로 구분된다. 반면에 상대가치평가모형은 현금흐름할인모형의 제약점, 즉 미래 현금흐름의 예측과 적정한 할인율을 추정하는 과정이 주관적이고 오류를 수반할 수 있다는 점을 극복하기 위하여 주가수익비율(PER), 주가순자산비율(PBR) 등의 주가배수를 이용하는 주식평가모형이다.

7.3 현금흐름할인모형

제1장에서 우리는 투자를 "미래의 이득을 얻기 위한 현재의 경제적 희생"이라고 정의하면서, 이러한 정의에는 시간흐름(time flow)과 불확실성(uncertainty 또는 risk)의 개념이 내포되어 있다고 설명하였다. 투자행위의 근거가 되는 미래의 이득, 즉 투자수익은 현재가 아니라 미래시점에 발생하며, 불확실성의 정도가 다른 현금흐름이다. 따라서 현재의 경제적 희생과 미래의 경제적 이득을 비교하여 평가하기 위해서는 현금흐름의 시차조정과 불확실성의 정도를 반영시키는 과정이 필요하다.

$$P_0 = \frac{CF_1}{(1+k)} + \frac{CF_2}{(1+k)^2} + \frac{CF_3}{(1+k)^3} + \cdot\cdot\cdot\cdot\cdot \qquad \text{(식 7.11)}$$
$$= \sum_{t=1}^{\infty} \frac{CF_t}{(1+k)^t}$$

여기서, CF_t : t기의 현금흐름
k : 위험반영 할인율

주식의 가치를 평가하기 위한 일반모형은 (식 7.11)과 같이 특정 주식을 보유함으로써 얻게 되는 미래 현금흐름을 현금흐름이 발생하는 시차와 불확실성(위험)이 반영된 할인율(discount rate)로 할인한 현재가치(discounted cash flow; DCF)를 구하는 것이다. 따라서 주식평가모형은 미래 현금흐름을 무엇으로 바라보는가에 따라 배당평가모형, 이익평가모형 등으로 구분할 수 있다.

1. 배당평가모형

주식을 소유하고 있는 사람이 얻게 되는 미래 현금흐름은 두 가지이다. 즉, 주주총회에서 결정되어 받게 되는 배당금과 보유하고 있던 주식을 팔았을 때 받게 되는 주식매각대금이 그것이다. 따라서 어떤 주식의 이론적 가치는 앞으로 받게 될 배당과 주식매각대금을 적절한 요구수익률(할인율)로 할인한 금액, 즉 현재가치의 합이라고 할 수 있다.

예컨대, 어떤 투자자의 요구수익률이 k이고 배당금이 D이며, 1년 후의 가격이 P_1원인 주식을 1년 간 보유하고 1년 후에는 매도한다고 하면, 이때의 주식의 가치는 다음과 같이 계산된다.

$$P_0 = \frac{D_1}{(1+k)} + \frac{P_1}{(1+k)}$$

여기서, P : 주식가격
D : 주당배당금
k : 요구수익률

그리고 2년 후 이 주식의 가격이 P_2이고 투자자가 주식을 2년 간 보유한 후 매각한다면, 이때의 주식가치는 다음과 같이 나타낼 수 있다.

$$P_0 = \frac{D_1}{(1+k)} + \frac{D_2}{(1+k)^2} + \frac{P_2}{(1+k)^2}$$

이제 n년 후의 주가가 P_n이고 주식을 n년 간 보유한 후 매각한다면, 이때의 주식가치는 다음과 같이 나타낼 수 있을 것이다.

$$P_0 = \frac{D_1}{(1+k)} + \frac{D_2}{(1+k)^2} + \cdots\cdots + \frac{D_n}{(1+k)^n} + \frac{P_n}{(1+k)^n}$$

그런데 n년도의 주식처분가격 P_n은 $(n+1)$년도 이후의 배당수입에 대한 현재가치와 같다고 볼 수 있다.

$$P_n = \frac{D_{n+1}}{(1+k)} + \frac{D_{n+2}}{(1+k)^2} + \cdots\cdots + \frac{D_\infty}{(1+k)^\infty}$$

따라서 투자자가 주식을 팔지 않고 영원히 보유한다면, 그때 투자자는 자본이득은 누릴 수 없고 배당소득만 얻을 수 있기 때문에, 주식의 가치는 다음과 같이 영속적인 배당흐름을 요구수익률로 할인한 현재가치의 합으로 나타낼 수 있게 된다.

$$P_0 = \frac{D_1}{(1+k)} + \frac{D_2}{(1+k)^2} + \frac{D_3}{(1+k)^3} + \cdots\cdots \qquad \text{(식 7.12)}$$
$$= \sum_{t=1}^{\infty} \frac{D_t}{(1+k)^t}$$

이와 같이 배당평가모형(dividends valuation model)은 주식가격을 배당금만을 고려하여 산출하는 것이다. 따라서 주식의 미래가치에 관계없이 배당금만으로 주가를 추정할 수 있게 된다. 또한 (식 7.12)는 매우 일반적인 형태로 미래에 기대되는 배당의 현금흐름 형태에 관계없이 적용할 수 있는 모형이다. 하지만 우리는 논의를 쉽게 하기 위해 미래의 배당흐름에 대해 일정한 가정을 하고 이 모형을 사용할 것이다.

미래의 배당흐름에 대한 가정은 다음 세 가지로 요약할 수 있다. 첫째, 매년 배당금이 일정한 경우로 기업의 성장이 없는 경우, 둘째, 배당금이 늘어나는 비율이 동일한 경우로 기업의 성장이 일정한 경우, 셋째, 배당금이 늘어나는 비율이 매년 달라 초과성장이 있는 경우, 이렇게 세 가지 가정에 기초하여 주식평가모형을 나타낼 수 있다.

1) 성장이 없는 경우

이 경우는 배당평가모형에서 가장 단순한 형태로, 기업이 성장하지 않고 현재 상태를 유지하여 배당액이 매년 일정하다고 가정하고 있다. 따라서 주식의 가격은 다음과 같이 결정된다.

$$P_0 = \frac{D}{(1+k)} + \frac{D}{(1+k)^2} + \cdots\cdots + \frac{D}{(1+k)^{\infty}} \qquad \text{(식 7.13)}$$
$$= \frac{D}{k}$$

예를 들어, 투자자 갑은 매년 배당금이 1,000원으로 일정한 주식을 보유하고 있으며 요구수익률이 연 10%라고 한다면, 이 투자자가 보유하고 있는 주식의 가치는 10,000원이 될 것이다.

$$P_0 = \frac{1{,}000}{0.1} = 10{,}000\text{원}$$

2) 성장이 일정한 경우

통상 배당금이 일정한 경우는 매우 예외적인 경우이다. 보통 기업들은 매년 성장하는 것이 일반적이어서, 이에 따라 배당도 조금씩 늘어나게 된다. 그러면 매기간 지급되는 배당이 일정한 비율로 증가하는 경우에는 주식의 가치가 어떻게 평가되는지 살펴보자. 우선 성장에 필요한 재원은 내부자금으로만 조달되고 배당이 $g\%$의 비율로 성장한다고 할 때, 주식의 가격은 다음과 같이 결정된다.

$$P_0 = \frac{D_0(1+g)}{(1+k)} + \frac{D_0(1+g)^2}{(1+k)^2} + \frac{D_0(1+g)^3}{(1+k)^3} + \cdot\cdot\cdot\cdot\cdot$$

$$= \sum_{t=1}^{\infty} \frac{D_0(1+g)^t}{(1+k)^t}$$

이를 간단히 정리하면 다음과 같이 나타낼 수 있다.

$$P_0 = \frac{D_0(1+g)}{k-g} = \frac{D_1}{k-g} \qquad \text{(식 7.14)}$$

위 식은 기업의 이익과 배당이 매년 $g\%$씩 일정하게 성장한다고 가정할 때, 주식의 이론적 가치를 나타내는 고든(M. J. Gordon)의 항상성장모형(constant growth model)이라고 한다. 항상성장모형은 배당흐름이 매년 일정한 비율로 성장한다는 가정 이외에도 다음과 같은 가정들을 포함하고 있다.

① 기업의 성장에 필요한 자금은 내부자금으로 조달된다.
② 투자로 인한 재투자수익률(r)은 일정하다.[7)]
③ 사내유보율(b)과 배당성향($1-b$)이 일정하다.
④ 내부금융에 의한 투자만으로 성장하므로 성장률($g=b\cdot r$)도 일정하다.
⑤ 요구수익률이 일정하며, 요구수익률(k)이 성장률(g)보다 크다.($k>g$)

따라서 (식 7.14)는 다음과 같이 바꿔 쓸 수 있다.

$$P_0 = \frac{D_0(1+g)}{k-g} = \frac{D_0(1+g)}{k-b\cdot r} = \frac{E_0(1+g)(1-b)}{k-b\cdot r} \qquad \text{(식 7.15)}$$

여기서, E_0 : 주당이익

7) 이때 투자자금이 내부금융으로만 조달되므로 재투자수익률(r)은 자기자본이익률(ROE)과 같다. ($r=ROE$)

A기업은 올해 주당 1,000원의 배당을 실시하였고, 매년 이익과 배당 성장률이 5%로 일정하며, 투자자들의 요구수익률이 10%라고 할 때, A기업 주식의 가치는 21,000원으로 추정할 수 있다.

$$P_0 = \frac{1{,}000\,(1+0.05)}{0.10-0.05} = 21{,}000\text{원}$$

3) 초과성장이 있는 경우

매년 기업이 일정하게 성장하며, 이에 따라 배당금액 또한 일정하게 지급된다고 하는 가정 또한 현실을 벗어난 것이라고 볼 수 있다. 왜냐하면 기업마다 성장률이 매년 다르기 때문이다. 예컨대, 어떤 기업이 굉장히 빠른 속도로 성장하고 있다면, 이 기업의 배당성장률이 일정하지 않고 더 크게 늘어날 수 있다. 한편, 그 기업이 지속적으로 고속성장을 할 수는 없으며, 일정 시점을 지나서는 다른 기업과 마찬가지로 정상적으로 성장하고 얼마 후엔 성장률이 낮아질 수도 있는 것이다.

이와 같이, 일정 기간 동안 초과성장이 존재하는 경우에는 항상성장모형을 사용할 수가 없게 된다. 이러한 경우에는 기업성장을 두 단계로 구분하여 초과성장이 있는 n기간에서는 g_1%의 비율로 성장하고, 다음 단계에서는 g_2%의 비율로 일정하게 성장한다고 가정하여 다음과 같이 주식가격을 구해야 한다.

$$\begin{aligned} P_0 &= \sum_{t=1}^{n} \frac{D_0(1+g_1)^t}{(1+k)^t} + \sum_{t=n+1}^{\infty} \frac{D_0(1+g_1)^n(1+g_2)^{t-n}}{(1+k)^t} \\ &= \sum_{t=1}^{n} \frac{D_0(1+g_1)^t}{(1+k)^t} + \frac{D_0(1+g_1)^n(1+g_2)}{(1+k)^n(k-g_2)} \\ &= D_0(1+g_1)\left[\frac{1-\left(\frac{1+g_1}{1+k}\right)^n}{k-g_1}\right] + \frac{D_0(1+g_1)^n(1+g_2)}{(1+k)^n(k-g_2)} \end{aligned} \quad \text{(식 7.16)}$$

예를 들어, 초기 3년 동안 20%씩 성장하고, 그 후에는 6%로 일정하게 성장하는 기업이 있다고 하자. 현재 주당배당금이 1,000원이고 요구수익률이 10%라고 가정할 때, 주식가격은 다음과 같다.

$$\begin{aligned} P_0 &= \sum_{t=1}^{3} \frac{1{,}000(1+0.20)^t}{(1+0.10)^t} + \frac{1{,}000(1+0.20)^3(1+0.06)}{(1+0.10)^3(0.10-0.06)} \\ &= 1{,}000(1.20)\left(\frac{1-\left(\frac{1.20}{1.10}\right)^3}{0.10-0.20}\right) + \frac{1{,}000(1.20)^3(1.06)}{(1.10)^3(0.04)} = 37{,}984\text{원} \end{aligned}$$

2. 이익평가모형

배당평가모형은 투자자가 주식을 소유함으로써 얻게 되는 배당을 바탕으로 주식가격을 결정하는 모형을 전개한 것이다. 원래 배당금은 기업의 당기순이익에서 다음 해 재투자를 위해 얼마의 금액을 회사 내에 유보시키고 나머지에 대하여 주주들에게 배분하는 것이다. 그런데 매년 기업의 투자상황이 같을 수 없을 뿐만 아니라 투자를 위해 사내에 유보되는 금액도 일정하다고 볼 수 없다. 이에 따라 배당금도 매년 달라지게 된다.

따라서 배당평가모형은 현실에 적용하는 데 있어서 상당히 많은 가정을 내포하고 있다. 그러나 이와는 달리 투자자가 주식을 소유함으로써 얻게 되는 현금흐름을 이익으로 볼 수도 있다. 이때의 이익은 배당뿐만 아니라 기업내부에 유보된 이익까지 포괄하는 개념이다. 즉, 이익을 주식가격을 결정하는 요인으로 보고 개발된 모형이 이익평가모형(earnings valuation model)이다. 이익평가모형은 주식으로부터 예상되는 미래의 주당이익을 적절한 할인율로 할인하여 주식가격을 결정한다. t기의 주당순이익을 E_t라고 하고 주당이익에 대한 요구수익률을 k라고 하면, 현재시점의 주가를 다음과 같이 나타낼 수 있다.

$$P_0 = \frac{E_1}{(1+k)} + \frac{E_2}{(1+k)^2} + \frac{E_3}{(1+k)^3} + \cdots\cdots \quad \text{(식 7.17)}$$
$$= \sum_{t=1}^{\infty} \frac{E_t}{(1+k)^t}$$

여기서, E_t : 주당순이익(earnings per share, EPS)
k : 요구수익률

이익평가모형이나 배당평가모형을 사용하여 우리가 파악하려고 하는 것은 주식의 진정한 가치, 즉 본질가치이다. 어느 시점에서 주식의 본질적 가치는 이미 유일하게 존재하고 있다. 그러므로 어떤 주식평가모형을 사용하느냐에 따라 주식의 가치가 변하는 것은 아니다. 단지 배당평가모형은 배당을 통하여, 이익평가모형은 이익을 고려하여 주식의 본질적인 가치를 파악하려는 것이다.

1) 성장기회가 없는 경우

단순한 이익평가모형은 성장이 없어서 매년 발생하는 주당이익이 일정하다고 가정하는 것이다. 내년도부터 매년 발생하는 주당이익흐름을 E_1이라고 하고, 이에 대한 요구수익률(할인율)을 k라고 하면, 주식의 가치는 다음과 같이 나타낼 수 있다.

$$P_0 = \frac{E_1}{(1+k)} + \frac{E_1}{(1+k)^2} + \cdots\cdots + \frac{E_1}{(1+k)^{\infty}} = \frac{E_1}{k} \quad \text{(식 7.18)}$$

이때 매년도 주당이익이 E_1으로 일정하다는 것은 기업의 재투자수익률(r)이 요구수익률(k)과 같아서 실질적인 성장기회가 없다고 가정하는 것이다.

2) 성장기회를 고려할 경우

기업이 앞으로 성장할 것으로 예상되면 주가는 상승하게 된다. 이는 기업의 재투자수익률이 요구수익률보다 높아서 일정한 성장기회를 기대할 수 있는 경우이다. 밀러와 모딜리아니(M. Miller & F. Modigliani)는 이익이 일정한 비율로 성장하는 경우를 감안하여 다음과 같은 이익평가모형을 제시하였다.

$$\begin{aligned} P_0 &= \text{현존자산에서 창출되는 이익의 현재가치} \\ &\quad + \text{성장기회에서 창출되는 이익의 현재가치} \\ &= \frac{E_1}{k} + PVGO \end{aligned} \quad \text{(식 7.19)}$$

이 식에서 앞 부분(E_1/k)은 재투자수익률과 요구수익률이 같기 때문에, 이익을 모두 배당하고 재투자가 이루어지지 않아 성장기회가 없는 경우의 현재가치를 나타낸다. 그리고 뒷 부분은 이익의 일부를 사내에 유보시킬 때, 재투자수익률이 요구수익률을 상회하여 발생하는 성장기회가치(present value of growth opportunity; PVGO)를 나타낸다. 성장기회의 가치가 어떻게 결정되는지 다음의 예를 통해서 살펴보자.

B기업의 올해 주당이익 E_0가 5,000원이고 재투자를 위한 유보율이 매년 40%로 유지될 것이며, 자기자본이익률(ROE)은 25%로 예상된다. 주주들의 요구수익률이 15%일 때 B기업의 주식가치와 PVGO를 구해보자.

성장률이 $g = b \cdot r = b \cdot ROE = 0.40 \times 0.25 = 10\%$이므로, 배당평가모형에서 항상성장모형을 이용할 경우에 B기업의 주가는 다음과 같이 결정된다.

$$P_0 = \frac{5{,}000\,(1+0.10)(1-0.40)}{0.15-(0.40)(0.25)} = 66{,}000\text{원}$$

향후($t=1$부터) 신규투자가 없어서 성장이 없다고 가정하는 경우, (식 7.18)을 이용하면

이때의 가치는 다음과 같다.

$$\frac{E_1}{k} = \frac{E_0(1+g)}{k} = \frac{5{,}000\,(1+0.10)}{0.15} = 36{,}667\text{원}$$

그리고 (식 7.19)를 이용할 경우 성장기회의 가치는 다음과 같이 구할 수 있다.

$$PVGO = P_0 - \frac{E_1}{k} = 66{,}000 - 36{,}667 = 29{,}333$$

PVGO에 대해서 분석하면 다음과 같다. B기업에서 1차 년도의 주당 투자규모는 5,500 (5,000×(1+0.1))원의 40%인 2,200원이고, 이로 인하여 2차 년도부터 550원(2,200×0.25)의 투자수익이 영구히 발생한다.

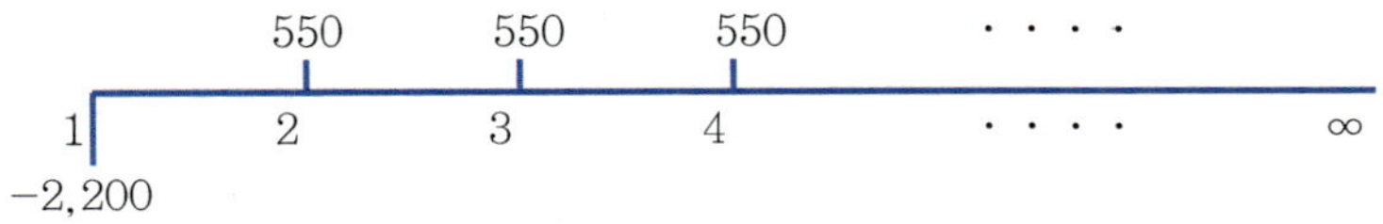

이때 순현가(NPV_1)를 구하면 다음과 같다.[8]

$$NPV_1 = \frac{550}{0.15} - 2{,}200 = 1{,}466.67$$

2차 년도의 투자규모는 주당이익 5,500원과 1차 년도의 재투자로 인한 이익 550원의 합인 6,050원의 40%인 2,420원(6,050×0.40)이고, 3차 년도부터 605원(2,420×0.25)의 투자수익이 영구히 발생한다.

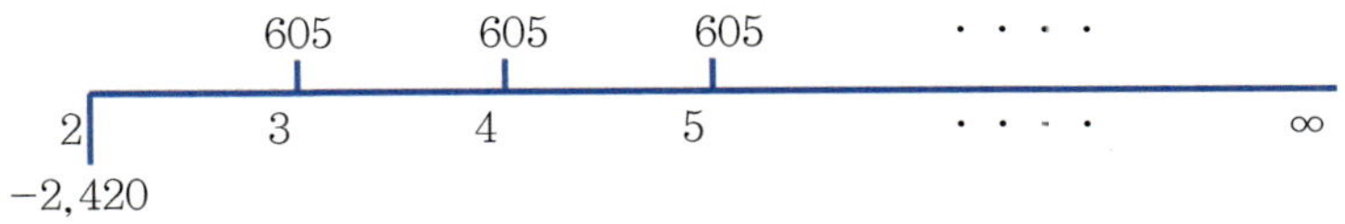

이때의 순현가(NPV_2)를 구하면 다음과 같다.

$$NPV_2 = \frac{605}{0.15} - 2{,}420 = 1{,}613.33$$

8) 순현가(net present value)는 투자로 인하여 발생할 미래의 모든 현금흐름을 적절한 할인율로 할인한 현재가치에서 투자금액을 빼준 것으로 재무관리에서 투자의사결정에 사용하는 기법이다.

이는 $NPV_2 = NPV_1(1+g) = 1{,}466.67(1+0.1) = 1{,}613.33$와 같다. 이와 같은 투자가 매년 반복된다고 가정하면 미래의 모든 투자기회에 대한 순현가의 현재가치 합은 다음과 같이 계산된다.

$$
\begin{aligned}
PVGO &= \frac{NPV_1}{(1+k)} + \frac{NPV_1(1+g)}{(1+k)^2} + \frac{NPV_1(1+g)^2}{(1+k)^3} + \cdot\cdot\cdot\cdot \\
&= \frac{NPV_1}{k-g} = \frac{1{,}466.67}{0.15-0.1} = 29{,}333
\end{aligned}
$$

그런데 NPV_1은 다음과 같이 바꿔 쓸 수 있다.

$$
NPV_1 = \frac{E_1 \times b \times r}{k} - E_1 \times b = \frac{E_1 \times b \times (r-k)}{k}
$$

위 식을 이용하면 성장기회가치(PVGO)는 다음과 같이 나타낼 수 있다.

$$
PVGO = \frac{E_1}{k}\left[\frac{b(r-k)}{k-g}\right]
$$

따라서 (식 7.19)에서 기술하였던 성장기회를 고려한 경우의 이익평가모형을 다음과 같이 나타낼 수 있게 된다. 이 모형에서 앞 부분(E_1/k)은 성장기회가 없는 경우, 즉 주당이익을 모두 배당하여 재투자하지 않는 경우의 현재가치이며, 뒷 부분은 이익의 일부를 사내에 유보시켜 요구수익률(k)을 상회하는 재투자수익률(r)이 가져오는 성장기회의 현재가치를 나타낸다.

$$
\begin{aligned}
P_0 &= \frac{E_1}{k} + \frac{E_1}{k}\left[\frac{b(r-k)}{k-b\cdot r}\right] \\
&= \frac{E_1}{k}\left[1 + \frac{b(r-k)}{k-b\cdot r}\right]
\end{aligned} \qquad \text{(식 7.20)}
$$

C기업의 내년도 주당이익(E_1)은 3,000원으로 예상하고 있으며, 재투자수익률은 20%이고 투자자들의 요구수익률은 15%이다. C기업이 이익의 25%를 사내에 유보한다고 할 때, 주식의 가치는 얼마가 되어야 하는가?

$$
\begin{aligned}
P_0 &= \frac{E_1}{k}\left[1 + \frac{b(r-k)}{k-b\cdot r}\right] \\
&= \frac{3{,}000}{0.15}\left[1 + \frac{0.25(0.20-0.15)}{0.15-(0.25\times 0.20)}\right] = 22{,}500\text{원}
\end{aligned}
$$

지금까지 배당평가모형과 이익평가모형을 중심으로 현금흐름할인모형에 대해서 살펴보았다. 현금흐름할인모형은 이외에도 잉여현금흐름(free cash flow; FCF), 경제적 부가가치(economic value added; EVA) 등 미래 현금흐름이 무엇인지에 따라 다양한 모형들이 사용되고 있다.

7.4 상대가치평가모형

앞에서 살펴본 현금흐름할인모형은 주식가치 평가에 있어서 근간이 되지만, 미래 현금흐름 예측과 적정한 할인율을 추정하는 과정이 주관적이고 오류를 수반할 수 있다는 한계를 가지고 있다. 이러한 한계를 극복하는 방법으로 실무에서는 PER, PBR, PSR 등의 주가배수를 이용한 주식평가모형이 널리 활용된다.

1. PER평가모형

투자지표로 널리 이용되고 있는 주가수익비율(price earnings ratio; PER)은 주당순이익(earnings per share; EPS)의 몇 배가 주가로 나타나는가를 의미한다. 즉, PER는 기업이 벌어들인 이익 한 단위에 대하여 투자자들이 지불하는 대가를 말하는 것이며, 기업들 마다 PER가 다르게 나타나는 이유는 각 기업이 가지는 수익력의 질(earning quality)적 차이가 반영되기 때문이다.

$$PER = \frac{Price}{EPS}$$

PER를 이용하여 주식의 이론가격을 산출하는 방법은 다음과 같이 정상적인 PER(normal PER)를 구하여 EPS를 곱하면 된다.

$$P_n = PER^* \times EPS_n \qquad \text{(식 7.21)}$$

여기서, PER^* : 정상적인 PER
EPS_n : n시점의 주당순이익

따라서 PER 평가모형에서는 정상적 PER를 구하는 것이 핵심이 되는데, 정상적인 PER를 추정하는 것은 쉽지 않다. 정상적인 PER를 추정하는 방법들은 다음과 같다.

1) 동류위험 기업의 평균 PER를 이용하는 방법

PER는 기업의 수익력을 질적인 측면에서 나타내는 것으로 위험수준이 비슷한 기업들의 PER는 대략 비슷할 것으로 유추할 수 있다. 따라서 이 방법은 영업성격과 위험이 비슷한 기업들의 평균 PER를 정상적인 PER로 사용하는 것이다.

2) 산업평균 PER를 이용하는 방법

영업성격과 위험이 비슷한 주식을 실제로 찾는 것은 쉽지 않아서 산업평균 PER를 이용한다. 산업평균 PER를 이용하는 방법은 동종산업에 속하는 기업들의 평균 PER를 구하여, 이를 정상적 PER로 사용하는 것이다.

3) 과거의 평균 PER를 이용하는 방법

이 방법은 과거 일정 기간 동안 PER의 평균을 이용하는 방법으로 대략 5~10년간의 자료를 이용하여 산출하는데, 해당 기업이 평균적으로 그 정도의 PER수준을 유지한다고 보는 것이다. 즉, 어떤 기업의 과거 10년간 PER의 평균이 5배가 나왔다면, 이 기업의 정상적인 PER로 5를 사용하는 것이다.

4) 배당평가모형을 이용하는 방법

배당평가모형의 항상성장모형을 이용하여 정상적인 PER를 산출할 수 있다. 항상성장모형에서 주가는 다음과 같이 구할 수 있다.

$$P_0 = \frac{D_0(1+g)}{k-g} = \frac{EPS_0(1+g)(1-b)}{k-g} = \frac{EPS_1(1-b)}{k-g}$$

PER는 주식가격을 주당순이익으로 나눈 것이므로 다음과 같이 정상적인 PER를 구할 수 있다.[9)]

---

9) 주가는 미래에 대한 예상을 반영한 것이므로 본문에서처럼 예상주당순이익(EPS_1)을 사용하는 것이 논리적이다. 하지만 편의상 EPS_0를 사용하기도 하는데, 이때는 다음과 같이 나타낼 수 있다.

$$PER^* = \frac{P_0}{EPS_0} = \frac{(1+g)(1-b)}{k-g}$$

$$PER^* = \frac{P_0}{EPS_1} = \frac{EPS_1(1-b)}{k-g} \div EPS_1 \qquad \text{(식 7.22)}$$
$$= \frac{1-b}{k-g}$$

예를 들어, 어떤 기업의 요구수익률이 15%이고 유보율은 40%이며, 이익과 배당 성장률이 5%로 일정하다고 한다면, 정상적인 PER는 다음과 같이 산출된다.

$$normal\ PER = \frac{1-0.4}{0.15-0.05} = 6.0\text{배}$$

D기업의 과거 10년간 PER의 평균은 9배이며, 동종산업 업체들의 평균 PER는 11배이다. 그리고 D기업의 현재주가는 20,000원이고 주당순이익은 2,000원이라고 한다. 이 기업은 매년 10%의 성장을 계속하고 50%의 배당성향을 유지할 것으로 전망되며, 투자자들의 요구수익률은 15%라고 한다. 이러한 상황에서 D기업의 내년도 주가를 얼마로 예측할 수 있는가?

$$\text{현재의 } PER = \frac{P_0}{EPS_0} = \frac{20{,}000}{2{,}000} = 10\text{배}$$
$$\text{내년도 예상주당이익} = EPS_0 \times (1+g)$$
$$= 2{,}000 \times (1+0.1) = 2{,}200\text{원}$$

① 과거의 평균 PER을 이용하는 경우

$$P_1 = PER^* \times EPS_1 = 9 \times 2{,}200 = 19{,}800\text{원}$$

② 산업평균 PER을 이용하는 경우

$$P_1 = PER^* \times EPS_1 = 11 \times 2{,}200 = 24{,}200\text{원}$$

③ 배당평가모형을 이용하는 경우

$$PER^* = \frac{1-0.5}{0.15-0.1} = 10\text{배}$$
$$P_1 = PER^* \times EPS_1 = 10 \times 2{,}200 = 22{,}000\text{원}$$

■ PEGR과 상대적 PER평가

PER가 높다는 것은 그 기업의 성장성이 주가에 높게 반영되고 있다는 의미이다. 마찬가지로 PER가 낮다면 그 기업의 성장성이 낮을 것이라는 인식이 주가에 반영되어 있다고 보는 것이 타당하다. 따라서 PER는 성장성의 지표이지 주가의 지표는 아니라고 할 수 있다. 즉, PER가 낮다고 해서 향후 주가전망이 좋다고 하는 것은 피상적인 발상이라는 것이다.[10] 성장성이 높은 업종의 주식들은 대부분 PER가 높고 성장성이 낮은 업종의 주식들은 PER가 낮게 나타나는 것이 일반적인 현상이다. 그러므로 PER를 이용할 경우는 해당 기업의 성장성에 비해서 주가가 높게 혹은 낮게 평가되었는지를 판단해야 할 것이다.

$$PEGR = \frac{PER}{\text{기대성장률}}$$

이러한 필요성에 따라 특정 주식의 PER가 그 기업의 성장성에 비해 높고 낮음을 판단하기 위해 고안된 지표가 PEGR(PER to growth rate)이다. PEGR이 낮다면 그 기업의 이익성장성에 비해 PER가 낮은 것이므로 향후 주가상승으로 이어질 가능성이 높다고 해석할 수 있다. 그런데 기대성장률은 여러 가지 분석을 통하여 미래의 성장률을 추정하여야 하기 때문에, 과거 몇 년간의 EPS를 이용하여 연평균 EPS성장률로 대신 사용할 수도 있다.

한편, 상대적 PER평가(relative PER valuation)는 개별증권의 PER와 증시전체의 PER나 산업평균의 PER를 비교하거나 과거와 현재의 PER를 비교함으로써 상대적 주가수준을 평가하는 방법이다.

2. PBR평가모형

주가순자산비율(price book-value ratio; PBR)은 주가를 주당장부가치(book-value per share; BPS)로 나눈 값이다.

$$PBR = \frac{Price}{BPS}$$

기업의 실질가치가 정확히 반영되어 있다면 PBR은 정확히 1이 되어야 한다. 하지만 대부분 기업들이 시장가격인 주가와 장부가치는 다른 것이 일반적이다. 그리고 PBR을 이용한 주식의 이론가격을 산출하는 방법은 다음과 같이 PER평가모형과 마찬가지로 정상적인 PBR(normal PBR)을 구하고 BPS를 곱하여 산출한다.

---

10) 저PER현상을 말하는 것으로 저PER주는 주가가 기업의 수익력에 비해 낮게 평가되어 있어서 향후에 주가상승을 기대할 수 있다는 생각으로 제9장 CAPM과 시장효율성에서 다룬다.

$$P_n = PBR^* \times BPS_n \qquad \text{(식 7.23)}$$

여기서, PBR^* : 정상적인 PBR
BPS_n : n시점의 주당장부가치

정상적인 PBR은 앞서 설명한 배당평가모형을 이용하여 이론주가를 산출하고 주당장부가치(BPS)로 나누어 주면 구할 수 있으며, 이는 다시 자기자본이익률(ROE)과 PER의 곱으로 나타낼 수 있다.[11)]

$$PBR^* = \frac{P_0}{BPS_0} = \frac{EPS_0}{BPS_0} \times \frac{P_0}{EPS_0} = ROE \times PER \qquad \text{(식 7.24)}$$

한편 PBR은 장부가치대 시장가치비율(book-to-market ratio)이므로 시장가치(MV)와 장부가치(BV)로 나누어 계산할 수도 있으므로 다음과 같이 나타낼 수 있다.

$$PBR^* = \frac{MV}{BV} = \frac{P_0 \times N}{BV} = \frac{\frac{EPS_0 \times (1+g)(1-b)}{k-g} \times N}{BV} \qquad \text{(식 7.25)}$$
$$= \frac{\frac{BV \times ROE \times (1+g)(1-b)}{k-g}}{BV}$$
$$= \frac{ROE \times (1+g)(1-b)}{k-g}$$

PBR과 PER의 차이점은 PER가 수익가치에 대비한 상대적 주가수준을 나타내는 지표인 반면에 PBR은 상대적 주가수준을 자산가치에 대비하여 나타낸다는 것이다.

$$PBR = \frac{\text{자기자본의 시장가치}}{\text{자기자본의 장부가치}} \qquad \text{(식 7.26)}$$
$$= \frac{\text{당기순이익}}{\text{자기자본의 장부가치}} \times \frac{\text{자기자본의 시장가치}}{\text{당기순이익}} = ROE \times PER$$
$$= \frac{\text{당기순이익}}{\text{매출액}} \times \frac{\text{매출액}}{\text{총자산}} \times \frac{\text{총자산}}{\text{자기자본의 장부가치}} \times \frac{\text{자기자본의 시장가치}}{\text{당기순이익}}$$
$$= \text{매출액순이익률} \times \text{총자산회전율} \times \text{자기자본비율의 역수} \times PER$$

이와 같이, PBR의 구성요소를 보면 자기자본순이익률(ROE)과 주가수익비율(PER)의 곱, 그리고 매출액순이익률(ROS), 총자산회전율, 자기자본비율의 역수(1+부채비율), PER

11) 이때의 PER는 EPS_0를 기준으로 구했으므로, 다음과 같이 나타낼 수 있다.

$$PBR^* = \frac{ROE_0\,(1+g)(1-b)}{k-g} = \frac{ROE_1\,(1-b)}{k-g} = \frac{ROE_1 - g}{k-g}$$

의 곱으로 구성되어 있음을 알 수 있다. 따라서 PBR은 기업의 수익성, 활동성, 레버리지, 그리고 수익력의 질적인 측면이 반영된 지표라는 것을 확인할 수 있다.

■ PBR에 의한 투자판단

ROE가 PBR수준에 미치는 영향이 크며, 다음 그림과 같이 ROE와 PBR의 관계를 통해서 주식의 고평가 또는 저평가 여부를 판단할 수 있다. 즉, 수익성이 높은데 PBR이 낮은 고ROE · 저PBR주식은 저평가된 것으로 볼 수 있고, 수익성은 낮은데 PBR이 높은 저ROE · 고PBR주식은 고평가된 것으로 판단할 수 있다.

	저PBR	고PBR
고ROE	저 평 가	
저ROE		고 평 가

3. PSR평가모형

주가매출액비율(price sales ratio; PSR)은 주가를 주당매출액(sales per share; SPS)으로 나누어 계산한다. PER와 PBR이 기업의 수익가치와 자산가치를 근거로 상대적 주가수준을 나타내는 반면, PSR은 기업의 외형을 나타내는 매출액을 기반으로 상대적 주가수준을 보여주는 지표이다.

$$PSR = \frac{Price}{SPS}$$

당해 연도에 수익이 나지 않아 순이익이 음(−)인 경우와 자산가치가 너무 작은 경우는 PER나 PBR모형을 적용하는데 어려움이 따른다. 하지만 기업 영업활동의 결과인 매출액을 기준으로 하는 PSR은 PER와 PBR모형의 약점을 보완해 줄 수 있다. PSR을 이용하여 주식의 이론가격을 산출하는 방법은 PER와 PBR평가모형에서와 동일하게 정상적인 PSR(normal PSR)을 구하여 주당매출액(SPS)를 곱하여 산출한다.

$$P_n = PSR^* \times SPS_n \qquad \text{(식 7.27)}$$

여기서, PSR^* : 정상적인 PSR
SPS_n : n시점의 주당매출액

주당순이익은 주당매출액과 매출액순이익률의 곱이므로, 앞에서 살펴보았던 배당평가모형의 항상성장모형은 다음과 같이 나타낼 수 있다.

$$P_0 = \frac{EPS_0(1+g)(1-b)}{k-g} = \frac{SPS \times ROS \times (1+g)(1-b)}{k-g} \qquad (식\ 7.28)$$

따라서 정상적인 PSR은 배당평가모형에서 구한 이론주가를 SPS로 나누어 주면 다음과 같이 구할 수 있다.

$$PSR^* = \frac{ROS \times (1+g)(1-b)}{k-g} \qquad (식\ 7.29)$$

■ PSR에 의한 투자판단

PSR은 매출액순이익률(ROS)에 크게 영향을 받으며, 다음 그림과 같이 ROS와 PSR의 관계를 통해서 주식의 고평가 또는 저평가 여부를 판단할 수 있다. 즉, 마진(margin)이 높고 PSR이 낮은 고ROS · 저PSR주식은 저평가 되어 있으며, 마진은 낮고 PSR이 높은 저ROS · 고PSR주식은 상대적으로 고평가된 것으로 판단할 수 있다.

	저PSR	고PSR
고ROS	저 평 가	
저ROS		고 평 가

4. EV/EBITDA평가모형

EV/EBITDA비율은 전체 기업가치(enterprise value)를 EBITDA(earnings before interest, tax, depreciation and amortization)로 나눈 것이다.

$$\frac{EV}{EBITDA} = \frac{기업가치}{이자 \cdot 세금 \cdot 감가상각비\ 차감전\ 이익} \qquad (식\ 7.30)$$

이때 EV는 주주가치와 채권자가치의 합으로 주식의 시가총액에 순차입금(이자지급부채 – 현금 및 유가증권)을 더하여 구할 수 있으며, EBITDA는 이자와 법인세비용, 유·무형자산의 감가상각비 차감전 이익으로 세전영업이익(EBIT)에 비현금비용을 합한 세전영업현금흐름을 의미한다.

따라서 EV/EBITDA비율은 현금흐름의 크기를 감안할 경우 기업가치가 상대적으로 어느 정도인지를 보여주며, 유사기업의 EV/EBITDA를 산출하고, 이를 공모기업의 EBITDA와 비교하여 공모기업의 시장가치를 추정할 수 있다. 공모기업의 시장가치를 추정하는 절차는 다음과 같다.

① 유사기업의 EV/EBITDA × 공모기업의 EBITDA
➡ 공모기업의 EV 추정
② 공모기업의 EV – 부채가치
➡ 예상시가총액 추정
③ 예상시가총액 ÷ 공모후 발행주식수
➡ 주당가치 추정

EV/EBITDA비율에 의한 가치평가는 당기순이익을 기준으로 하는 것이 아니라 기업의 자본구조를 감안한 평가방법이라는 점에 유용성이 있다. 또한 추정방법이 단순하며, 기업 간 비교가능성이 높아서 공시정보로써의 유용성도 크다고 할 수 있다.

7.5 주식평가모형과 할인율

1. 가치평가와 할인율

주가는 주식을 보유함으로써 얻게 되는 미래의 현금흐름을 적절한 할인율로 할인하는 것이라고 설명한 바 있다. 그렇다면 할인율이란 무엇일까? 결론부터 말하면 할인율은 자본비용(cost of capital)을 의미한다. 이때 자본비용은 기업이 자본을 사용하는 대가로 자본제공자들에게 지급하게 되는 비용으로 볼 수 있다.

달리 말하면, 투자자들은 누군가에게 자금을 빌려줄 때 일정한 대가를 요구할 수 있다. 은행에 예금할 때는 예금이자를 요구할 것이고, 채권을 구입할 때는 채권으로부터 벌어들이는 이자수익, 그리고 주식을 구입하게 되면 배당금과 매매차익을 기대할 것이다.

이처럼 투자한 금액에 일정한 프리미엄을 붙여 수익을 요구할 수 있게 되는데, 바로 이러한 수익률을 요구수익률이라고 하고, 위에서 언급한 할인율과 같은 개념이다.

투자자 을은 현재가격(P_0)이 10만원인 주식을 구입하려고 한다. 이 투자자는 최소한 1년 동안 10%의 수익률을 요구하며, 이 주식은 아무런 배당이 지급되지 않아 배당소득은 기대할 수 없고 자본이득만을 기대한다고 한다. 그렇다면 투자자가 10%의 수익을 올릴 수 있기 위해서는 이 주식을 1년 후에 11만원에 매각할 수 있어야 한다. 왜 그런가?

1년 후에는 원래의 주식가격 10만원과 함께 요구수익률 10%에 해당하는 1만원을 더 받아야 이 투자자가 기대한 대로 투자소득을 올릴 수가 있기 때문이다.

$$P_1 = 100{,}000 \times (1+0.1) = 110{,}000\text{원}$$

역으로 1년 후 주식가격이 11만원이고 투자자 을이 요구하는 수익률이 10%라고 할 때, 이 투자자는 현재 이 주식을 10만원에 매입하려고 할 것이다.

$$P_0 = \frac{110{,}000}{1+0.1} = 100{,}000\text{원}$$

여기서 10%는 투자자 을의 요구수익률인 동시에 이 주식가격을 적절하게 결정하게 해주는 할인율이 된다. 만일 할인율이 9%라고 한다면 주식가격은 100,917원으로 높아지게 된다.

$$P_0 = \frac{110{,}000}{1+0.09} = 100{,}917\text{원}$$

10%의 수익률을 요구하는 투자자 을은 100,000원을 적정주가로 생각하고 있는데, 100,917원은 비싸다고 판단하여 주식을 매입하지 않을 것이다. 그리고 할인율이 11%라고 한다면 주식가격은 99,099원으로 낮아진다.

$$P_0 = \frac{110{,}000}{1+0.11} = 99{,}099\text{원}$$

이때 투자자 을은 자신이 생각한 적정수준(10%)보다 더 높은 수익을 기대할 수 있으므로 이 주식을 매입할 것이다.

2. 할인율의 추정방법

앞에서 살펴본 주식의 가치평가에서는 모든 상황을 알 수 있다고 가정하고 설명하였다. 즉, 미래에 배분될 배당금이라든가, 시장수익률, 그리고 성장률 등을 현재시점에서 미리 알 수 있다고 가정한 것이다. 그러나 현실 주식시장에서 이렇게 확실성의 세계를 가정한다는 것은 무리가 있다. 예컨대, 주식의 경우는 물론이거니와 은행의 정기예금과 같이 1년 후의 수익을 확실히 알 수 있는 경우라 할지라도, 물가상승률의 변동 등을 고려한다면 실질적으로 얻는 수익을 정확하게 예측하기가 어려운 것이다.

보통 주식을 평가할 때 사용하는 할인율은 자기자본비용(cost of equity)이라고 하는데, 이는 주주들이 자신들이 투자한 보통주에 대해 요구하는 수익률이다. 부채에 대한 이자율이 명시되어 있는 타인자본과는 달리 자기자본비용은 자본비용이 명시되어 있지 않기 때문에 측정하기가 쉽지 않다. 따라서 자기자본비용은 자본자산가격결정모형(CAPM)이나 배당성장모형을 이용하여 추정하는 것이 일반적이다.[12)]

1) CAPM을 이용한 추정방법

자기자본비용은 주주들이 투자한 주식에 대하여 요구하는 기대수익률이라고 볼 수 있다. CAPM에 의하면 보통주에 대해 투자자들이 요구하는 수익률 $E(R_i)$는 (식 7.31)과 같이 나타낼 수 있다. 이는 주식의 기대수익률이 아무런 위험이 없는 증권에 투자하였을 때 얻을 수 있는 수익률, 즉 무위험수익률에 각 주식이 내포하는 고유한 위험을 반영한 위험프리미엄을 합쳐서 결정된다는 것이다.

$$E(R_i) = R_f + [E(R_m) - R_f] \times \beta_i = k \qquad \text{(식 7.31)}$$

위와 같이 기대수익률을 할인율로 이용할 경우, 할인율은 무위험수익률(R_f)과 시장위험프리미엄($E(R_m) - R_f$), 그리고 개별주식의 체계적 위험(β_i)으로 구성되어 있음을 알 수 있다.

CAPM을 이용한 측정방법은 위험을 명시적으로 고려하며, 모든 공개기업에 이용 가능하다는 이점을 들 수 있다. 그리고 배당이 일정하게 성장하는 기업이 아닌 경우에도 적용 가능하다는 장점이 있다. 반면에 CAPM을 이용하기 위해서는 시장위험프리미엄과 베타계수를 추정하여야 하는데, 만약 추정이 불완전하면 그에 따라 산출된 자본비용이 부정확할 수 있다.

---

12) 자본자산가격결정모형에 대해서는 제9장에서 자세히 다룰 것이다.

2) 배당성장모형을 이용한 추정방법

우리는 앞에서 주식의 가치는 주식으로부터 발생하는 현금흐름을 그 주식에 대한 할인율로 할인한 금액이라고 설명하였다. 따라서 할인율을 배당성장모형(dividends growth model)을 이용하면 보다 쉽게 구할 수 있다. 성장에 필요로 되는 재원은 내부자금으로만 조달되고 배당(D)이 g%의 비율로 성장한다고 할 때, 주식의 가격(P_0)은 다음과 같다.

$$P_0 = \frac{D_1}{k - g}$$

위의 식을 k 에 대해 정리하면 다음과 같이 나타낼 수 있다.

$$k = \frac{D_1}{P_0} + g \qquad \text{(식 7.32)}$$

따라서 자기자본비용은 배당수익률(dividend yield) D_1/P_0과 성장률 또는 자본이득률(capital gains yield)의 합으로 구성된다는 것을 알 수 있다.

배당성장모형을 이용하는 방법의 장점으로는 이용이 간편하다는 것과 비공개기업의 경우에도 이용 가능하다는 점을 들 수 있다. 반면에 배당성장모형을 이용하는 방법의 단점으로는 배당을 지급하는 기업, 그 중에서도 배당이 일정하게 성장하는 기업에만 적용가능하다는 것과 자기자본비용이 추정된 성장률의 변화에 매우 민감하게 반응하는 단점이 있다.

핵심정리

- 화폐의 시간적 가치는 시간의 흐름에 따라 동일한 금액이라 하더라도 미래의 현금흐름보다는 현재의 현금흐름이 가치가 더 크다는 것이다.
- 투자자들이 주식에 투자하는 이유는 주식을 보유함으로써 어느 정도 소득을 기대하기 때문이다. 이러한 소득은 크게 배당소득과 시세차익, 즉 자본이득으로 나누어진다.
- 주식평가모형은 크게 현금흐름할인모형과 주가배수를 이용한 상대가치평가모형으로 구분할 수 있다.
- 현금흐름할인모형은 미래의 현금흐름을 위험이 반영된 할인율로 할인한 현재가치를 구하는 것이며, 미래 현금흐름이 무엇인가에 따라 배당평가모형과 이익평가모형 등으로 구분된다.
- 미래 현금흐름의 예측과 적정한 할인율을 추정하는 과정이 주관적이고 오류를 수반할 수 있다는 현금흐름할인모형의 한계를 극복하는 방법으로 PER, PBR, PSR 등의 주가배수를 이용하는 상대가치평가모형이 있다.
- 투자지표로써 널리 이용되고 있는 주가수익비율은 주당순이익의 몇 배가 주가로 나타나는가를 의미한다. 즉, PER는 기업이 벌어들인 이익 한 단위에 대하여 투자자들이 지불하는 대가를 말하는 것이며, 기업들 마다 PER가 다르게 나타나는 이유는 각 기업이 가지는 수익력의 질적인 차이가 반영되기 때문이다.
- PBR과 PER의 차이점은 PER가 수익가치에 대비한 상대적 주가수준을 나타내는 지표인 반면에 PBR은 상대적 주가수준을 자산가치에 대비하여 나타낸다는 것이다.
- 수익이 나지 않아 이익이 음(-)인 경우와 자산가치가 너무 작은 경우는 PER나 PBR모형을 적용하는데 어려움이 따른다. 하지만 기업 영업활동의 결과인 매출액을 기준으로 하는 PSR은 PER와 PBR모형의 약점을 보완해 줄 수 있다.
- EV/EBITDA비율은 현금흐름의 크기를 감안할 경우 기업가치가 상대적으로 어느 정도인지를 보여주며, 유사기업의 EV/EBITDA를 산출하고, 이를 공모기업의 EBITDA와 비교하여 공모기업의 시장가치를 추정할 수 있다.
- 할인율은 자본비용을 의미하는데, 이때 자본비용은 기업이 자본을 사용하는 대가로 자본제공자들에게 지급하게 되는 비용으로 볼 수 있다. 또한 투자자들이 투자한 자본에 대하여 요구하는 요구수익률 또는 기대수익률과도 같은 개념으로 이해할 수 있다.

연습문제

1. 연 8%의 이자율로 반년마다 복리로 계산할 경우, 10년 후 1,000만원의 현재가치는 얼마인가?

2. 연간 이자율이 8%일 때, 매년 말 200만원씩 영구히 지급되는 연금의 현재가치는 얼마인가?

3. 항상성장모형에 포함된 가정으로 틀린 것을 고르시오?
① 필요자금은 내부자금으로만 조달한다.
② 재투자수익률이 일정하다.
③ 기업의 이익이 일정하게 성장한다.
④ 성장률이 요구수익률보다 크다.

4. 대림기업의 내년 배당금은 5,000원으로 예상되며, 이 회사는 매년 8%의 성장을 지속할 것으로 기대된다. 당신의 요구수익률이 12%라고 한다면, 이 회사의 주식에 대해 얼마까지 지급할 용의가 있는가?

5. 중앙산업은 올해 주당 1,000원의 배당을 실시하였다. 이 기업은 자기자본이익률이 10%이고 이익의 40%를 배당으로 지급한다. 요구수익률이 12%라고 할 때, 이 기업의 주식가치는 얼마인가?

6. 서울기업의 내년도 주당이익이 3,000원으로 예상된다. 이 기업의 ROE가 20%이고 요구수익률이 15%이며, 배당성향이 40%일 때 주식의 가치는 얼마인가? 배당평가모형과 이익평가모형으로 풀어보시오.

7. 고려산업의 현재 주가는 18,000원이고 올해 주당이익이 3,000원이다. 이 기업의 성장률이 10%이고 유보율이 60%, 그리고 요구수익률이 15%라고 할 때 내년도 예상주가는 얼마인가?

8. 항상성장모형을 이용하여 정상적인 PER(normal PER)를 추정하는 경우, 결정요인이 아닌 것은?
① 배당성향　② 이익성장률　③ 부채비율　④ 요구수익률

9. 현재 주가 20,000원, 주당이익 2,000원, ROE 25%, 유보율 40%, 그리고 요구수익률 16%일 때, 정상적인 PER(normal PER)를 구하시오.

10. ROE와 PER의 곱으로 표현할 수 있는 투자지표는 무엇인가?

제 8 장

포트폴리오이론

제1장 투자의 기초에서 설명하였듯이 투자란 보다 많은 부를 기대하면서 현재의 소비를 줄여 미래에 더 많은 소득을 가져다 줄 수 있는 대상을 찾아 돈을 맡기는 것이다. 즉, 불확실하지만 미래에 보다 많은 이득을 얻기 위하여 현재의 확실한 소비를 희생시키는 행위를 말한다.

현재 1억원을 가지고 있다면 어디에 투자할 것인가? 사람들은 저마다 각기 다른 생각을 하지만 나름대로의 기준은 가지고 있을 것이다. 그 기준은 앞에서 설명한 투자의 속성인 시간흐름에 따른 기다림에 대한 보상과 불확실성에 대한 보상을 기본으로 해야 할 것이다.

이번 장에서는 현대투자이론의 기본이 되는 위험과 수익률의 관계와 효용이론 및 위험에 대한 태도, 그리고 포트폴리오이론에 대하여 살펴볼 것이다.

8.1 기대수익률과 위험

투자의 목적은 앞에서 언급한 바와 같이 현재의 확실한 소비를 희생하여 미래의 불확실한 이득을 얻고자 하는 것이다. 이는 투자를 통해서 미래 소득을 얻기 위해서는 시간적인 부담과 원래 기대했던 만큼의 금액을 받지 못할 수도 있는 불확실성을 부담해야 한다는 의미를 내포하고 있다. 시간적인 부담과 그에 대한 보상에 대해서는 화폐의 시간적 가치(제7장 1절)에서 살펴보았고, 이번에는 불확실성을 어느 정도 감수해야 하는지 알아보기 위해 위험 또는 불확실성하에서의 투자수익이 어떻게 결정되는지를 살펴볼 것이다.

1. 확실성하의 투자수익

투자로 인해서 현재의 부(wealth)보다 늘어난 부의 크기를 투자수익이라 한다. 즉, 100만원을 투자해서 110만원 받게 되는 경우 10만원이 투자수익이 되는 셈이다. 이러한 투자수익은 높을수록 좋은 것이어서, 여러 투자안 중에서 가장 높은 수익을 가져다주는 투자안을 택하는 것이 현명한 선택이다.

예를 들어, 투자자 갑이 다음과 같은 투자안 A와 B를 고려하고 있다고 하자. 투자안 A는 2백만원을 투자하고 투자안 B는 3백만원을 투자하여 매년 아래와 같은 수익을 가져다준다고 하자. 각 투자안은 수익을 확실히 보장하므로 투자자 갑은 투자에 대해서 시간적 부담(할인율 10%)만을 갖는다고 할 때 보다 유리한 투자안이 어느 것인지 평가해보자.

표 8.1 투자안 A와 B의 현금흐름

(단위 : 만원)

년	투자안 A	투자안 B
0	− 200	− 300
1	100	150
2	120	150
3	140	150

투자안 A의 투자수익

$$\text{투자수익}(A) = \frac{100}{(1+0.1)} + \frac{120}{(1+0.1)^2} + \frac{140}{(1+0.1)^3} - 200$$

$$= 91 + 99 + 105 - 200 = 95\text{만원}$$

투자안 B의 기대수익

$$\text{투자수익}(B) = \frac{150}{(1+0.1)} + \frac{150}{(1+0.1)^2} + \frac{150}{(1+0.1)^3} - 300$$

$$= 136 + 124 + 113 - 300 = 73\text{만원}$$

화폐의 시간가치를 고려할 때 투자안 A를 선택하는 것이 더 유리함을 알 수 있다. 즉, 수익이 확실하게 보장되는 상황에서는 시간적인 부담만을 고려하여 투자수익이 가장 높은 투자안을 선택하는 것이 현명하다.

2. 불확실성하의 기대수익과 위험

앞에서 우리는 수익이 확실하게 보장되는 투자안을 평가하는 방법을 살펴보았는데, 현실에서는 이러한 투자안은 별로 존재하지 않는다. 실제로 대부분의 투자안은 미래수익이 불확실하다. 수익이 불확실하다는 것은 투자할 당시에 기대했던 수익과 동일한 수익을 얻을 가능성이 100% 미만이라는 것이고, 우리는 이러한 투자를 위험하다고 한다. 일반적으로 위험이라고 하면 직관적으로 기대하지 않았거나 바람직하지 않은 것을 연상한다. 그러나 위험이란 결과적으로 발생하는 수익의 모든 변동가능성이라고 정의할 수 있다.

이러한 정의는 일반적인 관점에서는 이상하게 생각될 것이다. 예를 들어, 사람들은 포커게임에서 이기는 것은 위험이라고 생각하지 않고, 단지 지는 경우만을 위험이라고 생각한다. 그러나 자본시장에서는 지는 경우뿐만 아니라 이기는 경우에도 변동을 가져오게 되므로 위험하다고 말하는 것이 의미가 있다. 왜냐하면 모든 거래에서는 두 명의 거래당사자가 있고, 이들 양자는 서로 상반되는 견해를 가지고 있기 때문이다.

위험 상황은 미래에 발생 가능한 상태에 대해서 예측할 수 있으며, 객관적 확률분포를 알 수 있는 상황을 의미한다. 객관적 확률은 동전을 던졌을 때 앞면이 나올 확률이 1/2이라는 것과 같은 선험적인 확률, 또는 인구사망률 같은 경험적 확률을 말한다.

반면에 불확실성 상황은 미래에 발생할 상태에 대한 객관적 확률분포가 알려지지 않은 상황을 말한다. 이때에는 미래에 발생할 사건의 확률을 주관적으로 추정하게 된다. 실제 투자는 위험이나 불확실성 상황하에서 이루어지게 되고, 우리는 이 책에서 위험과 불확실성을 구분하지 않고 사용할 것이다. 지금부터 기대수익률과 위험에 대하여 알아보자.

1) 개별주식의 기대수익(률)

기대수익률(expected rate of return)은 투자안을 통하여 미래에 얻을 것으로 예상되는 수익률의 평균을 말하며, 미래에 발생 가능한 수익률에 발생확률을 곱하여 산출한다.

$$E(R) = R_1 \cdot P_1 + R_2 \cdot P_2 + R_3 \cdot P_3 + \cdots\cdots + R_n \cdot P_n \qquad \text{(식 8.1)}$$

$$= \sum_{i=1}^{n} R_i \cdot P_i$$

여기서, $E(R)$: 기대수익(률)

R_i : 상황 i 에서 발생 가능한 수익(률)

P_i : R_i 가 발생할 확률

예를 들어, 동일한 투자금액을 갖는 다음과 같은 두 개의 투자안에 대한 기대수익을 구해보자.

표 8.2 투자안 A와 B에 대한 1년 후 예상현금흐름

(단위 : 만원)

경기상황	확률	투자안 A	투자안 B
호황	1/3	200	230
정상	1/3	180	170
불황	1/3	130	110

위 표에서 경기가 호황일 경우 투자안 A는 200만원의 수익을 올릴 수 있지만 확률이 1/3이므로 투자안 A를 통해 200만원의 수익을 올릴 가능성은 1/3이라는 것이다. 마찬가지로 경기가 정상일 경우에는 180만원의 수익을, 불황일 경우에는 130만원의 수익을 올릴 가능성이 각각 1/3이라는 것이다.

이러한 사실을 고려해볼 때, 투자안 A와 B를 통해서 1년 후에 기대할 수 있는 수익은 다음과 같다.

투자안 A의 기대수익

$$E(R_A) = 200 \times \frac{1}{3} + 180 \times \frac{1}{3} + 130 \times \frac{1}{3} = 170\text{만원}$$

투자안 B의 기대수익

$$E(R_B) = 230 \times \frac{1}{3} + 170 \times \frac{1}{3} + 110 \times \frac{1}{3} = 170\text{만원}$$

위의 계산결과, 두 투자안 모두 기대수익이 170만원으로 동일하다. 그렇다면 두 투자안이 아무런 차이가 없다고 말할 수 있을까? 그렇지 않다. 왜냐하면, 투자자가 두 투자안으로부터 기대할 수 있는 수익률이 170만원이라는 것이지 실제로 170만원의 투자수익을 올릴 수 있는 것이 아니기 때문이다. 두 투자안 중 어느 것도 확실하게 170만원의 수익을 올릴 수 있는 것은 없다. 경기변동에 따라 수익의 내용이 각각 달라지기 때문이며, 바로 이런 경우를 투자안으로부터의 수익이 불확실하다고 하는 것이다. 즉, 경기가 호황이면 당연히 230만원의 투자수익을 올리는 B를 선택해야 하지만, 경기가 정상이거나 불황이라면 투자안 A가 보다 유리하기 때문에 A를 선택해야 하는 상황인 것이다.

2) 개별주식의 위험

앞서 우리는 위험(risk)을 수익의 모든 변동가능성이라고 정의한 바 있다. 따라서 위험이 크다는 것은 기대수익의 변동가능성이 크다는 의미이고, 위험이 작다는 것은 기대수익의 변동가능성이 작다는 것이다. 위험이 작을수록 좋은 투자안이기 때문에 기대수익의 변동가능성이 작은 것이 더 유리한 투자안이라고 할 수 있다.

위에서 투자안 A와 B는 둘 다 기대수익이 170만원으로 같지만, 경기상황에 따라 기대수익이 변동하는 정도는 아래와 같이 서로 다르다.

표 8.3 투자안 A와 B 기대수익의 변동정도

(단위 : 만원)

경기상황	투자안 A의 변동성	투자안 B의 변동성
호황	200 −170 = 30	230 −170 = 60
정상	180 −170 = 10	170 −170 = 0
불황	130 −170 = −40	110 −170 = −60

표를 통해서 알 수 있듯이 투자안 A가 B보다 기대수익의 변동성이 더 작은 것을 알 수 있다. 투자안 A의 경우는 변동정도가 30에서 −40이고 투자안 B는 변동정도가 60에서 −60으로 B가 변동폭이 더 크다. 따라서 투자안 A가 더 유리한 투자안이라고 말할 수 있다. 통계학에서는 변동정도, 즉 위험의 크기를 측정하는 방법으로 분산과 표준편차를 사용한다. 이는 수익률에 대한 확률분포의 분산 또는 표준편차를 의미한다.

$$\sigma^2 = E[R_i - E(R)]^2 = \Sigma\,[R_i - E(R)]^2 \times P_i \qquad \text{(식 8.2)}$$

$$\sigma = \sqrt{\sigma^2}$$

여기서, $E(R)$: 기대수익(률)

R_i : 실현수익(률)

P_i : 상황별 발생확률

위의 예를 통해서 투자안 A와 B의 분산과 표준편차를 계산하면 다음과 같다.

투자안 A의 분산과 표준편차

$$\sigma_A^2 = (200-170)^2 \times \tfrac{1}{3} + (180-170)^2 \times \tfrac{1}{3} + (130-170)^2 \times \tfrac{1}{3}$$
$$= \{30^2 + 10^2 + (-40)^2\} \times \tfrac{1}{3} = 866.67$$
$$\sigma_A = \sqrt{\sigma_A^2} = 29.44$$

투자안 B의 분산과 표준편차

$$\begin{aligned}\sigma_B^2 &= (230-170)^2 \times ⅓ + (170-170)^2 \times ⅓ + (110-170)^2 \times ⅓ \\ &= \{60^2 + 0^2 + (-60)^2\} \times ⅓ = 2{,}400 \\ \sigma_B &= \sqrt{\sigma_B^2} = 48.99\end{aligned}$$

위의 계산결과를 보듯이, 투자안 A가 B보다 위험이 더 작음을 알 수 있다. 따라서 현명한 투자자라면 투자안 A를 선택할 것이다.

지금까지 불확실성하의 투자안 평가를 설명하면서 앞에서 언급했던 시간적 부담은 고려대상에서 제외하고 단지 위험부담만을 고려하였다. 위의 예에서는 투자금액이 동일하고 현금흐름의 발생시점이 동일하다고 보았기 때문에 시간가치를 고려하지 않아도 문제가 되지 않았지만, 만일 두 투자안의 최초 투자금액이 서로 다르고 투자수익이 발생하는 시점이 서로 다르다면(예컨대 A는 연초에 B는 연말에) 시간가치까지 고려해야 한다.

8.2 효용이론과 위험에 대한 태도

우리는 앞에서 위험의 개념에 살펴보았다. 지금부터는 투자안을 선택하는데 있어서 기준이 무엇인지를 설명하기 위하여 효용(utility)[13]을 이용한 투자안 선택기준에 대하여 살펴볼 것이다.

투자자들은 일반적으로 동일한 기대수익이라면 위험이 작은 투자안을, 그리고 위험이 같다면 기대수익이 높은 투자안을 선호할 것이다. 따라서 투자결정 시 위험을 고려하여 보다 합리적으로 판단할 수 있는 기대효용 극대화기준에 대하여 살펴보고자 한다.

1. 기대효용의 극대화

투자의사결정의 기준으로 기대수익률 극대화를 생각할 수 있으나, 위험이 존재하는 상황에서는 기대수익률 극대화 기준은 제 역할을 다하지 못한다. 이것은 스위스 수학자 베르누이(Nikolaus Bernoulli)의 '세인트 피터스버그의 역설(St. Petersburg's paradox)'로 설명할 수 있다.

13) 효용은 사람들이 소비를 통하여 얻을 수 있는 만족도의 수치적 표현을 말한다.

그는 사람들에게 다음과 같은 게임을 제안하면서, 게임 참가비로 얼마의 금액을 지불할 것인가 하는 문제를 제기하였다.

게임내용 : 게임참가자는 앞면이 나올 때까지 동전던지기를 계속 시행할 수 있으며, 첫 번째 시행에서 앞면이 나오면 1원을 받고 두 번째 시행에서 앞면이 나오면 2원, 세 번째 시행에서 앞면이 나오면 4원을 받는다. 따라서 $n-1$ 번째까지 뒷면이 나오고 n번째 앞면이 나오면 2^{n-1}원의 상금을 받게 된다.

이 게임의 기대수익을 계산하기 위해서 다음과 같이 확률분포표를 작성할 수 있다.

표 8.4 동전던지기게임의 확률분포표

앞면이 처음 나오는 시행횟수	확률(P)	상금(W)	확률×상금
1	$(1/2)^1$	$1=2^0$	1/2
2	$(1/2)^2$	$2=2^1$	1/2
3	$(1/2)^3$	$4=2^2$	1/2
⋮	⋮	⋮	⋮
n	$(1/2)^n$	2^{n-1}	1/2

이 확률분포에서 이론적으로 시행횟수 n은 무한대(∞)까지 가능하므로 이 게임의 기대수익은 다음과 같다.

$$E(W) = \sum_{i=1}^{\infty} W_i \cdot P(W_i) = \frac{1}{2} + \frac{1}{2} + \frac{1}{2} + \cdots\cdots = \infty$$

따라서 사람들이 기대수익 극대화 기준에 의해서 행동한다면, 이 게임은 기대수익이 무한대이므로 이론상으로는 자신의 전재산을 걸고서라도 참여해야 한다. 하지만 현실적으로 사람들은 10원 이상의 돈을 걸려고 하지 않는다.

이러한 모순을 해결하기 위해서는 투자자들이 실제로 느끼는 만족도인 효용이라는 개념을 도입해야 한다. 즉, 기대수익 극대화 기준의 대안으로 현금흐름이 불확실한 경우에는 기대현금흐름과 위험을 동시에 고려하여 투자안으로부터 발생하는 기대효용을 극대화해야 한다. 위험을 반영시키려면 현금흐름의 크기를 변환하는 작업이 필요하며, 현금흐름의 크기에 따라 효용의 크기를 결정하는 함수를 효용함수(utility function)라고 한다.

기대효용(expected utility)은 위험 상황에서 투자안으로부터 얻게 되는 미래의 부 또는 현금흐름에 대한 효용의 기대값으로 다음과 같이 나타낼 수 있다.

$$E[U(W)] = U(W_1)P_1 + U(W_2)P_2 + \cdots\cdots + U(W_n)P_n \quad \text{(식 8.3)}$$
$$= \sum_{i=1}^{n} U(W_i)\,P_i$$

여기서, $U(W_i)$ = 부(W_i)의 효용
P_i = W_i가 발생할 확률

기대수익 극대화 기준은 투자의 수익성만을 고려한 것으로 위험을 고려하지 못하지만, 기대효용 극대화 기준은 투자의 수익성과 위험을 동시에 고려한 투자결정기준이 된다.

위의 세인트 피터스버그의 역설을 설명하기 위해서 크레이머(Gabriel Cramer)는 $U(W) = W^{1/2}$이라는 효용함수를 사용하였는데,[14] 이때의 기대효용을 구하면 다음과 같다.

표 8.5 크레이머의 기대효용

처음으로 앞면이 나온 시도 횟수	확률(P)	상금(W)	효용($U(W)$)	기대효용($P \cdot U(W)$)
1	$(1/2)^1$	$1=2^0$	1	$(1/2)^{2/2}$
2	$(1/2)^2$	$2=2^1$	$2^{1/2}$	$(1/2)^{3/2}$
3	$(1/2)^3$	$4=2^2$	$2^{2/2}$	$(1/2)^{4/2}$
⋮	⋮	⋮	⋮	⋮
n	$(1/2)^n$	2^{n-1}	$2^{(n-1)/2}$	$(1/2)^{(n+1)/2}$
⋮	⋮	⋮	⋮	⋮
∞	$(1/2)^\infty$	$2^{\infty-1}$	$2^{(\infty-1)/2}$	$(1/2)^{(\infty+1)/2}$

따라서 이 게임의 기대효용값은 다음과 같이 계산된다.

$$E[U(W)] = \left(\frac{1}{2}\right)^{2/2} + \left(\frac{1}{2}\right)^{3/2} + \left(\frac{1}{2}\right)^{4/2} + \cdots + \left(\frac{1}{2}\right)^{(n+1)/2}$$
$$+ \cdots + \left(\frac{1}{2}\right)^{(\infty+1)/2}$$
$$= \frac{1/2}{1-(1/2)^{1/2}} = 1.707$$

---

14) 이성적 투자자의 효용함수를 $U = U(W)$라고 하면, 이 함수는 다음 두 가지 조건은 만족해야 한다.
① 부가 증가할수록 효용도 증가한다.(불포화만족의 원리)
$$U' = \frac{dU}{dW} > 0$$
② 부가 증가할수록 한계효용은 체감한다.(한계효용체감의 법칙)
$$U'' = \frac{d^2U}{dW^2} < 0$$

그리고 기대효용값은 1.707과 동일한 효용을 가져다주는 확실한 금액, 즉 확실성등가(certainty equivalent)를 구하면 다음과 같다.

$$U(W_0) = W_0^{1/2} = 1.707$$
$$W_0 = (1.707)^2 = 2.914$$

즉, 이 게임의 참가비는 3원을 넘지 않게 된다. 따라서 위험이 고려되는 상황에서는 기대수익 극대화의 기준이 아니라 기대효용 극대화 기준을 적용해야 한다는 것을 알 수 있다.

2. 위험에 대한 태도

앞에서 설명한 효용함수는 투자자들이 위험을 싫어한다는 가정을 하고 있다. 하지만 동일한 수익을 가져오는 투자안이라 하더라도 위험이 각기 다르다면 투자자의 위험에 대한 태도에 따라 최적선택은 달라질 수 있다. 이러한 투자자의 위험에 대한 태도는 효용함수의 형태에 따라 위험회피형, 위험중립형, 위험선호형으로 구분할 수 있다.

1) 위험회피형

위험회피형 투자자(risk averter)는 위험을 싫어하는 합리적이고 이성적인 투자자를 말하는 것으로써, 다른 조건이 같다면 보다 작은 위험을 부담하기를 원하는 투자자이다.

그림 8-1 위험회피형 투자자의 효용함수

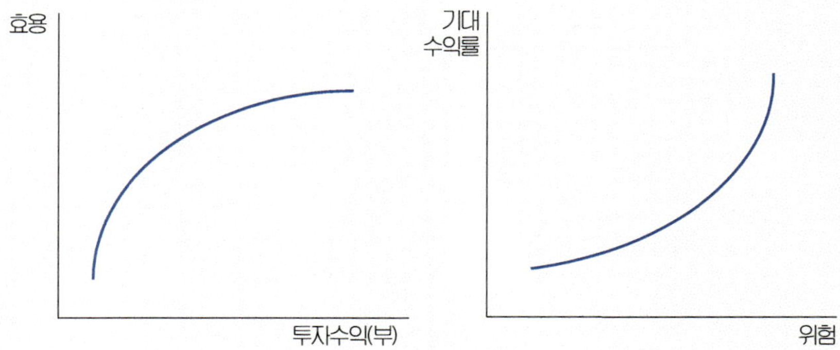

위험회피형 투자자의 효용함수는 수익률이 증가함에 따라 체감하는 형태를 띤다. 그리고 위험이 증가하면 그에 대한 보상으로 보다 높은 수익률을 요구한다.

2) 위험중립형

위험중립형 투자자(risk neutralist)는 위험의 크기와는 무관하게 기대수익률에 의해서만 투자결정을 하는 유형으로 이들의 효용함수는 선형함수로 나타나게 된다. 따라서 위험중립형 투자자는 위험을 고려하지 않기 때문에 기대수익 극대화가 투자의사결정의 목표가 된다.

그림 8-2 위험중립형 투자자의 효용함수

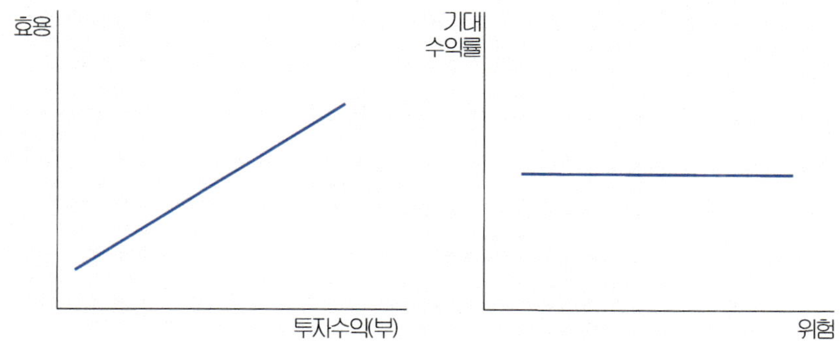

3) 위험선호형

위험선호형 투자자(risk lover)는 다른 조건이 동일하다면 보다 큰 위험을 선호하는 투자자를 말하며, 높은 수익을 얻기 위해 큰 위험을 기꺼이 부담하려는 태도를 지닌다. 이들의 효용함수는 투자수익의 증가에 대하여 체증하는 형태를 갖는다.

위에서 살펴본 것과 같이 투자자들의 위험에 대한 태도는 효용함수의 형태에 따라 크게 세 가지로 구분된다. 일반적으로 불확실성하에서 이성적이고 합리적인 투자자의 위험에 대한 태도는 위험회피형이며, 이들의 최적투자결정은 기대효용을 극대화하는 것이다.

그림 8-3 위험선호형 투자자의 효용함수

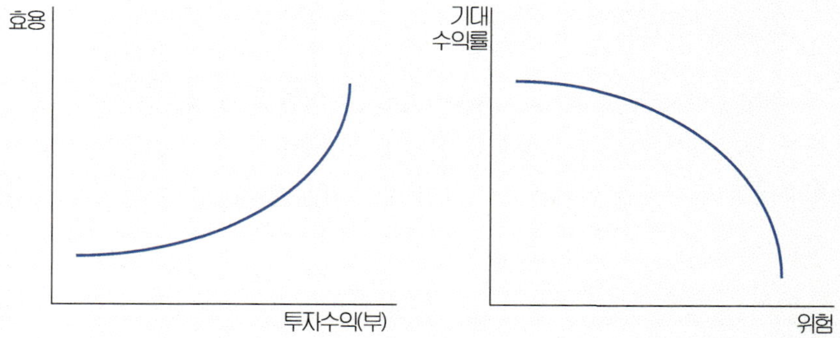

그러나 위험회피형 투자자들 사이에도 위험에 대한 회피정도, 즉 위험을 싫어하는 정도인 위험회피도가 다르기 때문에 최적투자안의 선택은 달라지게 된다. [그림 8-4]는 위험회피형 투자자의 위험회피 정도, 즉 위험의 증가에 따라 보상을 바라는 정도에 따른 무차별곡선을 나타낸다. (가)처럼 기울기가 가파른 경우는 위험회피성향이 강한 보수적 투자자의 무차별곡선으로, 일정한 위험 증가에 대해서 보다 많은 기대수익의 증가를 요구한다. 반면에 (나)처럼 기울기가 완만한 경우는 공격적인 투자자로, 일정한 위험 증가에 대하여 요구하는 보상이 크지 않은 무차별곡선을 갖는다.

그림 8-4 위험회피 정도에 따른 무차별곡선

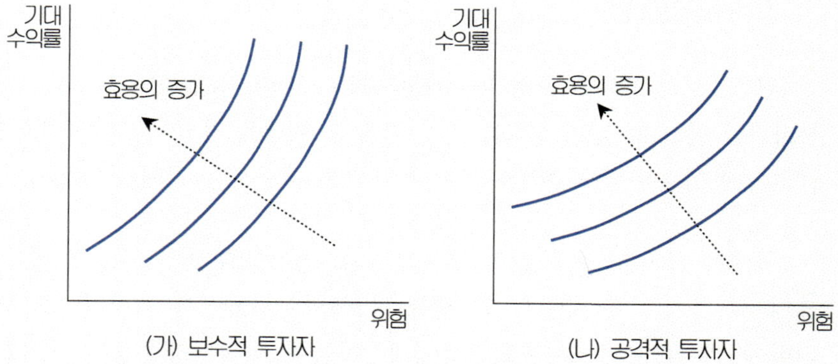

(가) 보수적 투자자 (나) 공격적 투자자

워렌 버핏 이야기

'오마하의 현인'으로 알려져 있는 세계 최고의 부자 워렌 버핏은 1930년 8월 네브래스카주의 오마하에서 태어났다. 그의 아버지는 주식중개인이었고, 아버지의 영향으로 어릴 때부터 돈버는 재주를 타고난 것으로 보이며, 11살에 처음으로 주식투자를 시작했다. 네브래스카대학 4학년 때 '현명한 투자자'의 저자인 벤저민 그레이엄을 알게 되고, 그의 수제자가 되어 주식투자 전문가의 길을 걷기시작한다.

1956년 고향 오마하로 돌아와 $105,000로 합자회사를 설립하고, 13년 동안 연평균 29.5%의 수익률을 기록하며 명성을 쌓는다. 1962년 쓰러져가는 섬유회사인 버크셔 해서웨이를 인수하고, 이 회사 자산으로 다른 분야의 사업을 사들이면서 섬유회사에서 전문투자회사로 변신하게 된다. 1967년 버핏은 발상의 전환으로 폭발적인 성장의 교두보를 마련하는데, 그동안의 투자방식은 투자자들에게서 펀드를 모아 자금을 운용하는 방법이었다면, 이번에는 보험회사를 인수해서 고객이 납입하는 엄청난 보험료를 투자자금으로 운용할 수 있도록 한 것이다.

해서웨이는 내셔널손해보험과 내셔널화재해상보험의 인수를 시작으로 20개 이상의 보험회사를 보유하게 된다. 이후 버핏이 지분을 매입한 회사를 보면 코카콜라, 시즈캔디, 질레트, 워싱턴포스트, 웰즈파고은행 등이 있다. 이러한 회사들을 보면 첨단IT기업이나 신기술회사이거나 바이오회사는 없으며, 전통적이고도 누구나 쉽게 이해할 수 있는 회사들을 선호해 왔다.

버핏의 자산은 한화 82조원(2018년 기준) 정도로 세계 최고의 부자대열에 속하지만 서민을 위하는 정당을 지지하고, 부자들에게 세금을 더 걷으라고 주장하는 몇 안 되는 사람이다. 그리고 지금까지 35조원 정도를 자선단체에 기부했으며, 향후 자신의 재산 99%를 기부하겠다는 약정서를 작성했다. 또 버핏은 60년 전에 구입한 7~8억원 정도의 집에서 살고 있으며, 직접 운전을 하고 경호원을 두지 않는 등 검소한 생활을 유지하고 있다.

버크셔 해서웨이는 60여개의 자회사를 가지고 있으며, 주기적인 회의나 사장을 소집하지 않고 1년에 딱 한번 편지를 보내는데, 이때 그 해의 목표를 사장들에게 정해준다. 그리고 그의 CEO들에게 다음과 같은 2가지 원칙을 준다.

첫 번째 룰은 돈을 잃지 마라.

두 번째 룰은 첫 번째 룰을 잊지 마라.

8.3 포트폴리오이론

증권시장에는 "계란을 한 바구니에 담지 마라"라는 격언이 있다. 이 말은 주식을 매입할 때 특정 종목의 주식만을 고집하지 말고 여러 종목의 주식에 나누어 투자하라는 말이다. 그 이유는 대개의 주식이 확실한 수익을 보장하지 못하기 때문에 한 종목에 집중투자하기보다는 여러 종목으로 나누어 투자하는 것이 위험을 분산시킬 수 있기 때문이다. 즉, 한 종목의 주가가 하락할 확률은 여러 주식의 가격이 한꺼번에 하락할 확률보다 더 크다는 것이다. 이처럼 투자자가 보유하고 있는 여러 개의 주식(적어도 둘 이상)을 하나의 단위 개념으로 표현한 말이 포트폴리오(portfolio)이다. 포트폴리오는 주식뿐만 아니라 범위를 확대시켜서 주식과 채권, 주식과 부동산 등 여러 투자자산들의 집합을 일컫는 말이다. 따라서 포트폴리오투자라는 것은 여러 곳에 나누어 투자하는 것으로 분산투자라고도 한다.

1. 포트폴리오의 기대수익률과 위험

이제 자산들의 집합인 포트폴리오의 기대수익률과 위험에 대해서 알아보자. 이해를 돕기 위해 두 자산만으로 구성된 포트폴리오와 여러 개의 자산으로 구성된 포트폴리오로 구분하여 기대수익률과 위험을 계산하는 과정을 살펴 볼 것이다.

표 8.6 주식 A와 B의 상황에 따른 수익률

구 분		확 률	수 익 률 (%)	
			A 주식	B 주식
경 기	상황 1	0.5	14	2
	상황 2	0.5	−2	10

1) 두 개의 자산으로 구성된 포트폴리오

(1) 기대수익률의 계산

예를 들어, 주식 A와 주식 B가 있다고 하자. 포트폴리오의 수익률은 개별자산의 수익률에 투자비율을 곱하여 모두 합한 값이다.

$$E(R_p) = w_A E(R_A) + w_B E(R_B) \qquad \text{(식 8.4)}$$

각각의 기대수익률을 구해보면 다음과 같다.

$$E(R_A) = (0.5 \times 14\%) + (0.5 \times -2\%) = 6\%$$
$$E(R_B) = (0.5 \times 2\%) + (0.5 \times 10\%) = 6\%$$

이제 두 주식을 이용하여 포트폴리오를 구성하는 경우를 생각해 보자. 포트폴리오를 구성하고 있는 개별투자안의 기대수익률과 각각의 구성비가 주어질 경우에 포트폴리오의 기대수익률을 계산하는 식은 (식 8.4)와 같다. 이때 w_A와 w_B는 주식의 포트폴리오 구성비율이며, 이때 구성비율의 합은 항상 1이 되어야 한다.

A와 B주식에 각각 30%와 70%를 투자할 때의 예상수익률은 다음과 같이 계산할 수 있다.

$$E(R_p) = \{(0.3) \times (0.5 \times 14\% + 0.5 \times -2\%)\} + \{(0.7) \times (0.5 \times 2\% + 0.5 \times 10\%)\} = 6\%$$

(2) 위험의 계산

두 개의 주식으로 구성된 포트폴리오의 위험은 포트폴리오를 구성하고 있는 개별주식의 표준편차($\sigma_{A,}\ \sigma_B$)와 각각의 구성비($w_{A,}\ w_B$)를 알고 있다면, 분산의 연산법칙을 이용하여 다음과 같이 나타낼 수 있다.

$$\begin{aligned} \sigma_p^2 &= Var(R_p) = Var(w_A R_A + w_B R_B) \\ &= w_A^2 \sigma_A^2 + w_B^2 \sigma_B^2 + 2 w_A w_B \sigma_{AB} \\ &= w_A^2 \sigma_A^2 + w_B^2 \sigma_B^2 + 2 w_A w_B \rho_{AB} \sigma_A \sigma_B \end{aligned} \quad \text{(식 8.5)}$$

그림 8-5 2개의 주식으로 구성된 포트폴리오의 분산과 공분산

	주 식 A	주 식 B
주식 A	$w_A w_A \sigma_{AA}$ $= w_A^2 \sigma_A^2$	$w_A w_B \sigma_{AB}$ $= w_A w_B \rho_{AB} \sigma_A \sigma_A$
주식 B	$w_B w_A \sigma_{BA}$ $= w_A w_B \rho_{AB} \sigma_A \sigma_A$	$w_B w_B \sigma_{BB}$ $= w_B^2 \sigma_B^2$

포트폴리오의 위험을 나타내는 분산을 계산하기 위해서는 공분산과 상관계수에 대해서 알아야 한다. (식 8.5)에서 마지막 항은 두 주식이 어떠한 관계를 갖고 변동하는지를 나타내는 부분이다. 두 주식의 수익률이 서로 얼마나 관련이 있는지를 측정하는 척도로 공분산(σ_{AB})이 사용되며, 이는 $Cov(R_{A,} R_B)$로 나타내기도 한다.

$$\sigma_{AB} = Cov(R_{A,} R_B) = E[(R_A - E(R_A))(R_B - E(R_B))] \quad \text{(식 8.6)}$$

공분산(covariance)이 양(+)이면 두 주식의 수익률이 같은 방향으로 움직이고, 음(−)이면 기대수익률을 중심으로 서로 반대방향으로 움직인다는 것을 의미한다.[15] 그러나 공분산은 두 주식 간의 상관관계의 정도는 설명해 주지 못하므로 일반적으로 공분산보다는 상관계수(correlation coefficient)를 이용하며, 다음과 같이 계산한다.

$$\rho_{AB} = \frac{\sigma_{AB}}{\sigma_A \sigma_B}, \qquad -1 \le \rho_{AB} \le 1 \qquad \text{(식 8.7)}$$

두 주식이 같은 방향으로 움직인다면 상관계수(ρ_{AB})가 양(+)의 값을 가지게 되고, 반대 방향으로 움직인다면 음(−)의 값을 갖는다. 만일 두 개의 주식이 완전히 같은 방향으로 움직인다면 상관계수는 +1이 되고, 정확히 반대로 움직인다면 −1이 된다. 상관계수와 수익률 간의 관계를 그림으로 나타내면 [그림 8-6]과 같다.

그림 8-6 상관계수와 수익률 간의 관계

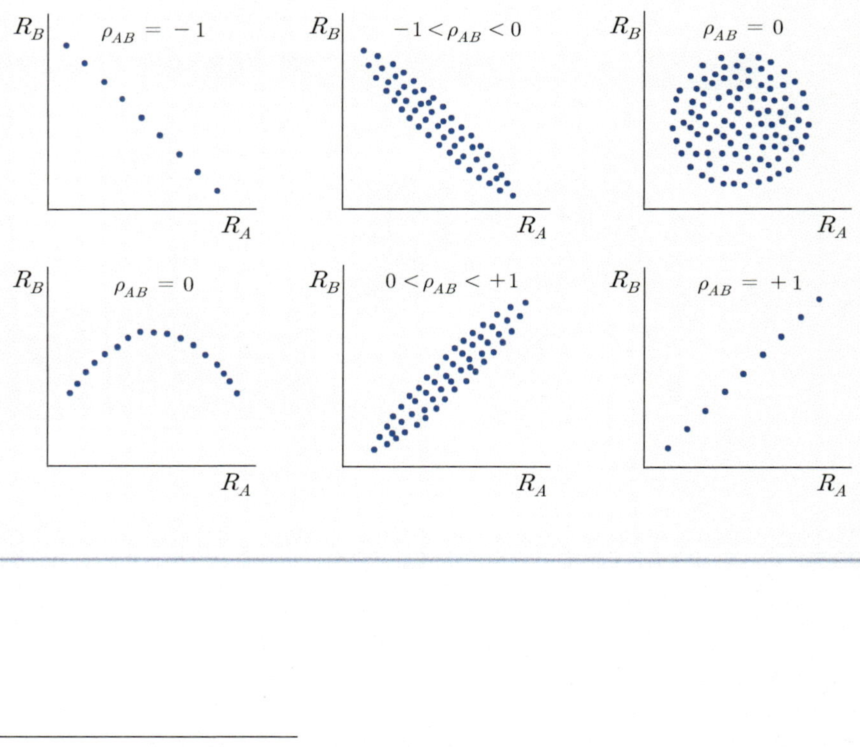

15) 공분산은 두 주식이 함께 변화하는 정도, 즉 한 주식의 변화가 다른 주식의 변화에 비례하는 정도를 의미한다.

이제 앞의 예를 이용하여 두 개의 주식으로 구성된 포트폴리오의 위험을 산출하여 보자.

$$\sigma_p^2 = 0.3^2\sigma_A^2 + 0.7^2\sigma_B^2 + 2 \cdot 0.3 \cdot 0.7 \cdot \sigma_{AB}$$

또는 $\sigma_p^2 = 0.3^2\sigma_A^2 + 0.7^2\sigma_B^2 + 2 \cdot 0.3 \cdot 0.7 \cdot \rho_{AB} \cdot \sigma_A \cdot \sigma_B$

위와 같이 포트폴리오의 위험을 산출하기 위해서는 각각의 분산 및 표준편차와 공분산 또는 상관계수를 구해야 한다.

$$\sigma_A^2 = (14-6)^2(0.5) + (-2-6)^2(0.5) = 64$$
$$\sigma_A = 8$$
$$\sigma_B^2 = (2-6)^2(0.5) + (10-6)^2(0.5) = 16$$
$$\sigma_B = 4$$
$$\sigma_{AB} = (14-6)(2-6)(0.5) + (-2-6)(10-6)(0.5) = -32$$
$$\rho_{AB} = \frac{-32}{8 \cdot 4} = -1$$

따라서 포트폴리오의 위험은 다음과 같이 계산된다.

$$\sigma_p^2 = 0.3^2 \cdot 64 + 0.7^2 \cdot 16 + 2 \cdot 0.3 \cdot 0.7 \cdot (-1) \cdot 8 \cdot 4 = 0.16$$
$$\sigma_p = 0.4$$

두 주식의 상관계수는 -1로, 이는 수익률의 방향이 서로 반대방향으로 움직이게 되고, 이들 주식으로 구성된 포트폴리오의 위험은 개별주식의 위험보다 훨씬 작아졌음을 알 수 있다.[16]

2) n개의 자산으로 구성된 포트폴리오

앞에서 우리는 두 개의 자산으로 구성된 포트폴리오에 대하여 살펴보았다. 그러나 실제 포트폴리오의 구성은 두 개 이상의 자산으로 구성되는 것이 일반적이므로, 지금부터는 여러 개의 자산으로 구성된 포트폴리오의 기대수익률과 위험에 대하여 알아보도록 하자.

---

16) 현실에서 수익률의 방향이 완전히 반대로 움직이는 주식을 찾는 것은 거의 불가능하다. 하지만 상관계수가 +1인 경우를 제외하고는 분산투자를 하게되면 위험이 줄어들게 된다.

(1) 기대수익률의 계산

n개의 자산으로 구성된 포트폴리오의 수익률은 아래와 같이 각 자산의 수익률에 구성비율을 곱하여 모두 합하면 된다.

$$R_p = w_1R_1 + w_2R_2 + w_3R_3 + \cdots\cdots + w_nR_n = \sum_{i=1}^{n} w_i R_i \qquad \text{(식 8.8)}$$

각 자산의 투자비율, 즉 구성비율의 합($\sum w_i$)은 1이 되어야 한다는 것은 이미 설명하였다. 개별자산의 기대수익률과 각각의 구성비율이 주어진다면 포트폴리오의 기대수익률은 다음과 같이 구할 수 있다.

$$E(R_p) = w_1E(R_1) + w_2E(R_2) + w_3E(R_3) + \cdots\cdots + w_nE(R_n) = \sum_{i=1}^{n} w_i E(R_i) \qquad \text{(식 8.9)}$$

(2) 위험의 계산

여러 개의 자산으로 구성된 포트폴리오의 위험은 각각의 자산의 분산과 두 자산 간의 공분산 및 구성비율이 주어질 때 다음과 같이 구할 수 있다.

$$\sigma_p^2 = \sum_{i=1}^{n}\sum_{j=1}^{n} w_i w_j \sigma_{ij} = \sum_{i=1}^{n}\sum_{j=1}^{n} w_i w_j \rho_{ij}\sigma_i\sigma_j = \sum_{i=1}^{n} w_i^2\sigma_i^2 + \sum_{i=1}^{n}\sum_{j=1}^{n} w_i w_j \sigma_{ij} \quad (\text{단, } i \neq j) \qquad \text{(식 8.10)}$$

(식 8.10)을 분산-공분산 행렬의 형태로 나타내면 [그림 8-7]과 같다. 파란색 부분이 개별주식의 분산(n개)을 나타내며, 나머지 부분은 서로 다른 주식들 간의 공분산($n(n-1)$개)을 나타낸다.

그림 8-7 n개의 자산으로 구성된 포트폴리오의 분산과 공분산

자산		1	2	3	4	·····	n
	1	$w_1^2\sigma_1^2$	$w_2w_1\sigma_{21}$	$w_3w_1\sigma_{31}$		·····	
	2	$w_1w_2\sigma_{12}$	$w_2^2\sigma_2^2$	$w_3w_2\sigma_{32}$		·····	
	3	$w_1w_3\sigma_{13}$	$w_2w_3\sigma_{23}$	$w_3^2\sigma_3^2$		·····	
	4					·····	
	⋮	⋮	⋮	⋮	⋮		⋮
	n					·····	$w_n^2\sigma_n^2$

2. 체계적 위험과 비체계적 위험

투자자들이 개별자산에 투자하는 것보다는 포트폴리오의 형태로 투자하게 되면 위험이 줄어드는 분산투자효과가 발생한다고 설명하였다. 이때, 투자자들은 위험이 전혀 발생하지 않는 분산투자를 생각할 것이다. 그러한 포트폴리오를 찾아내어 투자하기만 하면 아무런 위험부담 없이 수익을 올릴 수 있을 것이다. 그러나 현실에서는 그러한 포트폴리오는 존재하지 않는다. 결국, 아무리 분산투자를 완벽하게 하더라도 모든 위험을 완전히 제거할 수는 없다는 것이다. 그 이유는 포트폴리오를 구성하고 있는 개별주식들이 가지고 있는 체계적 위험 때문이다.

개별주식의 위험은 두 가지로 구분할 수 있는데, 하나는 체계적 위험이고 다른 하나는 비체계적 위험이다.

개별주식의 위험 = 체계적 위험 (분산 불가능 위험) + 비체계적 위험 (분산 가능 위험)

체계적 위험(systematic risk)이란 다른 말로 분산 불가능 위험이라고 하는데, 이것은 개별주식의 특성과는 상관없이 인플레이션이나 금리변동, 또는 정치, 경제, 사회적인 요인의 변화로 인해 주식시장 전반에 영향을 주어 발생하는 위험이다. 반면에 비체계적 위험(unsystematic risk)은 분산 가능 위험이라고도 하며, 이것은 주식을 발행한 기업의 경영능력, 성장가능성, 재무구조, 수익성 등의 변동 가능성으로 개별주식에만 발생하는 위험이다.

비체계적 위험은 분산투자를 통해 위험을 서로 상쇄시켜서 위험을 줄일 수가 있다. 예를 들어, 우산을 판매하는 기업과 아이스크림을 판매하는 기업이 있고, 갑이라는 투자자는 양쪽에 반반씩 투자하고 있다고 가정하자. 우선 각 기업의 특성상 기후조건의 변화에 따라 판매수익에 상당한 영향을 받게 된다. 여름날 장마철에는 우산을 판매하는 기업의 매출액이 증가하는 반면, 아이스크림기업의 매출액은 감소할 것이다. 이와는 반대로 날씨가 맑은 날에는 우산판매가 저조한 대신 아이스크림은 날개 돋친 듯이 팔릴 것이다.

그런데 투자자 갑은 날씨에 상관없이 지속적으로 수익을 올릴 수가 있다. 왜냐하면, 투자자 갑은 두 기업에 동일하게 투자를 했기 때문에 기후조건이 어떻게 변하든 안정적인 수익을 올릴 수 있는 것이다. 이렇게 볼 때, 날씨변동으로 인해 기업의 수익에 미치는 위험은 기업의 특성 때문에 발생하는 것이므로 비체계적 위험이며, 투자자 갑처럼 분산투자를 통해서 제거할 수 있는 분산 가능 위험이다.

이번에는 물가가 갑자기 급상승하였다고 하자. 이렇게 되면 모든 제품의 가격 상승으로 인해서 우산가격이나 아이스크림가격이 높아지고 판매가 잘 이루어지지 않게 될 것이다. 이러한 상황에서는 우산기업과 아이스크림기업 모두 수익이 낮아질 것이고, 투자자 갑의 경우도 투자수익을 올릴 수가 없게 된다. 이처럼 물가상승으로 인해 기업의 수익에 미치는 위험은 기업의 특성보다는 경제 전반에 미치는 위험이기 때문에 체계적 위험이며, 분산투자로도 위험을 제거할 수가 없는 분산 불가능 위험이다. 아래 표는 이러한 설명을 요약한 것이다.

구 분		우산판매 기업	아이스크림판매 기업	투자자 갑
기후조건	맑음	불황	호황	분산 가능
	흐림	호황	불황	
물가상승		불황	불황	분산 불가능

따라서 분산투자로 인해 어느 정도 제거가 가능한 위험을 비체계적 위험이라고 하며, 완전하게 분산투자를 하더라도 제거할 수 없는 위험을 체계적 위험이라 한다. 이와 같이 포트폴리오의 위험을 체계적 위험과 비체계적 위험으로 구분하면 [그림 8-8]과 같이 나타낼 수 있다.[17)]

그림 8-8 체계적 위험과 비체계적 위험

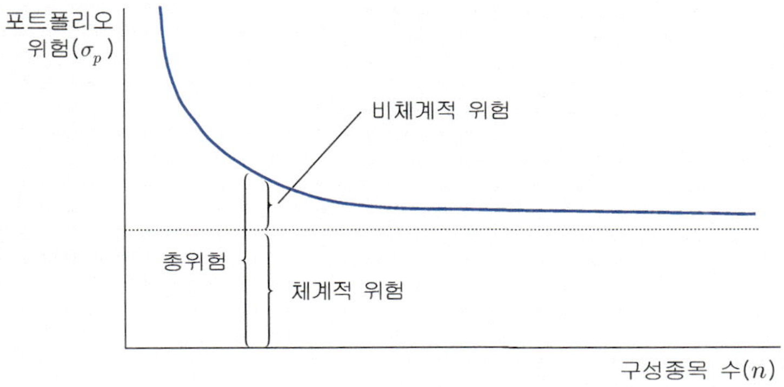

17) 포트폴리오를 구성하면 위험이 감소한다. 이는 앞에서 두 개의 자산으로 구성된 포트폴리오의 예에서 살펴보았다. 그렇다면 포트폴리오의 구성종목수가 증가하면 어떻게 될 것인가? n개의 자산으로 구성된 포트폴리오의 위험을 나타내는 (식 8.10)을 이용하여, 이에 대해서 살펴보자.

$$\sigma_p^2 = \sum_{i=1}^{n} w_i^2 \sigma_i^2 + \sum_{i=1}^{n}\sum_{j=1}^{n} w_i w_j \sigma_{ij}$$

이때 n개의 자산에 동일한 비율로 투자한다고 가정하면, 자산 i에 투자비율 w_i는 모두 $1/n$이 되고, 위 식은 다음과 같이 쓸 수 있다.

$$\begin{aligned}\sigma_p^2 &= \sum_{i=1}^{n} (\frac{1}{n})^2 \sigma_i^2 + \sum_{i=1}^{n}\sum_{j=1}^{n} (\frac{1}{n})(\frac{1}{n})\sigma_{ij} \\ &= \frac{1}{n}\sum_{i=1}^{n} \frac{\sigma^2}{n} + \frac{n-1}{n}\sum_{i=1}^{n}\sum_{j=1}^{n} \frac{\sigma_{ij}}{n(n-1)}\end{aligned}$$

위 식에서 $\sum \sigma^2/n$은 각 자산의 분산의 평균이고, $\sum\sum \sigma_{ij}/n(n-1)$은 공분산의 평균이므로 다음과 같이 쓸 수 있다.

$$\begin{aligned}\sigma_p^2 &= \frac{1}{n}\overline{\sigma^2} + \frac{n-1}{n}\overline{\sigma_{ij}} \\ &= \frac{1}{n}(\overline{\sigma^2} - \overline{\sigma_{ij}}) + \overline{\sigma_{ij}}\end{aligned}$$

이제 포트폴리오의 구성종목수 n이 증가하면, 개별자산의 분산(위험)이 포트폴리오에 미치는 영향은 감소하며, 포트폴리오의 위험은 평균공분산($\overline{\sigma_{ij}}$)에 접근하게 된다.

이와 같이 분산(포트폴리오)투자를 통해서 제거할 수 있는 위험을 비체계적 위험이라고 하고, 분산투자를 통해서도 감소시킬 수 없는 위험을 체계적 위험이라고 한다.

3. 상관계수에 따른 포트폴리오의 기대수익률과 위험

두 개의 투자대상, 주식 A와 주식 B에 대한 기대수익률과 표준편차를 알고 있을 때, 투자대상의 구성비율 w_A와 w_B를 달리하면 포트폴리오의 기대수익률과 위험이 어떻게 되는지 살펴보자.

표 8.7 주식 A와 B의 기대수익률과 표준편차

주 식	기 대 수 익 률	표 준 편 차
A	10%	10%
B	15%	20%

개별주식 A와 B의 기대수익률과 표준편차가 위와 같을 때, 두 주식 간의 상관계수가 $\rho_{AB}=0$, $\rho_{AB}=+1$, $\rho_{AB}=-1$인 경우, 포트폴리오의 기대수익률과 위험을 설명하면 다음과 같다.

① 주식 A와 B 수익률 간의 상관계수가 0인 경우

$$E(R_p) = w_A E(R_A) + w_B E(R_B)$$

$$\begin{aligned}\sigma_p &= \sqrt{w_A{}^2\sigma_A{}^2 + w_B{}^2\sigma_B{}^2 + 2w_A w_B \rho_{AB}\sigma_A\sigma_B} \\ &= \sqrt{w_A{}^2\sigma_A{}^2 + w_B{}^2\sigma_B{}^2}\end{aligned}$$

주식 A의 투자비율을 60%, 주식 B의 투자비율을 40%로 했을 때, 포트폴리오의 기대수익과 표준편차는 다음과 같다.

$$E(R_p) = (0.6)(10) + (0.4)(15) = 12\%$$

$$\sigma_p = \sqrt{(0.6)^2(10)^2 + (0.4)^2(20)^2} = 10\%$$

② 주식 A와 B 수익률 간의 상관계수가 +1인 경우

$$E(R_p) = w_A E(R_A) + w_B E(R_B)$$

$$\begin{aligned}\sigma_p &= \sqrt{w_A{}^2\sigma_A{}^2 + w_B{}^2\sigma_B{}^2 + 2w_A w_B \rho_{AB}\sigma_A\sigma_B} \\ &= \sqrt{w_A{}^2\sigma_A{}^2 + w_B{}^2\sigma_B{}^2 + 2w_A w_B \sigma_A\sigma_B} \\ &= \sqrt{(w_A\sigma_A + w_B\sigma_B)^2} = w_A\sigma_A + w_B\sigma_B\end{aligned}$$

주식 A의 투자비율을 60%, 주식 B의 투자비율을 40%로 했을 때, 포트폴리오의 기대수익과 표준편차는 다음과 같다.

$$E(R_p) = (0.6)(10) + (0.4)(15) = 12\%$$
$$\sigma_p = (0.6)(10) + (0.4)(20) = 14\%$$

③ 주식 A와 B 수익률간의 상관계수가 −1인 경우

$$E(R_p) = w_A E(R_A) + w_B E(R_B)$$

$$\begin{aligned}\sigma_p &= \sqrt{{w_A}^2{\sigma_A}^2 + {w_B}^2{\sigma_B}^2 + 2w_A w_B \rho_{AB}\sigma_A\sigma_B} \\ &= \sqrt{{w_A}^2{\sigma_A}^2 + {w_B}^2{\sigma_B}^2 - 2w_A w_B \sigma_A\sigma_B} \\ &= \sqrt{(w_A\sigma_A - w_B\sigma_B)^2} = |w_A\sigma_A - w_B\sigma_B|\end{aligned}$$

주식 A의 투자비율을 60%, 주식 B의 투자비율을 40%로 했을 때, 포트폴리오의 기대수익과 표준편차는 다음과 같다.

$$E(R_p) = (0.6)(10) + (0.4)(15) = 12\%$$
$$\sigma_p = |(0.6)(10) - (0.4)(20)| = 2\%$$

한편, 주식 A와 B에 각각 20%와 80%씩 투자했을 경우, 이때의 포트폴리오의 기대수익률과 표준편차는 다음과 같다.

$$E(R_p) = (0.2)(10) + (0.8)(15) = 14\%$$
$$\sigma_p = |(0.2)(10) - (0.8)(20)| = 14\%$$

다음 표는 앞의 예에서 주식 A와 B 간의 상관계수가 서로 다를 때 w_A와 w_B 조합의 변화에 따라 포트폴리오의 기대수익률과 표준편차를 계산하여 정리한 것이고, [그림 8-9]는 이를 도표로 나타낸 것이다.

표 8.8 상관계수에 따른 포트폴리오의 기대수익률과 위험

구 분		$\rho_{AB}=+1$		$\rho_{AB}=0$		$\rho_{AB}=-1$	
w_A	w_B	$E(R_p)$	σ_p	$E(R_p)$	σ_p	$E(R_p)$	σ_p
1.0	0.0	10.0%	10.0%	10.0%	10.0%	10.0%	10.0%
0.9	0.1	10.5%	11.0%	10.5%	9.2%	10.5%	7.0%
0.8	0.2	11.0%	12.0%	11.0%	8.9%	11.0%	4.0%
0.7	0.3	11.5%	13.0%	11.5%	9.2%	11.5%	1.0%
0.6	0.4	12.0%	14.0%	12.0%	10.0%	12.0%	2.0%
0.5	0.5	12.5%	15.0%	12.5%	11.2%	12.5%	5.0%
0.4	0.6	13.0%	16.0%	13.0%	12.7%	13.0%	8.0%
0.3	0.7	13.5%	17.0%	13.5%	14.3%	13.5%	11.0%
0.2	0.8	14.0%	18.0%	14.0%	16.1%	14.0%	14.0%
0.1	0.9	14.5%	19.0%	14.5%	18.0%	14.5%	17.0%
0.0	1.0	15.0%	20.0%	15.0%	20.0%	15.0%	20.0%

일반적으로 주식수익률이 변화하는 양상은 경기변동과 밀접한 관계에 있다. 따라서 두 주식 수익률 간의 상관계수가 음(−)의 값을 갖는 경우는 거의 없고 대부분 0과 1 사이의 값을 갖게 되어, 두 주식으로 결합된 포트폴리오의 기대수익률과 표준편차의 조합은 [그림 8-9]의 파란색 부분에서 완만한 곡선을 이룬다.

그림 8-9 두 개의 주식으로 결합된 포트폴리오의 결합선

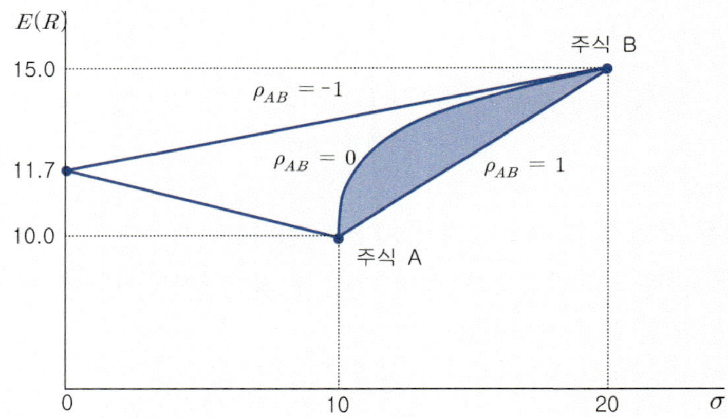

4. 투자기회집합

앞에서 두 개의 주식으로 결합된 포트폴리오의 기대수익률과 위험의 관계를 살펴보았다. 논의를 확대하여, 이번에는 세 개의 투자대상으로 결합된 포트폴리오의 기대수익률과 위험의 관계에 대해서 알아보자.

[그림 8-10]은 주식들 사이의 상관계수가 0과 1 사이일 때, A, B, C 세 개의 투자대상을 결합한 경우를 보여주고 있다. 우선 A와 B를 결합시키면 투자비율의 변화에 따라 A, AB, B를 지나는 포트폴리오 결합선을 얻을 수 있으며, 또 B와 C를 결합시키면 B, BC, C를 지나는 포트폴리오 결합선을 구할 수 있다.

그림 8-10 세 개의 자산으로 구성된 포트폴리오의 결합

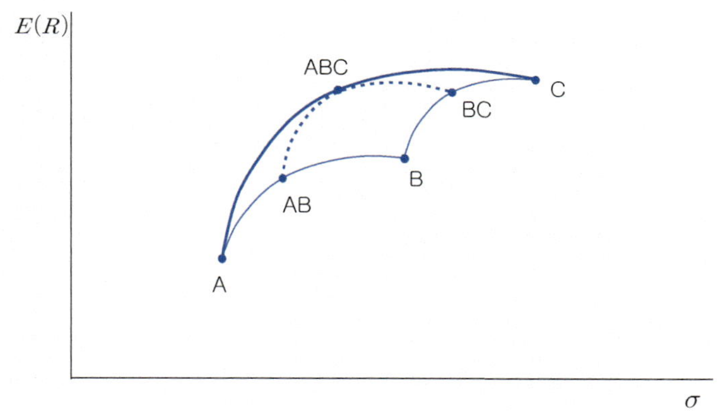

세 개의 투자대상이 결합된 포트폴리오를 얻기 위해서는 두 개의 포트폴리오 결합선으로부터 각각 하나의 포트폴리오를 선택하여 새로운 포트폴리오의 결합선을 구하면 된다. 예를 들어, 포트폴리오 AB와 포트폴리오 BC를 결합한 포트폴리오 결합선 AB, ABC, BC는 세 개의 투자대상을 모두 결합한 포트폴리오를 나타내고 있다. 세 개의 투자대상으로 구성된 포트폴리오를 만드는 방법은 무수히 많지만, 투자대상 A, B, C를 적절하게 조합함으로써 포트폴리오 결합선 A, ABC, C를 얻을 수 있게 된다.

포트폴리오의 구성은 개별자산과 개별자산의 결합뿐만 아니라 개별자산과 포트폴리오, 그리고 포트폴리오와 포트폴리오의 결합을 통해서도 가능하다. 이러한 논리를 가능한 모든 투자대상으로 확대할 수 있다. [그림 8-11]은 가능한 모든 투자대상의 포트폴리오

결합을 나타낸 것으로 파란색 부분은 가능한 모든 투자기회를 나타내는 투자기회집합(investment opportunity set)이라고 한다.

그림 8-11 포트폴리오의 투자기회집합

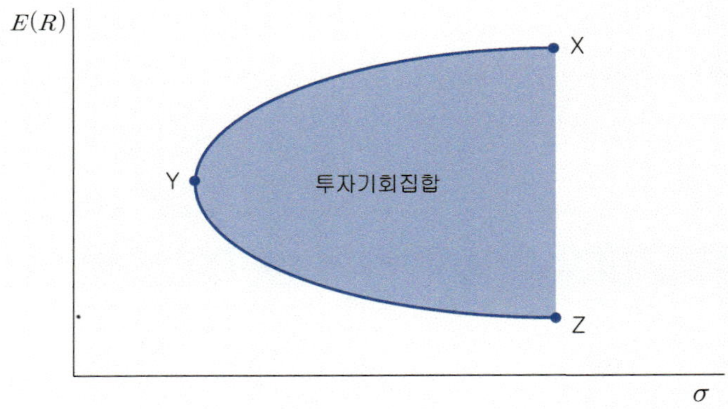

5. 최적포트폴리오의 선택

지금까지 여러 자산으로 구성된 포트폴리오의 기대수익률과 위험, 그리고 투자기회집합에 대하여 살펴보았다. 이제부터는 모든 투자자들은 위험회피형이고 기대효용을 극대화하는 투자안을 선택한다는 가정하에서 마코위츠(H. Markowitz)가 제시한 포트폴리오이론에 대하여 알아보도록 한다.

1) 평균-분산모형

불확실성하에서 합리적인 투자결정기준은 기대효용의 극대화라는 것을 앞에서 살펴보았다. 투자자들이 기대효용 극대화 기준을 적용하여 실제 투자의사결정을 하기 위해서는 기대효용을 계산하여야 하며, 이때 효용함수와 미래수익에 대한 확률분포를 알아야 한다. 그러나 현실적으로 자산이나 투자안에 대한 미래수익의 확률분포와 투자자의 효용함수를 정확히 알아내기란 거의 불가능하다. 따라서 확률분포나 효용함수의 형태와는 관계없이 미래수익에 대한 평균과 분산만으로 기대효용을 나타내는 평균-분산모형(mean-variance model)이 등장하게 되었다.

평균–분산모형에서는 투자자의 최적선택을 두 단계도 구분하는데, 우선 지배원리에 따라 자산의 효율적 집합을 선정하고, 다음으로 기대효용을 극대화할 수 있는 최적자산을 선택하는 것이다.

(1) 지배원리

앞에서 위험회피형 투자자를 합리적(이성적) 투자자라고 하였다. 위험회피형 투자자의 효용은 투자자산의 기대수익률이 높을수록 증가하고 위험이 클수록 감소한다. 동일한 위험에 대하여 기대수익률이 높은 자산을 선택하고, 기대수익률이 같다면 위험이 가장 작은 자산을 선택할 것이다. 이러한 투자안 선택기준을 지배원리(dominance principle)라고 한다.[18]

예를 들어, 어떤 투자자가 정규분포를 이루는 5개의 자산을 투자대상으로 고려하고 있다고 하자.

자산	수익률(%)	표준편차(%)
A	6	6
B	6	9
C	9	9
D	9	12
E	12	12

각 자산들을 2차원 평면에 나타내 보면 [그림 8–12]와 같다. 그림에서 자산 E는 D와 위험은 동일하지만 기대수익률이 높으므로 자산 D를 지배한다. 그리고 자산 C는 B를 지배하고, 자산 A와 B는 동일한 기대수익률을 갖지만 위험이 자산 A가 작으므로 자산 B를 지배하게 된다. 그러나 자산 A와 C, E 사이에는 지배관계가 성립하지 않는다. 이렇게 다른 자산에 지배당하지 않는 자산들을 효율적 자산이라고 한다.

18) 평균–분산모형에서 기대효용은 다음 두 조건 중에서 하나만 충족되면 미래수익의 기대값과 분산만으로 나타낼 수 있다.
① 미래수익의 확률분포는 정규분포를 따른다.
② 투자자의 효용함수는 2차함수이다.

그림 8-12 지배원리

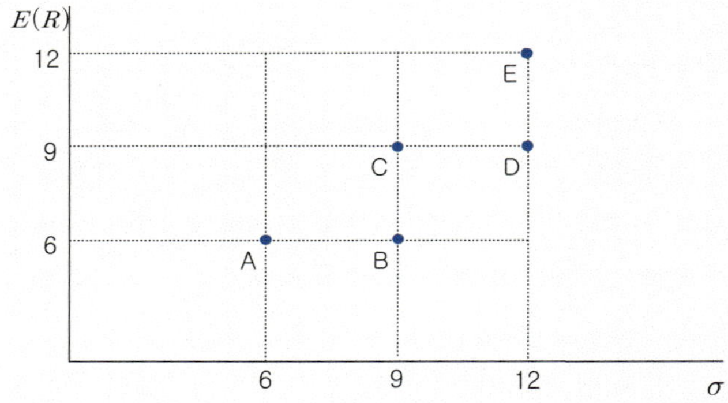

결국, 지배원리는 평균-분산모형에 의하여 위험회피형 투자자들의 선호체계를 나타내는 투자안 선택기준으로써, 투자자들이 동일한 위험수준에서는 기대수익률이 가장 높은 자산을 선택하고, 기대수익률이 동일할 때는 위험이 가장 작은 자산을 선택하므로, 이러한 자산이 다른 자산들을 지배한다는 것이다.

(2) 최적자산의 선택

지배원리에 의한 효율적 자산들의 집합은 합리적 투자자인 위험회피형 투자자에게 모두 동일하게 적용된다. 따라서 위험회피형 투자자들은 자산 A, C, E만을 효율적 자산으로 여기고, 이 중에서 하나의 자산을 최적자산으로 선택하게 된다. 최적투자자산의 선택은 기대효용 극대화 기준에 의하여 이루어지게 되며, 앞서 설명하였듯이 이는 투자자의 위험회피정도에 따라 달라지게 된다. 따라서 자산 A, C, E 중에서 어느 자산이 더 좋다고 간단히 결론지을 수는 없다. 위험을 매우 싫어하는 투자자라면 기대수익률이 낮더라도 자산 A를 선택할 것이고, 어떤 투자자는 기대수익이 가장 높은 자산 E를 선호할 것이다. 이를 무차별곡선을 통하여 살펴보면 [그림 8-13]과 같다.

그림 8-13 위험회피 정도에 따른 무차별곡선

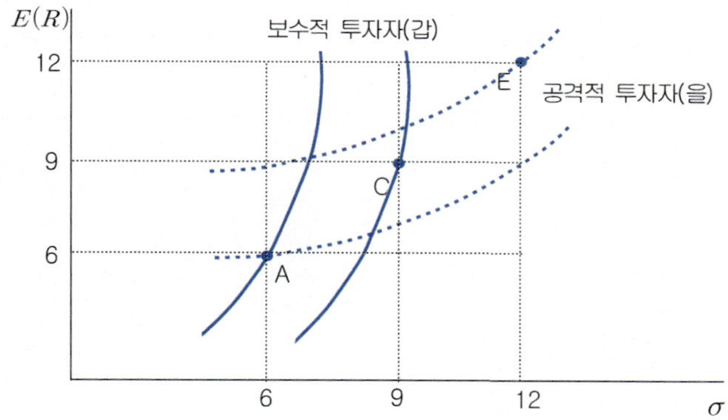

그림에서처럼, 위험회피성향이 강한 투자자 갑과 위험회피성향이 비교적 약한 투자자 을이 있다고 할 때, 보수적 투자자인 갑은 기대수익이 낮더라도 상대적으로 위험이 작은 자산 A를 선택할 것이고, 위험회피성향이 다소 약한 공격적인 투자자인 을은 위험이 크더라도 기대수익률이 높은 자산 E를 최적자산으로 선택하게 된다.

2) 효율적 투자선과 최적포트폴리오의 선택

앞에서 가능한 모든 투자대상들의 포트폴리오 결합을 투자기회집합이라고 하였다. 투자기회집합은 모든 개별자산과 포트폴리오에 대한 기대수익률과 위험의 집합이므로 무수히 많은 포트폴리오 결합들이 존재하게 된다. 그러나 투자기회집합 내의 모든 포트폴리오 결합이 투자대상으로 효율적이지는 않다. 분산투자를 통해서 형성할 수 있는 수많은 포트폴리오 중에서도 위험이 작으면서 수익률이 높은 포트폴리오들이 존재하는데, 이러한 포트폴리오집합을 효율적 포트폴리오(efficient portfolio)라고 한다.

[그림 8-14]에서 파란색 부분이 투자 가능한 집합으로 투자기회집합이다. 그런데 투자기회집합 내의 포트폴리오 A_1, A_2, A_3를 비교해 보면, 기대수익률이 동일하지만 A_1의 위험이 가장 작으므로 A_1이 A_2와 A_3를 지배한다. 이러한 의미에서 포트폴리오 결합선 X, Y, Z를 최소분산포트폴리오집합(minimum variance portfolio set)이라고 한다.

그림 8-14 **효율적 투자선**

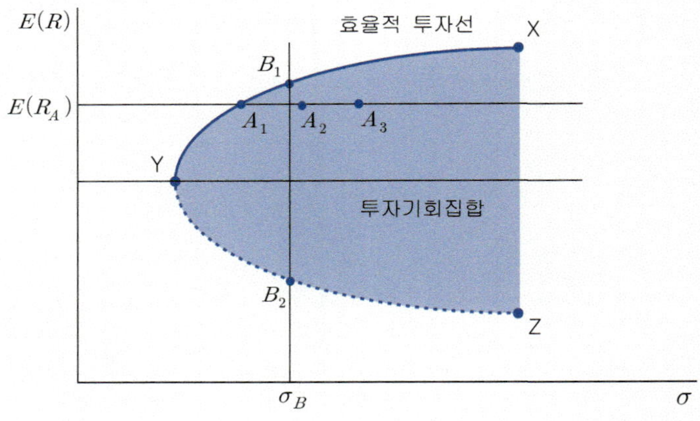

다음 B_1과 B_2를 비교해 보면, 동일한 위험수준에서 B_1이 B_2보다 더 높은 수익을 실현시키므로 투자자들은 B_1을 더 선호할 것이다. 이러한 방식으로 생각해 볼 때, 최소분산포트폴리오집합 중에서 X, B_1, A_1, Y를 지나는 곡선이 지배원리를 충족시키는 효율적 포트폴리오가 되며, 이 선을 효율적 투자선(efficient frontier)이라고 한다. 이때 Y는 전체 포트폴리오 중에서 분산이 가장 작은 포트폴리오로 최소분산포트폴리오(minimum variance portfolio)라고 한다. 한편, 효율적 투자선 윗 부분은 투자조합이 불가능한 영역이다.

이제 이성적 투자자라면 투자기회집합 중에서 효율적 투자선상에 있는 포트폴리오만을 투자대상으로 고려할 것이다. 그렇다면 이러한 효율적 투자선상에 있는 투자대상 중에서 어떠한 포트폴리오를 선택할 것인가? 앞에서 설명한 위험회피형 투자자의 무차별곡선과 효율적 투자선이 접하는 점에 있는 포트폴리오가 바로 투자자가 선택하는 최적포트폴리오가 되는 것이다. [그림 8-15]를 보면 C와 D가 최적포트폴리오가 되는 것이고, 포트폴리오 D를 선택한 투자자 병보다는 C를 선택한 정이 위험회피성향이 더 강한 투자자이다. 따라서 최적포트폴리오는 효용이론에서 설명하였듯이 투자자의 효용함수에 의하여 결정된다는 것을 알 수 있다.

그림 8-15 최적포트폴리오의 선택

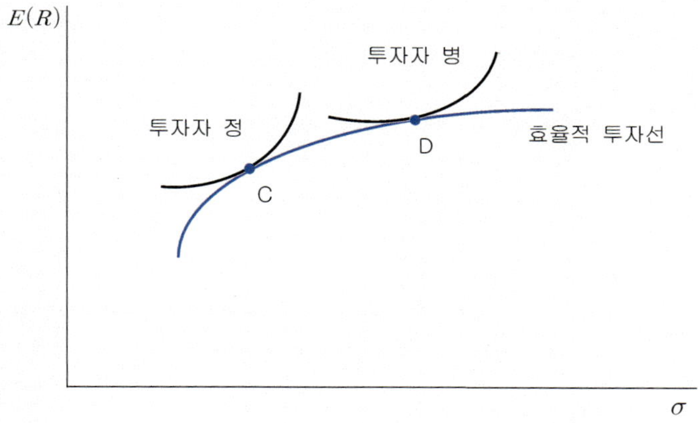

핵심정리

- 수익이 확실하게 보장되는 상황, 즉 현재소비를 미래로 연기하여 시간적인 부담만을 고려할 때에는 투자수익이 가장 높은 투자안을 선택해야 한다.
- 기대수익률은 투자안을 통하여 미래에 얻을 것으로 예상되는 수익률의 평균을 말하며, 미래에 발생 가능한 수익률에 발생확률을 곱하여 산출한다.
- 위험은 수익의 모든 변동가능성이라고 정의할 수 있으며, 위험이 크다는 것은 기대수익의 변동가능성이 큰 것이고 위험이 작다는 것은 기대수익의 변동가능성이 작다는 것을 의미한다. 위험의 크기는 분산과 표준편차를 사용하여 측정한다.
- 투자자들의 위험에 대한 태도는 효용함수의 형태에 따라 위험회피형, 위험중립형, 위험선호형으로 구분할 수 있다.
- 위험회피형 투자자란 위험을 싫어하는 합리적이고 이성적인 투자자를 말하는 것으로써, 다른 조건이 같다면 작은 위험을 부담하기를 원하며, 위험이 증가하면 그에 대한 보상으로 보다 높은 수익률을 요구한다.
- 포트폴리오투자는 여러 개의 자산(둘 이상)에 나누어 투자하는 것으로 분산투자라고도 한다. 상관계수가 +1인 경우를 제외하고는 분산투자를 하게되면 위험이 줄어들게 된다.
- 체계적 위험은 개별주식의 특성과는 상관없이 인플레이션이나 금리변동 또는 정치, 경제, 사회적인 요인의 변화로 인해 주식시장 전반에 영향을 주어 발생하는 위험인 반면, 비체계적 위험은 주식을 발행한 기업의 경영능력, 성장가능성, 재무구조, 수익성 등의 변동 가능성으로 개별주식에만 발생하는 위험이다.
- 평균-분산모형에서는 투자자의 최적선택을 두 단계로 구분할 수 있다. 우선 지배원리에 따라 자산의 효율적 집합을 선정하고, 다음으로 기대효용을 극대화할 수 있는 최적자산을 선택하는 것이다.
- 동일한 위험에 대하여 기대수익률이 높은 자산을 선택하고, 기대수익률이 같다면 위험이 가장 작은 자산을 선택하는 투자안의 선택기준을 지배원리라고 한다.
- 분산투자를 통해서 형성할 수 있는 수많은 포트폴리오 중에서도 위험이 작으면서 수익률이 높은 포트폴리오들이 존재하는데, 이러한 포트폴리오집합을 효율적 포트폴리오라고 한다.

연습문제

1. (   )은 투자안을 통하여 미래에 얻을 것으로 예상되는 수익률의 평균으로, 미래에 발생 가능한 수익률에 발생확률을 곱하여 산출한다.

2. 위험은 수익의 (   )이라고 정의할 수 있다.

3. 다음 자료를 이용하여 주식 A와 주식 B의 기대수익률과 표준편차를 각각 구하시오.

구 분		확 률	수 익 률	
			주식 A	주식 B
경 기	호 황	0.6	20	14
	불 황	0.4	−5	6

4. 위의 자료를 이용하여 주식 A와 주식 B에 절반씩 투자한 포트폴리오의 기대수익률과 표준편차를 구하시오.

5. 이성적인 투자자들이 위험에 대한 태도에 대해서 설명하시오.

6. 포트폴리오를 구성하는 경우 위험이 분산 가능한 이유는 무엇이며, 모든 위험이 분산 가능한지에 대해서 설명하시오.

7. 다음 중 위험분산효과가 가장 크게 나타나는 포트폴리오는 무엇인가?
   ① 상관계수가 높고, 많은 자산으로 구성된 포트폴리오
   ② 상관계수가 낮고, 많은 자산으로 구성된 포트폴리오
   ③ 상관계수가 높고, 적은 자산으로 구성된 포트폴리오
   ④ 상관계수가 낮고, 적은 자산으로 구성된 포트폴리오

8. 이성적 투자자들이 투자기회집합 중에서 효율적 투자선상의 포트폴리오만을 투자대상으로 고려하는 이유를 설명하시오.

9. 상관계수와 포트폴리오의 수익률 간의 관계를 설명하시오.

10. 투자안의 선택기준인 지배원리에 대해서 설명하시오.

제 9 장
CAPM과 시장효율성

자본자산가격결정모형(capital asset pricing model; CAPM)은 포트폴리오이론을 바탕으로 하여, 모든 투자자들이 효율적 분산투자원리에 따라 행동하는 경우에 균형상태에서 증권을 비롯한 자본자산의 위험과 기대수익률 간의 관계를 설명하는 이론이다.

자본자산가격결정모형은 현대 투자론에 있어서 매우 중요한 개념으로 자리 잡고 있으며, 투자 의사결정 및 성과평가 등 다양하게 활용되고 있다. 이제부터 제8장 포트폴리오이론을 바탕으로 CAPM에 대해서 알아보는데, 자본배분선(CAL), 자본시장선(CML), 증권특성선(SCL), 증권시장선(SML), CAPM 활용의 순서로 살펴볼 것이다. 그리고 마지막 부분에서 시장효율성에 대해서 설명한다.

9.1 CAPM의 의의와 가정

1. CAPM의 의의

포트폴리오이론에서 핵심이 되는 내용은 개별투자안에 투자하는 것보다 두 개 이상의 여러 투자안을 조합하여 분산투자할 때 동일한 위험이라면 더 높은 수익을, 동일한 수익이라면 보다 작은 위험을 제공하는 최적자산결합을 선택한다는 것이다.

포트폴리오이론을 기반으로 하는 CAPM은 모든 자본자산에는 가격이 존재하며, 그것들을 획득하는데 부담해야 할 위험의 크기와 수익률에 따라 그 가격이 달라진다는 개념으로써, 자본시장이 균형상태일 때 자본자산의 기대수익과 위험 사이의 관계를 설명하고자

하는 모형이다. 여기서 균형상태(equilibrium condition)라는 것은 거래되는 모든 자본자산에 대하여 자본시장에서 수요와 공급이 일치되도록 가격이 형성된 상태를 말한다. 결국, 자본자산가격결정모형은 마코위츠(H. Markowitz)의 포트폴리오 선택이론대로 투자자들이 투자활동을 하여 시장전체가 균형을 이룰 때, 주식을 비롯한 자본자산의 균형가격이 어떻게 결정되는가를 설명하는 모형이라고 할 수 있다.

이러한 자본자산가격결정모형은 샤프(W. F. Sharpe), 린트너(J. Lintner), 모신(J. Mossin) 등에 의해 개발되었고, 위험과 투자자가 요구하는 기대수익률 사이의 균형관계식을 도출하는 것이 주요내용이다.

2. CAPM의 가정

CAPM을 전개하기 위해서는 다음과 같은 몇 가지 가정이 전제되어야 한다.

첫째, 자본시장은 수없이 많은 투자자들이 참여하고 있어서, 특정 개인이 시장에 영향을 미치지 못하는 시장, 즉 완전경쟁시장(perfect competition market)이다.

둘째, 투자자들은 위험을 회피하려는 속성을 가지고 있어서, 평균-분산모형(mean-variance model)에 따라 투자안의 수익은 높을수록 좋고 위험은 작을수록 좋다고 생각한다.

셋째, 투자자들의 투자기간은 1기간이다.

넷째, 투자자들은 특정 투자안에 대해 동질적인 기대(homogeneous expectation)를 한다고 본다. 즉, 어떤 자산을 놓고 투자자들이 가치를 평가할 때 1기간 후 자산의 가격이나 예상수익률, 위험정도 등에 대해 동일한 평가를 내린다는 것이다.

다섯째, 자본시장에는 위험이 없는 투자자산이 존재하며, 이 자산에 투자했을 때 올릴 수 있는 투자수익률로 자금을 자유롭게 차입하거나 대출할 수 있다고 본다. 이때의 투자수익률을 무위험이자율 또는 무위험수익률이라고 한다.

여섯째, 자본시장에는 세금과 거래비용 등이 없어서 거래의 제약요인이 존재하지 않으며, 정보수집에 따른 비용이나 장애요소가 없어서 모든 투자자들이 동일한 정보를 소유한다. 이러한 시장을 완전자본시장(perfect capital market)이라고 한다.

여섯 가지 가정 중에서 네 번째까지는 포트폴리오이론에서 이미 사용한 가정이고, CAPM은 여기에 두 가지 가정을 추가한 것이다. 포트폴리오이론에서는 처음 네 가지 가정을 이용하여 합리적인 투자자라면 효율적 포트폴리오에만 투자한다고 하였다. 그런데 효율적 포트폴리오를 구성하고 있는 자산들은 모두 위험을 내포하고 있는 것들 뿐이다. 그러나 CAPM에서는 자본시장을 이러한 위험이 있는 자산들 뿐만 아니라 무위험자산(risk free asset)도 존재한다고 보는 것이다. 따라서 투자자들이 효율적 포트폴리오에만 투자할 수 있었던 것을 무위험자산까지 고려하면 투자범위가 확대되게 된다. 또한 현실에서 투자자들 중에는 자신이 가지고 있는 자금으로만 투자하는 사람 외에도 차입을 해서 투자하는 사람과 이들에게 대출을 하는 사람이 있게 마련인데, CAPM에서는 이러한 차입과 대출이 무위험이자율(R_f)로 이루어진다고 보는 것이다.

9.2 자본배분선(CAL)

포트폴리오이론에서는 투자대상으로 위험이 있는 자산들만을 고려하였는데, 이제 위험자산 뿐만 아니라 무위험자산까지 투자대상을 확대하여 포트폴리오를 구성해보자.

무위험자산은 미래 현금흐름에 불확실성이 없는 자산, 즉 위험이 없으면서도 수익이 확실하게 보장되는 자산을 의미한다. 하지만 현실적으로 이러한 자산을 찾기가 매우 어렵기 때문에, 일반적으로는 단기국채나 양도성예금증서(CD) 등을 대용치(proxy)로 사용한다.

위험자산과 무위험자산 각각 하나씩을 결합하는 포트폴리오를 생각해보자. 위험자산(i)과 무위험자산의 투자비중을 각각 w와 $(1-w)$라고 할 때, 포트폴리오의 수익률은 다음과 같다.

$$R_p = w R_i + (1-w) R_f \qquad \text{(식 9.1)}$$

여기서, R_i : 위험자산 i의 수익률
R_f : 무위험자산의 수익률

포트폴리오의 수익률을 나타내는 (식 9.1)을 기대수익률의 형태로 나타내면, 다음과 같이 무위험수익률에 위험프리미엄이 더해져서 결정되는 것을 알 수 있다.

$$\begin{aligned} E(R_p) &= w E(R_i) + (1-w) R_f \\ &= R_f + w[E(R_i) - R_f] \end{aligned} \qquad \text{(식 9.2)}$$

한편, 위험자산과 무위험자산으로 구성된 포트폴리오의 위험은 (식 9.1)의 표준편차를 계산함으로써 측정할 수 있는데, 위험자산 수익률의 표준편차와 위험자산에 대한 투자비중의 곱과 같다.[19)]

$$\sigma_p = w \sigma_i \qquad \text{(식 9.3)}$$

19) $Var(R_p) = Var(w R_i + (1-w) R_f)$에서 R_f가 상수이므로 $Var(R_p) = Var(w R_i)$가 된다. 따라서 $\sigma_p^2 = w^2 \sigma_i^2$이므로 $\sigma_p = w\sigma_i$가 된다.

그림 9-1 자본배분선(CAL)

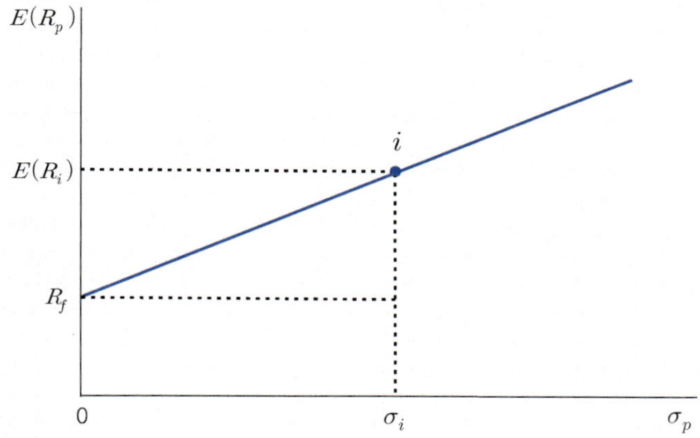

이제 위험자산과 무위험자산으로 구성된 포트폴리오의 기대수익률과 위험과의 관계식을 나타내보자. (식 9.3)을 w에 대해서 정리하면 $w = \sigma_p / \sigma_i$로 나타낼 수 있고, 이를 (식 9.2)에 대입하면 다음과 같은 관계식을 구할 수 있다.

$$E(R_p) = R_f + \frac{[E(R_i) - R_f]}{\sigma_i} \sigma_p \qquad \text{(식 9.4)}$$

(식 9.4)에서 포트폴리오의 기대수익률 $E(R_p)$는 무위험수익률에 위험프리미엄을 더한 값으로 구성되며, 위험프리미엄은 포트폴리오의 위험 σ_p가 커짐에 따라 선형적으로 증가한다. 그리고 [그림 9-1]은 자본배분선(capital allocation line; CAL)을 나타내고 있는데, R_f와 i 사이의 투자기회들은 투자자금의 일부는 위험자산 i에 투자하고 일부는 무위험자산에 예금하는 대출포트폴리오(lending portfolio)를 의미하며, i를 넘어서는 부분은 자신의 투자자금을 모두 i에 투자하고 R_f로 차입하여 이를 위험자산 i에 추가로 투자하는 차입포트폴리오(borrowing portfolio)를 의미한다.

9.3 자본시장선(CML)

1. 자본시장선의 의의

이제 시장에 존재하는 수없이 많은 위험자산들을 고려해보자. 포트폴리오이론에서 위험이 있는 자산들만을 고려할 때 최적의 포트폴리오를 구성하여 투자할 수 있는 집합을 효율적 투자선(efficient frontier)이라고 하였다. 그러나 무위험자산까지 고려하게 되면 투자대상의 범위가 확대되기 때문에 효율적 투자선이 더 이상 최적의 투자집합이 될 수 없다.

무위험자산까지 고려하여 확대된 투자범위에서 최적의 투자집합을 형성하는 것이 바로 자본시장선(capital market line; CML)이다. 자본시장선은 투자자들이 투자대상으로 위험이 있는 자산들 뿐만 아니라 무위험자산까지 포함해서 완전분산투자할 경우, 균형상태의 자본시장에서 효율적 포트폴리오의 기대수익과 위험 간의 관계를 나타낸 것이다.

[그림 9-2]는 무위험자산과 효율적 투자선의 결합을 통해서 자본시장선을 나타내고 있다. 그림에서 A점과 B점을 잇는 곡선은 효율적 투자선을 나타내고 세 개의 직선은 무위험자산과 효율적 포트폴리오와의 결합을 나타낸 것이다. 그림을 통해서, 직선의 출발점인

그림 9-2 자본시장선(CML)

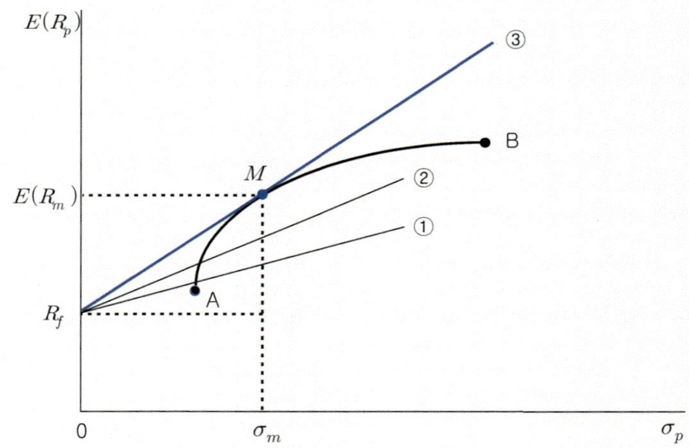

무위험이자율(R_f)은 효율적 포트폴리오보다 낮은 위치에 있음을 볼 수가 있는데, 그 이유는 효율적 포트폴리오를 구성하고 있는 자산들은 위험을 수반하므로 무위험자산보다 높은 수익률을 제공해야 투자자들이 투자하기 때문이다.

그림에서는 직선 ①, ②, ③ 세 가지 투자조합만을 나타냈는데, 직선 ①과 ③ 사이에도 무수히 많은 투자조합을 생각해 볼 수가 있다. 지배원리에 따라 직선 ①보다는 직선 ②가 동일한 위험에 대해서 보다 더 높은 수익률을 제공하기 때문에 투자자들은 직선 ②를 더 선호할 것이고, 또한 직선 ②보다는 직선 ③이 더 높은 수익률을 제공하기 때문에 결국 자본시장에는 투자조합 ③만이 남게 된다.

이와 같이 무위험자산과 효율적 투자선의 접점 M을 잇는 직선 ③을 자본시장선이라고 한다. 또한 자본시장선은 균형상태의 자본시장에서 효율적 포트폴리오의 기대수익과 위험 사이의 선형관계를 나타내는데, 이를 수식으로 표현하면 다음과 같다.

$$E(R_p) = R_f + \frac{E(R_m) - R_f}{\sigma_m} \sigma_p \qquad \text{(식 9.5)}$$

여기서, $E(R_p)$: 포트폴리오의 기대수익률
$E(R_m)$: 시장포트폴리오의 기대수익률
R_f : 무위험이자율
σ_m : 시장포트폴리오의 표준편차
σ_p : 포트폴리오의 표준편차

이처럼 무위험자산을 고려하게 되면 효율적 투자선에서 자본시장선으로 투자범위가 확대된다.

■ 시장포트폴리오

자본시장선상의 접점 M은 특별한 의미를 지니고 있다. 균형상태에서 모든 투자자들은 자신의 위험회피 정도에 상관없이 위험자산 포트폴리오 M을 최적포트폴리오의 일부로 보유하게 되는데, 이는 모든 투자자들은 접점포트폴리오 M에 대하여 동질적인 예상을 하기 때문이다. 이러한 포트폴리오 M을 시장포트폴리오(market portfolio)라고 하며, 위험자산으로만 구성된 포트폴리오 중에서 가장 우월하기 때문에 투자자들은 위험이 있는 자산에 투자할 경우 M에만 투자하게 된다.

시장포트폴리오는 자본시장에서 거래되는 모든 위험자산들을 그 시장가치비율대로 포함하여 구성된다. 예를 들어, 현재 시장에 A, B, C 세 주식만이 위험자산으로 거래되고 있고, A, B, C 주식의 총 시장가치가 각각 300억원, 600억원, 100억원이라고 하자. 이때 시장포트폴리오는 주식 A, B, C가 각각 3/10, 6/10, 1/10의 비율로 구성된 포트폴리

오를 말한다.[20]

2. 대출포트폴리오와 차입포트폴리오

앞에서 우리는 자본시장선에 대하여 살펴보았다. [그림 9-3]에서 보듯이 CML은 시장포트폴리오 M을 기준으로 R_fM선상에 있는 포트폴리오와 MN선상에 있는 포트폴리오로 구분할 수 있다. 전자는 투자자금의 일부를 위험자산인 M에 투자하고 나머지 자금을 무위험자산에 투자하는 대출포트폴리오(lending portfolio)이고, 후자는 무위험이자율로 차입하여 자신이 보유하고 있는 투자자금에 더하여 위험자산 M을 사들이는 차입포트폴리오(borrowing portfolio)이다. 그리고 R_f와 M은 보유하고 있는 투자자금을 모두 무위험자산 또는 시장포트폴리오 M에만 투자하는 방법이다.

그림 9-3 대출포트폴리오와 차입포트폴리오

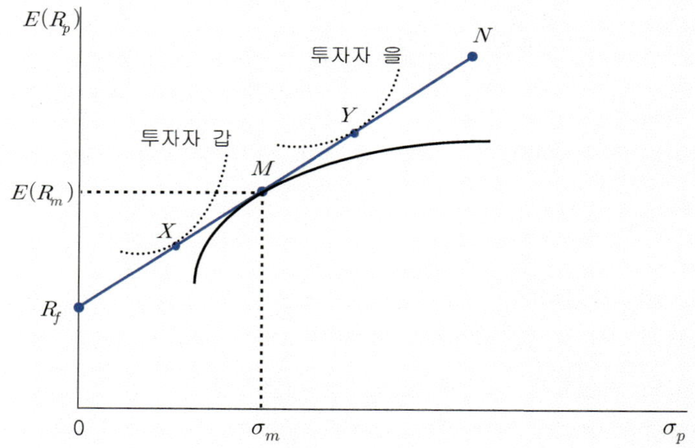

이제 무차별곡선을 도입하여 생각해보자. 투자자 갑과 같은 무차별곡선을 가진 투자자는 기대효용이 극대화되는 R_f와 M 사이에 있는 점 X를 최적포트폴리오로 선택한다. 따라서 이들은 무위험자산을 일부 보유, 즉 대출을 하는 것으로 볼 수 있다. 또한 을과 같은

20) KOSPI지수는 유가증권시장에 상장된 모든 주식의 시가총액을 합산하여 기준시점과 비교한 주식시장 전반의 주가변동을 나타내는 지표이다. 이러한 이유로 시장포트폴리오의 대용치로 KOSPI지수를 사용한다.

무차별곡선을 가진 투자자의 최적포트폴리오는 Y가 되며, 이러한 성향을 가진 투자자들은 M과 N 사이에 있는 점들 중에 최적포트폴리오를 선택하게 된다. 따라서 이들은 무위험이자율로 차입한 후 그 자금을 시장포트폴리오에 투자하므로, 투자자가 보유하고 있는 투자자금보다 더 많은 자금을 위험자산에 투자하는 것으로 볼 수 있다.

3. 최적포트폴리오의 선택

앞 장에서 소개했던 포트폴리오이론에서는 위험자산만 존재하는 경우에 최적포트폴리오의 선택에 대하여 살펴보았다. 그렇다면 무위험자산까지 고려할 경우에는 최적포트폴리오를 어떻게 선택할 것인가에 대하여 알아보자. 무위험자산이 존재할 때의 효율적 투자선은 앞에서 설명한 자본시장선이 된다. [그림 9-3]을 다시 보면, 무차별곡선과 자본시장선이 접하는 점 X와 Y가 바로 최적포트폴리오가 되는 것이다. 따라서 무위험자산이 존재할 경우 최적포트폴리오는 자본시장선상에서 존재하며, 투자자의 위험회피정도에 따라 시장포트폴리오와 무위험자산에 대한 투자비율을 결정하게 된다. 위험회피성향이 강한 투자자는 대출포트폴리오를 선택하게 될 것이고, 상대적으로 위험회피성향이 약한 투자자는 많은 자금을 위험자산에 투자하려 할 것이므로 차입포트폴리오를 선택하게 되는 것이다.

■ 토빈의 분리정리

투자자가 대출포트폴리오를 구성하거나 또는 차입포트폴리오를 구성하는 경우 모두 시장포트폴리오를 포함하게 된다. 즉, 포트폴리오 구성에서 시장포트폴리오는 두 경우 모두 동일하게 선택되고, 단지 위험회피성향에 따라 무위험이자율로 대출을 하든지 차입을 하든지 결정하게 된다. 토빈(J. Tobin)은 투자자가 최적포트폴리오를 선택하는 과정을 다음과 같이 설명한다.

첫 번째는 위험자산 중 최적포트폴리오인 시장포트폴리오를 선택하는 단계로 투자자의 위험회피정도와는 무관하게 이루어지는 것이고, 두 번째는 자본시장선상에서 최적포트폴리오를 선택하는 단계로 투자자의 위험회피성향에 따라 시장포트폴리오와 무위험자산에 대한 투자비율을 결정하게 된다는 것이다.

이와 같이 투자자의 최적선택과정이 두 단계로 구분되어 이루어진다는 생각이 토빈의 분리정리(Tobin's separation theorem)이다.[21]

---

21) 이러한 분리정리는 집합투자기구(펀드)와 같은 투자전문가들의 역할을 정당화시켜 준다. 왜냐하면, 간접투자를 하거나 직접투자를 하거나 투자대상은 시장포트폴리오와 무위험자산뿐이므로, 투자전문가들은 고객의 특성에 따라 각기 다른 포트폴리오를 제공할 필요가 없고 단지 최상의 위험-수익관계를 얻을 수 있는 위험자산 포트폴리오를 제공하면 된다. 그리고 개인투자자는 자산의 위험회피정도에 따라 무위험자산

9.4 증권특성선(SCL)

개별주식과 포트폴리오에는 두 가지 위험인 체계적 위험과 비체계적 위험이 존재하는데, 자본시장선에서 가장 우월한 포트폴리오인 시장포트폴리오(M)는 완전하게 분산투자되어 있어서 비체계적 위험은 존재하지 않으므로 체계적 위험만 고려하면 된다. 그런데 시장포트폴리오를 구성하고 있는 개별주식들은 각 주식의 특성에 따라 체계적 위험의 크기가 다르게 나타난다.

앞 장에서 예를 들었던 우산기업과 아이스크림기업의 경우를 통해 설명하면, 두 기업 모두 물가상승의 영향을 받아서 제품가격이 상승한다. 그런데 날씨가 더울 경우에도 아이스크림가격이 비싸면 사람들이 사먹지 않을 수도 있다. 아이스크림 판매는 인플레이션의 영향을 많이 받는 것이다. 그러나 비가 오는 경우에 우산가격이 비싸다고 해서 비를 맞고 돌아다니지는 않는다. 단지, 우산을 가지고 있는 사람은 더 좋은 우산을 사려고 하지 않는다거나 우산이 없는 사람은 값싼 우산을 사게 된다. 따라서 우산기업은 인플레이션의 영향을 아이스크림기업보다는 덜 받는 것이다. 이처럼 기업의 특성에 따라 체계적 위험의 정도는 다르게 나타난다.

인플레이션이나 금리변동 등의 현상은 시장포트폴리오의 수익률에 영향을 주게 되고, 시장포트폴리오를 구성하고 있는 개별주식들의 수익률 역시 기업의 특성에 따라 변동하게 된다. 이처럼 시장수익률의 변화에 따라 개별주식 수익률의 변동관계를 나타내는 것이 증권특성선(security characteristic line; SCL)이다.

[그림 9-4]는 우산기업과 아이스크림기업 주식의 증권특성선을 나타낸 것이다. 그림 (가)는 우산기업의 증권특성선으로 기울기가 완만한 경사를 이루고, 기울기가 급경사를 이루고 있는 그림 (나)는 아이스크림기업의 증권특성선이다. 이것이 의미하는 바는 시장수익률이 변동할 때 우산기업의 주식수익률은 영향을 덜 받는 반면, 아이스크림기업의 주식수익률은 크게 영향을 받는다는 것이다.

과 위험자산 포트폴리오에 분산투자를 하면 되는 것이다.

그림 9-4 증권특성선(SCL)

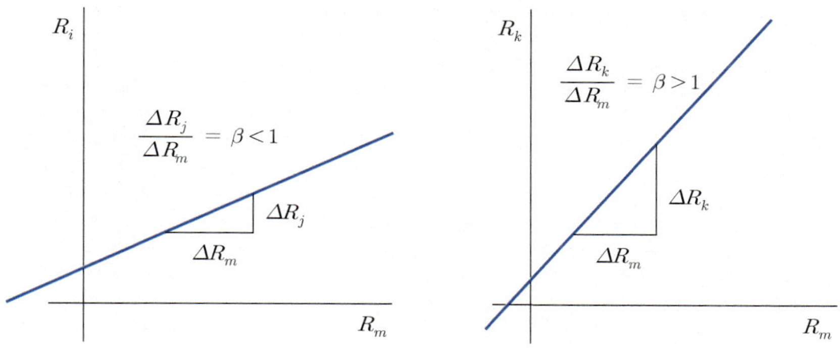

(가) 우산기업 (나) 아이스크림기업

또 다른 예를 통해 증권특성선의 기울기에 대해 살펴보자. 증권특성선의 기울기가 각기 2.0, 1.0, 0.5로 서로 다른 세 가지 주식 A, B, C가 있고, 경기전반에 걸친 물가상승으로 증권시장의 시장수익률이 10% 상승했다고 하자. 그러면 주식 A는 수익률이 20%, 주식 B는 수익률이 10%, 주식 C는 수익률이 5% 상승하게 된다. 역으로 시장수익률이 10% 하락하게 되면 주식 A는 20%, 주식 B는 10%, 주식 C는 5% 하락하게 된다. 아래 표는 증권특성선에 따른 수익률의 변화를 요약하여 나타낸 것이다.

구 분	주식 A	주식 B	주식 C
증권특성선의 기울기	2.0	1.0	0.5
시장수익률 10% 상승	20% 상승	10% 상승	5% 상승
시장수익률 10% 하락	20% 하락	10% 하락	5% 하락

따라서 증권특성선의 기울기가 1일 때 개별주식의 수익률 변동폭은 시장수익률의 변동폭과 동일하게 움직인다는 것을 알 수 있다. 하지만 증권특성선의 기울기가 1보다 작으면 수익률 변동폭은 시장수익률 변동폭보다 작게 움직이며, 이러한 주식(자산)을 방어적인 주식(자산)이라고 한다. 그리고 증권특성선의 기울기가 1보다 크면 수익률 변동폭은 시장수익률의 변동폭보다 더 크게 움직이며, 이러한 주식(자산)을 공격적인 주식(자산)이라고 한다.

증권특성선의 기울기 = 1	➡	시장수익률의 변동폭과 일치
증권특성선의 기울기 〈 1	➡	방어적인 자산
증권특성선의 기울기 〉 1	➡	공격적인 자산

결국, 증권특성선은 시장에서 수익률의 변동폭을 나타내는 것이라고 할 수 있으며, 개별주식 i의 수익률이 하나의 공통요인인 시장수익률과 선형관계를 가지므로 다음과 같이 나타낼 수 있다.

$$R_{i,t} = \alpha_i + \beta_i R_{m,t} + \epsilon_{i,t} \qquad \text{(식 9.6)}$$

여기서, $R_{i,t}$: t 시점에서 주식 i의 수익률
$R_{m,t}$: t 시점에서 시장포트폴리오의 수익률
α_i : 회귀계수의 절편
β_i : 회귀계수의 기울기
$\epsilon_{i,t}$: 잔차항

증권특성선은 시장포트폴리오와 개별주식의 변동관계를 하나의 직선으로 나타내는 것이므로, 증권특성선의 기울기를 알기 위해서는 과거 수년 간 개별주식의 수익률과 시장수익률 사이의 변동관계를 회귀분석(regression)을 실시하여 직선식을 구하면 추정할 수 있다.

$$R_i = \hat{\alpha}_i + \hat{\beta}_i R_m \qquad \text{(식 9.7)}$$

여기서, $\hat{\alpha}_i$, $\hat{\beta}_i$: 회귀계수의 추정치

9.5 증권시장선(SML)

1. 체계적 위험과 베타

우리는 포트폴리오의 위험이 체계적 위험과 비체계적 위험으로 구성되어 있으며, 분산투자효과로 인하여 투자자들의 관심사는 총위험이 아니라 체계적 위험이라는 것을 설명하였다. 그렇다면 체계적 위험을 측정하는데 이용되는 베타(β)가 무엇이며, 어떻게 측정이 되는지를 살펴보자.

베타는 포트폴리오를 보유하고 있는 경우에 개별주식의 위험이 시장포트폴리오의 위

험에서 차지하는 비율로써 다음과 같이 나타낼 수 있다.

$$\beta_i = \frac{Cov(R_i, R_m)}{Var(R_m)} = \frac{\sigma_{im}}{\sigma_m^2} \quad \text{(식 9.8)}$$

일반적으로 베타는 개별주식의 체계적 위험을 나타내는 지표로 사용되고 있다. 개별주식과 시장포트폴리오의 미래 수익률에 대한 확률분포가 주어졌을 경우, 시장포트폴리오와 개별주식의 공분산과 시장포트폴리오의 분산을 구하면 베타를 구할 수 있다. 이러한 방법으로 구한 베타를 사전적 베타(ex ante β)라고 한다.

하지만 미래 수익률의 확률분포를 추정하는 것은 매우 어려운 일이기 때문에 일반적으로는 과거 수익률자료를 이용한다. 즉, 시장포트폴리오의 대용치(KOSPI지수)와 개별주식의 과거 수익률자료를 이용하여 회귀분석을 실시하고, 추정된 기울기를 베타로 이용하는 방법이다. 이러한 방법을 통해서 구한 베타를 사후적 베타(ex post β)라고 하며, 앞에서 설명했던 증권특성선의 기울기와 동일한 개념이다. 이와 같은 방법으로 베타를 추정하는 모형을 시장모형(market model)이라 하고, 다음과 같이 나타낼 수 있다.

$$R_i = \alpha_i + \beta_i R_m + e_i \quad \text{(식 9.9)}$$

여러 개의 주식으로 구성된 포트폴리오의 베타 또한 개별주식들의 베타를 구하는 방법과 동일하다.

$$\beta_p = \frac{Cov(R_p, R_m)}{Var(R_m)} = \frac{\sigma_{pm}}{\sigma_m^2} \quad \text{(식 9.10)}$$

그리고 포트폴리오에 결합된 개별주식의 베타와 구성비율을 알고 있다면 포트폴리오의 베타는 다음과 같이 나타낼 수 있다.

$$\beta_p = w_1\beta_1 + w_2\beta_2 + \cdots\cdots + w_n\beta_n = \sum_{i=1}^{n} w_i\beta_i \quad \text{(식 9.11)}$$

이 식의 의미는 포트폴리오의 체계적 위험(β_p)은 포트폴리오를 구성한 개별주식의 체계적 위험을 개별주식의 구성비율로 가중평균하여 나타낼 수 있다는 것이다.

앞에서 설명한 증권특성선에서 살펴보았듯이, 체계적 위험을 나타내는 베타는 증권특성선의 기울이며, 이는 시장포트폴리오의 수익률이 1% 움직인다고 할 때 베타가 1.0이면 개별주식의 수익률이 1% 변동하고, 베타가 2.0이라고 하면 개별주식의 수익률이 2% 변화한다는 것을 의미한다.

2. 증권시장선

CAPM은 모든 자본자산에는 가격이 있으며, 이들을 취득하는데 부담하는 위험의 크기에 따라 가격이 달라진다라고 설명한다. 그리고 자본시장선을 통하여 투자자들이 위험자산들 뿐만 아니라 무위험자산까지 투자대상으로 고려할 때 투자범위가 효율적 투자선에서 자본시장선으로 확대된다고 하였다.

또한 총위험 중에서 비체계적 위험은 분산투자를 통해 제거할 수 있기 때문에 고려할 필요가 없으며, 최적의 분산투자를 하였다고 할지라도 제거할 수 없는 위험인 체계적 위험만이 우리의 관심사라고 설명하였다. 아울러 증권특성선을 통하여 각각의 주식은 주식을 발행한 기업의 특성상 경기변동에 영향을 받는 정도에 따라 체계적 위험이 모두 다르다고 설명하였다. 이제 개별주식이 가지고 있는 체계적 위험과 수익률 간의 관계를 나타내는 증권시장선(seurity market line; SML)을 살펴보기로 하자.

자본자산가격결정모형에서 설명하는 위험의 크기에 따라 자본자산의 가격이 결정된다고 할 때, 여기서 말하는 위험이란 바로 체계적 위험을 의미하는 것이며, 체계적 위험에 따라 주식의 가격이 결정되는 원리를 보여주는 것이 증권시장선이다. 앞에서 체계적 위험을 베타(β)로 나타내기로 하였으므로, 다음 식은 주식의 기대수익률과 체계적 위험과의 관계를 나타내고 있다.

$$E(R_i) = R_f + [E(R_m) - R_f]\beta_i \quad \text{(식 9.12)}$$

여기서, $E(R_i)$: 주식 i(또는 포트폴리오)의 기대수익률
$E(R_m)$: 시장포트폴리오의 기대수익률
R_f : 무위험이자율
β_i : 주식 i의 체계적 위험

위 식에서 시장수익률 역시 위험을 내포하고 있으므로 당연히 무위험자산의 수익률보다 높기 때문에 $[E(R_m) - R_f]$는 양(+)의 값을 갖게 되며, 이것을 시장포트폴리오의 초과수익률(excessive return)이라고 한다. 따라서 증권시장선은 시장포트폴리오의 초과수익률이 결정되었을 때, 개별주식(또는 포트폴리오)의 체계적 위험(β)에 따라 기대수익률이 얼마가 되는지를 보여주는 관계식이다.

예를 들어, 무위험이자율(R_f)이 7%이고 C주식의 체계적 위험(β_C)이 2이며 시장수익

률(R_m)이 12%라고 할 때, 위의 공식을 이용하여 C주식의 기대수익률은 다음과 같이 구할 수 있다.

$$E(R_C) = R_f + [E(R_m) - R_f]\,\beta_C$$
$$= 7\% + [12\% - 7\%] \times 2 = 17\%$$

앞에서 살펴 본 CAPM의 세 번째 가정에서 단일투자기간을 가정하고 있기 때문에, 여기서 기대수익률이 17%라고 하는 것은 C주식을 소유하고 있으면 1기간 후에는 17%의 수익률을 기대할 수 있다는 의미이다.

[그림 9-5]는 증권시장선으로 세로축은 기대수익률을 나타내고 가로축은 체계적 위험을 나타낸다. 그리고 R_f는 무위험이자율이고, 증권시장선의 기울기는 시장포트폴리오의 초과수익률 $[E(R_m) - R_f]$이며, 시장포트폴리오의 체계적 위험(β_m)은 1이다.[22]

그림 9-5 증권시장선(SML)

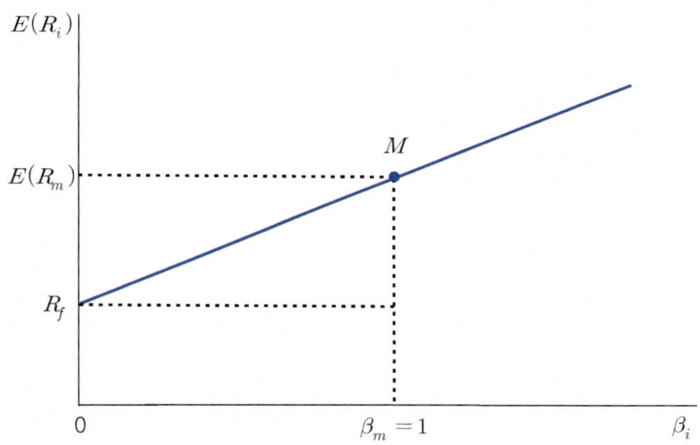

3. 자본시장선과 증권시장선의 비교

증권시장선(SML)은 자본시장선(CML)으로부터 도출된 것이다. 앞에서 설명한 바와 같이, CML은 자본시장의 균형상태에서 효율적 포트폴리오들의 기대수익률과 위험(표준편

22) $\beta_m = \dfrac{\sigma_{mm}}{\sigma_m^2} = \dfrac{\sigma_m^2}{\sigma_m^2} = 1$

차) 간의 관계를 규명하고 있다. 반면에 SML은 효율적 포트폴리오와 비효율적 포트폴리오, 개별증권을 포함한 모든 자산의 기대수익률과 베타계수로 측정한 위험의 관계를 보여주고 있는 것이다.

따라서 우리가 알 수 있는 것은 비효율적인 자산들은 자본시장선상에 있지 않으므로 증권시장선만 성립하게 되고, 완전하게 분산투자가 이루어진 시장포트폴리오를 이용하여 만들어진 자본시장선상의 효율적 포트폴리오들의 경우에는 자본시장선과 증권시장선이 동일하게 된다.

그림 9-6 자본시장선과 증권시장선의 비교

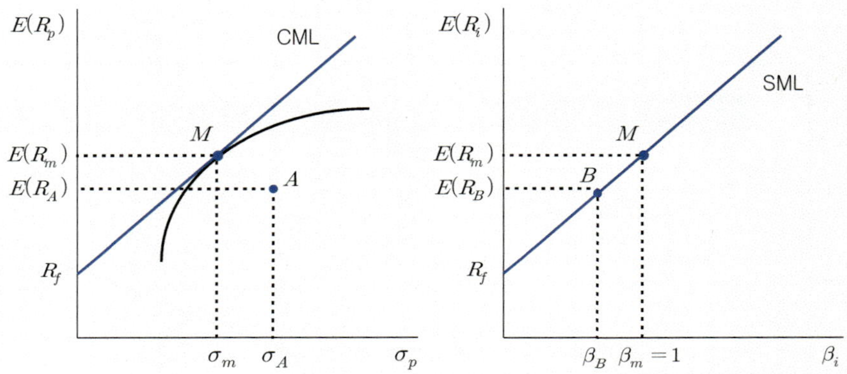

(가) 자본시장선 (나) 증권시장선

9.6 CAPM의 활용

지금까지 우리는 자본자산가격결정모형에 대하여 살펴보았다. CAPM이 정확하다면, 투자자들은 모든 주식의 가격을 적절하게 평가할 수 있고 미래 1기간 후의 가격을 예측할 수 있다. 그러나 CAPM을 증권시장에 적용하기에는 이 이론이 내세운 가정들이 현실을 벗어난 것이어서 현실상황과 항상 일치하지는 않는다. 하지만 CAPM이 재무관리과 투자이론에 기여한 바가 상당히 크기 때문에, 증권투자를 배우려는 사람들은 한번쯤 짚고 넘어가야 한다. 이제 우리는 CAPM이 주식의 과대·과소평가여부 및 자본비용의 추정, 그리고 투자성과의 평가 등 여러 면에 활용될 수 있음을 살펴보기로 하자.

1. 과대·과소평가 여부의 판단과 가격결정

CAPM을 이용하여 계산된 기대수익률을 통하여 주식가격이 과대·과소평가되어 있는지를 판단할 수 있다. 다시 말해서, 주식의 적정가격을 예측할 수 있다는 것이다. 예를 들어, 앞에서 증권시장선(SML)을 이용하여 구한 C주식의 기대수익률, $E(R_C)$가 17%라고 할 때, C주식이 현재 시장에서 10,000원에 거래되고 있다고 하면, 1기간 후에는 미래가치 개념에 의해 11,700원으로 상승할 것이다.

$$10{,}000 \times (1 + 0.17) = 11{,}700\text{원}$$

앞의 계산에서 (1+0.17)을 오른쪽 항으로 넘기면 다음과 같이 변형된다.

$$10{,}000 = \frac{11{,}700}{(1+0.17)}$$

CAPM의 네 번째 가정에 따라 시장에 참여한 모든 투자자가 동일하게 C주식이 1기간 후의 가격이 11,700원이 될 것이라고 예상한다면, 기대수익률이 17%이므로 위 식에 의해 현재 C주식의 가격 10,000원은 시장에서 적정하게 평가되었다고 말할 수 있다.

이번에는 투자자들이 1기간 후의 C주식의 가격을 12,870원으로 예상하였다면, 주식의 가격은 11,000원이 될 것이다.

$$\text{C 주식의 가격} = \frac{12{,}870}{(1+0.17)} = 11{,}000\text{원}$$

그런데 현재 주식시장에서 C주식은 10,000원에 거래되고 있기 때문에, C주식의 가격이 과소평가되어 있으므로 투자자들 모두가 C주식을 사려할 것이고, 따라서 빠른 시간 내에 11,000원으로 가격이 상승하게 된다.

이번에는 투자자들이 1기간 후의 C주식의 가격을 10,530원으로 예상하였다면, C주식의 가격은 9,000원이 될 것이다.

$$\text{C 주식의 가격} = \frac{10{,}530}{(1+0.17)} = 9{,}000\text{원}$$

그런데 현재 주식시장에서 C주식은 10,000원에 거래되고 있기 때문에, C주식의 가격이 과대평가되어 있으므로 투자자들은 C주식을 팔려고 할 것이다. 따라서 C주식은 조만간 9,000원으로 하락하게 된다.

위의 상황을 그림으로 나타내면 [그림 9-7]과 같다. 그림에서 보는 바와 같이 증권시장선을 기준으로 과소평가된 주식(U)은 시장의 매입세력에 의해 가격이 상승하여 X가 되고, 과대평가된 주식(O)은 시장의 매도세력에 의하여 가격이 하락하여 Y가 된다. 이러한 시장의 움직임은 주식수익률을 증권시장선 위에 놓이게 함으로써 균형가격을 이루게 된다.

그림 9-7 SML과 자산가격의 결정

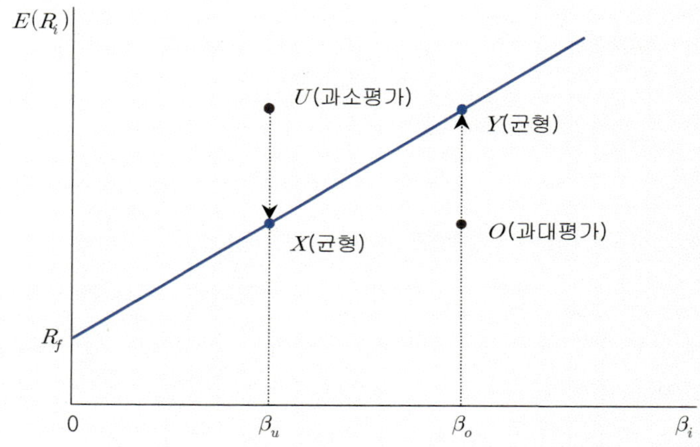

따라서 증권시장선을 이용하여 시장에서 거래되고 있는 주식들의 체계적 위험을 알 수 있다면, 각 주식의 기대수익률을 계산할 수 있다. 그리고 이를 통하여 현재의 증권가격이 적절한 것인지 아니면 과대 또는 과소평가되어 있는지를 판단할 수가 있다.

2. 자기자본비용의 추정

기업의 가치를 평가하는데 있어서 자본비용(cost of capital)의 추정은 매우 중요하다. 그런데 기업의 가중평균자본비용(weighted average cost of capital; WACC)에 포함되는 자기자본비용을 CAPM에 의해서 추정할 수 있다. CAPM에 의하여 추정되는 특정 주식의 기대수익률은 시장에 참가한 주주의 기회비용으로 생각할 수 있으므로, 기업의 입장에서는 자기자본을 사용하는데 따른 대가, 즉 자기자본비용으로 볼 수 있는 것이다. 따라서 CAPM에서의 기대수익률을 기업의 가치평가 또는 주식의 본질가치를 평가하는데 있어서 할인율(discount rate)로 사용할 수 있게 된다. 이를 식으로 나타내면 (식 9.13)과 같다.

$$E(R_i) = R_f + [E(R_m) - R_f]\beta_i = k_s \qquad \text{(식 9.13)}$$

3. 투자성과의 평가

투자 후에는 투자에 대한 성과평가를 실시해야 한다. 그런데 일반적으로 투자성과를 평가할 때에는 단순수익률을 기준으로 하는 것이 아니라, 위험을 고려한 위험조정수익률로 평가를 해야 된다. 대표적인 위험조정성과척도(risk-adjusted performance measures)로는 샤프지수, 트레이너지수, 젠센지수 등을 들 수 있다.

샤프지수(Sharpe's measure)는 자본시장선(CML)에서의 균형관계가 사후적으로 성립된다고 보고, 포트폴리오의 운용성과를 평가하는 방법이다.

$$\overline{R_p} = \overline{R_f} + \frac{(\overline{R_m} - \overline{R_f})}{\sigma_m}\sigma_p \qquad \text{(식 9.14)}$$

(식 9.14)의 양변에서 $\overline{R_f}$를 차감하고 σ_p로 나누어 주면, 다음과 같이 나타낼 수 있다.

$$\frac{(\overline{R_p} - \overline{R_f})}{\sigma_p} = \frac{(\overline{R_m} - \overline{R_f})}{\sigma_m} \qquad \text{(식 9.15)}$$

위 식에서 좌변식이 샤프(W. F. Sharpe)가 제시한 평가척도로써 샤프지수라고 한다. 이는 포트폴리오의 총위험 1단위당 무위험이자율을 초과하여 실현된 수익률의 비율을 나타내며, 이 비율이 높을수록 포트폴리오의 운용성과가 높다는 것을 의미한다.

$$\text{샤프지수} = \frac{(\overline{R_p} - \overline{R_f})}{\sigma_p} \qquad \text{(식 9.16)}$$

트레이너(J. Treynor)는 샤프지수에서 사용된 CML의 총위험(표준편차) 대신에 증권시장선(SML)에서의 체계적 위험(베타)을 이용하여 포트폴리오의 성과를 측정하는 방법을 제시하고 있다.

$$\text{트레이너지수} = \frac{(\overline{R_p} - \overline{R_f})}{\beta_p} \qquad \text{(식 9.17)}$$

위 식에서 알 수 있는 바와 같이, 트레이너지수(Treyner's measure)는 포트폴리오의 체계적 위험 1단위당 무위험이자율을 초과하여 실현된 초과수익률의 비율을 나타내고 있으며, 이 값이 클수록 투자성과가 우수하다는 것을 의미한다.

젠센(M. Jensen)도 트레이너지수처럼 SML을 이용하여 투자성과를 평가하는 방법을 제시하였다. 그런데 젠센지수(Jensen's measure)는 체계적 위험의 수준이 주어졌을 경우에 증권시장선에 의해 예측한 수익률과 실현수익률의 차이로 성과를 측정하는 점이 다르다. 젠센지수는 알파(α)로도 표시하며, 다음과 같이 나타낼 수 있다.

$$\text{젠센의 } \alpha = [\overline{R_p} - \overline{R_f}] - [\overline{R_m} - \overline{R_f}]\beta_p \qquad \text{(식 9.18)}$$

이때 α가 0보다 큰 값을 갖는다면 시장포트폴리오보다 우수한 성과를 거둔 것이고, 0보다 작은 값을 가진다면 시장포트폴리오보다 못한 투자성과를 거둔 것으로 판단할 수 있다.

이상에서 논의한 CAPM이 적용되려면 시장이 효율적이어야 한다. 다음 절에서는 시장효율성에 대해서 살펴볼 것이다.

랜덤워크이론

랜덤워크이론은 주가의 움직임을 연속적으로 관찰할 경우, 지속적이고 일정한 추세를 가지는 것이 아니라 매일 매일의 변화가 서로 독립적으로 진행되기 때문에, 그 움직임은 마치 술에 만취한 사람의 비틀거리는 걸음걸이(random walk)와도 같다는 것이다.

버튼 멜키엘(Burton G. Malkiel)은 그의 저서 『*A Random Walk Down Wall Street*』에서 "시장은 제멋대로 움직인다. 그렇기 때문에 과거와 오늘의 금융시장으로 내일을 예측할 수 없다"고 하며, 주가에 대한 기술적 분석은 물론, 기업가치에 대한 분석 역시 주가를 예측하지 못한다고 단언하였다.

특정 시점의 주가가 그때까지의 모든 관련정보를 이미 반영하고 있다면, 주가는 새로운 어떤 정보가 나타나지 않는 한 변하지 않을 것이다. 새로운 정보는 글자 그대로 미리 예측할 수 있는 것이 아니다. 따라서 이러한 상황에서 앞으로의 주가를 예측하는 것은 불가능하다. 즉, 미래 주가의 움직임은 과거의 변화추이나 그 기업이 가진 현재의 특성과는 무관하며 무작위하다.

이러한 주가움직임의 무작위성은 두 가지 형태의 투자분석가들이 경쟁적으로 주가 예측을 통해서 초과이익을 얻으려고 노력하기 때문에 더욱 촉진된다. 하나는 기본적 분석을 이용하는 사람들로써 이들은 기업의 재무적 요인이나 경영능력 또는 경제환경변수 등에 관한 정보를 분석하여, 이를 근거로 주가의 향방을 예측하려 한다. 그런데 그들 간의 경쟁은 결과적으로 모든 재무적 요인이나 환경적 요인을 즉시 주가에 반영하는 효과를 가져온다.

또 하나는 과거의 주가변동 추이를 토대로 미래의 주가움직임을 예측하려는 기술적 분석가들의 노력이다. 이들의 경쟁적인 노력은 과거의 주가변동에 관한 모든 정보를 현재의 주가에 반영하게 함으로써, 결국 미래의 주가 변화가 과거의 변화와는 독립적인 양상을 가지게 한다.

이러한 랜덤워크 형태의 주가변동이 가지는 경제적 의미는 효율적 자본시장(efficient capital market), 즉 모든 관련 정보가 즉시 투자자들에 의하여 주가에 반영되는 시장에서는 그 가격의 변화가 랜덤할 수밖에 없다. 그러므로 미래의 주가변동은 예측할 수 없다는 것이다.

9.7 증권시장의 효율성

증권시장의 기능들 중에서 공정한 가격형성기능은 기업으로 하여금 효율적인 경영을 유도하고, 국가경제 차원에서 자원의 효율적 배분을 가능하게 한다는 점에서 매우 중요시된다. 하지만 증권시장의 가격형성기능은 저절로 발휘되는 것이 아니라 증권시장이 효율적일 때에만 가능하다.

1. 시장효율성

증권의 가격결정과정에서 가격형성기능이 제대로 발휘되어 증권시장이 사회·경제적으로 제 기능을 다하기 위해서는 증권시장의 효율성이 유지되어야 한다. 증권시장이 효율적이라는 의미는 배분·운영·정보 세 가지 측면에서의 효율성을 말하는데, 이러한 효율성이 유지될 때 증권시장에서 가격형성기능이 정상적으로 작동할 것으로 기대할 수 있다.

1) 배분효율성

배분효율성(allocational efficiency)이란 증권에 대한 수요와 공급이 원활하게 이루어져서 균형가격이 형성되고, 이 가격이 경제 전체로는 자원의 효율적 배분을 가능하게 하는 것을 의미한다. 위험부담이나 제반비용을 고려한 후 가장 높은 한계수익을 제공하는 기업에게 자금이 공급되고 균형가격이 형성되면, 국가전체로는 사회적 후생을 극대화하는 자원의 효율적 배분이 가능해지고, 개인투자자는 자신의 기대효용을 극대화하는 소비와 투자결정을 할 수 있게 된다.

예를 들어, 위험수준이 동일한데 보다 높은 투자수익을 가져다주는 증권이 존재한다던가, 동일한 투자수익이 기대되는데 보다 작은 위험을 지닌 증권이 지속적으로 존재한다면 제한된 자원의 낭비를 최소화시키는 기능, 즉 자원의 효율적 배분기능을 기대하기 어려울 것이다.

2) 운영효율성

운영효율성(operational efficiency)은 증권시장의 제도적인 운영측면에서 마찰을 가급적 줄여서 거래 또는 자원의 이전이 원활하게 이루어지도록 하는 내부효율성(internal efficiency)을 의미한다.

예를 들어, 증권시장의 운영과 관련해서 증권을 매매할 때 발생하는 거래수수료와 증권거래세 및 증권을 발행하는데 소요되는 제반비용이 높고, 증권가격이 자유롭게 변동하지 못하게 가격제한폭이 작게 설정되어 있으며, 소수의 투자자에 의해서 수요와 공급이 영향 받을 정도로 증권의 소유가 과점되어 있거나 공급물량이 적다든지, 기업공시제도가 부실하다면 증권거래가 원활하게 이루어질 수 없는 것이다. 즉, 운영효율성이 충족되지 못하면 증권시장이 제 기능을 발휘하는 것을 기대할 수 없다.

3) 정보효율성

정보효율성(informational efficiency)은 증권가격에 이용 가능한 모든 정보가 신속하고 충분하게 반영되어 있는 상태를 말한다. 증권을 사고파는 것은 '증권가격이 미래에 얼마가 될 것인가'하는 투자자의 판단에 달려있는데, 이러한 판단은 이용 가능한 정보에 기초하고 있으므로, 증권의 투자가치에 영향을 주는 기업경영에 관한 정보, 기업 외적 시장정보 등이 즉각적으로 완전하게 증권가격에 반영될 때에 증권시장의 가격형성기능이 제 기능을 다할 수 있게 된다.

그리고 증권시장이 정보효율적이라면 새로운 정보가 신속하고 정확하게 증권가격에 반영될 것이며, 연속적인 증권가격은 무작위적인(random) 행태를 보일 것이다. 따라서 정보효율적인 시장에서는 이용 가능한 정보를 통해서 초과수익을 올릴 수 없게 된다.

2. 효율적 시장의 유형

증권시장의 효율성은 시장이 효율적인가 아니면 비효율적인가하는 양분법으로 설명할 수 있는 성질의 것이 아니다. 다시 말하면, 증권시장의 효율성은 증권가격이 어떤 종류의 정보를 반영하고 있느냐에 따라 효율성의 정도를 상대적으로 평가해야 한다.

효율적 시장가설(efficient markets hypothesis; EMH)은 세 가지 종류의 정보집합 중에서 어떤 정보가 증권가격에 반영되는가, 즉 투자자가 어떤 정보를 이용하여 초과수익을 얻을 수 있는가에 따라 증권시장의 효율성에 상대적 차이가 있다고 보고, 다음과 같이 세 가지 형태로 나누어 설명하고 있다.

그림 9-8 효율적 시장의 유형

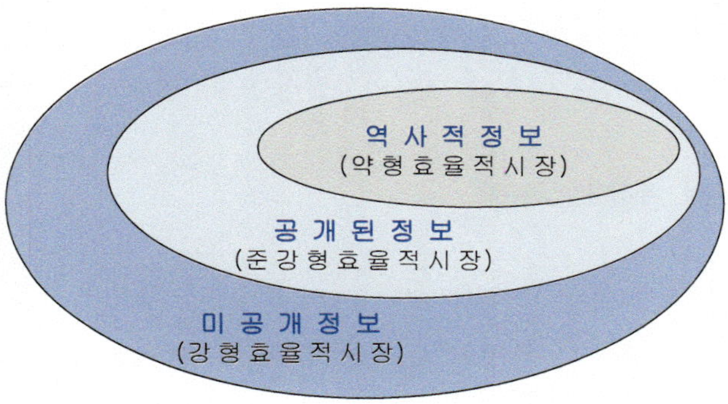

1) 약형 효율적 시장

약형 효율적 시장가설(weak-form EMH)이란, 현재의 주가는 과거 주가변화의 양상, 거래량의 추이 등 역사적 정보(historical data of stock price itself)를 완전히 반영하고 있으므로, 어떤 투자자도 과거 주가변동의 형태와 이를 바탕으로 한 투자전략으로는 초과수익을 얻을 수 없다는 주장이다. 특히, 시간에 따른 주식가격의 움직임을 보여주는 차트나 이동평균가격 등에 의존하는 기술적 분석은 약형 효율적 시장가설과 상충된다. 따라서 약형 효율적 시장가설은 과거의 주가나 수익률에 내포된 정보는 초과수익률을 달성하는데 쓸모가 없거나 관련이 없다는 것이다.

2) 준강형 효율적 시장

준강형 효율적 시장가설(semi-strong form EMH)이란, 현재의 주가는 공개적으로 이용 가능한 모든 정보(all publicly available information)를 완전히 반영하고 있으므로, 투자자들은 공표된 어떠한 정보나 이에 바탕을 둔 투자전략으로는 초과수익을 달성할 수 없다는 것이다. 여기서 공개적으로 이용 가능한 정보란, 과거의 주가나 거래량과 같은 역사적 정보뿐만 아니라 기업의 회계정보, 공표된 정부의 경제정책, 경쟁업체의 공시사항, 기업의 배당이나 유・무상증자 또는 합병계획과 같은 사건(event) 발표 등의 정보가 포함된다.

이러한 준강형 효율적 시장가설에 의하면, 투자자는 어떠한 정보가 공표된 다음에는 그 정보를 활용해도 평균 이상의 수익을 올릴 수 없게 된다. 이는 공표된 모든 정보는 시장의 기대에 완전히 반영되어 있으므로, 이러한 정보를 기초로 한 거래방법은 단순한 매수보유전략보다 더 큰 초과수익을 제공하지 않는다는 것이다. 준강형 효율적 시장가설은 공표된 정보를 신속히 입수하고 이를 정확히 분석함으로써 저평가된 증권을 발견하고자 하는 기본적 분석을 이용한 투자의사결정 또한 별 소용이 없다는 것을 의미한다.

3) 강형 효율적 시장

강형 효율적 시장가설(strong-form EMH)은 일반에게 공개된 정보뿐만 아니라 공개되지 않은 내부정보(private or insider information)까지도 주가에 반영되어 있으므로, 투자자는 어떠한 정보에 의해서도 초과수익을 얻을 수 없다는 주장이다. 이러한 상황에서 주가는 항상 공정한 가치를 반영하며, 어느 누구도 보다 우월한 주가예측을 할 수 없다.

강형 효율적 시장의 현실성에 대한 검증은, 일반투자자들보다 상대적으로 기업의 내부정보에 대한 접근가능성이나 또는 그에 대한 분석능력이 우수할 것으로 예상되는 전문투자자들이 과연 시장의 평균수익률보다 항상 높은 이익을 실현하고 있는지를 조사해 봄으로써 알 수 있다. 특히, 미국의 뮤추얼펀드를 중심으로 한 전문투자기관들의 투자성과분석에서 동일한 위험수준에서 시장의 평균수익률보다 높은 수익을 항상 실현하지는 못하였다는 실증분석결과는 강형 효율적 시장의 현실성을 입증하는 것으로 받아들여질 수 있다.

3. 효율적 시장에서의 증권가격

효율적 시장에서 과거 정보는 증권가격에 이미 반영되어 있으므로, 앞으로의 가격변화는 새로운 정보가 출현하는 시점에서 정보내용에 따라 조정된다. 그런데 새로운 정보가 언제 어디서 발표될 것인지는 어느 누구도 예측할 수 없으며, 누군가 특정한 정보가 출현할 것이라는 사실을 알고 있다면, 그 정보는 이미 주가에 반영되어 전혀 새롭지 않은 정보인 것이다. 따라서 증권가격은 무작위하게 발생하는 정보에 따라 무작위적으로 변하게 된다.

그리고 효율적 시장에서는 새로운 정보가 공시되자마자 그 내용에 따라 증권가격에 정확하고 신속하게 반영되는데, 이는 시장에서 활동하고 있는 증권분석가(analyst)들이 경쟁적으로 정보를 수집하고 분석하기 때문이다. 따라서 효율적 시장에서는 정보가 공시되면 지연반응(delayed reaction) 또는 과잉반응(overreaction)을 보이지 않고, 정보내용에 대하여 증권가격이 편의없이(unbiased) 반응한다. 한편, 기업의 내부정보가 공시 전에 누출될 경우 조기반응(early response)을 보일 수도 있는데, 이 또한 효율적 시장에서는 나타나면 안되는 현상이다.

그림 9-9 효율적 시장과 주가변동

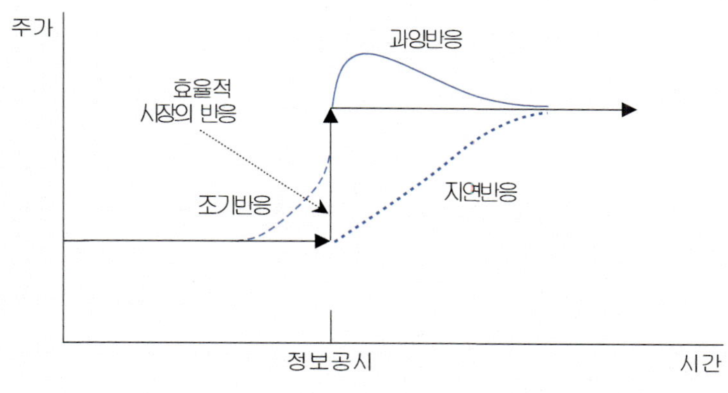

4. 전문투자분석과 증권시장의 효율성

증권시장의 효율성이 유지되는 상황에서 주가는 과거의 가격변화 양상은 물론 해당 기업의 경영성과, 재무적 요인 또는 기타 관련 경제변수의 움직임 등 모든 정보를 반영한다고 하였다. 그렇다면, 기술적 분석이나 기본적 분석 등 주가변화에 관한 변수를 분석하여 보다 나은 수익을 실현하려는 전문투자자나 증권분석가들의 노력은 아무런 의미가 없는 것인가?

역설적이지만 그들의 그러한 노력이 존재하기 때문에 증권시장의 효율성이 유지되게 된다. 증권분석가들은 시장전체 또는 거래주식과 관련한 모든 투자정보를 경쟁적으로 수집하여 분석하고, 증권회사나 자산운용회사 등의 전문적인 투자자들은 이를 토대로 주가에 영향을 미치는 수요와 공급의 세력으로 등장한다. 따라서 이들이 만들어내는 정보와 주가의 적정성 여부에 대한 판단이 주가에 그때그때 반영되며, 이들 간의 경쟁이 치열해질수록 보다 많은 그리고 양질의 정보가 반영되게 된다. 다시 말하면, 시장의 효율성이 높아지는 것이다. 동시에 그만큼 시장에서 형성되는 주가는 그 본래의 진정한 가치, 즉 본질가치를 반영하게 되는 것이다.

5. 시장의 이상현상

이상현상(market anomalies)이란, 어떤 특정한 성격이나 사건을 갖는 주식들의 수익률이 시장의 정상수익률보다 지속적으로 높게 나타나는 현상을 말한다. 이러한 현상은 시장이 비효율적이어서, 특정 사건과 관련된 정보가 주가에 충분히 반영되지 않았기 때문에 발생한다고 볼 수 있다. 이러한 이상현상에 대하여 좀 더 자세히 알아보도록 하자.

1) 주말효과

주말효과(weekend effect)란, 요일에 따라 주식수익률에 차이가 있어서, 월요일의 평균수익률이 나머지 다른 요일들의 평균수익률보다 낮게 나타나는 현상을 말한다.

이러한 주말효과를 이론적으로 규명할 수는 없지만 대체로 다음과 같이 설명된다. 기업이 악재로 작용할 정보를 보도해야 할 경우, 주초에 발표하여 한 주 내내 주가가 하락하는 현상을 피하기 위해 주말까지 기다렸다가 발표한다. 그러면 주말 동안 거래가 중단되면서 악재의 파급효과가 희석되고 주가에 미치는 악영향이 축소되는데, 이러한 기업의 의도가 주말효과의 한 원인으로 생각되고 있다. 가급적 호재는 빨리 투자자들에게 알리려 하고, 악재는 지체하였다가 주말에 발표하고자 하는 기업의 심리가 주말효과를 야기한다는 설명이다.

2) 1월효과

효율적 시장가설을 기각하는 증거로써 오래 전부터 중요하게 다루어지고 있는 이상현상으로 1월효과(January effect)가 있다. 1월효과는 1월의 평균투자수익률이 다른 달의 수익률보다 체계적으로 높게 나타나는 현상을 말한다. 주식시장이 이성적 투자자들이 거래하는 효율적 시장이라면, 특정한 달의 수익률이 다른 달보다 높아야 할 이유가 없다. 그럼에도 불구하고, 1월의 수익률이 지속적으로 높게 나타난다는 것은 주식시장이 비효율적이라는 사실을 말해주는 증거로 받아들여지고 있다. 이와 같은 1월효과가 발생하는 원인을 설명하는 주장으로는 세금효과(tax effect)가설이 있다.

세금효과가설은 연중에 시세차손을 보고 있는 투자자가 이를 현실화시켜 세금혜택을 보고자 연말에 매도하고, 다음해 초에 다시 매입함으로써 1월 초에 대규모 자금이 주식시장에 유입되어 주가에 상승압력을 가져온다는 주장이다.

3) 기업규모효과

규모효과는 기업규모가 작은 포트폴리오의 수익률이 규모가 큰 기업의 포트폴리오 수익률보다 높게 나타나는 현상을 말한다. 이와 같은 현상을 기업규모효과(size effect) 또는 소기업효과(small firm effect)라고 한다.

규모효과의 이유로는 소규모 기업의 주식은 기관투자자들로부터 소외되었기 때문에, 그런 주식에 관한 정보가 부족하여 가격이 저평가되고 상대적으로 높은 수익률을 가져다준다는 것이다. 이러한 소기업효과는 유동성프리미엄(liquidity premium)효과로 설명될 수도 있다. 거래되는 주식의 유동성이 크면 클수록 손쉽게 거래를 할 수 있으므로 투자자들은 유동성이 큰 주식을 선호한다. 따라서 소형주와 같이 유동성이 작은 주식에 투자하는 투자자들은 추가적인 유동성프리미엄을 요구하게 된다는 것이다.

4) 저PER효과

저PER효과는 저(低)PER주 포트폴리오의 수익률이 고(高)PER주 포트폴리오의 수익률보다 높게 나타나는 현상을 말한다.

주가수익비율(PER)은 주가를 주당순이익(EPS)으로 나눈 비율로써, 주당순이익의 몇 배가 주식가격으로 나타나는가를 보여주는 지표이다. 기본적 분석을 중시하는 분석가들은 PER가 낮다면 주가가 주식의 수익력에 비하여 낮게 평가되어 있다는 것으로 해석하여 왔다. 따라서 저PER주에 대한 투자, 즉 현재 저평가되어 있는 주식들에 투자함으로써 보다 높은 주가상승을 기대할 수 있으므로 비정상성과(abnormal return)가 얻어질 수 있다고 보는 것이다.

5) 과잉반응

주가가 새로운 뉴스에 대하여 과잉반응을 보인다면, 그 주식시장은 비효율적이라고 말할 수 있다. 증권시장에서 과거에 주가가 많이 올랐던(내렸던) 주식들은 그 다음에 주가가 하락(상승)하는 현상이 있는데, 이러한 가격반전은 투자자들이 새로운 뉴스에 대하여 과잉반응을 보이고 있다는 증거로 해석된다. 왜냐하면, 어떤 좋은 뉴스에 대하여 과잉반응을 보이게 되면 주가가 너무 많이 상승하게 되고, 일정 기간이 지난 후 이러한 과잉반응을 수정하기 위하여 주가가 적절한 수준으로 하락하기 때문이다. 한편, 나쁜 뉴스에 대한 과잉반응은 반대로 나타난다.

6) 최초 공모주 저가발행

주식의 최초 공모에 관련된 모든 당사자(발행회사, 인수기관, 기존주주)들 사이에 정보비대칭(information asymmetry)이 존재하지 않고, 발행시장이 효율적이라면 최초 공모주의 발행가격은 상장 직후 시장가격과 큰 차이가 없어야 한다. 그러나 일반적으로 최초 공모주[23]의 발행가격은 시장가격보다 크게 저평가되어 있는 것으로 알려져 있다.

최초 공모주의 저가발행이 이루어지는 이유로는, 투자자들이 볼 때 신규공모주식은 기존 상장회사 주식들보다 불확실성이 크기 때문에 발행가격이 낮게 책정되어야 한다는 설명과 기업가치에 대하여 정보를 많이 가지고 있지 못한 투자자들을 끌어들이기 위해서 발행가격이 충분히 낮은 수준에서 결정되어야 한다는 설명 등이 제시되고 있다.

23) 어떤 회사가 주식을 상장하기 위해서는 구주를 공개매출하거나 신주를 공개모집하여야 한다. 이처럼 어떤 회사가 발행주식을 처음으로 공개매출 또는 공개모집하는 것을 기업공개(initial public offerings; IPO)라고 하며, 이때 매출 또는 모집하는 주식을 최초 공모주라고 한다.

핵심정리

- CAPM은 모든 자본자산에는 가격이 존재하며, 그것들을 획득하는데 부담해야 할 위험의 크기와 수익률에 따라 그 가격이 달라진다는 개념으로써 자본시장이 균형상태일 때 자본자산의 기대수익과 위험 사이의 관계를 설명하고자 하는 모형이다.
- 무위험자산은 미래 현금흐름에 불확실성이 없는 자산, 즉 위험이 없으면서도 수익이 확실하게 보장되는 자산을 의미한다. 하지만 현실적으로 이러한 자산을 찾기가 매우 어렵기 때문에, 단기국채나 양도성예금증서 등을 대용치로 사용한다.
- 시장포트폴리오는 위험자산으로만 구성된 포트폴리오 중에서 가장 우월한 포트폴리오이며, 자본시장에서 거래되는 모든 위험자산들을 그 시장가치비율대로 포함하여 구성된다.
- 토빈의 분리정리는 투자자의 최적선택과정이 두 단계로 분리된다는 것으로, 첫 번째는 시장포트폴리오를 선택하는 단계로 투자자의 위험회피정도와는 무관하게 이루어지고, 두 번째는 위험회피성향에 따라 시장포트폴리오와 무위험자산에 대한 투자비율을 결정하게 된다는 것이다.
- 베타는 포트폴리오를 보유하고 있는 경우에 개별주식의 위험이 시장포트폴리오의 위험에서 차지하는 비율로써 개별주식의 체계적 위험을 나타내는 지표로서 사용되고 있다.
- 투자 후에는 투자에 대한 성과평가를 실시해야 한다. 그런데 일반적으로 투자성과를 평가할 때에는 단순수익률을 기준으로 하는 것이 아니라, 위험을 고려한 위험조정수익률로 평가를 해야 된다. 대표적인 위험조정성과척도로는 샤프지수, 트레이너지수, 젠센지수 등이 있다.
- 증권시장의 효율성은 시장이 효율적인가 아니면 비효율적인가 하는 양분법으로 설명할 수 있는 성질의 것이 아니다. 다시 말하면, 증권시장의 효율성은 증권가격이 어떤 종류의 정보를 신속히 반영하고 있느냐에 따라 효율성의 정도를 상대적으로 평가해야 한다.
- 약형 효율적 시장가설은 현재의 주가는 과거 주가변동의 양상, 거래량의 추이 등 역사적 정보를 완전히 반영하고 있으므로, 어떤 투자자도 과거 주가변동의 형태와 이를 바탕으로 한 투자전략으로는 초과수익을 얻을 수 없다는 주장이다.
- 준강형 효율적 시장가설은 현재의 주가는 공개적으로 이용 가능한 모든 정보를 완전히 반영하고 있으므로, 투자자들은 공표된 어떠한 정보나 이에 바탕을 둔 투자전략으로는 초과수익을 달성할 수 없다는 것이다.
- 강형 효율적 시장가설은 일반에게 공개된 정보뿐만 아니라 공개되지 않은 내부정보까지도 주가에 반영되어 있으므로, 투자자는 어떠한 정보에 의해서도 초과수익을 얻을 수 없다는 주장이다.

연습문제

1. 대출포트폴리오와 차입포트폴리오를 자본배분선을 이용하여 설명하시오.

2. 시장포트폴리오가 의미하는 바에 대해서 기술하시오.

3. 토빈의 분리정리에 대해서 설명하시오.

4. 공격적 자산과 방어적 자산이란 무엇을 의미하는가?

5. 비체계적 위험과 베타에 대해서 설명하시오.

6. 무위험이자율이 5%이고 시장포트폴리오의 기대수익률이 12%이며, 서울기업의 체계적 위험이 1.6이라고 한다. 이때 서울기업의 기대수익률을 구하시오.

7. 서울기업의 주식에 60%, 중앙기업의 주식에 40%를 투자하고 있는 포트폴리오가 있다. 서울기업과 중앙기업 주식의 베타는 각각 0.8과 2.2이다. 그렇다면, 이 포트폴리오의 베타는 얼마인가?

8. 시장효율성은 (   ), (   ), (   )의 세 가지 측면의 효율성을 의미한다.

9. 증권시장을 정보효율성 측면에서 세 가지 유형으로 나누어 설명하시오.

10. 증권시장이 효율적이라고 한다면, 증권분석가들의 존재이유가 있는지에 대해서 답하시오.

제 IV 부

채권과 파생상품

제 10 장
채권시장과 운용전략

채권(bonds)은 정부나 기업 등이 대규모 자금을 조달하기 위해서 발행하는 채무를 나타내는 유가증권이며, 채권의 소유자는 미래 일정 기간에 걸쳐 약정된 이자를 지급받고 만기에 원금을 상환 받을 수 있는 권리를 가진다. 투자에서 발생하는 이자와 만기에 상환 받는 원금이 채권을 발행할 당시에 확정되어 있기 때문에 고정소득증권이라고 할 수 있지만, 시장이자율과 발행주체의 부도위험 등에 따라 채권의 가치가 변동하는 특징을 가지고 있다. 이번 장에서는 채권의 종류와 채권시장의 구조, 그리고 가격결정 및 채권운용전략 등에 대해서 살펴볼 것이다.

10.1 채권의 의의와 종류

1. 채권의 개념

채권은 정부, 공공기관, 특수법인과 주식회사의 형태를 갖춘 사적 기업이 투자자들로부터 비교적 장기의 자금을 대규모로 조달하기 위하여 발행하는 유가증권이다. 채권은 자금의 융통기간 동안 일정한 이자를 지급하고 원금 상환을 약속하는 증권으로, 자금조달 주체에게는 금융부채가 되는 반면, 자금의 공급자에게는 금융자산이 된다.

채권은 채무를 표시하는 증서이지만 보통의 차용증서와는 달리 다음과 같은 법적인 제약과 보호를 받게 된다.

첫째, 채권을 발행할 수 있는 기관과 회사가 법률로 정해져 있다. 일반적으로 정부, 공공기관, 특수법인과 상법상의 주식회사만이 채권을 발행할 수 있다.

둘째, 발행자격이 있더라도 정부는 국회의 동의를 받아야 하고, 주식회사는 금융위원회에 증권신고서를 제출해야 한다.

셋째, 채권은 어음, 수표 등의 여타의 유가증권과는 달리 유통시장에서 자유로운 거래가 가능하다.

채권은 주식과 더불어 대표적인 금융자산이라고 할 수 있으며, 일반적으로 채권을 소유하고 있는 사람은 만기일 이전에는 정해진 날에 일정한 금액의 이자를 받고 만기일에는 마지막 이자와 함께 원금을 돌려받게 된다. 즉, 채권은 발행 당시 이자와 원금상환액이 계약에 의해 정해져 있는 고정소득증권(fixed income securities)이다. 따라서 채권을 발행할 때는 채권의 액면가, 이자율, 만기 세 가지를 꼭 표시하도록 되어 있으며, 이를 채권의 3요소라 한다.

1) 채권의 3요소

(1) 액면가

채권은 확정소득증권이다. 보통의 경우 채권은 채권자에게 지급해야 하는 이자와 원금상환액이 발행 당시에 확정되어 있는데, 만기일에 지급하기로 증서에 기재된 원금을 액면가라고 하고, 이는 지급이자를 계산하는 기준이 된다.

(2) 이자율

채권은 이자지급증권이다. 채권에는 액면가뿐만 아니라 만기일까지 매기간 지급하기로 약속한 이자율이 표시되어 있다. 이 이자율을 액면이자율 또는 표면이자율이라 하고, 액면금액에 이 이자율을 곱한 금액을 액면이자라 하며, 채권의 발행자는 채권을 소지한 사람에게 이자를 지급해야 한다.

(3) 만기일

채권은 기한부증권이다. 채권에는 반드시 만기가 명시되어 있는데, 만기라고 하는 것은 이자와 원금을 마지막으로 지급하기로 한 날을 말한다. 예를 들어, 3년 만기 채권의 경우 채권의 발행일로부터 3년 후에 원금과 마지막 이자를 받을 수 있다.[1)]

---

1) 아주 드문 경우이지만, 원금이 영원히 상환되지 않고 일정 금액의 이자만을 지급하는 채권도 있는데, 이를 영구채권(perpetuity)이라고 한다.

그림 10-1 채권의 견양

일억 일억

주식회사 ○○○ 第3回社債券

제 3 회 사 호

金壹億원整

₩ 100,000,000

발행일 1996년 4월 30일
상환일 1999년 4월 30일

신용보증기금은 신용보증기금법에 의하여 이 사채의 원리금 상환을 보증합니다.

신용보증기금이 이 사채를 보증하는 기간은 1996년 4월 30일로부터 원금상환기일인 1999년 4월 30일까지이며, 신용보증기금에 대한 상환청구기간은 사채원금은 원금상환기일로부터, 이자는 이자지급기일로부터 3월이내로 합니다.

사채권자는 이 기간내에 청구하지 않으면 보증의 효력이 상실합니다.

1996년 4월 30일

보증기관
이 사 장

이 사채는 1996년 4월 22일 신용보증기금과 주식회사 지엠피에 체결된 주식회사 지엠피 제3회 사채원금상환 및 이자지급의 보증을 위한 계약 제4조의 조건에 따라 발행된 사채입니다.

1996년 4월 30일

발행회사 주식회사 ○○○
대표이사

보증 보증

주식회사 ○○○ 제 3 회사채권 사 호 이자지급교부표 ⑬ 지급일 1999년 4월 30일	주식회사 ○○○ 제 3 회사채권 사 호 이자지급교부표 ⑪ 지급일 1999년 1월 30일	주식회사 ○○○ 제 3 회사채권 사 호 이자지급교부표 ⑩ 지급일 1998년 10월 30일	주식회사 ○○○ 제 3 회사채권 사 호 이자지급교부표 ⑨ 지급일 1998년 7월 30일
주식회사 ○○○ 제 3 회사채권 사 호 이자지급교부표 ⑧ 지급일 1998년 4월 30일	주식회사 ○○○ 제 3 회사채권 사 호 이자지급교부표 ⑦ 지급일 1998년 1월 30일	주식회사 ○○○ 제 3 회사채권 사 호 이자지급교부표 ⑥ 지급일 1997년 10월 30일	주식회사 ○○○ 제 3 회사채권 사 호 이자지급교부표 ⑤ 지급일 1997년 7월 30일
주식회사 ○○○ 제 3 회사채권 사 호 이자지급교부표 ④ 지급일 1997년 4월 30일	주식회사 ○○○ 제 3 회사채권 사 호 이자지급교부표 ③ 지급일 1997년 1월 30일	주식회사 ○○○ 제 3 회사채권 사 호 이자지급교부표 ② 지급일 1996년 10월 30일	주식회사 ○○○ 제 3 회사채권 사 호 이자지급교부표 ① 지급일 1996년 7월 30일

2) 채권의 특성

채권은 원금은 물론 일정한 이자를 지급받을 권리가 주어지는 유가증권이다. 투자자 입장에서 이러한 채권의 특성을 수익성, 위험성, 유동성 세 가지 측면에서 파악할 수 있다.

(1) 수익성

수익성은 채권을 보유함으로써 얻을 수 있는 금전적인 수익의 발생 가능성을 의미하는 것으로, 채권으로부터 얻을 수 있는 수익은 이자소득과 자본이득이 있다. 이자소득은 채권으로부터 발생하는 이자로 투자한 자금에 대한 보상을 뜻하며, 자본이득은 채권가격의 변동으로 채권의 매입가격보다 시장가격의 높을 때 채권매매를 통해서 얻을 수 있다.

(2) 위험성

채권의 위험은 크게 채무불이행위험과 시장위험으로 구분할 수 있다. 채무불이행위험은 원금과 이자의 상환이 이루어지지 못하는 위험을 뜻하는데, 채권의 발행주체(정부, 공공기관, 특수법인 및 상법상의 주식회사 등)가 누구인가에 따라 달라진다. 그리고 시장위험은 금리의 변동으로 인하여 채권의 시장가격이 매입가격보다 낮아질 위험을 말하는데, 이때는 채권을 만기까지 보유함으로써 위험을 회피할 수 있다.

(3) 유동성

채권은 만기일까지 보유해서 확정된 이자와 원금을 받을 수 있을 뿐만 아니라 만기일 이전에 증권시장을 통해서 매각하여 언제든지 현금화할 수 있다. 유동성은 원금손실 없이 신속하게 현금화할 수 있는 정도를 의미하는데, 일반적으로 채권은 발행자의 신용도가 높아서 채무불이행위험이 낮을수록, 그리고 만기가 짧을수록 유동성이 상대적으로 높아진다.

2. 채권의 종류

채권은 내용이나 형식이 다양하기 때문에 분류하기가 쉽지 않지만, 일반적으로 발행주체, 이자지급방법, 상환기간, 보증유무 등에 따라서, 다음과 같이 분류한다.

1) 발행주체에 따른 분류

채권은 발행주체에 따라 국채, 지방채, 특수채, 금융채 및 회사채로 구분할 수 있다.

(1) 국채

국채는 국채법에 따라 국회의 동의를 받고 중앙정부가 발행하는 채권으로, 발행목적에 따라 국고채권, 재정증권, 국민주택채권, 보상채권 등으로 구분된다. 국고채권은 국채의 발행 · 상환업무를 종합적으로 관리하기 위해 만들어진 공공자금관리기금의 부담으로 발행하며, 재정증권은 국고금 출납상 일시 부족자금을 조달하기 위한 목적으로 발행된다. 그리고 국민주택채권은 부동산 등기 및 각종 인허가와 관련하여 매입의무에 부과하거나 분양가상한제 적용주택을 공급받을 때 매입하야 하는 채권이다. 한편, 보상채권은 「공익사업을 위한 토지 등의 취득 및 보상에 관한 법률」에 의거 공공용지보상채권을 말한다.

(2) 지방채

지방채는 지방자치단체가 재원확보를 목적으로 발행하는 채권을 말하며, 각 시도에서 발행하는 지역개발채권과 도시철도채권(서울, 부산, 인천, 대구 등) 등이 있다.

(3) 특수채

특수채는 상법 이외의 특별법에 의해 설립된 법인이 발행하는 채권으로 한국전력공사가 발행하는 한국전력채권과 예금보험공사의 예금보험기금채권 등이 해당한다. 특수채의 경우 유가증권신고서 제출규정에서 제외되며, 정부가 보증하는 채권으로 일반적인 회사채와는 성격이 다소 다르다.

(4) 금융채

금융채는 특별법에 의해 설립된 금융기관들이 발행하는 채권으로, 한국은행이 통화조절 목적으로 발행하는 통화안정증권과 한국산업은행, 중소기업은행 등이 재원조달을 목적으로 발행하는 산업금융채권, 중소기업금융채권 등이 있다. 한편 시중은행에서 발행하는 시중은행채와 신용카드회사, 할부금융회사, 리스회사 등에서 발행하는 신용카드채권, 할부금융채권, 리스채권도 금융채에 포함된다.

(5) 회사채

회사채는 상법상의 주식회사가 일반대중으로부터 장기간에 걸쳐 거액의 자금을 조달하기 위하여 발행하는 채권이다. 정부, 지방자치단체 또는 특별법에 의해 설립된 법인 등이 발행하는 국공채는 지급불능위험이 거의 없는 반면, 회사채는 발행기업의 영업 및 재무상태에 따라 채무불이행위험에 차이가 있다. 따라서 회사채는 채무불이행위험이 클수록 이에 상응하는 높은 수익률을 제공하게 된다.

표 10.1 우리나라 채권의 종류

구 분	발행기관	발행근거법	발행한도
국 고 채 권	정 부	국채법	국회동의 한도 이내
국민주택채권	정 부	주택도시기금법	국회동의 한도 이내
재 정 증 권	정 부	국고금관리법	국회동의 한도 이내
통화안정증권	한국은행	한은 통화안정증권법	금융통화위원회 한도 이내
은 행 채	은 행	은행법	자기자본의 5배 이내
회 사 채	주식회사	상 법	없 음
산업금융채권	한국산업은행	한국산업은행법	자본금(적립금)의 30배 이내
한국전력채권	한국전력공사	한국전력공사법	자본금(적립금)의 2배 이내
예금보험기금채권	예금보험공사	예금자보호법	국회동의 한도 이내
부실기금정리채권	한국자산관리공사	한국자산관리공사법	국회동의 한도 이내

2) 이자지급방법에 따른 분류

채권은 이자를 지급하는 방법에 따라서 이표채, 할인채, 복리채 등으로 구분할 수 있다.[2)]

(1) 이표채

이표채는 채권의 권면에 이표(coupon)가 붙어 있어서 이자지급일에 이표를 발행주체에게 제시하면 일정액의 이자를 지급받을 수 있는 채권이다. 국고채, 금융채의 일부, 그리고 회사채의 대부분이 이표채로 발행되고 있다.

(2) 할인채

할인채는 액면금액에서 상환기일까지의 이자를 공제한 금액으로 매출한 다음, 중도에 이자를 지급하지 않고 만기에 액면금액만 지급하는 채권이다. 통화안정증권, 재정증권 등이 할인채에 해당된다.

(3) 복리채

복리채는 매기간 마다 이자가 있지만 이를 지급하지 않고, 이 이자가 단위기간의 수만큼 복리로 재투자된다고 가정하여 만기에 원금과 이자를 한꺼번에 지급하는 채권이다. 산업금융채권, 국민주택채권, 보상채권 등이 복리채의 형태로 발행되고 있다.[3)]

---

2) 지급이자의 변동여부에 따라 고정금리부채권과 변동금리부채권(floating rate note; FRN)으로도 구분된다.
3) 단리채와 거치채의 형태로 발행되는 경우도 있는데, 단리채는 발생된 이자가 재투자되는 과정을 거치지 않

3) 상환기간에 따른 분류

채권은 원금의 상환기간에 따라 단기채, 중기채, 장기채로 구분된다.

(1) 단기채

단기채는 만기가 1년 이내인 채권을 말한다. 단기채는 투자원금의 상환이 1년 이내에 이루어지기 때문에 유동성이 높다고 할 수 있다. 통화안정증권과 재정증권 등이 단기채권에 속한다.

(2) 중기채

일반적으로 만기가 1년 이상 5년 이내의 채권들이 중기채로 분류된다. 금융채의 일부와 회사채 등이 중기채권에 해당한다.

(3) 장기채

장기채는 만기가 5년 이상인 채권을 말한다. 장기채는 단기채나 중기채에 비해 원금의 상환기간이 길기 때문에 투자원금의 유동성이 상대적으로 낮다고 할 수 있다. 제2종 국민주택채권과 서울도시철도채권 등이 대표적인 장기채권이다.

4) 보증유무에 따른 분류

회사채의 경우, 원금과 이자지급에 대한 보증유무에 따라 보증사채와 무보증사채로 구분된다.[4)]

(1) 보증사채

보증사채는 채권을 발행한 기업이 채권자에게 원금과 이자를 매기간 또는 만기에 확실하게 지급할 수 있다는 것을 제3자가 보증한 채권을 말한다. 일반적으로, 원리금 상환을 보증하는 기관으로는 은행, 신용보증기금, 보증보험회사 등이 있다. 보증사채는 투자자 입장에서 보면 투자의 안정성이 보장되지만, 발행회사 측면에서는 보증기관에게 담보제공과 보증료를 지급하여야 하므로 발행비용이 높아지게 된다.

고, 즉 단리방식에 의한 이자금액과 원금이 만기에 일시에 상환되는 채권이다. 복리채는 이자에도 이자가 발생하는 채권이고, 단리채는 이자에 대한 이자는 발생하지 않는 채권이다. 한편, 거치채는 원금이 만기에 일시에 상환되는 것이 아니라 일정 기간 거치 후에 분할지급 되는 채권을 말하며, 일정 기간(거치기간) 동안은 이자지급이 없고 원금이 상환될 때 마다 이자도 함께 지급된다.

4) 원리금에 대한 제3자의 지급보증여부에 따라 보증채와 무보증채로 나누어지며, 보증채는 보증주체에 의해 정부보증채와 일반보증채로 구분된다.

(2) 무보증사채

무보증사채는 원금과 이자지급에 대한 보증이나 담보 없이 발행회사의 신용을 근거로 하여 발행하는 회사채로써, 신용평가기관에서 신용도가 우수한 것으로 평가받는 기업들이 발행한다. 이때 기업의 신용도는 객관적인 신용평가기관에 의해서 평가되며, 우리나라의 경우 무보증사채를 발행하기 위해서는 2개 이상의 복수평가를 받아야 한다. 채권등급평가는 회사채 투자 시 채무불이행위험을 판단하는 지표가 된다.

5) 특수사채

회사채 중의 일부는 발행할 때 일정한 조건을 부여하는 경우가 있는데, 이를 특수사채라고 한다.

(1) 전환사채

전환사채(convertible bond; CB)는 발행 당시에는 회사채의 형태로 발행되지만, 일정 기간이 경과한 후에는 채권자의 청구에 의하여 발행회사 주식으로 전환할 수 있는 회사채이다. 사채이면서도 주식의 성격을 가지고 있기 때문에 실질적으로는 주식과 채권의 중간에 위치하는 유가증권이다.

(2) 신주인수권부사채

신주인수권부사채(bond with warrant; BW)는 발행 시 채권자에게 별도의 신주인수권을 부여하는 채권으로, 채권소유자의 자유의사에 따라 발행기업의 신주를 특정 가격으로 일정 수량 인수할 수 있는 권리가 부여된 사채이다. 전환사채는 주식으로 전환과 함께 사채가 소멸되는데 반하여, 신주인수권부사채는 신주인수권만을 별도로 행사할 수 있다는 점에서 전환사채와 구별된다.

(3) 교환사채

교환사채(exchangeable bond; EB)는 채권소지자에게 일정 기간 내에 사전에 합의된 조건(교환조건)으로 발행기업이 소유하고 있는 다른 회사의 상장주식으로 직접 교환청구를 할 수 있는 권리(교환권)가 부여된 채권을 말한다. 추가적 자금유입이 없이 바로 주식으로 교환될 수 있다는 점에서 신주인수권부사채와 다르다.

(4) 이익참가부사채

이익참가부사채(participating bond; PB)는 확정이자를 지급받는 것 외에 회사의 이익배분에도 참가할 수 있는 회사채로써, 채권의 특성에 주식과 같은 요소가 가미되어 있으며, 이윤분배사채라고도 한다.

(5) 수의상환사채

수의상환사채(callable bond)는 발행회사가 만기 이전에 시장가격 또는 일정한 금액으로 채권을 매입하여 소각할 수 있는 사채를 말한다. 발행회사는 금리가 하락하는 시기에 발행된 채권을 미리 정해진 가격으로 상환하는 한편, 낮은 이자율로 새로운 채권을 발행할 수 있게 된다. 기업 입장에서는 이익참가부사채 등과 같이 회사에게 불리한 사채를 우선 상환할 수 있어 유리하다. 그러나 사채권자에게는 투자수익이 불안정하여 불리한 사채라고 볼 수 있다.

10.2 채권시장

1. 발행시장

1) 발행시장의 구조

채권시장도 주식시장과 마찬가지로 발행시장과 유통시장으로 나누어진다. 발행시장이란, 발행주체가 채권을 발행하여 투자자에게 채권증서를 제공하고 자금을 공급받는 1차적인 시장을 말한다. 채권의 발행은 발행주체가 직접 투자자에 매각하거나, 전문발행기관을 통해서 투자자들에게 매출하는 방법으로 이루어지며, 전자를 직접발행, 후자를 간접발행이라고 한다.

(1) 채권발행자

채권발행자는 채권발행을 통해서 자금을 조달하는 주체로써 정부, 지방자치단체, 특별법에 의해 설립된 법인, 그리고 주식회사 형태의 기업 등이 해당된다.

(2) 발행기관

발행기관은 채권발행에 있어서 발행자와 투자자 사이에서 채권발행에 대한 제반업무를 수행하고, 위험부담 및 판매기능을 담당하는 전문기관을 말한다. 발행기관에는 주관회사,

인수기관, 청약기관이 포함된다.

주관회사(간사회사)는 채권발행과 관련한 사무처리 및 자문 등 채권발행업무를 총괄하며, 인수단을 구성하는 역할을 한다. 발행규모가 큰 경우에는 주관회사들이 공동으로 간사업무를 수행하는데, 핵심적인 역할을 하는 회사를 대표주관회사(주간사회사)라고 한다. 증권회사와 한국산업은행 등이 주관회사의 자격을 가진다.

인수기관은 주관회사와 협의하여 발행채권을 직접 매입하는 인수기능을 수행하는 기관이다. 인수기관은 인수한 채권을 자신들이 보유하기도 하지만 투자자들에게 매도하는 역할을 수행하는데, 증권사와 은행 등이 해당된다.

청약기관은 인수에 따르는 위험을 부담하는 인수단과는 달리 발행채권을 매입하고자 하는 투자자들에 대한 청약업무만을 대행한다. 청약업무는 일반적으로 인수업무를 허가받은 증권회사들의 본·지점을 통해서 이루어진다.

(3) 투자자

투자자는 발행시장에서 새롭게 발행되는 채권을 취득하여 자금을 공급한다. 전문적인 지식과 대규모의 자금을 확보하고 있는 법인형태의 기관투자자와 개인자격으로 자산운용을 목적으로 채권에 투자하는 개인투자자가 있으나, 우리나라에서는 기관투자자가 대부분을 차지한다.

2) 채권의 발행방법

(1) 사모발행

사모발행은 채권발행자가 직접 소수의 투자자와 교섭을 통해서 채권을 매각하는 방법이다. 이 경우, 투자자는 주로 은행, 자산운용회사, 보험회사 등과 같은 기관투자자가 일반적이며, 발행자는 유동성이 낮은 회사채를 발행하는 기업일 경우가 대부분이다. 증권거래법에 따르면 발행을 위한 모집과 매출의 대상이 50인 미만일 경우를 사모로 간주한다.

(2) 공모발행

공모는 불특정 다수의 투자자(50인 이상)를 대상으로 채권을 발행하는 방법으로 인수기관인 증권회사와 한국산업은행 등이 총액을 인수하여 발행한다. 공모발행을 하는 경우 증권신고서를 금융위원회에 제출해야 한다.

2. 유통시장

채권은 일반적으로 만기 이전에 채권발행자에게 원금상환을 요구할 수 없다. 따라서 유통시장은 만기 전에 채권을 현금화하려는 기존 투자자들과 이들이 공급하는 채권에 투자하려는 새로운 투자자 사이에 채권거래가 이루어지는 시장이다. 즉, 채권의 유통시장이란 이미 발행된 채권이 투자자들 사이에서 매매거래 되는 2차적인 시장을 의미한다.

1) 유통시장의 구조

주식시장과 마찬가지로 채권시장 또한 다수의 매수·매도주문이 하나의 장소에 집중되어 경쟁매매가 이루어지는 조직적인 거래소시장과 거래소 이외의 장소에서 증권사와 고객, 증권사와 증권사, 그리고 고객 상호 간에 개별적인 상대매매가 이루어지는 비조직적인 장외시장으로 구분된다.

거래소시장은 한국거래소라는 구체적인 거래소에 상장된 채권을 대상으로 다수의 투자자가 경쟁매매방식으로 거래하는 장내시장이다. 하지만 주식시장과 달리 채권시장은 장외시장의 거래규모가 압도적으로 큰 특징이 있다. 우리나라뿐만 아니라 미국, 일본 등의 경우에도 채권거래는 대부분 장외시장에서 이루어지고 있는데, 이는 채권의 발행종목이 매우 다양해서 발행되는 채권을 전부 상장하여 거래소에서 매매하는 것이 기술적으로 어렵기 때문이다. 또한 채권은 주식과 다르게 개인투자자가 투자하기 어렵기 때문에 대부분 금융기관이나 법인 등 기관투자자들 사이의 대량매매형태로 거래되고, 경쟁매매보다는 상대매매에 의해 거래가 이루어지기 때문에 장외거래의 비중이 높은 것이다.

표 10.2 장외시장과 거래소시장

구 분	장외시장	거래소시장
매매장소	제한없음	거 래 소
매매대상	주로 비상장채권	상장채권
매매방법	상대매매	경쟁매매
매매조건	자 유	표 준 화
가격공시	비 공 개	공 개

2) 장외시장

채권거래는 증권회사(inter-dealer broker 포함)를 중개기관으로 하는 장외거래 비중이 높다(전체거래의 65~70% 수준). 이는 채권의 종목이 다양하고 거래조건이 표준화되어 있지 않아 한국거래소의 매매시스템을 통해서 거래하기 어렵기 때문이다.

증권회사는 전화나 인터넷 메신저 등을 통해서 매수 또는 매도를 원하는 투자자의 호가를 받은 후, 반대거래를 원하는 상대방을 찾아서 거래를 중개한다.[5] 장외시장의 경우, 거래의 특성상 매매시간의 제한이 없으나 보통 09:00부터 16:00까지 중개가 일어나며, 거래단위는 관행적으로 100억원이다.

3) 장내시장

장내시장은 한국거래소에 상장된 채권을 대상으로 표준화된 거래방식에 따라 거래가 이루어지는 조직화된 시장으로, 일반채권시장과 국채전문유통시장으로 구분된다.

(1) 일반채권시장

일반채권시장은 불특정 다수의 일반투자자가 참가할 수 있는 시장으로써, 국채전문유통시장에서 거래되는 국고채를 제외한 모든 거래소 상장채권이 거래대상이지만, 현재 소액공책와 전환사채 위주로 거래가 이루어고 있다.

(2) 국채전문유통시장

국채전문유통시장(inter-dealer market; IDM)은 국채전문딜러(primary dealer; PD) 등 시장조성을 담당하는 금융기관들만 참가하는 시장이다. 국채전문유통시장에서는 한국거래소가 운영하는 국채자동매매시스템을 통해 종목별로 매수·매도호가를 입력하면 거래조건이 맞는 주문끼리 자동으로 매매가 체결된다.[6]

10.3 채권의 가격결정

1. 채권의 가격

채권의 가격은 크게 액면가격과 발행가격으로 구분되며, 발행가격과 액면가격은 서로

---

5) 매수·매도호가를 미리 제시하고 고객의 요청에 반드시 응해야 하는 시장조성(market making) 의무가 없어서 채권재고를 유지하는 위험은 부담할 필요가 없다.

6) 장외시장과 장내시장의 내용은 '한국의 금융시장(한국은행, 2016)'을 참고하였다.

같을 수도 있고 다를 수도 있다.

1) 액면가격

채권의 액면가격은 채권자 입장에서는 채권발행자로부터 만기에 받게 되는 금액이며, 발행기업 입장에서 볼 경우에는 기업이 차입하고자 하는 명목금액을 말하는 것으로 액면가격은 채권의 권면에 확정되어 있다.

2) 발행가격

발행가격은 채권자 입장에서 보면 채권을 구입할 때 지불하게 되는 금액을 말하며, 발행기업의 입장에서는 채권시장에서 채권자로부터 실제로 조달받게 되는 금액을 말한다. 발행가격은 시장가격이라고도 하는데, 시장가격은 투자자 입장에서 본 개념이고 발행가격은 발행주체 입장에서 본 개념이다.

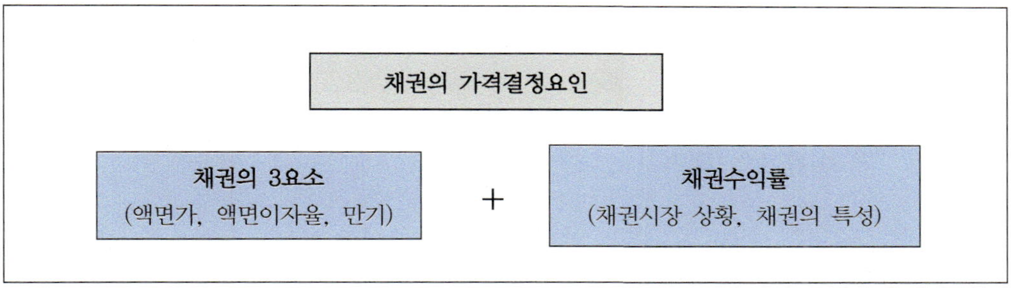

발행가격의 결정은 채권의 액면가, 액면이자율, 만기, 그리고 채권수익률에 의해 결정되며, 이 중에서 액면이자, 액면금액, 만기는 계약에 의해 확정되지만, 채권수익률은 채권발행 당시의 상황과 채권이 가지고 있는 특성에 의해 결정된다.

채권수익률은 채권투자를 통해서 투자액에 비해 얼마의 수익을 얻을 수 있는지를 나타내는 척도로써 투자자들이 투자성과를 평가하는데 보편적으로 사용하는 기준이다.[7] 채권수익률이 채권의 가격에 영향을 미친다고 볼 때, 채권의 발행가격은 투자자가 현재 채권에 투자함으로써 장래에 받게 되는 금액을 적절하게 반영하는 가격이라고 볼 수 있다.

앞으로 언급되는 채권의 가격은 특별한 설명을 하지 않는 한 모두 발행가격을 의미한다.

---

7) 채권수익률은 이자율과 같은 개념으로 크게 발행수익률과 유통수익률로 구분된다. 발행수익률은 채권을 처음 발행할 때 약속된 이자율을 말하며, 유통수익률은 이렇게 발행된 채권이 시장에서 거래될 때 적용되는 이자율이다.

2. 채권의 가치평가

1) 순수할인채권의 평가

순수할인채권(pure discount bond)은 만기에 액면가만 한번 지급하는 채권이다. 만기에 액면가만 지불되므로, 발행 시에는 만기까지의 이자를 고려하여 할인된 가격으로 판매된다. 순수할인채권은 줄여서 할인채 또는 이자지급이 없기 때문에 무이자채권이라고도 한다. 액면가가 F이고 만기가 n이며 채권수익률이 r인 순수할인채가 있다면, 이 채권의 가치 P_0는 다음과 같은 식으로 계산할 수 있다.

$$P_0 = \frac{F}{(1+r)^n} \qquad \text{(식 10.1)}$$

예를 들어, 액면가가 100만원이고 만기가 3년이며, 채권수익률이 10%인 순수할인채권의 가격은 다음과 같다.

$$P_0 = \frac{1{,}000{,}000}{(1+0.1)^3} = 751{,}315\text{원}$$

2) 이표채의 평가

이표채(coupon bond)는 가장 일반적인 채권의 형태로, 만기 이전에는 매기간마다 일정액의 이자를 지급하고, 만기에는 원금과 마지막 이자를 함께 지급하는 채권이다. 다시 말하면, 이표채의 가치는 앞으로 받게 되는 이자와 원금의 현재가치를 구하면 된다. 아래 식은 채권수익률이 r이고, 매기간 지급되는 이자 I와 만기에 액면가 F를 받는 채권의 가치를 나타내는 것이다.

$$\begin{aligned} P_0 &= \frac{I}{(1+r)} + \frac{I}{(1+r)^2} + \cdots\cdots + \frac{I}{(1+r)^n} + \frac{F}{(1+r)^n} \\ &= \sum_{t=1}^{n} \frac{I}{(1+r)^t} + \frac{F}{(1+r)^n} \end{aligned} \qquad \text{(식 10.2)}$$

예를 들어, 채권의 액면가가 100만원이며, 액면이자율은 10%이고 만기가 3년이라고 하자. 이때 채권수익률이 10%라면 채권의 가격은 액면가와 같은 100만원이 된다.

$$P_0 = \sum_{t=1}^{3} \frac{100,000}{(1+0.10)^t} + \frac{1,000,000}{(1+0.10)^3} = 1,000,000\text{원}$$

(채권수익률=액면이자율)

모든 조건이 동일하고, 채권수익률이 11%일 때 채권의 가격은 액면가보다 낮은 975,563원이 되며,

$$P_0 = \sum_{t=1}^{3} \frac{100,000}{(1+0.11)^t} + \frac{1,000,000}{(1+0.11)^3} = 975,563\text{원}$$

(채권수익률〉액면이자율)

또 모든 조건이 동일하고, 채권수익률이 9%인 경우 채권가격은 액면가보다 높은 1,025,313원이 되어야 한다.

$$P_0 = \sum_{t=1}^{3} \frac{100,000}{(1+0.09)^t} + \frac{1,000,000}{(1+0.09)^3} = 1,025,313\text{원}$$

(채권수익률〈액면이자율)

이표채의 발행가격을 세 가지 경우로 나누어서 살펴보았는데, 다른 모든 조건이 동일함에도 불구하고, 단지 채권수익률이 다르다는 이유로 채권의 가격이 달라지는 것을 알 수 있다.

먼저 첫 번째의 경우처럼, 채권수익률과 채권의 액면이자율이 같을 때 채권의 시장가격은 액면가격과 같으며, 이를 액면발행(issued at par)이라고 한다. 두 번째의 경우, 채권수익률이 액면이자율보다 클 때 채권의 시장가격은 액면가격보다 작아진다. 이를 할인발행(issued at discount)이라고 한다. 세 번째는 채권수익률이 액면이자율보다 작은 경우로, 이때 채권의 시장가격은 액면가격보다 커진다. 이를 할증발행(issued at premium)이라고 한다.

(1) 채권가격과 수익률의 관계

앞에서 본 바와 같이 채권의 수익률(r)은 채권가격에 영향을 미치게 된다. 이와 더불어 한 가지 사실을 더 알 수 있는 것은, 채권수익률이 높아지면 채권의 가격은 낮아지고 채권수익률이 낮아지면 채권의 가격은 높아진다는 것이다. 채권수익률이 10%일 때를 기준으로 채권수익률이 11%로 상승하면 채권의 가격은 1,000,000원에서 975,563원으로 하락하고, 채권수익률이 9%로 하락하면 채권의 가격은 1,025,313원으로 상승하게 된다. 이렇듯 채권수익률은 채권의 가격과 반비례 관계에 있음을 알 수 있다.

그림 10-2 채권가격과 수익률의 관계

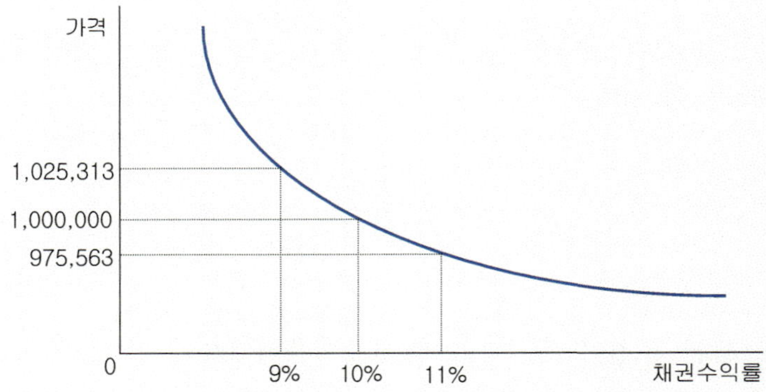

(2) 채권의 가격정리

채권의 가격은 액면이자율, 만기, 채권수익률에 의해 결정된다. 멜키엘(B. Malkiel)은 이러한 요인들이 채권가격에 미치는 영향을 다음과 같이 '채권가격의 정리'로 제시하였다.

① 채권가격은 채권수익률과 반대방향으로 움직인다.
② 채권의 잔존기간(만기)이 길수록 채권가격의 변동폭은 커진다.
③ 채권수익률의 변동에 따른 가격변화율은 만기가 길어짐에 따라 증가하지만, 그 증가율은 체감한다.
④ 동일한 크기로 채권수익률이 상승할 때보다 하락할 때 채권가격의 변동폭이 더 크다.
⑤ 액면이자율이 높을수록 채권수익률의 변동에 의한 채권가격의 변화율은 작아진다.

3) 영구채권의 평가

영구채권(perpetuity)이란 원금을 상환하지 않고, 미래의 일정 기간마다 고정된 이자를 영구히 지급하는 채권을 말한다. 영국의 브리티시 콘솔과 미국의 TVA공채 등이 대표적이며, 그 특성상 사채의 성질은 없어지게 된다. 매기간 지급되는 이자가 I이고 채권수익률이 r인 영구채의 가치는 다음과 같이 계산된다.

$$P_0 = \frac{I}{(1+r)} + \frac{I}{(1+r)^2} + \cdots\cdots + \frac{I}{(1+r)^{\infty}} = \frac{I}{r} \qquad (식\ 10.3)$$

3. 듀레이션

1) 듀레이션의 개념

듀레이션(duration)은 맥컬리(F. R. Macaulay)에 의해 개발된 개념으로 만기수익률의 수준, 액면이자율, 만기까지의 기간 등을 고려하여 수익률의 변화에 대한 가격의 변동성을 측정하는 지표이며, 채권포트폴리오의 효율적 관리를 위해 사용된다. 듀레이션이란, 채권으로부터 발생하는 현금흐름(이자수입과 원금상환)을 이들이 발생하는 기간으로 가중하여 구한 현재가치의 합을 채권의 가격으로 나눈 것으로, 채권의 가중평균만기(가중평균회수기간)를 의미한다.

$$D = \frac{\Sigma(\text{기간} \times \text{기간별 현금흐름의 현재가치})}{\text{채권의 가격}} \quad \text{(식 10.4)}$$

$$= \frac{\sum_{t=1}^{n} \frac{t \cdot CF_t}{(1+r)^t}}{\sum_{t=1}^{n} \frac{CF_t}{(1+r)^t}} = \frac{\sum_{t=1}^{n} \frac{t \cdot CF_t}{(1+r)^t}}{P}$$

예를 들어, 액면가액이 1,000,000원이고 액면이자율이 8%, 잔존기간이 3년, 그리고 만기수익률이 10%인 채권의 듀레이션은 다음 표와 같이 구할 수 있다.

잔존기간	CF_t	$CF_t / (1+r)^t$	$t \cdot CF_t / (1+r)^t$
1	80,000	$\frac{80,000}{(1+0.1)^1} = 72,727$	$72,727 \times 1 = 72,727$
2	80,000	$\frac{80,000}{(1+0.1)^2} = 66,116$	$66,116 \times 2 = 132,232$
3	1,080,000	$\frac{1,080,000}{(1+0.1)^3} = 811,420$	$811,420 \times 3 = 2,434,260$
합계		950,263	2,639,219
듀레이션(D) $= \frac{2,639,219}{950,263} = 2.78$(년)			

2) 채권의 이자율탄력성과 듀레이션

듀레이션은 투자원금에 대한 평균회수기간의 의미뿐만 아니라, 이자율변동에 따른 채권가격의 변동정도를 나타내는 지표로도 활용된다. 이자율변화에 따른 채권가격변동의 민감도를 나타내는 이자율탄력성(interest rate elasticity)은 다음과 같이 정의된다.

$$E = \frac{\text{채권가격의 변화율}}{\text{이자율의 변화율}} = \frac{\Delta P / P}{\Delta r / r} \qquad \text{(식 10.5)}$$

만기 n년, 액면금액 F, 액면이자 I인 채권의 가격은 다음과 같이 구할 수 있다.

$$P = \frac{I}{(1+r)} + \frac{I}{(1+r)^2} + \cdots\cdots + \frac{I+F}{(1+r)^n} \qquad \text{(식 10.6)}$$

이때, 이자율변동에 대한 채권의 가격변화 정도를 파악하기 위해서는 P를 $(1+r)$에 대해서 1차 미분하고 정리하여, 다음과 같이 이자율탄력성과 듀레이션의 관계를 도출하면 된다.[8)]

$$E = -D\left(\frac{r}{1+r}\right) \qquad \text{(식 10.7)}$$

(식 10.7)을 (식 10.5)에 대입하면 이자율변동에 따른 채권가격의 변화 정도를 다음과 같이 나타낼 수 있다.

$$\Delta P = -D \cdot \frac{\Delta r}{1+r} \cdot P \qquad \text{(식 10.8)}$$

앞의 예에서 구한 듀레이션이 2.78년인 채권에 1억원을 투자하였을 경우에 이자율이 8%에서 9%로 1%포인트 상승하였다면, 채권의 가치는 2,574,074원 정도 감소하게 된다.

---

8) (식 10.6)에서 P를 $(1+r)$에 대해서 1차 미분하면 다음과 같다.

$$\frac{\Delta P}{\Delta r} = -\frac{1}{(1+r)}\left[\frac{I}{(1+r)} + \frac{2I}{(1+r)^2} + \cdots + \frac{nI}{(1+r)^n} + \frac{nF}{(1+r)^n}\right]$$

위 식의 양변에 $(1+r)$을 곱하면, 다음과 같이 나타낼 수 있다.

$$\frac{\Delta P}{\Delta r}(1+r) = -\left[\frac{I}{(1+r)} + \frac{2I}{(1+r)^2} + \cdots + \frac{nI}{(1+r)^n} + \frac{nF}{(1+r)^n}\right]$$

위 식의 우변항이 듀레이션의 분자항이므로 양변을 P로 나누어 주면, 다음과 같이 정리할 수 있다.

$$\frac{\Delta P}{P} \cdot \frac{(1+r)}{\Delta r} = -D$$

이자율탄력성이 $E = \frac{\Delta P/P}{\Delta r/r}$이므로 위 식의 양변에 r을 곱하여 정리하면, (식 10.7)과 같이 이자율탄력성을 듀레이션의 함수로 나타낼 수 있다.

$$\begin{aligned}\Delta P &= -(2.78)\cdot\left(\frac{0.01}{1+0.08}\right)\cdot(100{,}000{,}000)\\ &= -2{,}574{,}074\text{원}\end{aligned}$$

따라서 이자율의 변화에 따른 채권가격의 변화는 듀레이션에 의해서 영향을 받음을 알 수 있으며, 듀레이션이 길어질수록 이자율변화에 따른 채권가격의 변동폭이 커지게 된다.

3) 볼록성(convexity)

듀레이션을 이용하여 이자율 변동에 따른 채권가격의 변화를 구하는 식은 양자 간의 관계가 선형관계(linear relationship)를 가지는 것으로 나타내고 있다. 하지만 실제로는 이자율 변동과 채권가격의 변화는 비선형적 관계를 가지기 때문에, 듀레이션을 이용하여 가격변동을 예측하는 경우에 다소 오차가 발생한다.

[그림 10-3]에서 보듯이, 듀레이션에 의한 채권가격의 변동을 측정했을 때 오차가 발생하는 이유는 이자율이 채권가격에 대해서 비선형적 관계를 가지기 때문이다. 이와 같이 원점을 향하여 볼록한 비선형성을 볼록성(convexity; CX)이라고 하며, 다음과 같이 계산된다.

$$CX = \frac{1}{2}\cdot\frac{d^2P}{dr^2}\cdot\frac{1}{P} \qquad \text{(식 10.9)}$$

따라서 시장이자율이 dr만큼 변동할 때, 볼록성까지 고려한 채권가격의 변화율은 다음과 같이 구할 수 있다.

$$\frac{\Delta P}{P} \simeq -D\cdot\frac{dr}{1+r} + CX\cdot(dr)^2 \qquad \text{(식 10.10)}$$

그림 10-3 볼록성

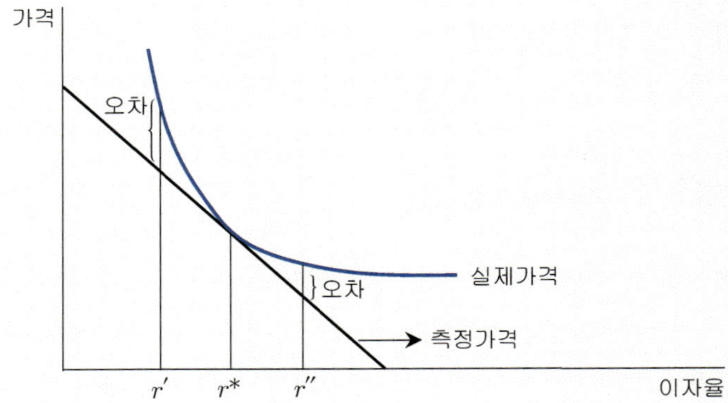

10.4 채권의 수익률

앞에서 채권수익률은 채권발행 시에 확정되어 있는 액면이자율과는 다른 개념이며, 채권의 가격과 직접적으로 관련이 있음을 살펴보았다. 채권가격의 결정요인인 채권의 3요소(액면가, 액면이자율, 만기)와 채권수익률이 주어진 것으로 가정하고, 이것들을 이용해서 채권의 가격을 구하지만, 실제 투자자들은 시장에서 이미 가격이 결정된 채권을 구입할 뿐이다. 따라서 채권투자자들에게 중요한 것은 채권가격 자체보다는, 이미 주어진 채권의 시장가격과 채권을 보유함으로써 얻게 되는 미래 현금흐름과의 관계에서 결정되는 채권수익률이다.

1. 채권수익률의 종류

채권에 투자한 경우, 투자자는 이자소득과 채권의 가격변동에 따른 자본이득을 얻을 수 있다. 투자성과의 평가척도로 이자소득과 자본이득을 포괄하는 만기수익률이 가장 일반적으로 사용되고 있으며, 이외에 경상수익률과 실효수익률 등이 있다.

1) 경상수익률

경상수익률(current yield)은 채권가격에 대한 액면이자의 비율을 말하는 것으로, 시간이 경과함에 따라 수익률을 재계산하여야 하는 번거로움을 피하기 위해 단순화, 즉 영구채권을 가정하여 산출하는 방법이다. 앞에서 살펴보았던 영구채권의 평가식을 이용하여 다음과 같이 나타낼 수 있다.

$$r_c = \frac{\text{연간 액면이자}}{\text{채권의 시장가격}} = \frac{I}{P} \qquad \text{(식 10.11)}$$

예를 들어, 만기가 5년인 채권의 시장가격이 950,000원이고, 액면이자가 100,000원인 채권의 경상수익률은 다음과 같다.

$$r_c = \frac{100,000}{950,000} = 0.105 \quad \text{또는} \quad 10.5\%$$

2) 실효수익률

실효수익률(realized compound yield)이란, 일정한 투자기간, 즉 채권의 매입시점에서부터 매각시점까지 발생한 총수익에 대한 투자금액의 비율을 의미한다. 투자자들은 서로 투자기간 및 투자목적이 다를 것이며, 시장상황에 따라 채권의 가격은 변하게 된다. 따라서 만기까지 보유하지 않고 만기 이전에 매각할 경우에 채권의 매입가격과 차이가 발생하는 것이 일반적이며, 결국 보유기간 동안의 수익률은 지급된 이자와 채권가격의 변화에 의해 결정된다.

따라서 실효수익률은 일정한 투자기간 중에 실제로 실현된 이자수입, 이자의 재투자수익, 자본이득의 합계인 총수입의 최종가치(final value)에 대한 매입가격의 비율이다. 채권을 T기간 동안 보유하였을 경우에 실효수익률은 다음과 같이 산출할 수 있다.

$$\begin{aligned} r_e &= \sqrt[T]{\frac{\text{보유기간 동안 총수입의 최종가치}}{\text{채권투자금액}}} - 1 \qquad \text{(식 10.12)} \\ &= \sqrt[T]{\frac{FV}{P}} - 1 \end{aligned}$$

예를 들어, 액면가가 1,000,000원이고 액면이자율이 연 8%인 이표채(이자지급 연1회)를 944,000원에 매입하여 2년 간 보유하고 995,000원에 매각하였다고 하자. 이때 시장이자율이 10%라고 한다면, 실효수익률은 아래와 같이 11%가 된다.

$$r_e = \sqrt[2]{\frac{1,163,000}{944,000}} - 1 = 0.110 \text{ 또는 } 11.0\%$$

채권매각대금 : 995,000원 액면이자수익 : 160,000원 = 80,000 × 2 재투자수익 : 8,000원 = 80,000×(1+0.1) + 80,000 − 160,000 최종 총수입 : 1,163,000원 = 995,000 + 160,000 + 8,000

3) 만기수익률

실효수익률은 만기 이전에 채권을 매각할 경우에 수익률을 계산하는 방법인 반면, 만기수익률(yield to maturity: YTM)은 만기에 액면금액으로 투자원금을 회수하는 것을 전제로 한 약속수익률을 의미한다. 이는 투자자가 채권에 투자할 경우 얻는 수익률, 즉 기대수익률을 의미하는 것으로 채권을 시장가격으로 매입하여 만기까지 보유할 때 실현될 현금흐름의 현재가치와 채권의 시장가격을 일치시켜주는 수익률이다. 따라서 만기수익률은 다음과 같이 나타낼 수 있다.

$$P = \frac{I}{(1+y)} + \frac{I}{(1+y)^2} + \cdots\cdots + \frac{I+F}{(1+y)^n} \qquad \text{(식 10.13)}$$

예를 들어, 액면금액이 1,000,000원이고 만기가 3년, 액면이자가 10%인 채권이 시장에서 975,563원에 거래될 경우, 아래 식을 풀면 만기수익률(y)은 11%가 된다.

$$975,563 = \frac{100,000}{(1+y)} + \frac{100,000}{(1+y)^2} + \frac{100,000 + 1,000,000}{(1+y)^3}$$

만기수익률은 재투자 가정이 비현실적이라는 단점(시장이자율이 아니라 만기수익률로 재투자가 이루어짐)을 가지고 있지만, 자본이득(자본손실) 및 액면이자를 포함하여 화폐의 시간가치를 고려하기 때문에 일반적으로 투자성과의 평가척도로 이용되고 있다. 만기수익률은 통상 이미 발행된 채권이 유통시장에서 매매되는 과정에서 시장여건에 따라 형성되므로 유통수익률을 의미하기도 한다.

2. 채권수익률의 결정요인

채권발행 시 가격을 결정할 때 사용하는 채권수익률은 어떻게 정하는 것일까? 보통 채권수익률은 자본의 한계생산성, 채권을 발행한 주체의 위험수준에 대한 프리미엄, 물가상승률, 그리고 채권의 만기에 따라 결정된다. 이들을 좀 더 자세히 살펴보면 다음과 같다.

1) 자본의 한계생산성

자본의 한계생산성이란 자본을 한 단위 더 추가하여 사용함으로써 늘어나는 생산량의 정도를 의미한다. 자본의 한계생산성이 높아졌다는 것은, 어떤 물건을 생산할 때 예전에는 1백만원의 비용이 들었다면 이제는 그 이하의 비용으로도 생산을 할 수 있다는 의미이다. 따라서 사회가 경제적으로 성장할 때에는 자본의 한계생산성이 높아져서 자본의 수요가 많아지게 되므로 자본의 가격이라고 할 수 있는 이자율이 상승하게 되고, 따라서 채권수익률도 높아지게 된다.

2) 물가상승률

물가상승률(인플레이션)은 시장이자율에 영향을 준다. 즉, 물가가 오르면 실질수익률을 유지하기 위하여 시장이자율이 상승하게 되는 것이다. 또한 채권수익률은 명목상의 수익률이기 때문에 최소한 물가상승률을 보상할 수 있는 수준이 되어야 한다. 따라서 물가가 오르면 채권의 명목수익률도 상승하게 된다.

3) 채권의 위험 정도

채권의 위험 정도는 채권의 성격 또는 채권발행자의 성격에 따른 위험으로, 채권이 현금으로 빠르고 쉽게 아무런 제약 없이 전환할 수 있는 정도를 말한다. 즉, 유동성 정도가 다르고 채권발행자가 채권을 발행할 때 약속한 제반조건을 제대로 이행하지 못할 가능성의 정도도 각각 다르기 때문에, 이러한 정도의 차이에 따라 채권의 수익률도 다르게 나타난다. 다시 말하면, 채권의 위험 정도가 커질수록 투자자들은 이에 대한 보상을 더 많이 요구하기 때문에 채권수익률은 높아지게 된다.

4) 채권의 만기

다른 모든 조건이 동일하다 하더라도 만기가 길고 짧음에 따라 채권수익률은 다르게 나타난다. 이는 미래 시장이자율의 변동이나 경기변동이 채권수익률에 영향을 미치게 되는데, 이러한 영향으로 인한 채권수익률의 변동이 만기의 장단에 따라 다르게 나타나기 때문이다. 채권의 만기가 짧을수록 경기변동이나 시장이자율의 변동에 대한 영향을 덜 받게 되고, 만기가 길수록 이러한 영향을 많이 받게 된다. 따라서 만기가 긴 채권일수록 채권수익률 변동에 의한 채권가격의 변동 폭이 커지게 된다.

3. 채무불이행위험과 채권등급평가

채무불이행위험(default risk)은 채권의 발행주체가 이자 또는 원금을 당초 약속한대로 지급하지 못하게 될 가능성을 말한다. 다른 사정이 일정하다면, 채무불이행위험이 높은 채권일수록 투자자는 보다 큰 위험프리미엄(risk premium)을 요구할 것이고, 그 때문에 채권의 만기수익률이 높아지고 채권가격은 낮게 평가된다. 여기서 위험프리미엄은 채무불이행위험이 있는 채권의 기대수익률과 만기가 같은 채무불이행위험이 없는 채권(국채)

표 10.3 채권등급의 평정기준[9)]

구 분	한신평	S&P	등 급 평 정 기 준	기업수
투자등급	AAA	AAA	원리금 지급능력이 최고 수준임	64
	AA	AA+ AA AA−	원리금 지급능력이 매우 우수하지만 AAA채권보다는 다소 열위임	166
	A	A+ A A−	원리금 지급능력은 우수하지만 경제여건 및 환경악화에 따라 영향받기 쉬움	140
	BBB	BBB+ BBB BBB−	원리금 지급능력이 양호하지만 경제여건 및 환경악화에 따라 저하될 가능성이 내포됨	34
투기등급	BB	BB+ BB BB−	원리금 지급능력이 당장에 문제는 없으나 장래의 안전에 대해서는 보장할 수 없음	24
	B	B+ B B−	원리금 지급능력이 결핍되어 투기적이며 불황 시에 이자지급이 확실하지 않음	12
	CCC	CCC	원리금 지급능력이 현재에도 불안요소가 있으며 채무불이행 가능성이 커 매우 투기적임	4
	CC	CC	상위등급에 비해 불안요소가 더욱 큼	0
	C	C	채무불이행 위험성이 높고 원리금 상환능력이 없음	3
	D	D	상환불능상태임	0

9) 채권등급별 해당 기업수는 2016년 6월 기준으로 작성되었다.

의 수익률의 차, 즉 수익률 스프레드(yield spread)를 의미한다.

채무불이행위험은 투자자가 직접 분석하기 어렵기 때문에 신용평가기관에서 제공하는 채권등급평가(bond rating)를 이용한다. 채권등급평가는 원리금 상환에 대한 발행주체의 능력을 평가하여, 그 정도에 따라 채권의 등급을 매기는 것으로, 〈표 10.3〉은 신용평가기관의 채권등급 평정기준을 보여주고 있다.

이처럼 채권등급은 채무불이행위험의 척도로 이용되고 있으며, 수익률 차이에 영향을 미치게 된다. 즉, 채권등급이 낮을수록 채무불이행위험이 높기 때문에 만기수익률도 높아지고, 채권등급이 높을수록 만기수익률은 낮아진다. 대표적인 신용평가기관으로는 미국의 Standard & Poors와 Moodys가 있으며, 국내에는 한국신용평가, 한국기업평가 등이 있다.

재테크 이야기

보유자금을 효율적으로 운용하여 최대한의 이익을 창출하는 방법을 의미하는 '재테크'는 한자 '財務'와 영어 'technology'의 합성어이다. 원래는 대량소비시대에서 저소비·저성장시대로 이행되면서 영업활동 이외에 잉여자금을 유가증권에 투자하여 배당과 이자수입을 얻거나 시세차익을 통해 수익을 높이려는 기업의 경영활동이었다.

이러한 재테크가 연이은 경제위기 이후 재산을 안전하게 불려나가려는 개인이나 가계에도 사용되기 시작하였으며, 요즘은 개인의 자산을 재테크 관점에서 종합관리해주는 재무설계사(financial planner; FP)들이 활발한 활동을 하고 있다. 다음은 알아두면 유용한 재테크 법칙들이다.

■ 100–나이 법칙

이 법칙은 위험자산에 어느 정도 투자해야 하는가를 보여주는 법칙으로, 100에서 나이를 뺀 숫자만큼의 비중을 위험자산에 투자해야 한다는 것이다. 단순하지만, 젊었을 때는 위험을 감수하면서도 높은 수익을 낼 수 있는 자산에 많이 투자하고, 나이가 들어감에 따라 안전한 자산으로 옮겨와야 한다는 것을 보여주고 있다.

■ –50 vs +100 법칙

이 법칙은 리스크관리 측면에서 높은 수익보다는 위험에 더욱 주의해야 한다는 것을 보여주고 있다. 즉, 하락할 때는 50%만 떨어져도 오를 때는 100%가 상승해야 한다는 것이다. 예를 들어, 100만원이 –50% 수익률을 보여 50만원이 되면, 원금을 만들기 위해서는 +100%의 수익을 내야 한다는 것이다.

■ 부자지수 법칙

부자지수는 (순자산액×10)÷(나이×총소득)으로 나타낼 수 있다. 이때, 총소득은 연봉과 이자소득을 합한 것이며, 순자산액은 총자산에서 부채를 뺀 액수이다. 만약 35세인 사람의 순자산액이 1억원이고 총소득이 연간 5천만원이라면, 이 사람의 부자지수는 0.67이 된다. 부자지수가 1을 넘으면 동년배보다 부자가 될 가능성이 크다는 것을 의미하며, 부자가 되는 길은 소득을 관리하고 순자산액을 늘리는 것임을 보여준다.

10.5 채권수익률의 기간구조

채권의 위험과 다른 조건이 동일하다고 가정하면 채권가격은 잔존기간에 따라 다르게 형성되므로, 채권수익률 역시 만기까지의 기간에 따라 달라진다. 채권수익률의 기간구조(term structure)는 만기에 따라 채권수익률이 어떻게 변해가는지를 나타내는 것으로써, 다른 모든 조건이 동일하고 만기까지의 기간만 다른 채권들의 만기수익률과 만기 간의 관계를 말하며, 이러한 관계를 그래프로 나타낸 것을 채권의 수익률곡선(yield curve)이라 한다.

투자자는 채권의 수익률곡선을 이용하여 미래의 금리변동을 예측할 수 있으며, 또한 투자기회를 판단하는데 이용할 수 있다. 예를 들어, 수익률곡선보다 위쪽에 위치한 채권은 과소평가된 채권이므로 매입을 하고, 반대로 아래쪽에 위치한 채권은 과대평가되어 있다고 볼 수 있으므로 매도하는 전략을 구사하는 것이다.

그렇다면 수익률곡선에 대하여 좀더 이해를 돕기 위하여 채권의 만기와 만기수익률과의 관계, 즉 기간구조를 설명하는 순수기대가설, 유동성프리미엄가설, 선호영역가설, 시장분할가설 등을 살펴보자.

1) 순수기대가설

순수기대가설(pure expectation hypothesis)은 불편기대가설(unbiased expectation hypothesis)이라고도 하는데, 확실성하에서 미래의 이자율에 대한 투자자의 기대가 특정 만기를 가진 채권의 수요를 결정한다는 것이다. 다시 말하면, 수익률곡선의 형태가 미래의 단기이자율에 대한 투자자의 예상에 의하여 결정된다는 것이다. 만기 n기간 동안 예상되는 각 기간별 단기이자율을 ${}_0r_1$, ${}_1r_2$, ……, ${}_{n-1}r_n$이라고 한다면, 만기 n기간 동안 장기이자율 ${}_0r_n$은 다음과 같이 나타낼 수 있다.

$$(1+{}_0r_n)^n = (1+{}_0r_1)(1+{}_1r_2)\cdots\cdots(1+{}_{n-1}r_n) \qquad \text{(식 10.14)}$$

그림 10-4 순수기대가설의 수익률곡선

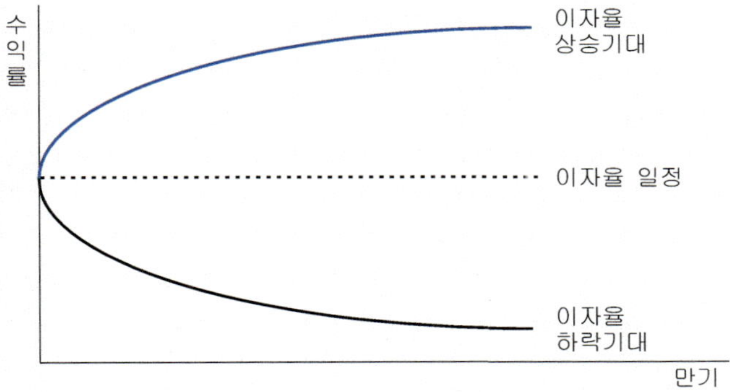

여기서 장기채권의 수익률은 장기채권의 상환기간 내에 실현될 것으로 예상되는 각 기간별 단기채권들의 수익률의 곱으로 나타난다. 이 가설에서는 결국 시장참가자가 미래 단기채의 수익률이 상승할 것으로 기대할 경우에 장기채수익률이 단기채수익률을 상회하게 되고, 따라서 수익률곡선이 우상향곡선이 된다. 반대로 미래 단기채의 수익률이 하락할 것으로 기대할 경우에는 우하향하는 곡선이 되는 것이다.

2) 유동성 프리미엄가설

유동성 프미리엄가설(liquidity premium hypothesis)이란, 채권의 만기가 길면 길수록 투자자들이 느끼는 미래에 대한 불확실성이 커지기 때문에 더 많은 유동성 프리미엄을 요구하게 된다는 것이다. 즉, 유동성 프리미엄의 영향으로 장기채권의 수익률은 단기채권의 수익률보다 높게 나타나며, 유동성 프리미엄은 장기로 갈수록 커진다고 보는 것이다. 따라서 유동성프리미엄가설의 수익률곡선은 [그림 10-5]에서 볼 수 있는 바와 같이, 순수기대가설에서의 수익률곡선보다 위쪽에 위치하게 된다.

$$ {}_0r_n = \sqrt[n]{(1+{}_0r_1)(1+{}_1r_2)\ \ldots\ldots\ (1+{}_{n-1}r_n)} - 1 + (L_n - L_1) \qquad \text{(식 10.15)} $$

단, $L_1 < L_2 < L_3 < \cdots\cdots < L_n$

여기서, L_n : n시점에서의 유동성프리미엄

그림 10-5 유동성프리미엄가설의 수익률곡선

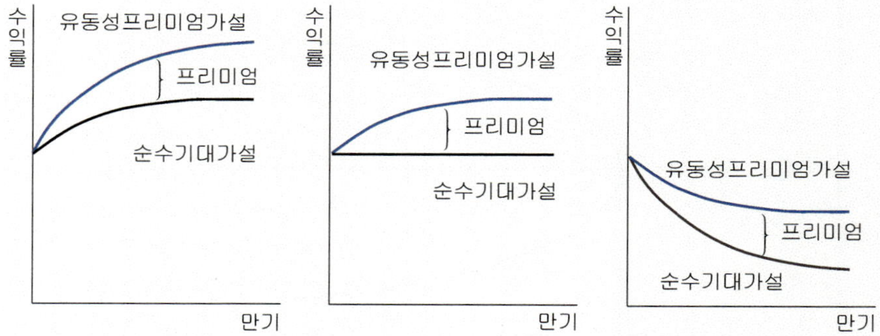

3) 시장분할가설

시장분할가설(market segmentation hypothesis)은 투자자 또는 채권발행자들이 각자 선호하는 만기기간이 존재하기 때문에 채권시장이 만기에 따라 세분화되어 독립적인 개별시장을 형성하게 되므로, 채권의 수익률은 각 시장에서의 수요와 공급에 의해 결정된다는 것이다. 즉, 자금의 공급자와 수요자는 각자 선호하는 만기에 따라서 단기시장에 참가할 수도 있고 장기시장에 참가할 수도 있다. 따라서 장·단기채권의 수익률은 각각의 시장 상황에 따른 수요와 공급에 의해서 독립적으로 결정된다는 것이다.

그림 10-6 시장분할가설의 수익률곡선

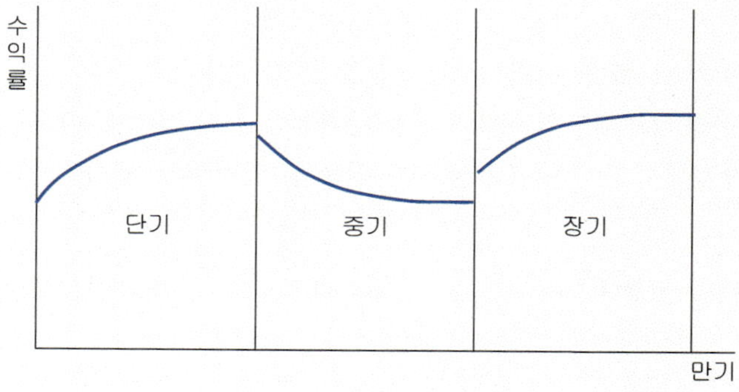

4) 선호영역가설

선호영역가설(preferred habitat hypothesis)은 각각의 투자자들이 선호하는 영역이 존재하지만, 만기가 다른 채권들에 충분한 프리미엄이 주어진다면 자신이 선호하는 영역을 벗어난 만기를 가진 채권에 언제라도 투자할 수 있다는 것이다. 따라서 선호영역가설은 순수기대가설과 시장분할가설이 통합된 형태로 볼 수 있으며, 투자자들이 자신이 선호하는 만기 영역을 옮기는 대가로 요구하는 추가적인 수익률을 선호영역프리미엄(habitat premium)이라고 한다.

10.6 채권운용전략

채권 투자자는 나름대로의 투자목표와 정책에 따라 여러 가지 운용전략을 고려해 볼 수 있는데, 투자자가 얼마나 적극적으로 투자위험을 부담할 것인지에 따라 크게 세 가지 부류의 투자전략으로 분류할 수 있다. 즉, 적극적 투자전략과 소극적 투자전략, 면역전략으로 분류할 수 있으며, 개략적으로 그 내용을 살펴보면 다음과 같다.

1. 적극적 투자전략

적극적 투자전략은 주어진 위험수준하에서 수익을 높일 수 있는 방법을 찾고자 하는 전략으로, 투자기간이 장기간이거나 위험을 과감하게 받아들일 만큼 모험성이 높은 투자자에 적합한 전략이다.

1) 이자율 예측전략

이 전략은 이자율 예측을 통해 채권 포트폴리오의 구성을 지속적으로 조정함으로써 수익을 높이고자 하는 전략이다. 즉, 이자율 변동에 따라 포트폴리오에 편입된 채권의 만기와 표면이자율의 구성을 조정하는 것이다. 이자율이 하락하는 국면에는 잔존만기를 늘리고, 장기채의 낮은 표면금리채권을 늘림으로써 포트폴리오의 가격 변동성을 높여야 한다. 반대로 이자율이 상승하는 시기에는 장기채와 액면이자율이 높은 채권의 가격 하락폭이 크므로, 잔존만기를 줄이고 단기채의 높은 표면금리채를 중심으로 포트폴리오를 구성해야 한다. 이 전략은 이자율의 변동방향과 크기 및 이자율의 변화시점에 대한 예측이 중요하다.

2) 수익률곡선타기전략

수익률곡선이 우상향하면 미래 채권수익률이 상승하고, 우하향하면 채권수익률이 하락할 것으로 예측할 수 있다. 수익률곡선이 우상향하고 투자기간 동안 그 형태가 변하지 않을 것이라고 가정하면, 시간이 경과함에 따라 보유채권의 만기는 짧아지고 수익률곡선상 자연스럽게 이자율이 하락하게 되어 채권가격은 상승하게 된다.[10] 수익률곡선타기전략이란, 이러한 특성을 이용하여, 목표투자기간보다 긴 만기의 채권에 투자하여 채권을 만기 전에 매각함으로써, 목표투자기간과 동일한 만기의 채권에 투자하는 만기보유전략보다 높은 수익을 추구하는 전략이다. 하지만 이 전략은 수익률곡선의 형태가 예측대로 유지되지 않으면 손실을 입을 수 있다.

2. 소극적 투자전략

소극적 투자전략은 예측실패의 위험을 회피하려는 투자전략이다. 투자자가 소극적 전략을 선택하는 이유는 투자자 스스로 부담하고자 하는 위험정도, 거래비용을 감안하였을 때, 적극적 투자전략을 통해서도 충분한 수익을 올릴 수 없도록 채권시장이 효율적으로 움직인다고 판단하기 때문이다.

1) 만기보유전략

만기보유전략은 채권을 구입한 다음 만기일까지 보유함으로써 투자시점에서 미리 수익을 확정짓는 방법이다. 따라서 미래에 대한 예측을 행할 필요가 없고, 단지 보유하고 있는 채권이 채무변제를 이행할 능력이 있는지 파악하기 위해 신용분석만 행하면 된다는 점에서 안정성이 높은 투자전략이다. 그러나 채권을 보유하고 있는 기간 중에 금리변동, 특히 금리가 상승하게 되면 더욱 낮은 시장가격으로 채권을 매입할 수 있는 기회를 포기해야 한다는 점에서 매우 소극적인 투자전략이라 할 수 있다.

2) 인덱스전략

인덱스전략은 채권투자의 성과가 일정한 채권지수의 수익률을 따를 수 있도록 채권포트폴리오를 구성하여 운용하는 전략이다. 시장전반의 수익률 흐름을 맹목적으로 추종한다는

10) 장기채의 경우 잔존만기가 단축됨에 따라 수익률이 완만하게 하락하고 가격이 완만하게 상승하는데, 이를 롤링효과(rolling effect)라고 한다.

점에서 소극적 투자전략이라고 할 수 있다. 운용하는 채권포트폴리오가 추구하는 채권지수는 시장전체의 채권들을 대상으로 하는 지수, 일정 분야별 채권들을 대상으로 하는 지수, 투자자들이 원하는 투자목적에 맞춰진 채권들로 이루어진 지수들 중에서 선택할 수 있다.

3. 면역전략

면역(immunization)전략은 채권을 보유하는 기간 동안 이자율변동으로 인해 상반되게 나타나는 재투자수익효과와 자본이득효과를 동일하게 하여 이자율위험을 제거하고자 하는 전략이다.[11] 따라서 면역전략을 사용할 경우는 시장이자율이 불리하게 변동하더라도 투자자의 목표수익률을 실현시킬 수 있게 된다.

1) 현금흐름일치전략

현금흐름일치전략은 채권에서 발생하는 현금흐름 수입이 채권투자를 위해서 조달된 부채의 상환흐름과 일치하도록 채권포트폴리오를 구성하는 전략이다. 이 전략은 일치시켜야 하는 현금흐름이 단순할수록 효과적인 포트폴리오를 구성할 수 있고, 일단 구성된 포트폴리오는 변경시킬 필요가 없다는 장점이 있다. 하지만 현금흐름일치전략은 부채의 현금흐름과 일치하는 채권을 구하기 어려울 수 있고, 부채의 현금흐름이 복잡할 경우 채권선택이 어려움뿐만 아니라 채권의 취득비용이 높을 수 있다는 단점이 있다.

2) 목표기간면역전략

목표기간면역전략이란, 목표기간 동안의 채권 포트폴리오의 수익을 현재시점에서 고정시키는 전략으로, 채권에 투자하는 기간과 듀레이션을 일치시킴으로써 이자율변동에 따른 가격위험과 재투자수익위험을 제거하는 것이다. 즉, 채권의 투자기간과 듀레이션을 일치시키게 되면 이자율 상승(하락)에 따른 채권가격의 하락(상승)효과와 재투자수익의 상승(하락)효과가 상쇄되어 총수익의 변동위험이 제거된다.

---

11) 이자율위험(interest rate risk)이란 이자율의 변동으로 인하여 채권가격과 재투자수익의 변동가능성을 의미한다. 가격위험은 시장이자율의 변동으로 인한 채권가격이 상승 또는 하락함으로써 자본이득 또는 자본손실이 발생할 가능성을 말한다. 한편, 재투자수익위험은 이자를 수령하여 이를 재투자할 때 적용되는 이자율의 변동으로 인한 재투자수익의 증가 또는 감소할 가능성을 말한다. 이러한 가격위험과 재투자수익위험은 투자자의 부에 반대로 영향을 미친다. 예를 들어, 시장이자율이 상승하게 되면 이자지급액을 재투자함으로써 얻어지는 재투자수익률은 상승하는 반면, 채권의 가격은 하락하게 되며, 시장이자율이 하락할 경우에는 반대의 효과가 나타나게 된다. 따라서 이자율의 변동에 따른 재투자수익과 가격효과가 투자자의 부에 미치는 순효과가 0이 되지 못하면 이자율위험에 노출되게 된다.

핵심정리

- 채권은 투자에서 발생하는 이자와 만기에 상환 받는 원금이 발행 당시에 확정되어 있기 때문에 고정소득증권이라고 할 수 있지만, 시장이자율과 발행주체의 부도위험 등에 의해서 채권의 가치는 변동하는 특징을 가지고 있다.
- 채권은 정부, 공공기관, 특수법인과 주식회사의 형태를 갖춘 사적 기업이 투자자들로부터 비교적 장기의 자금을 대규모로 조달하기 위하여 발행하는 유가증권이다.
- 채권을 발행할 때는 채권의 액면가, 이자율, 만기 세 가지를 꼭 표시하도록 되어 있으며, 이를 채권의 3요소라 한다.
- 할인채권은 단순한 형태의 채권으로 만기에 액면가만 한번 지급하는 채권이다. 반면에 이표채는 일반적인 채권의 형태로 만기 이전에는 매기간마다 일정액의 이자를 지급하고, 만기에는 마지막 기의 이자와 원금을 함께 지급하는 채권이다.
- 채권수익률은 채권의 가격과 반비례 관계에 있어서, 채권수익률이 높아지면 채권의 가격은 낮아지고 채권수익률이 낮아지면 채권의 가격은 높아진다.
- 듀레이션은 채권으로부터 발생하는 현금흐름을 이들이 발생하는 기간으로 가중하여 구한 현재가치의 합을 채권의 가격으로 나눈 것으로, 채권의 가중평균 만기를 의미한다.
- 만기수익률은 투자자가 채권에 투자할 경우 얻는 수익률, 즉 기대수익률을 의미하는 것으로 채권을 시장가격으로 매입하여 만기까지 보유할 때 실현될 현금흐름의 현재가치와 채권의 시장가격을 일치시켜주는 수익률이다.
- 채무불이행위험은 채권의 발행주체가 이자 또는 원금을 당초 약속한대로 지급하지 못하게 될 가능성을 말하는 것이고, 이자율위험이란 이자율의 변동으로 인하여 채권가격과 재투자수익의 변동가능성을 의미한다.
- 채권수익률의 기간구조는 만기에 따른 채권수익률이 어떻게 변해가는지를 나타내는 것으로써, 다른 모든 조건이 동일하고 만기까지의 기간만 다른 채권들의 만기수익률과 만기 간의 관계를 말하며, 이러한 관계를 그래프로 나타낸 것을 채권의 수익률곡선이라 한다.
- 채권의 운용전략은 투자자가 얼마나 적극적으로 투자위험을 부담할 것인지에 따라 크게 적극적 투자전략, 소극적 투자전략과 면역전략으로 구분할 수 있다.

연습문제

1. 액면가에서 상환기일까지의 이자를 차감한 금액으로 매출한 다음, 만기에 액면금액을 지급하는 채권을 무엇이라고 하는가?

2. 채권을 발행할 때는 (　　　), (　　　), 그리고 (　　　)가 반드시 표시되어야 한다.

3. 채권의 가격과 수익률 사이의 관계를 설명하시오.

4. 듀레이션에 대해서 설명하시오.

5. 다음 중 투자등급으로 적절하지 않은 것은 무엇인가?
   ① BB+　　② BBB　　③ BBB-　　④ A

6. (　　　)은 채권을 시장가격으로 매입하여 만기까지 보유할 때 실현될 현금흐름의 현재가치와 채권의 시장가격을 일치시켜주는 수익률이다.

7. 한국기업의 채권은 만기가 3년, 표면이자율이 10%이다. 이 채권은 액면가가 100만원이고 이자는 매년 지급된다. 만기수익률이 6%라면, 현재 이 채권의 가격은 얼마인가?

8. 중앙산업의 채권은 만기가 3년이고 표면이자율이 8%이며, 매년 이자가 지급되는 이표채이다. 현재 이 채권은 시장에서 액면가 100만원보다 높은 110만원에 거래되고 있다. 이 채권의 만기수익률은 얼마인가?

9. 대림기업은 액면가가 100만원이고 표면금리는 7%이며, 매년 이자가 지급되는 3년 만기 이표채를 발행하였다. 만기수익률이 10%라고 할 때, 이 채권의 듀레이션을 구하시오.

10. 채권의 기간구조이론 중 순수기대가설과 유동성프리미엄가설의 차이를 설명하시오.

제 11 장

선물시장과 거래전략

일반적으로 유형이든 무형이든 상품이 거래되는 시장에는 각종 위험이 존재하는데, 그 중에서도 가격변동위험이 커다란 비중을 차지하고 있다. 예를 들어, 주가 및 금리변동에 따른 주식과 채권가격의 변동, 환율변동에 의한 수출입회사의 손익변동, 원자재가격 변동에 따르는 제품가격의 변동, 농수산물가격의 폭등과 폭락 등이 그것이다. 이러한 가격변동위험을 줄이기 위해서 고안해 낸 것이 파생상품이다. 이번 장에서는 파생상품의 도입배경과 대표적인 파생상품인 선물에 대해서 살펴 볼 것이다.

11.1 파생상품의 도입배경

1970년대에 들어서 고정환율제이던 환율결정시스템이 변동환율제로 바뀌고, 각국의 통화정책이 이자율 중심에서 통화공급 중심으로 전환되었다. 그리고 전세계적으로 금융시장에 대해서 정부가 간섭 또는 통제하던 방식에서 1980년대에 들어서는 자율화 내지 규제완화가 진행되었다.

이러한 환경변화는 환율과 금리의 변동 폭을 확대하여 경제가 그 만큼 가격위험을 부담하게 되었으며, 이뿐만 아니라 규제완화와 자율화로 인해서 경쟁이 심화되어 금융기관의 수익기반이 악화되는 결과가 나타났다.

이에 따라 위험을 회피하거나 또는 적정한 수익확보를 위한 수단으로 파생상품(derivatives)에 대한 관심이 촉발되었으며, 특히 파생금융상품(financial derivatives)에 대한 거래가 전세계적으로 급속히 늘어나게 되었다.

파생(派生)이라는 말의 사전적 의미는 '사물이나 현상이 본체로부터 갈라져 나와 생기는 것'이다. 파생상품은 다른 자산의 가격에 따라 그 가치가 결정되는 증권, 즉 다른 자산(원유, 금, 주식, 채권 등)을 기초로 하여 생겨난 금융상품을 말한다. 대표적인 파생상품으로는 선물과 옵션을 들 수 있다.

선물(futures)은 미래의 일정 시점에 품질, 규격, 수량 등이 표준화되어 있는 특정 상품을 계약체결 시에 정한 가격으로 인수 또는 인도할 것을 약정한 계약을 말하며, 옵션(option)은 특정 상품을 특정 기일 이내에 사거나 팔 수 있는 권리이다.

우리나라도 국제화와 개방화가 진행됨에 따라서 환율, 금리, 주가 등이 국내요인뿐만 아니라 해외요인에 의해서도 영향을 받게 되어 가격변동위험이 커지게 되었다. 이와 같이, 증대되는 위험의 관리수단으로 파생상품시장의 필요성을 인식하여 한국증권거래소에 1996년 5월 KOSPI200선물이 최초로 도입되었고, 1997년 KOSPI200옵션이 도입되었다. 이후 1999년 4월에 한국선물거래소가 개장되어 금리선물과 통화선물이 상장되어 거래되기 시작하였다. 한국증권거래소와 한국선물거래소로 양분되어 있던 국내선물시장은 2005년 1월 한국증권선물거래소로 통합되었고, 현재는 한국거래소가 운영하는 파생상품시장에서 거래가 이루어지고 있다.

11.2 선물의 기본개념

선물거래는 선물계약(futures contract)을 사고 파는 것이다. 여기에서 선물이란, 미래의 일정 시점에 품질, 규격, 수량 등이 표준화되어 있는 특정 상품을 계약체결 시에 정한 가격으로 인수 또는 인도할 것을 약정한 계약을 말한다. 선도거래와의 비교를 통해서 좀 더 자세히 알아보기로 하자.

1. 선도거래와 선물거래

일반적으로 우리가 상품을 사고파는 방식은 매매계약의 체결과 동시에 상품의 인도와 대금의 결제가 이루어진다. 이와 같이 매매계약과 결제가 동시에 이루어지는 거래를 현물거래(spot transaction)라고 한다.

현물거래와는 달리 현재시점에서 특정 상품을 상호 합의한 가격으로 미래 일정 시점에 인수·인도할 것을 약속하는 계약을 체결하고, 일정 기간이 지나서 지정된 일자와 장소에서 대금결제 및 인수도가 이루어지는 거래가 있을 수 있다. 이와 같이, 매매계약 체결일로부터 일정 기간이 지난 후에 상품의 인도와 대금결제가 이루어지는 거래를 선도거래(forward transaction)라고 한다.

선물거래(futures transaction)는 선도거래가 발전하여 선물거래소를 통해서 거래가 이루어지는 것을 말한다. 선물거래소는 투자자들이 표준화된 상품을 거래소가 정한 규정과 절차에 따라 거래하도록 하며, 또한 거래의 이행을 보증하는 역할을 수행한다.

1) 선도거래

선도거래는 일정 시점에서 특정한 상품에 대한 매매계약을 맺고 상당 기간이 경과한 후에 최초의 계약조건대로 당사자 간에 상품을 서로 주고받는 것(인수도)을 말한다. 상품의 인수도가 이루어질 때, 지급되는 상품의 가격은 최초계약 당시에 결정이 된다. 이러한 선도거래는 우리 주위에서 볼 수 있는 거래의 한 형태라고 할 수 있다. 다음과 같은 예를 통해 선도계약의 의미를 좀 더 살펴보자.

계속되는 무더위에 지친 이명철 씨는 에어컨을 한 대 구입하기로 하였다. 집 근처 가전제품 대리점에 간 이명철 씨는 이미 에어컨이 다 팔려버렸다는 사실을 알게 되었다. 대리점 주인의 말로는 에어컨이 도착하자마자 불티나게 팔리며, 공장에서 생산된 에어컨이 다시 대리점에 들어올 때까지는 약 2주가 걸린다고 한다. 이번에는 꼭 에어컨을 구입하겠다고 마음을 먹은 이명철 씨는 대리점 주인에게 부탁하여 에어컨이 도착하는 대로 자신에게 연락해달라고 하였다. 대리점 주인은 2주 후 에어컨이 도착하는 대로 이명철 씨에게 에어컨 한 대를 팔기로 약속하고 대금 100만원은 2주 후 에어컨을 인도하면서 받기로 하였다.

우리 주위에서 종종 볼 수 있는 이러한 예가 바로 선도계약으로 이명철 씨는 선도계약을 통해 2주 후에 틀림없이 에어컨을 살 수 있게 되고, 대리점 주인도 여름이 많이 지나서 혹시 팔리지 않을 수도 있는 에어컨을 확실히 팔 수 있게 된다. 선도계약은 비교적 단순하면서도 미래의 불확실성을 제거할 수 있다는 유용성 때문에 이미 오래 전부터 거래가 이루어져 왔다.

이러한 선도거래는 우리의 일상생활뿐만 아니라 외국은행과의 외환거래나 기업 간의 신용거래에서도 자주 나타난다. 특히, 외국통화를 미리 정해진 교환비율로 일정 기간 경과 후에 자국의 통화와 교환하는 외환거래에서 선도거래는 매우 중요한 위치를 점하고 있다.

2) 선물거래

선물거래는 오래 전부터 존재해 온 선도거래의 변화된 형태로 기본내용에 있어서 선도거래와 큰 차이가 없다. 즉, 매매계약의 성립과 동시에 상품의 인도와 결제가 이루어지는 현물거래에 대응되는 개념으로써, 일정한 품질의 상품을 정해진 양만큼 합의된 가격으로 미래의 특정한 날이나 기간에 인수하거나 인도하는 법적 구속력을 지닌 계약을 뜻한다. 따라서 선물계약을 매도한 사람은 계약의 만기시점에 대상물을 인도할 의무를 지게 되고, 매수한 사람은 대상물을 인수하고 대금을 지불할 의무를 지게 된다.

이와 같은 인수·인도의 의무는 계약시점으로부터 인수도 결제 완료 시까지 유효하지만, 선물거래에서는 계약기간 중 언제라도 이 계약과 반대되는 계약을 체결함으로써 인수·인도 의무를 해소할 수 있는 제도가 마련되어 있다. 실제로 선물거래에서 만기시점에 실물을 주고받음으로써 거래를 종결시키는 경우는 매우 드물다. 이러한 선물거래는 거래대상 상품에 따라 농산물, 축산물, 광물 등의 상품을 대상으로 하는 상품선물거래와 금융자산을 대상으로 하는 금융선물거래로 구분된다.

3) 선도거래와 선물거래의 비교

선물거래와 선도거래는 기본내용에 있어서는 유사하지만 그 운용면에서는 많은 차이가 난다. 그 내용을 정리해 보면 다음과 같다.

첫째, 선물거래는 정형화된 거래로써 거래대상 상품, 인수도 기일, 거래단위 등이 규격화되어 있기 때문에 매매당사자는 거래가격만 결정하면 된다. 그러나 선도거래에서는 매매당사자 간에 이러한 거래조건들이 모두 합의가 이루어져야 하기 때문에 거래마다 조건이 달라질 수 있다.

둘째, 선물거래는 거래소라는 조직화된 시장에서 공개경쟁입찰방식으로 거래가 이루어지지만, 선도거래는 거래소 이외의 장소에서 거래당사자 간의 1대1방식으로 행해진다.

셋째, 선물거래는 매수자와 매도자 사이에 청산소가 개입하여 계약의 이행과 결제를 보증하며, 시장참가자들은 계약이행의 보증을 받기 위해서 증거금을 예치하여야 한다. 이에 반해 선도거래는 상대방의 신용에만 의존해야 하므로 계약불이행위험이 존재한다.

넷째, 선물거래는 계약만기 이전에 반대매매를 통하여 언제든지 거래를 청산할 수 있다. 그러나 선도거래는 거래 상대방과의 합의 없이는 만기 이전 결제가 불가능하며, 반대매매에 의한 청산이 어려워 현물인수도를 원칙으로 하고 있다.

다섯째, 선물거래에 대해서는 거래소와 금융감독당국의 감독 및 규제가 이루어지고 있는 반면, 선도거래에서는 이와 같은 감독 및 규제가 거의 없다.

표 11.1 선물거래와 선도거래의 비교

구 분	선 물 거 래	선 도 거 래
거래장소	선물거래소	장 외 시 장
거래방법	공개경쟁입찰방식	거래당사자들의 1대1거래
거래조건	표 준 화	거래자 간의 합의
거래상대	거래상대방을 모름	거래상대 확인 후 거래
가격형성	매일 계속해서 형성	계약이 한번 형성
이행보증	청 산 소	당사자 간의 신용도
중도청산	반대매매를 통한 중도청산 용이	만기 전 포지션청산 어려움
인 수 도	총거래 중 3% 이하 실물인수도	대부분 만기일에 실물인수도
규 제	거래소, 선물감독기관	자 율 규 제

2. 선물시장의 구조

선물거래는 선물계약을 매매하는 거래형태이며, 선물계약은 표준화된 특정 상품을 선물거래소에서 현재시점에서 정한 가격으로 미래의 특정 시점에 인수도할 것을 약속하는 법적 구속력을 갖는 계약이다. 본 절에서는 이러한 선물거래가 가지는 특징들에 대해서 살펴본다.

1) 선물계약의 구성요소

선도거래의 경우에는 계약조건이 거래당사자 간의 합의에 의해서 정해진다. 반면에 선물거래의 경우에는 거래 대상품의 품질과 규격, 거래단위, 인수도 방법 및 시기, 호가단위 등 계약조건이 거래소가 정한 표준화된 선물계약을 기준으로 정해진다. 선물계약의 구성요소를 살펴보면 다음과 같다.

(1) 기초자산

기초자산(underlying asset)은 선물거래에서 매수자와 매도자가 사고팔기로 약속한 상품으로, 선물계약의 만기일에 인수·인도되는 자산을 말한다. 선물계약은 기초자산에 따라 크게 상품선물과 금융선물로 구분할 수 있다. 상품선물은 기초자산이 옥수수, 금, 원유 등 실물상품을 대상으로 거래되며, 금융선물은 통화, 채권, 주가지수 등 금융상품을 거래대상으로 한다.

(2) 계약단위

계약단위는 선물거래에서 거래되는 상품의 기본 거래단위로써 선물계약 1건의 크기를 나타낸다. 즉, 하나의 거래단위를 1계약이라고 한다. 선물거래소는 거래가 신속하게 이루어질 수 있도록 거래대상 상품별로 계약단위를 표준화하여 거래하고 있다. 예를 들어, 한국거래소 파생상품시장에서 거래되고 있는 금선물의 1계약은 100g이고, 미국달러선물의 1계약은 $10,000이다.

(3) 결제월

결제월이란 선물계약이 만기가 되어 실물인수도 또는 현금결제가 이루어지는 달을 말하며, 인도월이라고도 한다. 선물거래소는 선물계약을 상장시킬 때 거래의 유동성을 높이기 위해서 상품의 특성에 따라 다양한 형태의 결제월을 지정하고 있다. 우리나라 주가지수선물과 국채선물의 결제월은 3, 6, 9, 12월이다.

(4) 최소가격변동폭

최소가격변동폭(tick)은 선물계약 매수 또는 매도주문 시에 가격제시의 최소변동단위를 말하며, 선물거래소는 상품별로 그 크기를 표준화시켜 놓고 있다. 여기에 계약단위를 곱하면 최소가격변동폭 1단위가 변동할 때, 계약당 손익금액이 산출된다. 우리나라 금선물의 경우에 최소가격변동폭은 10원/g이고, KOSPI200선물의 경우에는 0.05포인트이다.

예를 들어, 한국거래소에서 거래되는 KOSPI200선물의 계약구성요소를 살펴보면, 기초자산은 KOSPI200지수이고 거래단위는 KOSPI200×25만원이며, 결제월은 3, 6, 9, 12월(3,9:1개, 6:2개, 12:3개, 3년 내 7개 결제월), 최종거래일은 결제월의 두 번째 목요일, 최소가격변동폭은 0.05포인트, 그리고 인수도방법은 실물인수도가 불가능하므로 현금결제를 한다.

선물거래에서 계약의 표준화는 선도거래의 경우와 달리 거래할 때마다 거래상대방을 찾아 계약조건을 협의해야 하는 번잡함을 줄여준다. 또한 선물시장 참가자로 하여금 계약조건에 대한 이해를 쉽게하고, 대량의 거래를 가능하게 할 뿐만 아니라 시장유동성을 높임으로써 반대매매를 용이하게 한다.

2) 선물시장의 구조

(1) 선물거래소

선물거래는 선도거래와 달리 선물거래소라고 하는 조직화된 시장에서 거래가 이루어진다. 거래소는 시장참가자들에게 거래장소, 통신설비, 시장정보 등 선물거래에 필요한 모든 것을 제공하며, 선물거래가 효율적이고 안정적으로 이루어 질 수 있도록 제반규정을 제정하고 신상품을 상장하는 등의 기능을 수행한다. 그리고 거래소는 회원제로 운영되기 때문에 거래소에서 직접 선물을 매매하기 위해서는 회원자격을 취득해야 한다.

선물거래가 매우 활발한 거래소로는 미국의 시카고상품거래소(CBOT), 시카고상업거래소(CME), 뉴욕상업거래소(NYMEX), 그리고 영국의 런던국제금융선물거래소(LIFFE) 등이 있다. 우리나라는 한국거래소가 운영하는 파생상품시장에서 거래되고 있다.

(2) 선물중개회사

선물중개회사에는 금융위원회로부터 선물업 허가를 받은 선물회사와 증권회사가 있으며, 고객의 주문을 받아서 거래소에 전달하는 중개역할을 수행한다. 이외에도 선물중개회사는 고객별 미결제약정 수량에 대한 기록유지 및 증거금관리 등의 업무를 수행하며, 그 대가로 수수료를 받는다. 선물중개회사 중에는 거래소 회원이 아닌 회사도 있는데, 이러한 회사는 거래소 회원인 선물중개회사를 통해서 고객의 주문을 이행해야 한다.

(3) 청산소

청산소(clearing house)는 선물거래에 있어서 필수적인 조직으로, 청산소가 계약의 이행과 결제를 보증하기 때문에 선물거래자들은 거래상대방의 신용상태를 따로 조사할 필요가 없게 된다. 구체적으로 설명하면, 청산소는 모든 매수자에게는 매도자가 되어 주고, 모든 매도자에게는 매수자가 됨으로써 모든 거래의 공식적인 당사자가 된다. 이러한 방법으로 어느 회원이 계약을 이행하지 않으면 청산소가 상대방 회원에게 계약이행을 보증하는 법적 의무를 안게 되므로 투자자들은 상대방의 신용을 걱정하지 않고 거래를 할 수 있게 된다.

청산소가 하는 업무로는 계좌의 정산, 거래의 청산, 증거금의 수납 및 유지, 실물인수도 및 거래자료의 통보 등의 업무를 수행한다. 청산소를 통한 선물의 계약과 결제방식을 살펴보면 [그림 11-1]과 같다.

그림 11-1 선물계약과 결제방식

3) 일일정산과 증거금제도

(1) 일일정산제도

선물거래는 선도거래와 달리 시장에서 매일매일 거래가 이루어지고, 그에 따른 가격이 형성된다. 따라서 선물거래에 참가하는 투자자들은 매일매일의 가격변동에 따라 자신의 거래에 따른 손익이 실현된다. 이러한 제도를 일일정산(marking to market)이라고 한다.

이러한 일일정산제도는 매일 계약을 갱신하는 효과를 갖게 되며, 선물거래를 단순화시킴으로써 고도의 유동성을 갖게 만든다. 따라서 거래참가자들은 언제라도 반대매매를 통하여 차액을 결제하여 손쉽게 거래를 청산할 수가 있다.

(2) 증거금제도

선물거래에는 거래상대방의 계약불이행으로부터 매수자와 매도자를 보호하기 위한 방법으로 증거금제도가 있다. 증거금(margin)이란, 선물가격이 불리한 방향으로 움직일 경우에 거래당사자가 선물계약을 이행하지 않는 사태에 대비하기 위해 거래소가 거래자에게 계약이행보증금으로 징수하는 금액이다. 이러한 증거금은 선물시장의 안전장치로써 중요한 역할을 한다. 증거금은 성격에 따라 다음과 같이 개시증거금(위탁증거금), 유지증거금, 변동증거금(추가증거금과 초과증거금)으로 나눌 수 있다.

개시증거금은 고객이 새로운 선물거래를 시작할 때 납부하는 증거금이다. 그런데 매일 선물가격의 변동에 따른 손익이 일일정산되어 반영되기 때문에 증거금 잔액도 계속 변동한다. 증거금 잔액이 일정 수준 이하로 떨어지면, 고객은 처음 납부한 개시증거금수준까지 추가로 납부해야 하는데, 이를 추가증거금이라고 하며, 이때 추가납부의 기준이 되는 증거금수준을 유지증거금이라고 한다. 통상 유지증거금은 개시증거금수준의 70~80%선에서 결정된다. 한편, 이익이 발생하여 증거금 잔액이 개시증거금을 초과하면 초과액만큼 현금으로 인출할 수 있는데, 이는 초과증거금이라고 한다.

선물가격의 변동에 따른 일일정산 과정에서 증거금 잔고가 유지증거금수준 이하로 떨어졌을 때, 청산소는 증거금의 추가예치를 요구하며, 이를 마진콜(margin call)이라고 한다. 만일 거래자가 증거금 청구에 응하지 않고 유지증거금을 유지할 수 없게 되면, 청산소가 직접 반대매매를 하여 그 거래자의 선물계약을 청산한다.

[그림 11-2]에서 보면 투자자는 개시증거금을 예치하고 선물거래를 시작한다. 이후 선물가격의 변동에 따라 투자자의 증거금잔고가 변동하는데, 3일째에 증거금잔고가 유지증거금수준 이하로 하락하였다. 이때 청산소는 개시증거금수준까지 증거금을 추가로 예치하도록 요구한다. 이후 5일째에는 선물가격이 유리하게 변동하여 증거금잔고가 개시증거금수준을 초과하였으며, 이 경우 투자자는 초과금을 인출할 수도 있다.

그림 11-2 일일정산과 증거금

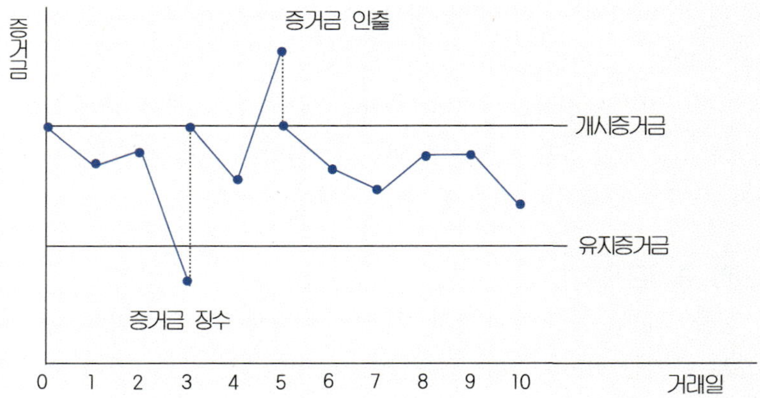

4) 결제방법

선물계약은 미래 일정 시점에 상품과 대금을 교환하기로 하는 계약이다. 따라서 선물계약의 만기일에는 매수자와 매도자 사이에 상품과 대금을 교환하는 결제가 이루어지게 되며, 결제방법은 크게 실물인수도와 현금결제로 나누어진다.

실물인수도는 선물만기일에 가서 현물인수도와 동시에 대금을 결제하는 방식을 말하며, 현금결제는 선물만기일에 현물가격과 선물가격의 차액만큼을 현금으로 정산하는 방식을 말한다. 특히, 주가지수선물과 같은 경우에는 기초자산이 주가지수이므로 현실적으로 실물인수도가 불가능하여 현금결제가 이루어진다. 하지만 경제적 측면에서 실물인수도와 현금결제는 동일한 효과를 갖는다.

이와 같은 상품의 인수도 또는 현금결제는 모두 최종결제일에 이루어진다. 하지만 이러한 방식에 의한 계약종료는 선물거래에서 3% 미만에 불과하며, 대부분은 만기 이전에 반대매매에 의해서 선물계약이 종료된다.

선물계약을 매수(매도)한 사람은 만기시점까지 거래를 청산하지 않고 매수(매도)포지션을 유지하였을 경우, 반드시 실물인수도(또는 현금결제)를 하여야 한다. 그러나 만기 이전에 자신이 현재 취하고 있는 포지션과 반대되는 포지션을 취함으로써 인수도 의무에서 벗어날 수 있다. 선물시장에서 매도한 것을 만기일 이전에 재매입하거나, 매입한 것을 만기일 이전에 재매도하여 기존의 포지션(선물매입 또는 선물매도)을 청산하는 것을 '반대매매'라고 한다.

5) 선물시장의 참가자

선물시장의 참가자는 선물거래를 이용하는 목적에 따라 크게 헷저, 투기자, 차익거래자 세 유형으로 분류할 수 있다.

(1) 헷지거래자

헷저(hedger)는 현재 현물을 보유하고 있거나 앞으로 보유할 예정인 사람으로, 현물자산의 가격변동으로 야기되는 손실위험을 줄이기 위해 선물시장을 이용하는 투자자이다. 즉, 헷저가 선물거래에 참가하는 목적은 이익을 얻기 위한 것이 아니라 현물에서 발생할 수 있는 손실을 줄이기 위한 것이다. 따라서 헷저는 선물거래에서 현물포지션과 반대로 선물포지션을 취해야 한다.

(2) 투기거래자

투기자(speculator)는 선물가격의 변동에 따른 시세차익을 얻기 위해 위험을 감수하고 선물거래를 하는 투자자이다. 투기자들은 현물과는 아무런 관계없이 선물만을 독립적인 투자대상으로 보고 시세차익을 도모한다. 선물거래는 현물거래에 비해 훨씬 큰 레버리지효과를 갖기 때문에 예측이 정확하면 큰 이익을 얻을 수 있지만, 반대로 예측이 빗나가면 큰 손실을 보게 된다.[12)]

투기자는 선물포지션의 보유기간에 따라 스캘퍼(scalper), 데이트레이더(day trader), 포지션트레이더(position trader)로 분류할 수 있다. 스캘퍼는 몇 분정도의 짧은 시간 동안 미세한 선물가격의 변동으로부터 이익을 얻으려는 초단기 투자자이고, 하루 동안의 가

---

12) 레버리지효과(leverage effect)는 선물가격의 변동률에 비해 투자자의 손익변동률이 더 크게 나타나는 현상으로 개시증거금비율의 역수로 나타난다. 예를 들어, KOSPI200선물의 개시증거금비율이 7.5%이므로 레버리지효과는 13.3(1/0.075)배가 된다.

격변동에 편승하여 거래를 하는 사람을 데이트레이더라고 하며, 포지션트레이더는 비교적 긴 기간 동안 선물포지션을 유지하는 거래자를 말한다. 또한 이러한 투기자들은 헷저의 매매상대자가 되어 시장의 유동성을 증가시키게 된다.

(3) 차익거래자

이론적으로 현물가격과 선물가격은 일정한 관계에 놓이게 되는데, 현실적으로 이러한 관계에서 이탈하면 불균형상태가 된다. 차익거래자(arbitrageur)는 현물시장과 선물시장의 일시적인 가격불균형을 이용하여, 현물과 선물을 동시에 매매함(이때 현물과 선물 중에서 싼 것은 사고 비싼 것은 판다)으로써 무위험수익을 얻고자 하는 거래자이다. 즉, 차익거래는 가격불균형을 이용한 거래로 추가적인 자금이나 위험을 부담하지 않으면서도 이익이 발생하는 거래이다. 차익거래로 인해서 현물가격과 선물가격은 다시 일정한 균형상태에 놓이게 되고, 결국 차익거래기회는 사라지게 된다.

3. 선물거래의 경제적 기능

선물시장은 미래의 현물가격을 예시하고, 현물시장의 가격위험을 이전시킴으로써 거래를 활성화하며, 자원의 효율적 배분기능을 통하여 경제 안정 및 활성화에 크게 기여한다. 이러한 선물시장의 경제적 기능을 다음과 같이 크게 네 가지로 구분할 수 있다.

1) 가격변동위험의 이전기능

선물시장에서 가장 중요한 경제적 기능은 위험을 전가하는 기능이다. 헷저는 현물가격의 변동에 따른 손실위험을 회피하기 위해서 선물거래를 이용하는 반면, 투기자들은 가격변동위험을 감수하면서 이익을 추구한다. 따라서 헷저가 회피하는 위험이 투기자들에게 이전되는데, 이러한 위험이전기능을 선물시장이 담당하는 것이다. 따라서 선물시장이 존재함으로써 경제 전체적으로는 효용이 더욱 증대되는 효과가 발생한다.

2) 가격예시의 기능

선물시장에서 형성되는 선물가격은 해당 상품에 대한 현재와 미래의 수요와 공급과 관련한 각종 정보뿐만 아니라 헷저 및 투기자들의 예측까지 반영하고 있다. 즉, 선물가격은 미래의 현물가격이 얼마가 될 것인가를 현재시점에서 시장참가자들이 공통적(평균적)으로 예상하는 값이라고 할 수 있다. 이러한 점에서 선물가격은 미래시점의 현물가격을 반영하는 가격예시기능을 가지고 있다고 할 수 있다.

3) 현물시장의 거래활성화기능

선물거래의 가격변동위험 전가기능으로 인해서 투자위험이 감소함에 따라 투자자들의 현물시장에 대한 투자가 활성화되며, 차익거래자는 선물과 현물가격의 불균형으로부터 차익을 얻기 위해서 선물시장과 현물시장을 동시에 이용하기 때문에 현물시장의 거래가 활성화된다. 또한 차익거래는 현물시장의 수급과 가격에 영향을 미치기 때문에 현물가격이 보다 합리적으로 형성되고 안정화될 수 있다.

4) 자원의 효율적 배분기능

선물가격은 미래의 수요와 공급 상황에 대한 기대를 반영하기 때문에 시간에 따라 특정 상품의 생산, 저장 및 소비에 관한 최적의사결정을 가능하게 한다. 예를 들어, 미래에 재고부족이 예상되는 상품에 대해서는 생산 및 저장을 촉진시키고, 현재 재고가 부족한 상품에 대해서는 현물가격이 낮아질 것으로 예상되는 미래시점으로 소비를 연기시킨다. 이러한 방식으로 효율적 자원배분이 이루어짐으로써 경제적 후생을 증대시킬 수 있다.

선물시장은 경제적으로 여러 순기능이 있지만 투기적이라는 역기능도 없지 않다. 현물시장에 비해 선물시장에서의 투자는 자금이 적게 소요되어 투기성이 높은 측면이 있다. 이는 선물거래는 미래에 거래하겠다는 현재의 약속이기 때문에 현재는 증거금 외에 거의 자금이 필요하지 않기 때문이다. 뿐만 아니라, 선물시장은 현물시장과는 달리 제로섬(zero sum)게임이어서 매도자의 이익(손실)은 매수자의 손실(이익)이 되기 때문에 많은 투자자로 하여금 선물시장을 투기장으로 간주하게 한다.

4. 선물거래의 손익

선물 만기일에 기초자산을 인수하고 그 대가로 사전에 정한 대금을 지불할 것을 약속하는 것을 ‘선물을 매입한다(long futures)’고 한다. 반대로 선물만기일에 기초자산을 인도하고 그 대가로 사전에 정한 대금을 받을 것을 약속하는 것을 ‘선물을 매도한다(short futures)’고 한다.

선물(또는 선물계약)을 매입한 상태를 매입포지션(long position)이라고 표현하는데, 이는 선물을 매입한 후 만기일이 되면 기초자산을 실제로 인수하거나, 또는 만기일 이전이라도 매입했던 선물을 다시 매도(반대매매)함으로써 실물인수의 의무에서 벗어날 수 있는 상태를 말한다. 마찬가지로 선물(또는 선물계약)을 매도한 상태를 매도포지션(short position)이라고 표현하는데, 이는 선물을 매도한 후 만기일이 되면 기초자산을 실제로 인도하거나, 또는 만기일 이전이라도 매도했던 선물을 다시 매수하는 반대매매를 통해서 실물인도의 의무에서 벗어날 수 있는 상태이다.

선물을 매입한 투자자는 기초자산의 가격이 오를수록 이익을 보게 되고, 선물을 매도한 투자자는 기초자산의 가격이 떨어질수록 이익을 보게 된다. 선물거래 후 만기일까지 계약을 유지한다면 거래에 따른 손익은 다음과 같다.

선물을 매입한 투자자의 손익 $= S_T - X$

선물을 매도한 투자자의 손익 $= X - S_T$

여기서, S_T : 만기일의 기초자산가격

X : 선물매입(매도)가격

한편, 만기일 이전에 반대매매를 통하여 기존의 포지션을 정리할 경우 손익은 다음과 같다.

선물을 매입한 투자자의 손익 $= S_t - X$

선물을 매도한 투자자의 손익 $= X - S_t$

여기서, S_t : 반대매매시점의 선물가격

X : 선물매입(매도)가격

예를 들어, 에어컨을 3개월 후에 120만원에 사기로 하는 선물계약을 체결했다고 가정하자. 그런데 3개월 후 만기시점에 에어컨이 시장에서 150만원에 거래된다면, 이 투자자는 150만원에 거래되는 에어컨을 120만원에 살 수 있으므로 시장가격보다 30만원 싸게 구입할 수 있는 것이다. 따라서 이 투자자는 선물매입으로 에어컨 1대당 30만원의 이익을 얻게 된다. 반면에 이 투자자와 계약을 맺은 사람(즉, 에어컨을 3개월 후에 120만원에 팔기로 하는 선물계약을 맺은 사람)은 시장에서 150만원에 팔 수 있는 에어컨을 시장가격보다 30만원 싼 가격(120만원)에 팔아야 한다. 따라서 선물매도로 에어컨 1대당 30만원의 손실을 보게 된다. 이 손실금액은 선물매입자의 이익과 같은 크기이다. 즉, 선물매입자의 이익은 그대로 선물매도자의 손실이 되는 것이다. 선물거래의 손익은 그 포지션에 따라 다음과 같이 나타낼 수 있다.

그림 11-3 선물거래 포지션에 따른 손익구조

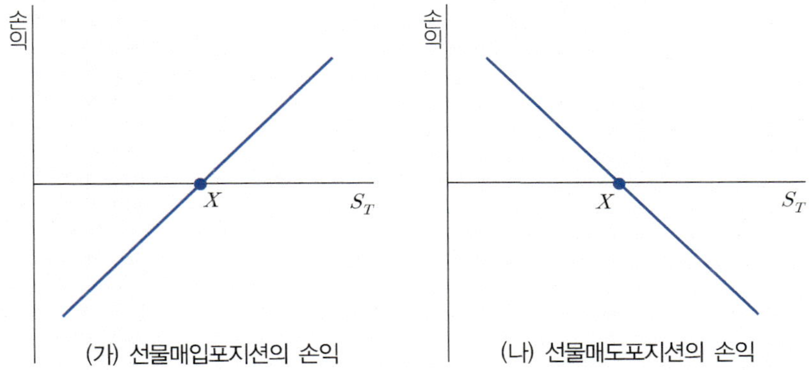

(가) 선물매입포지션의 손익 (나) 선물매도포지션의 손익

11.3 선물거래의 종류

1. 거래대상상품에 의한 분류

선물계약은 거래대상이 되는 기초자산의 종류에 따라 크게 상품선물과 금융선물로 구분된다.

1) 상품선물

상품선물은 기초자산이 실물상품인 선물로 초기에는 농산물과 축산물 등에 한정되었으나, 점차 확대되어 현재는 임산물, 비철금속, 귀금속, 에너지 등에 이르기까지 다양하다. 상품선물의 거래가 활발한 미국 선물시장의 예를 통해서 보면, 농산물에는 밀, 옥수수, 보리, 대두, 감자, 오렌지, 커피, 코코아, 설탕, 양모, 면화, 고무 등이 있으며, 축산물로는 소, 돼지, 소고기, 돼지고기 등이 거래된다. 귀금속에는 금, 은, 플래티늄, 비철금속으로는 알루미늄, 구리, 주석, 니켈, 납 등이 있으며, 에너지선물에는 원유, 난방유, 가솔린, 프로판가스 등이 거래된다. 우리나라 한국거래소의 파생상품시장에서 거래되는 상품선물은 금선물과 돈육선물이 있다.

2) 금융선물

금융선물은 기초자산이 되는 금융상품에 따라서 크게 세 가지로 구분된다. 즉, 주요국의 통화를 대상으로 하는 통화선물, 금리를 대상으로 하는 금리선물, 그리고 주식시장의 개별주식과 주가지수를 거래대상으로 하는 주식선물과 주가지수선물이다.

(1) 통화선물

통화선물은 외국통화를 기초자산으로 하는 선물계약이다. 통화선물은 금융선물 중에서 처음으로 1972년 시카고상업거래소(CME)에 도입되었으며, 통화선물을 도입하게 된 직접적인 동기는 환율결정시스템이 고정환율제도에서 변동환율제도로 바뀌면서 환율변동으로 인한 손실가능성이 크게 증가했기 때문이다. 따라서 환위험에 대한 헷지가 통화선물 거래의 주된 목적이다.

우리나라에서는 1999년 4월부터 미국달러선물이 상장되어 거래되고 있다. 미국달러선물의 거래단위는 10,000달러이고, 가격표시방법은 달러당 원화로 표시되는 환율을 사용한다. 미국달러선물의 최소가격변동폭은 0.1원이므로 1틱의 가치는 1,000원(=0.1원×10,000달러)이다. 결제월은 분기월 중 12개와 그밖의 월 중 8개(1년 이내 매월과 1년 초과 매분기월), 총 20개 결제월물이 상장된다.

그리고 달러선물 이외에 일본 엔, EU 유로, 중국 위안선물이 상장되어 거래되고 있다. 엔선물의 거래단위는 1,000,000엔이고 유로선물은 10,000유로, 위안선물은 100,000위안이다.[13)]

(2) 금리(채권)선물

금리선물은 금리수준에 따라 가치가 변동하는 금융자산을 대상으로 하는 선물계약이다. 금리선물은 금리변동에 따른 가격위험을 헷징하거나 금리변동을 이용하여 투기적인 이익을 얻으려고 할 때 효과적인 수단이 된다. 금리선물은 기초자산의 만기에 따라 1년을 기준으로 단기금리선물과 채권선물(장기금리선물)로 구분된다.

금리선물은 기초자산의 속성상 다른 종류의 선물과는 구별되는 면이 있다. 통상적으로 선물에는 만기가 있고 기초자산인 현물에는 만기가 없는 데 반하여, 금리선물은 선물뿐만 아니라 현물에도 만기가 있다. 이러한 점에서 금리선물이 다른 선물에 비해 좀더 이해하기 어렵다. 따라서 금리선물을 이해하기 위해서는 먼저 기초자산인 금리상품, 특히 채권에 대한 이해와 이자율의 기간구조에 대한 기초지식이 필요하다.

---

13) 엔, 유로, 위안선물은 분기월 4개와 그 밖의 월 중 4개(1년 이내 8개 결제월)의 결제월이 상장되어 있다.

우리나라의 채권선물은 액면가 1억원의 만기 3년과 5년, 10년인 국고채를 기초자산으로 하고 있으며, 표면금리가 연 5%이고 6개월 단위로 이자를 지급하는 것으로 설정되어 있다. 국채선물은 3, 6, 9, 12월 중 6개월 이내 2개 결제월물이 상장되고, 최종거래일은 결제월이 세 번째 화요일이고 다음 거래일이 최종결제일이며, 인수도방식은 현금결제를 실시한다.

(3) 주가지수와 주식선물

주가지수선물은 주식시장에서 거래되고 있는 주식들의 가격수준을 나타내는 주가지수를 매매대상으로 하는 금융선물이다. 즉, 주가지수선물거래는 특정 주가지수를 기준으로 결정된 선물지수에 따라 선물계약을 체결하고, 이 지수의 변동에 따라 매일 손익을 정산함으로써 주가변동에 따른 위험을 헷지하거나 이익을 얻으려는 거래이다.

주가지수선물의 특징은 기초자산인 주가지수가 주식집단의 가격수준을 나타내는 수치일 뿐 실물이 없기 때문에 현물인수도 자체가 불가능하다. 따라서 최종결제 시 현금결제를 하게 된다.

우리나라에서는 금융선물 중 주가지수선물이 가장 먼저 도입되었는데, 1996년 5월에 KOSPI200선물이 도입되었다. KOSPI200은 1990년 1월 3일을 기준일로(이때 주가지수는 100포인트) 하여 200개 종목을 대상으로 산출된다. 200개 종목은 한국거래소의 유가증권시장을 대표하는 종목들로 전체 시가총액의 70% 수준에 달한다. KOSPI200선물 1계약의 크기는 지수에 25만원을 곱한 금액이고 결제월은 3년 이내 7개 결제월(3,9월:1개, 6월: 2개, 12월: 3개)이며, 최종거래일은 결제월의 두 번째 목요일이고 최종결제일은 다음 거래일이다.

코스닥150선물의 거래대상은 2010년 1월 4일의 지수를 1,000포인트로 하는 코스닥150지수이다. 코스닥150지수는 코스닥시장에 상장된 150개의 우량종목을 대상으로 지수가 산정된다. 코스닥150선물의 1계약의 크기는 지수에 1만원을 곱한 금액이며, 나머지 거래조건을 KOSPI200선물과 유사하다.[14)]

한편, 개별주식선물은 기초자산이 개별주식인 선물로 2008년에 처음 도입되었다. 현재는 132개 종목(유가증권시장 113개와 코스닥시장 19개, 2018년 1월 기준)의 주식을 기초자산으로 하여 거래되고 있으며, 최종거래일이나 인수도방식 등은 주가지수선물과 유사하다.

---

14) 한국거래소 파생상품시장에 상장된 주가지수선물은 KOSPI200선물과 코스닥150선물 이외에 KRX300선물, 코스피200섹터지수선물, 미니코스피200선물, 배당지수선물, 유로스톡스50선물이 있다.

표 11.2 우리나라 선물계약의 개요

구 분	금선물	달러선물	국채선물	KOSPI200선물	개별주식선물
거래대상	순도99.99%의 금괴	미국달러	만기3년, 표면금리5%의 국고채권	KOSPI200	132개 기업주식
거래단위	100g	US$10,000	액면가 1억원	KOSPI200× 25만원	주식선물가격×10
가격표시 방법	원(1g당)	원(US$1당)	액면가100원 기준표시 (백분율방식)	KOSPI200지수 (소수점 두자리까지)	주식선물가격(원)
가격 변동폭	10원	0.1원	0.01포인트	0.05포인트	호가단위
결제월	2,4,6,8,10,12월 +짝수가 아닌 1개월(총7개)	분기월중 12개 +그밖의 월중 8개(총20개)	3, 6, 9, 12월 (6개월 이내 2개 결제월)	3, 6, 9, 12월 (3,9:1개, 6:2개, 12:3개)	1,2,4,5,7,8,10,11월 :2개, 3,9월:2개 6월:2개, 12월:3개
최종 거래일	결제월의 세 번째 수요일	결제월의 세 번째 월요일	결제월의 세 번째 화요일	결제월의 두 번째 목요일	좌 동
최종 결제일	최종거래일 다음거래일	최종거래일로부터 3일째 거래일	최종거래일 다음거래일	좌 동	좌 동
인수도	현금결제	실물인수도	현금결제	좌 동	좌 동
기타	돈육선물	엔선물 유로선물 위안선물	5년, 10년 만기 국채선물	코스닥150선물 KRX300선물 배당지수선물 등	-

2. 매매거래 목적에 의한 분류

1) 헷지거래

헷지거래(hedging)는 현재의(또는 장래에 취득할) 현물포지션에서 발생하는 가격변동위험을 회피하기 위해 선물시장을 이용하는 거래이다. 즉, 기존의(또는 예정된) 현물포지션과 반대의 포지션을 선물시장에서 취하는 거래를 말한다. 이러한 헷지거래는 시장의 가격변화에 관계없이 현물포지션의 가치를 일정하게 유지시켜준다.

예를 들면, 현물주식을 보유하고 있는 투자자는 주가가 하락하면 손해를 보게 되는데, 이럴 경우에 대비하여 보유주식과 대응하는 주식선물을 매도함으로써 장래 가격하락 위험으로부터 벗어날 수 있다. 왜냐하면 주가가 하락하면 현물주식 매입포지션에서는 손실이 발생하지만 주식선물 매도포지션에서는 이익이 발생하기 때문이다. 다시 말하면, 현물포지션의 손실을 선물포지션에서의 이익으로 상쇄할 수 있다.[15)]

헷지거래는 크게 매도헷징과 매입헷징으로 나눌 수 있다. 이때 '매도' 또는 '매입'은 헷지거래에서 취한 선물의 포지션을 따라간다.

(1) 매도헷징

매도헷징이란 선물매도, 즉 현물시장에서 매입포지션(현재 현물을 보유하고 있거나 장래에 현물을 매도해야 하는 상태, 즉 현물가격이 상승하면 자신에게 유리해지는 상태를 말한다)을 취한 투자자가 해당 현물에 대응하는 선물을 매도하는 것이다. 이는 현물가격이 하락할 위험에 대비하는 것으로써, 우려대로 현물가격이 하락하여 손실이 발생하더라도 이와 반대포지션을 취한 선물에서 현물포지션의 손실을 상쇄하여 준다.

(2) 매입헷징

매입헷징이란 선물매입, 즉 현물시장에서 매도포지션(현재 현물을 매도하거나 장래에 현물을 매입해야 하는 상태, 즉 현물가격이 하락하면 자신에게 유리해지는 상태를 말한다)을 취한 투자자가 해당 현물에 대응하는 선물을 매입하는 것이다. 이는 현물가격이 상승할 위험에 대비하는 것으로써, 우려대로 현물가격이 상승하여 손실이 발생하더라도 이와 반대포지션을 취한 선물에서 현물포지션의 손실을 상쇄하여 준다.

2) 투기거래

투기거래(speculation)는 현물시장과는 아무런 관계없이, 선물시장에서 미래 선물가격 변화를 예상하여 선물포지션을 취함으로써 시세차익을 얻고자 하는 거래이다. 헷지거래에서는 발생되는 손익이 기본적으로 현물의 손익으로 상쇄되는데 반해, 투기거래에서는 투기거래 자체의 손익이 그대로 남게 된다. 투기거래는 크게 단순투기거래와 스프레드거래로 구분된다.

(1) 단순투기거래

단순투기거래(out-right speculation)는 투자자가 예상한대로 시장이 움직이는 경우 (주가상승을 예상하고 주가지수선물을 매수한 경우, 아니면 주가하락을 예상하고 주가지수선물을 매도한

15) 반대로 주가가 상승하면 현물주식 매입포지션에서는 이익이 발생하고 주식선물 매도포지션에서는 손실이 발생하여 현물포지션의 이익과 선물포지션의 손실이 상쇄된다. 이 경우 헷지거래로 인해서 이익을 얻을 수 있는 기회가 사라진 것으로 보일 수도 있다. 하지만 헷지거래의 목적이 이익을 얻기 위한 것이 아니라 가격변동위험을 회피하기 위한 것이므로 손익을 사후적으로 논해서는 안된다.

경우), 레버리지효과로 인해 투자원금 대비 큰 수익률을 올릴 수 있다. 그러나 예상과 반대로 가격이 움직이는 경우 투자원금 대비 큰 손실을 볼 수 있다는 것을 명심해야 한다.

(2) 스프레드거래

스프레드거래(spreading)는 시장의 흐름과는 상관없이 선물의 상품 간, 시장 간, 결제월 간의 가격 차이를 이용하여 이득을 얻고자 하는 거래이다.

상품 간 스프레드는 서로 다른 선물 사이의 가격차를 말하며, 보통 동일 거래소 내에서 동일한 결제일을 가진 선물로 대상상품만 다른 경우이다. 그리고 시장간 스프레드거래는 동일한 선물을 서로 다른 거래소에서 매매하는 것이다. 즉, 어느 한 거래소에서 하나의 선물을 매수하고 다른 거래소에서 같은 선물을 매도함으로써 이익을 얻고자 하는 거래이다. 다음 만기간 스프레드는 동일한 종목을 대상으로 결제월이 다른 두 개의 선물을 매매하는 것이다. 즉, 동일한 종목 중 어느 결제월은 매입하고 다른 결제월은 매도함으로써 이익을 얻고자 하는 거래이다.[16)]

3) 차익거래

차익거래(arbitrage)란 선물시장과 현물시장 사이의 일시적인 가격불균형을 이용하여 상대적으로 비싼 것을 매도하고 동시에 싼 것을 매입함으로써 차익을 얻고자 하는 거래이다.

선물가격과 현물가격 간에는 다음과 같은 이론적 관계가 성립하는데, 이러한 이론적인 관계가 성립되지 않는 경우 차익거래가 발생하게 된다.

$$\begin{aligned} \text{선물가격} &= \text{미래의 현물가격 기대치} \\ &= \text{현물가격} + \text{보유비용} \end{aligned}$$

예를 들어, 실제 선물가격이 이론적인 선물가격보다 낮은 경우, 선물을 매입하는 동시에 현물을 매도하였다가 나중에 가격관계가 정상으로 돌아올 때 각각 반대매매를 통하여 포지션을 정리함으로써 위험부담 없이 이론가격과 선물가격의 차이만큼의 이익을 얻게 된다.

(1) 매수차익거래

선물가격이 현물가격에 비해 비정상적으로 높은 경우, 상대적으로 싼(저평가된) 현물을 매입하고 동시에 비싼(고평가된) 선물을 매도하는 거래를 매수차익거래라 한다.

---

16) 스프레드거래는 서로 반대되는 거래에서 한 쪽은 이익이 다른 쪽은 손실이 발행하는데, 이익이 손실수준을 넘게하고자 하는 거래전략이다. 예상과 반대로 손실이 발생하더라도 단순투기거래보다 상대적으로 적게 발생하는 보수적인 투기전략이다.

(2) 매도차익거래

선물가격이 현물가격에 비해 비정상적으로 낮은 경우, 상대적으로 싼(저평가된) 선물을 매입하고 동시에 비싼(고평가된) 현물을 매도하는 거래를 매도차익거래라 한다.

11.4 선물의 가격결정

1. 기대가격모형

기대가격모형에 의하면 선물가격 F_t는 만기시점의 기대현물가격 $E(S_T)$와 동일해야 한다. 즉, 모든 시점에 있어서 선물가격과 현물가격은 다음 관계가 유지되어야 한다.

$$F_t = E(S_T) \qquad \text{(식 11.1)}$$

시장참가자들이 어떤 상품의 1년 후 가격이 10,000원일 것이라고 기대한다고 하자. 이 가격은 미래시점의 기대현물가격(expected future spot price)을 의미하며, 이 경우 선물가격은 기대현물가격과 동일하거나 근접해야 한다. 그렇지 않다면 이익을 얻기 위한 차익거래가 발생할 것이다.

만약 선물가격이 10,500원이고 미래시점의 기대현물가격이 10,000원이라면, 투기자들은 선물계약을 매도하고 현물을 10,000원에 매입할 것이다. 투기자는 이 거래를 통해 500원의 이익을 얻을 수 있다. 이와는 반대로 선물가격이 9,500원이라면 선물계약을 매입하고 현물을 매도할 것이다.

결국, 시장에 투기자와 차익거래자들이 존재하기 때문에 선물가격은 기대되는 미래의 현물가격에 근접하게 된다. 두 가격 사이의 차이는 투기적 유인을 제공할 것이며, 이익을 추구하는 투기자는 선물가격과 기대되는 미래의 현물가격이 차이가 있는 한 거래를 계속할 것이다.

2. 보유비용모형

보유비용(cost of carry)은 선물계약의 매도자가 만기 시에 인도해야 할 현물을 매입하여, 이를 만기일까지 보유하는데 드는 모든 비용을 뜻하며, 다음의 예는 보유비용에 의해 선물가격이 어떻게 결정되는지를 보여준다.

갑이라는 상인은 현재 100만원 상당의 밀을 구입하여 창고에 보관하고 있으며, 을이라는 상인과 병이라는 상인이 각기 다른 조건으로 갑이 소유한 밀 매입을 희망한다고 하자. 을의 조건은 현물매입으로 즉시 대금을 지불하고 상품을 인수하겠다는 것이고, 병의 조건은 3개월 후에 대금을 지급하고 상품도 3개월 후에 인수받는 선물매입이다. 만일 을과 병의 매입 희망가격이 같은 가격, 즉 110만원이라면 이미 이자비용을 부담하고 또 창고료를 계속 지불하고 있는 갑으로서는 을에게 판매하는 것이 당연할 것이다. 병이 갑으로부터 상품을 구입하기 위해서는 3개월에 해당하는 이자, 창고료 및 보험료만큼을 더 지불해야 하는 것이다.

간단한 예로 이자비용만을 고려하면, 만일 현재의 이자율이 월 1%이고 을이 제시하는 현물매입가격이 110만원일 경우, 병이 제시해야 하는 3개월 선물매입 희망가격은 적어도 3개월 간의 이자인 3만원(100만원×1%×3개월)을 더 지불하겠다고 해야만 갑의 소유인 밀을 매입할 가능성이 있다. 갑이 을에게 판매해서 을이 대금을 지불하고 상품을 인도받은 직후부터는 을에게도 역시 이자손실이 발생하기 시작한다. 따라서 갑이 소유하고 있는 밀의 가격은 이자율이 월 1%일 때 현물가격이 110만원이면 3개월 선물가격은 113만원으로 결정되는 것이다.

이와 같이 기초자산인 현물로부터 현금흐름이 없는 상품선물의 경우, 보관비용과 금융비용의 합계를 보유비용으로 볼 수 있으므로, 상품선물의 가격결정모형은 다음과 같이 나타낼 수 있다.

$$F = (S+U)\times\left(1 + r\times\frac{T}{365}\right) \qquad \text{(식 11.2)}$$

이때 F는 상품선물의 가격, U는 보유비용의 현재가치이고, S는 상품현물가격, r은 이자율(연율), T는 만기까지의 잔여일수이다.

하지만 개별주식선물(또는 주가지수선물)과 같은 금융선물은 보관비용은 들지 않고 금융비용만 발생한다. 그리고 기초자산으로부터 배당(채권선물일 경우 이자)과 같은 현금흐름이 발생하므로 주식을 매입하는데 소요되는 금융비용에서 배당수입을 차감해 주어야 한다. 보유비용모형에 따라 개별주식선물의 이론가격은 다음과 같이 나타낼 수 있다.

$$F = (S-D)\times\left(1 + r\times\frac{T}{365}\right) \qquad \text{(식 11.3)}$$

이때 F는 주식선물가격, S는 현물주식가격, D는 예상배당금, r은 이자율(연율), T는 만기까지의 잔여일수를 나타낸다. (식 11.3)에서 예상배당금(D)을 연간배당수익률(d)로 바꿔주면 다음과 같이 나타낼 수 있다.

$$F = S\left[1 + (r-d)\frac{T}{365}\right] \qquad \text{(식 11.4)}$$

3. 선물가격과 기대현물가격의 관계

차익거래기회가 없는 상황에서 만기일의 선물가격과 현물가격은 당연히 같아야 한다. 그렇다면 현재시점의 선물가격(F_0)과 만기일의 기대현물가격 $E(S_T)$는 어떤 관계를 가지고 있는가? 이에 대하여 세 가지 주장이 제기되고 있는데, 다음과 같다.

1) 기대가설

기대가설(expectations hypothesis)이란, 우리가 일반적으로 알고 있는 기대가격모형에 근거하는 가설이다. 즉, 특정 시점의 선물가격은 그 시점에서 바라보는 만기시점의 기대현물가격과 같아야 한다는 것이다. 이를 식으로 나타내면 다음과 같다.

$$F_t = E(S_T)$$

기대가설에 의하면, $F_t = E(S_T)$이므로 매입포지션과 매도포지션, 모두 기대이익은 0이 된다. 다시 말하면, 미래에 대한 불확실성이 전혀 없다는 것이다.

2) 정상백워데이션가설

정상백워데이션가설(normal backwardation hypothesis)은 미래의 기대현물가격이 진정한 선물의 이론가격이라면, 선물가격이 미래 기대현물가격보다 저평가되었다가 만기에 접근할수록 기대현물가격과 선물가격이 가까워진다는 가설이다.

정상백워데이션가설을 주장하는 사람들은 이러한 원인이 나타나는 이유를 선물거래에 따른 위험프리미엄(위험에 대한 보상) 때문이라고 한다. 현물시장에서 기초자산에 대한 매입포지션을 취하고 있는 투자자들은 투자위험을 헷지하기 위해 선물매도거래를 하게 되는데, 이때 투기자들이 시장에 참여해야 선물거래가 성립한다. 즉, 선물을 매입하는 사람들은 기본적으로 선물가격이 미래의 기대현물가격보다 낮아야 선물을 매입하게 된다는 것이다.

선물가격이 미래 기대현물가격과 같거나 높다면 선물을 매입할 유인은 사라지는 것이다. 기대현물가격보다 낮게 형성되는 정도를 일종의 위험프리미엄으로써 확보하려는 것이다. 이를 식으로 나타내면 (식 11.5)와 같다.

$$F_t = E(S_T) - \alpha \quad \text{(식 11.5)}$$

여기서, α : 위험프리미엄

3) 콘탱고가설

콘탱고가설(contango hypothesis)은 정상백워데이션가설과 기본개념은 같다. 즉, 선물가격을 고려할 때는 위험프리미엄을 고려해야 하지만, 어느 쪽이 더 많은 위험프리미엄을 요구하느냐 하는 점에서 정상백워데이션가설과 차이를 보인다.

선물거래의 가장 기본적인 목적이 헷지라고 한다면, 콘탱고가설은 매입헷지를 원하는 사람이 매도헷지를 원하는 사람보다 더 큰 위험프리미엄을 지급하려고 한다는 점이다.

밀선물을 예로 들면, 밀을 생산하는 매도헷저보다는 제분업자와 같이 밀소비가 매우 큰 매입헷저가 미래의 밀가격을 고정시키고자 하는 욕구가 더 강하다는 것이다. 따라서 선물가격 F_t가 미래의 기대현물가격 $E(S_T)$보다 높게 형성되게 된다. 이를 식으로 나타내면 (식 11.6)과 같다.

$$F_t = E(S_T) + \alpha \quad \text{(식 11.6)}$$

여기서, α : 위험프리미엄

위에서 설명한 세 가지 가설을 그림으로 나타내면 [그림 11-4]와 같다.

그림 11-4 선물가격과 기대현물과의 관계

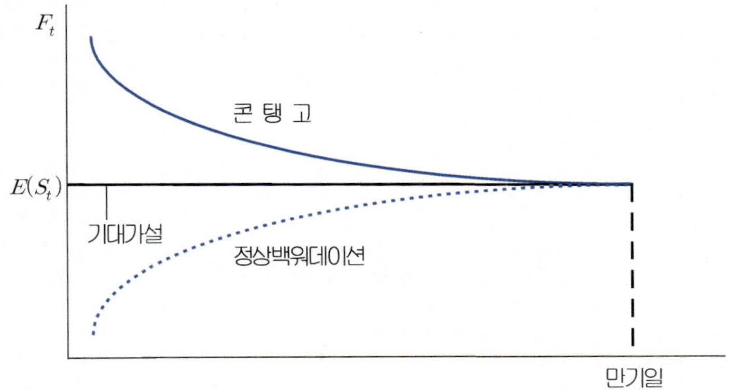

17세기초 유럽의 튤립투기열풍

최초의 증권거래소가 개설된 것은 17세기 초반 네덜란드의 암스테르담이었다. 그러나 최초의 투기적 광풍이 분 것은 1630년대였으며, 그 대상은 주식도 채권도 부동산도 아닌 튤립이라는 꽃이었다. 그래서 380년 이상 지난 지금도 그 때의 열기를 대변하는 용어로써 튤립광기(tulipomania)라는 말이 널리 쓰이고 있다.

1630년대에 네덜란드에서는 가장 유별나고 기발한 형태의 튤립을 소유하고, 또 이를 남들에게 보여주려는 열망이 만연되기 시작했다. 모두 튤립이라는 꽃의 포로가 되어 환각상태에 빠져들기 시작한 것이다. 튤립은 여러 색깔 중 황실을 의미하는 황금색을 최상급으로 여겼다. 그리고 등급에 따라 총독튤립, 제독튤립, 장군튤립 등의 이름을 붙였다. 당연히 희귀하고 아름다운 튤립일수록 그 값을 매길 수 없을 정도가 되었다. 이 투기열풍에서 소외되는 것은 마치 사회의 낙오자가 되기라도 하는 것처럼 튤립광기는 네덜란드를 온통 덮어버렸다.

희귀한 튤립에 대한 투기가 그칠 줄 모르자, 1636년에 이르러서는 이를 거래하는 정규시장이 암스테르담 증권거래소에 개설된 것을 필두로 로테르담, 할렘, 레이든, 알크마, 호른시에서도 시장이 개설되었다.

도박시장이 그러하듯이 처음에는 모든 사람이 이득을 보는 것 같았다. 튤립중개상들은 튤립가격의 상승과 하락을 예측해 가며 사고파는 투기적 거래를 마다하지 않았다. 많은 사람들이 실제로 부자가 되었다. 마치 전세계의 부가 네덜란드로 집중되는 것 같은 환각에 빠지게 되었다. 튤립에 대한 열기는 영원히 계속될 것처럼 여겨졌으며, 귀족, 일반시민, 농부, 시녀시종, 굴뚝청소부까지 튤립투기에 손을 대기 시작했다.

가격이 오르는 과정에서 더 많은 투기꾼이 모여들었다. 이미 투기에 가담한 사람들은 늘어나는 투기꾼들의 밀물을 바라보며 아직도 멀었다는 환각에 빠져들었으며, 이제 집을 팔다 못해 '돈 빌리기'에 열중하기 시작하였다. 돈을 빌려 한탕하고 갚으면 더 큰 한몫을 챙길 수 있다는 확신이 그들을 사로잡았던 것이다. 1637년 드디어 종국이 다가왔다. 약간 불안해하는 사람들이 먼저 떠나기 시작했다. 아무도 그 이유를 몰랐다. 팔려고 하는 사람들이 늘어나자, 가격이 폭락하기 시작했다. 마치 벼랑에서 떨어지는 나뭇잎처럼 집을 저당잡히고 돈을 빌려 투자했던 사람들은 파산하고 알거지가 되었다. 상당한 재력을 가진 상인들조차도 거지로 둔갑해 버렸다. 튤립을 팔겠다고 계약했던 사람들은 그러한 계약이 실행되어야 한다는 소송을 법원에 제기하는 등 모든 방법을 동원해 보았지만, 어느 누구도 귀 기울이지 않았다.

튤립투기가 휩쓸고 간 네덜란드는 그 후 심각한 후유증에 시달려야 했다. 경제 전반에 걸친 공황이 엄습한 것이었다. 어떤 의미에서는 군중심리에 의한 투기가 몰고 온 인류 최초의 경제공황을 겪은 것이다.

11.5 주가지수선물거래의 실제

1. 헷지거래

주가변동위험을 회피하기 위하여 선물시장에서 현물시장(주식시장)과 반대되는 포지션을 취하는 거래를 헷지거래라고 한다. 예를 들어, 앞으로 주가하락이 예상되나 마땅한 대체 투자대상이 없어 주식을 계속 보유해야 하는 투자자는 주가지수선물을 매도하여 보유주식의 가격하락에 따른 손실을 선물시장에서의 이익으로 보전할 수 있으며, 이와 반대로 주가상승이 예상되는 경우에는 주가지수선물을 매입함으로써 현물시장에서의 주가상승에 따른 기회손실을 선물시장에서의 이익으로 보전하게 된다.

예를 들어, 기관투자자 H는 100억원 정도의 주식을 보유하고 있다고 하자. A는 경기가 불투명하여 향후 주가하락을 예상하고 1월 4일 보유주식 상당액의 주가지수선물을 매도하여 주가하락으로 인한 손실을 보전하고자 한다. 1월 4일의 주가지수는 400포인트이고, 주가지수 1포인트당 25만원이다. 그러므로 1계약은 400p×25만원 = 1억원이 된다.

① 1월 4일 100억원의 주식보유 상황에서 KOSPI200선물 100계약 매도

날 짜	현물시장	선물시장
1월 4일	100억원 상당의 주식 보유	선물지수 400p에 100계약 매도

② 3월 14일 주가(주가지수)가 5% 하락한 경우

날 짜	현물시장	선물시장
3월 14일	보유주식 시가총액은 95억원 100억원×0.95 = 95억원	선물지수 380p
손 익	5억원 손실 95억원-100억원= -5억원	5억원 이익 20p×25만원×100계약=5억원
결 과	선물매도이익(5억원) - 주가하락에 따른 손실(5억원) = 0원	

③ 3월 14일 주가(주가지수)가 5% 상승한 경우

날 짜	현물시장	선물시장
3월 14일	보유주식 시가총액은 105억원 100억원×1.05 = 105억원	선물지수 420p
손 익	5억원 이익 105억원−100억원=5억원	5억원 손실 −20p×25만원×100계약=−5억원
결 과	주가상승이익(5억원) − 선물매도에 따른 손실(5억원) = 0원	

2. 투기거래

헷지거래가 현물시장에서 발생하는 위험을 회피하고자 선물시장을 이용하는 것과는 달리, 투기거래는 선물시장에만 참여하여 주가지수선물의 시세차익을 얻고자 하는 거래이다. 다시 말해, 선물시장에서 매수 또는 매도 어느 한쪽 포지션을 취하여 매매차익을 얻고자 하는 거래방법이다.

구체적인 예를 들어보면, 투자자 S는 공격적인 투자로 앞으로 주가상승할 것으로 예상하고 7억5천만원(400p×25만원×100계약×0.075)을 증거금으로 주가지수선물을 매입하고자 한다. KOSPI200선물의 거래단위는 주가지수×25만원이며, 개시증거금은 7.5%이고, 1월 4일의 주가지수는 400포인트이다.

① 7월 1일 KOSPI200선물 100계약 매입

날 짜	현물시장	선물시장
1월 4일	—	선물지수 400p에 100계약 매입

② 9월 10일 주가지수가 5% 상승한 경우

날 짜	현물시장	선물시장
9월 10일	—	5억원(선물가격 상승이익) 20p × 25만원 × 100계약 = 5억원
손 익	—	5억원 이익
결 과	5억원 이익	

③ 9월 10일 주가지수가 5% 하락한 경우

날 짜	현물시장	선물시장
9월 10일	—	5억원(선물가격 하락손실) −20p × 25만원 ×100계약 =−5억원
손 익	—	5억원 손실
결 과	5억원 손실	

3. 차익거래

차익거래는 현물주가지수와 주가지수선물가격의 차이가 비정상적일 때, 주식포트폴리오와 주가지수선물을 동시에 거래하여 무위험수익을 얻고자 하는 거래이다. 이는 현물주가지수와 주가지수선물가격의 차이가 주가지수, 예상배당수익률, 단기금리 등을 고려할 때 적정수준보다 크거나 작은 경우, 앞으로 정상적인 상태로 되돌아갈 것을 예상하여 높게 평가된 선물이나 주식포트폴리오를 매도하고, 동시에 낮게 평가된 선물이나 주식포트폴리오를 매입하여 무위험수익을 얻고자 하는 거래이다.

예를 들면, 투자자 A는 4월 12일 현물 KOSPI200지수는 400포인트이고, 단기금리는 연 5%, 예상배당수익률은 연 2%인 상황에서, 6월 12일에 만기가 도래하는 주가지수선물의 가격은 402포인트가 적정하다고 생각한다.

선물의 이론가격이 402포인트인데도 불구하고, 실제 KOSPI200선물가격이 404포인트로 고평가되어 있다면, 고평가된 KOSPI200선물을 매도하고 주식포트폴리오를 매입하는 매수차익거래를 통해 이익을 얻을 수 있다.

① 4월 12일 KOSPI200선물 10계약을 404p에 매도,
10억원의 현금을 연 5%로 차입하여 현물주식 매입

날 짜	현물시장	선물시장
4월 12일	주식매입 10억원	선물지수 404p에 10계약 매도

② 6월 12일 주가지수가 402p(이론가격)으로 하락한 경우

날 짜	현물시장	선물시장
6월 12일	주식매도 1,005,000,000원 10억원 × 402/400 = 1,005,000,000원	선물 10계약을 402p에 매입
손 익	1,005,000,000원 상환 보유비용 = 5,000,000원* 1,000,000,000원 + 5,000,000원 = 1,005,000,000원	5,000,000원 이익 (404p − 402p) × 25만원 ×10계약 = 5,000,000원
결 과	500만원 이익	

* 보유비용 : 금융비용−배당수입=10억× (5%−2%)× 2/12 = 5,000,000원

반면에 선물의 이론가격이 402포인트인데도 불구하고, 실제 KOSPI200선물가격이 400포인트로 저평가되어 있다면, 저평가된 KOSPI200선물을 매입하고 주식포트폴리오를 매도하는 매도차익거래를 통해 이익을 얻을 수 있다.[17)]

③ 4월 12일 KOSPI200선물 10계약을 400p에 매입,
10억원의 주식포트폴리오를 연 2%에 대여하여 현물주식 매도

날 짜	현물시장	선물시장
4월 12일	주식매도 10억원(예금)	선물지수 400p에 10계약 매입

④ 6월 12일 주가지수가 402p(이론가격)으로 상승한 경우

날 짜	현물시장	선물시장
6월 12일	주식매입 1,005,000,000원 10억원 × 402/400 = 1,005,000,000원	선물 10계약을 402p에 매도
손 익	주식 상환 주식대여료 = 3,333,333원* 1,005,000,000원 + 3,333,333원 = 1,008,333,333원	5,000,000원 이익 (402p − 400p) × 25만원 × 10계약 = 5,000,000원
결 과	500만원 이익	

* 주식대여료=10억 × 2% × 2/12=3,333,333원, 이자수입=10억 × 5% × 2/12=8,333,333원

17) 이러한 차익거래를 통하여 현물가격과 선물가격은 균형상태로 회복되고 차익거래기회는 사라지게 된다.

핵심정리

- 선도거래는 일정 시점에서 특정한 상품에 대한 매매계약을 맺고 상당 기간이 경과한 후에 최초의 계약조건대로 당사자 간에 상품을 서로 주고받는 것을 말한다. 상품의 인수도가 행하여질 때 지급되는 상품의 가격은 최초계약 당시에 결정이 된다.
- 선물거래는 일정한 품질의 상품을 정해진 양만큼 합의된 가격으로 미래의 특정한 날이나 기간에 인수하거나 인도하는 법적 구속력을 지닌 계약을 뜻한다. 따라서 선물계약을 매도한 사람은 만기시점에 대상물을 인도할 의무를 지게 되고, 매수한 사람은 대상물을 인수하고 대금을 지불할 의무를 지게 된다.
- 청산소는 선물거래에 있어서 필수적인 조직으로, 청산소가 계약의 이행과 결제를 보증하기 때문에 선물거래자들은 거래상대방의 신용상태를 따로 조사할 필요가 없게 된다.
- 선물거래는 선도거래와는 달리 시장에서 매일매일 거래가 이루어지고, 그에 따른 가격이 형성된다. 따라서 선물거래에 참가하는 투자자들은 매일매일의 가격변동에 따라 자신의 거래에 따른 손익을 실현할 수 있으며, 이를 일일정산이라고 한다.
- 실물인수도는 선물만기일에 가서 현물인수도와 동시에 대금을 결제하는 방식을 말하며, 현금결제는 선물만기일에 현물가격과 선물가격의 차액만큼을 현금으로 정산하는 방식을 말한다. 하지만 대부분은 만기 이전에 반대매매에 의해서 선물계약이 종료된다.
- 헷저는 현물을 보유하고 있거나 보유할 예정인 현물자산의 가격변동으로 야기되는 위험을 감소시키기 위해 선물시장을 이용하는 투자자이다.
- 투기자는 시세차익을 얻기 위해 위험을 감수하고 선물거래를 하는 투자자인 반면, 차익거래자는 현물시장과 선물시장에서의 일시적인 가격불균형을 이용하여 현물과 선물을 동시에 매매함으로써 위험부담 없이 이익을 얻으려는 투자자이다.
- 선물거래는 거래대상 상품에 따라 농산물, 광물 등의 상품을 대상으로 하는 상품선물거래와 통화, 주식 등의 금융자산을 대상으로 하는 금융선물거래로 구분된다.
- 보유비용이란 선물계약의 매도자가 만기 시에 인도해야 할 현물을 매입하여 이를 만기일까지 보유하는데 드는 모든 비용을 뜻하며, 이를 이용하여 선물의 이론가격을 나타낼 수 있다.
- 현재시점의 선물가격과 만기일의 기대현물가격의 관계는 기대가설, 정상백워데이션가설, 콘탱고가설로 설명된다.

연습문제

1. 선물거래와 선도거래를 비교하시오.

2. 일일정산과 증거금제도에 대해서 설명하시오.

3. 청산소의 역할과 거리가 먼 것은 무엇인가?

① 일일정산　② 거래의 이행보증

③ 실물인수도　④ 선물시장의 감독

4. 헷지거래, 투기거래, 차익거래를 비교 설명하시오.

5. 헷지거래는 선물시장에서 취하는 포지션에 따라 (　　　)와 (　　　)로 구분한다.

6. 다음 중 선물시장의 경제적 기능과 거리가 먼 것은?

① 가격변동위험의 관리　② 가격의 예시

③ 현물시장의 거래활성화　④ 투기적 거래의 방지

7. 선물거래의 결제 시 인수도방법에 대해서 설명하시오.

8. 선물의 가격결정모형 중에서 보유비용모형에 대해서 설명하시오.

9. 우리나라 KOSPI200선물의 이론가격을 구하는 방법을 기술하시오.

10. 정상백워데이션과 콘탱고에 대해서 설명하시오.

제 12 장
옵션시장과 투자전략

사전에서 '옵션(option)'이라는 말을 찾아보면, '선택권, 선택의 자유'라는 설명을 볼 수 있다. 금융상품으로써의 옵션은 특정 상품을 미리 정해진 가격으로 일정 기간 이내에 사거나 팔 수 있는 권리에 대한 계약이다. 이번 장에서는 옵션의 기본개념에서부터 시작해서 옵션의 가치 및 가격결정모형, 그리고 옵션투자전략 등에 대해서 살펴볼 것이다.

12.1 옵션의 기본개념

1. 옵션의 의의

예를 들어, 미래전자의 현재 주가가 100만원이라고 하자. 만일 미래전자 주식을 현재 105만원에 살 수 있는 권리가 있다면, 이 권리의 가치는 0원일 것이다. 왜냐하면, 증권시장을 통해서 지금 당장 주식을 사면 100만원에 살 수 있는데, 굳이 이 보다 비싼 105만원에 사려고 하지 않을 것이기 때문이다.

하지만 미래전자 주식을 6개월 후에 105만원에 살 수 있는 권리라면 상황이 달라진다. 왜냐하면, 6개월 후에는 미래전자의 주가가 105만원을 넘을 가능성이 있기 때문이다. 물론 105만원보다 낮게 거래될 가능성도 있지만, 이때는 권리를 행사하지 않으면 되므로 손해 볼 일은 없다. 이제 이러한 권리는 경제적 가치를 가지므로 시장에서 거래될 수 있으며, 시장에서 1만원에 매매되고 있다고 하자.

1) 기초용어

(1) 기초자산

기초자산(underlying asset)은 옵션계약의 대상이 되는 상품이다. 기초자산이 농산물, 축산물, 광물 등과 같은 실물상품인 옵션을 상품옵션이라고 하고, 주식, 주가지수, 채권, 통화 등의 금융상품인 옵션을 금융옵션이라고 한다. 앞의 예에서, 기초자산은 미래전자 주식이 된다.

(2) 만기일

옵션은 미래의 일정 시점에 행사할 수 있는 권리인데, 이 시점을 옵션의 만기라고 한다. 그리고 만기일(expiration date)까지 옵션을 행사하지 않으면, 옵션의 권리가 소멸되게 된다. 앞의 예에서는, 6개월 후가 만기일이다.

(3) 행사가격

옵션거래에서는 기초자산을 사거나 팔 수 있는 가격이 미리 정해져 있는데, 이를 행사가격(strike 또는 exercise price)이라고 한다. 행사가격은 옵션을 발행할 당시 기초자산의 시장가격을 기준으로 정해지는데, 기초자산의 시장가격보다 높은 옵션, 시장가격과 같은 옵션, 시장가격보다 낮은 옵션 등이 발행된다. 앞의 예에서, 행사가격은 105만원이 된다.

(4) 프리미엄

프리미엄(premium)은 옵션의 시장가격으로 기초자산을 사거나 팔 수 있는 권리를 확보하는 대가로 지불하는 금액을 말한다. 앞에서 현재 주가가 100만원이고 이를 6개월 후에 105만원에 살 수 있는 권리, 즉 옵션이 1만원에 거래되고 있다고 하였는데, 이때 1만원이 옵션의 가격이며, 이를 다른 말로 옵션프리미엄이라고도 한다.

(5) 옵션매입자와 매도자

옵션매입자는 일정한 대가(프리미엄)를 지불하고 (기초자산을 사거나 팔 수 있는) 권리를 매입한 사람으로 옵션보유자(option holder)라고도 한다. 옵션매입자는 권리를 가지고 있으므로 자신에게 유리하면 옵션을 행사하지만, 자신에게 불리한 경우에는 옵션을 행사하지 않는다.

반면에 옵션매도자는 일정한 대가(프리미엄)를 받고 옵션매도자에게 권리를 매도한 사람이며, 옵션발행자(option writer)라고도 한다. 옵션매도자는 옵션매입자가 권리행사 시에 상대방이 되어 계약을 이행할 의무를 가지게 된다.

옵션과 관련한 개념을 살펴보면, 만기와 행사가격이 미리 정해져 있으므로 옵션의 가치는 옵션을 행사할 당시에 기초자산의 가격에 따라서 달라지게 된다. 그리고 옵션매입자는 권리를 가지고 있는 것이기 때문에 자신에게 상황이 유리하면 권리를 행사하고 불리하면 행사하지 않아도 된다. 이러한 이유로 옵션은 조건부청구권(contingent claim)으로써의 성격을 가지게 된다.

2) 선물거래와 옵션거래의 비교

선물거래는 미래의 일정 시점에 기초자산의 인수와 인도를 전제로 하는 거래이다. 따라서 선물거래는 권리와 의무를 동시에 수반한다. 반면에 옵션거래는 기초자산을 매입 또는 매도할 수 있는 권리에 대한 거래이기 때문에, 옵션보유자는 자신에게 유리한 경우에만 옵션을 행사한다.

또한 선물거래자들은 프리미엄을 주고받지 않고 계약 이후 가격변동에 따라 일일정산을 통해서 손익을 부담한다. 이에 반하여 옵션거래에서는 옵션매입자가 권리를 확보하는 대가로 옵션매도자에게 프리미엄을 지급하며, 옵션매도자의 경우에는 권리를 프리미엄을 받고 팔았기 때문에 의무를 가지게 된다.

표 12.1 선물거래와 옵션거래의 비교

구 분	선 물 거 래	옵 션 거 래
거래대상	일정 시점에서 기초자산의 인수도를 전제로 하는 거래	기초자산을 매입 또는 매도할 수 있는 권리에 대한 거래
권리의무	매도자와 매입자 모두에게 권리와 의무가 주어짐	매입자에게는 권리가 매도자에게는 의무가 주어짐
프리미엄	프리미엄 수수 없이 일일정산에 따라 손익이 발생함	매도자가 매입자에게 권리를 부여하는 대가로 프리미엄 수취
증 거 금	매도자와 매입자 모두에게 증거금 부과	매도자에게만 부과
결제방법	반대매매와 인수도에 의한 결제	반대매매, 권리행사, 권리포기

2. 옵션의 기능

옵션의 기능은 크게 다음과 같이 네 가지로 요약할 수 있다.

1) 헷지기능

옵션은 불리한 가격변동에 대한 헷징의 수단으로 이용될 수 있다. 즉, 특정 옵션에만 투자하거나, 옵션과 옵션을 적절히 결합하거나, 또는 옵션과 다른 금융상품의 결합을 통하여 위험을 감소시킬 수 있는 기능이다. 예를 들어, 여러 가지 옵션과 주식을 결합하면 위험이 전혀 없는 포트폴리오도 만들어 낼 수 있다.

2) 레버리지기능

레버리지(leverage)기능은 기초자산(주식이나 채권 등)에 직접 투자하는 것에 비하여 작은 금액을 투자하여 큰 효과를 볼 수 있음을 의미한다. 어떤 주식의 시장가격이 10,000원이고, 이 주식을 매입할 수 있는 옵션의 가격이 1,000원이라고 하자. 이때 주식의 가격이 상승하면 주식 소유주에게나 옵션의 소유주에게 동일한 주가상승분 만큼의 투자이익이 발생한다. 주가가 하락했을 때에도 역시 동일한 투자손실이 발생한다. 따라서 옵션에 투자할 때는 기초자산에 투자할 때보다 투자금액에 비하여 이익과 손실의 폭이 훨씬 커지게 된다.

3) 신금융상품의 창조기능

옵션을 다양한 형태로 결합하여 투자자가 원하는 새로운 금융상품을 만들 수 있다. 기초자산의 가격이 오르면 이익을 볼 수 있는 것은 물론, 기초자산의 가격이 하락하면 이득을 볼 수 있는 결합, 기초자산의 가격이 소폭으로 변동할 때 이득을 볼 수 있는 결합, 또는 큰 폭으로 변동할 때 이득을 볼 수 있는 결합 등 기존에 존재하는 금융상품으로는 기대할 수 없는 새로운 상품의 형태를 무제한으로 만들 수 있다. 이 같은 신금융상품의 등장으로 종전에는 얻을 수 없었던 투자기회를 갖게 되어 자본시장은 보다 더 완성된 시장으로 접근하게 되는 것이다.

4) 유동성제고 및 균형가격발견기능

옵션시장의 존재는 옵션과 기초자산 간의 거래, 옵션시장 내의 거래 등을 통하여 시장의 유동성을 제고시키며, 차익거래과정을 통해 균형가격의 발견기능을 수행한다. 또한 콜옵션과 풋옵션의 시장가격은 미래 기초자산의 수요와 공급에 대한 투자자들의 예상을 반영해 준다.

3. 옵션의 종류

옵션은 권리내용, 권리행사의 시기, 그리고 기초자산에 따라서 그 종류가 구분된다.

1) 권리내용에 따른 구분

(1) 콜옵션

콜옵션(call option)은 기초자산을 매입하기로 한 측이 옵션보유자가 되는 경우를 말한다. 즉, 콜옵션의 매입자는 장래 일정 시점 또는 일정 기간 내에 특정 기초자산을 미리 정해진 가격으로 매입할 수 있는 권리를 가지게 된다.

(2) 풋옵션

풋옵션(put option)은 기초자산을 매도하기로 한 측이 옵션보유자가 되는 경우를 말한다. 즉, 풋옵션의 매입자는 장래 일정 시점 또는 일정 기간 내에 특정 기초자산을 미리 정해진 가격으로 매도할 수 있는 권리를 가지게 된다.

2) 행사시기에 따른 구분

(1) 유럽형 옵션

유럽형 옵션(European option)은 옵션의 만기일에만(on expiration date) 권리를 행사할 수 있는 옵션으로, 만기일 이전에는 옵션을 행사할 수 없다.

(2) 미국형 옵션

미국형 옵션(American option)은 옵션의 만기일이 될 때까지(by expiration date) 언제라도 권리를 행사할 수 있는 옵션, 즉 만기일 이전에 언제든지 권리를 행사할 수 있는 옵션이다.

표 12.2 옵션의 종류

권리내용 / 행사시기	매 입	매 도
만기에만 가능	유럽형 콜옵션	유럽형 풋옵션
만기 이전에도 가능	미국형 콜옵션	미국형 풋옵션

3) 기초자산에 따른 구분

옵션은 권리행사의 대상자산에 따라 크게 실물상품을 대상으로 하는 상품옵션과 금융상품을 대상으로 하는 금융옵션으로 구분할 수 있다. 그리고 금융옵션은 다시 주가지수옵션, 주식옵션, 통화옵션, 금리옵션 등으로 구분된다. 우리나라에는 상장된 상품옵션이 없으므로 금융옵션을 중심으로 알아보자.

(1) 주가지수옵션

주가지수옵션(stock index option)은 주가지수선물과 마찬가지로 주가지수 자체가 기초자산이 되는 옵션을 말한다. 주가지수는 주식시장의 지표이므로 시장의 전체적인 동향을 나타낸다. 따라서 주가지수옵션거래는 개별 종목의 가격변동보다는 주식시장 전체의 동향이나 변동성 추이를 전망하여 주식시장 전체에 대한 투자를 할 수 있게 해준다.

우리나라에서는 1997년 7월부터 KOSPI200옵션이 한국거래소를 통해서 거래되고 있다. KOSPI200옵션은 유럽형 옵션이고 현금결제를 실시하며, 1계약의 크기는 KOSPI200×25만원이다.

(2) 주식옵션

주식옵션(individual option)은 옵션 중에서 흔히 볼 수 있는 형태로 개별 주식이 기초자산이 되는 옵션이다. 예를 들어, 삼성전자 주식옵션이라고 하면 삼성전자 주식을 거래대상으로 하는 옵션계약을 말한다.

우리나라에서는 2002년 1월부터 한국거래소에 7개 종목의 개별주식(삼성전자, KT, 한국전력, SK텔레콤, 포스코, 국민은행, 현대자동차)에 대한 옵션이 상장되어 거래를 시작하였으며, 현재는 30개 종목(유가증권시장:28개, 코스닥시장:2개)으로 확대되어 거래되고 있다. 우리나라의 주식옵션은 거래단위가 1계약당 10주이고, 만기일에만 권리를 행사할 수 있는 유럽형 옵션이며, 결제방법은 현금결제방식을 택하고 있다.

(3) 통화옵션

통화옵션(currency option)이란 외국통화가 기초자산이 되는 옵션으로 환율변동으로 인한 위험의 헷지수단 또는 투자수단으로 이용된다. 통화옵션은 1982년 필라델피아증권거래소(PHIX)에서 처음 도입하여 거래하기 시작하였다.

우리나라에서는 1999년 4월 한국선물거래소가 개설되면서 미국달러선물과 미국달러옵션이 상장되어 거래를 시작하였으며, 현재는 한국거래소로 통합하여 운영되고 있다. 미국달러옵션은 1계약이 10,000달러이고, 옵션의 만기일에만 권리를 행사할 수 있는 유럽형 옵션이며, 결제방법은 현금결제방식을 택하고 있다.

(4) 금리옵션

금리옵션(interest rate option)은 금리변동과 연계되는 금융상품을 기초자산으로 하는 옵션이다. 즉, 미래의 일정 기간 내에 미리 정한 금리상품을 일정한 가격으로 매입하거나 매도할 수 있는 권리를 부여하는 계약을 말한다. 우리나라에서는 국채선물옵션이 거래되었으나, 현재는 상장폐지 되었다.

(5) 선물옵션

선물옵션(option on futures)은 선물계약을 기초자산으로 하는 옵션을 말한다. 즉, 선물옵션은 선물계약과 옵션계약이 결합된 형태로 이해할 수 있는데, 선물옵션을 행사하면 대상이 되는 기초자산을 매매하는 것이 아니라 기초자산에 대한 선물계약을 가지게 된다. 예를 들어, 콜옵션보유자가 행사가격에 권리를 행사하면 그 시점에서 (기초자산을 인수하는 것이 아니라) 선물계약의 매입포지션을 취하는 것이고, 옵션매도자는 선물의 매도포지션을 취하게 된다.

표 12.3 우리나라 옵션계약의 개요

구 분	KOSPI200옵션	주식옵션	달러옵션
거래 대상	KOSPI200	30개 종목의 개별주식	미국달러
행사 유형	유럽형	좌동	좌동
거래 단위	KOSPI200 ×25만원	10주	US$10,000
결제월 주기	3, 6, 9, 12월 (3,9:1개, 6:2개, 12:3개)	기타월:2개, 분기월:2개 반기월:2개, 연월:3개	분기월 중 2개, 그밖의 월 중 2개
상장 결제월	3년 이내 7개 결제월	3년 이내 9개 결제월	6개월 이내 4개 결제월
행사 가격수	33개(ATM:1개 ITM, OTM:각16개)	9개(ATM:1개 ITM, OTM:각4개)	7개(ATM:1개 ITM, OTM:각3개)
최종거래일 및 만기일	결제월의 두 번째 목요일	좌동	결제월의 세 번째 월요일
최종 결제일	만기일 다음 거래일	좌동	좌동
결제방법	현금결제	좌동	좌동
기 타	코스닥150옵션 등	-	-

12.2 옵션의 가치

옵션가격이란 옵션의 시장가격으로 기초자산을 사거나 팔 수 있는 권리를 확보하는 대가로 지불하는 금액을 말하며, 옵션프리미엄이라고도 한다. 다른 금융상품과 마찬가지로, 옵션가격도 시장에서의 수요와 공급에 영향을 받는다. 하지만 일반 금융상품과 다르게 옵션가격은 기초자산의 가격과 직접적으로 연관되어 있으므로, 기초자산의 가격수준에 따라 옵션의 균형가격이 결정된다.

1. 내재가치와 시간가치

옵션의 가치는 내재가치(intrinsic value)와 시간가치(time value) 두 가지 요소로 이루어져 있다.

옵션의 가치 = 내재가치 + 시간가치

1) 내재가치

내재가치는 옵션보유자가 옵션(미국식 옵션)을 즉시 행사함으로써 실현시킬 수 있는 이익의 크기를 말한다. 내재가치는 기초자산의 가격(S)과 행사가격(X)을 비교하여 결정되며, 콜옵션은 기초자산의 가격이 행사가격보다 높을 때, 그리고 풋옵션은 기초자산의 가격이 행사가격보다 낮을 때 내재가치를 갖는다.

예를 들어, 행사가격이 100만원인 미래전자 주식 콜옵션이 있는데, 현재 미래전자 주가가 105만원이라고 하면 이 옵션의 내재가치는 5만원이 된다. 반대로 행사가격이 100만원인 미래전자 주식 풋옵션이 있는데, 현재 미래전자 주가가 95만원이라고 한다면 이 옵션의 내재가치도 5만원이 된다. 두 경우 모두 당장 옵션을 행사함으로써 5만원의 이익을 올릴 수 있기 때문이다.

옵션을 행사하면 손실이 발생하는 경우에 옵션의 내재가치는 음(−)이 아니라 0이 된다. 왜냐하면, 손실이 발생하는 경우에는 옵션을 행사하지 않으면 되기 때문이다. 즉, 행사가격이 100만원인 미래전자 콜옵션보유자는 미래전자 주가가 100만원보다 낮을 때는 옵션을 행사하지 않을 것이며, 마찬가지로 풋옵션보유자는 미래전자 주가가 100만원보다 높은 경우에는 옵션을 행사하지 않을 것이다.

이러한 논리는 (식 12.1)과 나타낼 수 있으며, [그림 12-1]은 콜옵션과 풋옵션의 내재가치를 그림으로 나타낸 것이다.

$$\text{콜옵션의 내재가치} = \max(S-X,\ 0) \qquad \text{(식 12.1)}$$
$$\text{풋옵션의 내재가치} = \max(X-S,\ 0)$$

여기서, X : 기초자산의 가격
S : 행사가격

그림 12-1 콜옵션과 풋옵션의 내재가치

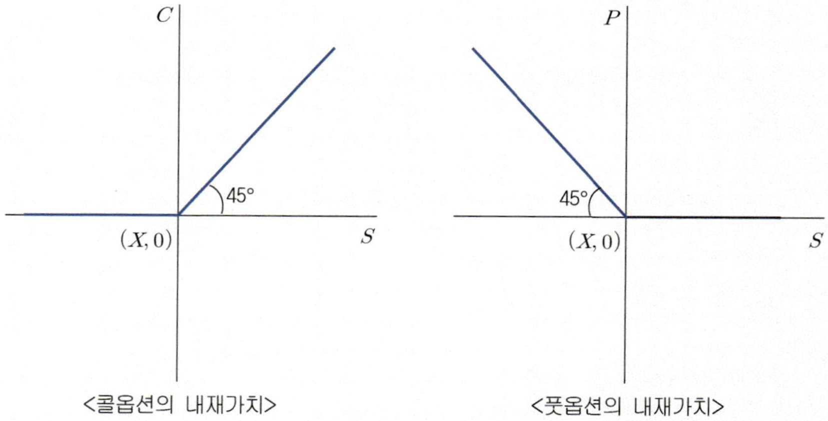

옵션의 내재가치가 양(+)인 경우를 내가격(in-the-money; ITM)옵션이라고 하고, 옵션을 행사하면 손실이 발생하는 경우는 외가격(out-of-the-money; OTM)옵션이라고 한다. 그리고 기초자산의 가격이 행사가격과 같아서 옵션을 행사하더라도 이익이나 손실이 발생하지 않는 경우를 등가격(at-the-money; ATM)옵션이라고 한다.

표 12.4 내재가치에 따른 옵션의 구분

구 분	$S > X$	$S = X$	$S < X$
콜 옵 션	내가격	등가격	외가격
풋 옵 션	외가격	등가격	내가격

2) 시간가치

미래전자의 현재주가가 102만원이라고 할 때, 행사가격이 100만원인 콜옵션의 가격이 3만원이라고 하자. 이 옵션의 내재가치는 2만원에 불과한데, 왜 실제 옵션가격은 3만원일까? 그 이유는 이 옵션을 만기까지 보유하고 있을 때, 미래전자 주가가 더 상승할 수 있는 가능성이 있기 때문이다.

이와 같이, 옵션의 가격(프리미엄)이 내재가치보다 클 때 옵션프리미엄과 내재가치의 차이를 시간가치라고 한다. 옵션의 시간가치는 옵션을 만기까지 보유할 경우에 기초자산의 가격이 옵션보유자에게 유리한 방향으로 변동할 가능성에 대한 가치를 의미한다.

콜옵션의 시간가치는 외가격(OTM)옵션의 경우에는 기초자산의 가격이 행사가격보다 높아질 확률에, 그리고 내가격(ITM)옵션의 경우에는 기초자산의 가격과 행사가격의 차이가 현재보다 더 커질 확률에 달려있다고 할 수 있다. 또한 풋옵션의 경우에는 콜옵션의 경우와 반대로 적용된다. [그림 12-2]와 [그림 12-3]은 콜옵션과 풋옵션의 시간가치를 각각 그림으로 나타낸 것이다.

그림 12-2 콜옵션의 시간가치

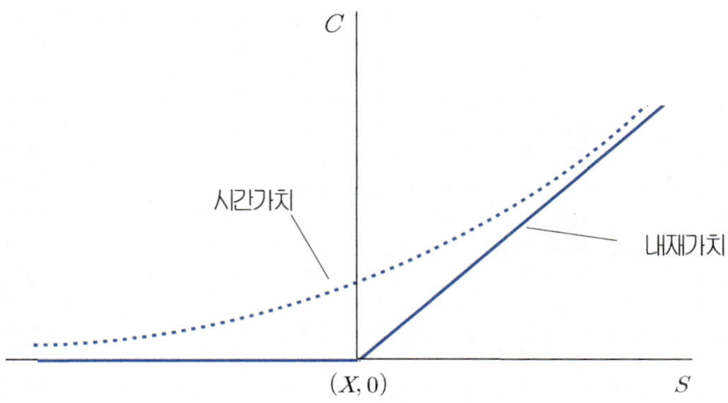

그림 12-3 풋옵션의 시간가치

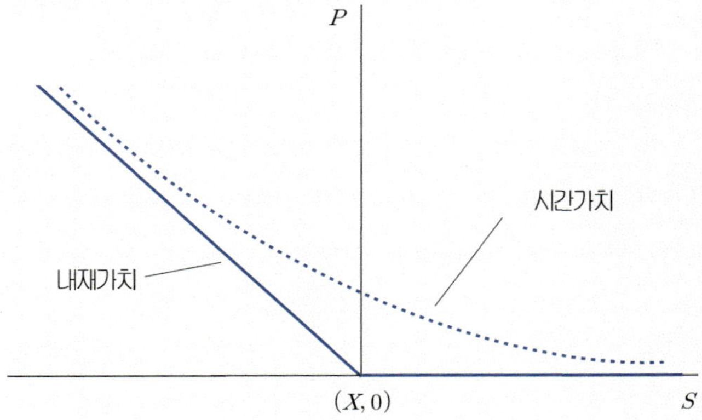

[그림 12-2]와 [그림 12-3]에서 보는 바와 같이, 옵션의 시간가치는 옵션이 등가격(ATM) 위치에 있을 때 가장 커지며, 기초자산의 가격이 행사가격에서 멀어질수록, 즉 내가격(ITM) 또는 외가격(OTM)으로 갈수록 감소한다. 또한 옵션의 시간가치는 만기일에 가까워질수록 작아지며, 만기일에는 옵션의 시간가치가 0이 된다.

2. 옵션가격의 범위

1) 콜옵션의 가격범위

콜옵션은 보유자에게 기초자산을 정해진 행사가격(X)에 매입할 수 있는 권리를 부여한 것이므로, 콜옵션의 가격(C)이 기초자산의 가격(S)보다 클 수는 없다. 왜냐하면, 기초자산보다 콜옵션의 가격이 크다면, 콜옵션을 이용해서 기초자산을 매입하는 것보다 직접 기초자산을 매입하는 것이 더 경제적이기 때문이다.

$$C \leq S \qquad \text{(식 12.2)}$$

한편, 옵션은 이익이 발생하는 경우에 행사할 수 있는 권리이고 자신에게 불리한 경우에는 계약을 포기할 수 있으므로, 어떤 경우에도 옵션의 가격이 음(−)이 될 수는 없다.

$$C \geq \max(0,\ S - Xe^{-R_f t}) \qquad \text{(식 12.3)}$$

위 식에서 $C \geq S - Xe^{-R_f t}$를 증명하기 위해서, 다음과 같은 투자전략을 비교해 보자. 유명한 씨는 유럽형 콜옵션(C)과 $Xe^{-R_f t}$에 해당하는 무위험채권을 매입하였으며, 무심한 씨는 기초자산(S)를 매입하였다. 이 경우, 두 사람의 만기 시 투자수익이 어떻게 변하는지 살펴보자.(이때 R_f는 무위험이자율, t는 만기까지 남은 기간을 의미한다.)

투 자 안	현재시점의 가치	만기일의 가치	
		$S_T < X$	$S_T \geq X$
유명한 씨 무심한 씨	$C + Xe^{-R_f t}$ S	X S_T	S_T S_T
둘의 차이	$C + Xe^{-R_f t} - S$	$X - S_T$	0

위의 결과에 따르면, 유명한 씨의 투자성과는 어떤 경우에도 무심한 씨보다 낮지 않다는 것을 알 수 있다. 따라서 차익거래가 발생하지 않기 위해서는 유명한 씨의 투자금액이 무심한 씨의 투자금액보다는 커야 하므로 다음과 같이 나타낼 수 있다.

$$C + Xe^{-R_f t} \geq S$$

위 식을 콜옵션가격에 대해서 정리하면 (식 12.3)이 성립함을 알 수 있다.

2) 풋옵션의 가격범위

풋옵션은 보유자에게 기초자산을 정해진 행사가격(X)에 매도할 수 있는 권리를 부여한 것이므로, 콜옵션의 가격(C)이 행사가격보다 클 수는 없다. 만일 $P > X$이면 풋옵션을 발행하여 매도하고 무위험채권에 투자함으로써 $P - X$만큼의 차익거래이익을 얻을 수 있기 때문이다. 그리고 유럽형 풋옵션이라면, 일정 기간이 경과한 만기일에만 행사할 수 있으므로 풋옵션가격을 행사가격의 현재가치 $Xe^{-R_f t}$와 비교해야 된다.

$$P \leq Xe^{-R_f t} \qquad \text{(식 12.4)}$$

콜옵션과 마찬가지로 풋옵션의 가격도 음(−)이 될 수는 없다. 그리고 $P \geq Xe^{-R_f t} - S$에 대해서는 앞에서와 같은 방식으로 증명해 보자.

$$P \geq \max(0,\ Xe^{-R_f t} - S) \qquad \text{(식 12.5)}$$

다음과 같은 투자전략을 비교해 보자. 유명한 씨는 유럽형 풋옵션(P)과 기초자산(S)를 매입하였으며, 무심한 씨는 $Xe^{-R_f t}$에 해당하는 무위험채권을 매입하였다. 이 두 사람의 만기 시 투자수익이 어떻게 변하는지 살펴보자.

투 자 안	현재시점의 가치	만기일의 가치	
		$S_T < X$	$S_T \geq X$
유명한 씨	$P + S$	X	S_T
무심한 씨	$Xe^{-R_f t}$	X	X
둘의 차이	$P + S - Xe^{-R_f t}$	0	$S_T - X$

위의 결과에 따르면, 유명한 씨의 투자성과는 어떤 경우에도 무심한 씨보다 낮지 않음을 알 수 있다. 따라서 차익거래가 발생하지 않기 위해서는 유명한 씨의 투자금액이 무심한 씨의 투자금액보다는 커야 하므로 다음과 같이 나타낼 수 있다.

$$P + S \geq Xe^{-R_f t}$$

위 식을 풋옵션가격에 대해서 정리하면 (식 12.5)가 성립함을 알 수 있다.

3. 풋-콜 패리티

동일한 기초자산에 대해서 동일한 행사가격을 갖는 콜옵션과 풋옵션의 가격 사이에는 일정한 관계가 성립하는데, 이 관계를 풋-콜 패리티(put-call parity)라고 한다. 이를 증명하기 위해서, 다음과 같이 기초자산을 매입하면서 이에 대한 풋옵션을 매입하고 콜옵션을 매도하는 포트폴리오를 생각해보자.

투 자 안		만기일의 가치	
		$S_T < X$	$S_T \geq X$
주식매입	S	S_T	S_T
풋옵션매입	P	$X - S_T$	0
콜옵션매도	$-C$	0	$-(S_T - X)$
포트폴리오	$S + P - C$	X	X

표에서 보듯이, 투자안(포트폴리오) $S + P - C$의 소유자는 기초자산의 미래가격과 행사가격의 관계에 상관없이 만기에는 항상 X를 얻게 됨을 알 수 있다. 만기 시 X의 현재가치는 $Xe^{-R_f t}$이므로 아래와 같이 나타낼 수 있다.

$$S + P - C = Xe^{-R_f t}$$

이를 P에 대해서 정리하면, 다음의 풋—콜 패리티 식을 얻을 수 있다.

$$P = C + Xe^{-R_f t} - S \qquad \text{(식 12.6)}$$

만일 이러한 균형식이 성립되지 않으면 차익거래기회가 존재하고 차익거래로 인해 다시 균형식이 성립하게 된다. 결국, 풋—콜 패리티를 이용하면 동일한 기초자산에 대한 행사가격과 만기가 같은 콜옵션의 가격을 아는 경우, 풋옵션의 가격은 쉽게 산출할 수 있게 된다. 그리고 (식 12.6)을 C에 대해서 정리하면, 다음과 같이 나타낼 수도 있다.

$$C = P - Xe^{-R_f t} + S$$

4. 옵션의 가격결정요인

풋—콜 패리티를 살펴보면, 옵션의 가격은 기초자산의 가격(S), 행사가격(X), 기초자산의 가격변동성(σ), 만기까지의 잔존기간(t), 그리고 무위험이자율(R_f)에 영향을 받는다는 것을 알 수 있다. 이러한 요인들을 표로 만들면 〈표 12.5〉와 같다.

표 12.5 옵션의 가격에 영향을 미치는 요인

요　　인	가격의 변화	
	콜옵션	풋옵션
기초자산의 가격	+	−
행사 가격	−	+
기초자산의 변동성	+	+
만기까지 잔존기간	+	+
무위험 이자율	+	−

(1) 기초자산의 가격

기초자산의 가격은 행사가격과 함께 옵션의 가치를 결정하는 중요한 요인이다. 기초자산의 가격이 높을수록 콜옵션의 가격은 상승하고 풋옵션의 가격은 하락하게 된다.

(2) 행사가격

행사가격은 옵션을 행사하여 기초자산을 사거나 팔 때 지불하는 미리 정해진 가격이다. 따라서 행사가격이 높을수록 콜옵션의 가격은 낮아지고 풋옵션의 가격은 높아진다.

(3) 기초자산의 변동성

기초자산의 가격변동성이 클수록 옵션의 가치는 올라간다. 콜옵션(풋옵션)의 경우, 기초자산의 가격변동성이 크다는 것은 기초자산의 가격이 행사가격보다 높아질(낮아질) 기회가 많아져 이익을 낼 가능성이 커진다는 것을 뜻한다.

(4) 잔존기간

옵션의 만기까지 잔존기간이 길어질수록, 장래 기초자산의 가격이 행사가격보다 유리하게 형성될 가능성은 커지게 되므로 옵션의 가치는 높아진다.

(5) 무위험이자율

무위험이자율이 높아질수록 행사가격의 현재가치는 더욱 감소하게 된다. 이자율이 상승할 경우, 콜옵션가치는 커지는 반면, 풋옵션의 가치는 작아진다.

12.3 옵션가격결정모형

블랙(F. Black)과 숄즈(M. Scholes)는 옵션의 가격을 계산하기 위한 수학적인 모형을 제시하였으며, 이들이 제시한 블랙-숄즈 옵션가격결정모형은 이론적으로 뿐만 아니라 실무적으로도 널리 이용되고 있다. 블랙-숄즈 옵션가격결정모형을 도출하는 과정은 복잡한 수학적 지식을 필요로 하며, 이 책의 수준을 벗어나므로 해석을 중심으로 살펴보고자 한다. 블랙-숄즈모형에 의해 옵션가격을 산출할 때에는 다음과 같은 몇 가지 가정이 필요하다.

첫째, 기초자산의 거래가 이산적(discrete)이 아니라, 연속적(continuous)으로 이루어지므로 가격변동은 계속 발생한다.

둘째, 기초자산의 가격변동은 로그정규분포(log-normal distribution)를 따른다.

셋째, 옵션의 잔존기간 동안 무위험이자율이 변하지 않는다.

넷째, 가격 변동성은 옵션의 잔존기간 동안 고정되어 있다.

다섯째, 옵션 잔존기간 동안 기초자산인 주식의 배당지급이 없다.

여섯째, 옵션은 만기일에만 행사 가능한 유럽형 옵션이다.

이러한 가정하에서 블랙-숄즈에 의해 도출된 유럽형 콜옵션의 가격결정모형은 (식 12.7)과 같다.

$$C = S \cdot N(d_1) - Xe^{-R_f t} \cdot N(d_2) \qquad \text{(식 12.7)}$$

$$d_1 = \frac{\ln\left(\frac{S}{X}\right) + \left(R_f + \frac{\sigma^2}{2}\right)t}{\sigma\sqrt{t}}$$

$$d_2 = d_1 - \sigma\sqrt{T}$$

(식 12.7)에서 S는 주식가격, X는 행사가격, R_f는 무위험이자율, t는 만기까지의 기간, 그리고 σ는 주식수익률의 표준편차, e는 자연로그의 밑수(약 2.71828…)이며, $N(\cdot)$은 표준정규분포의 누적확률을 의미한다.

예를 들어, 현재주가가 20,000원이고, 이 주식에 대한 행사가격이 19,000원인 3개월 만기 콜옵션과 풋옵션의 가격을 구해보자. 이때 주식수익률의 표준편차는 0.5이고, 무위험이자율은 10%라고 가정한다.

우선 d_1과 d_2를 구하면 다음과 같다.

$$d_1 = \frac{\ln\left(\frac{20{,}000}{19{,}000}\right) + \left(0.1 + \frac{0.5^2}{2}\right) \times \frac{1}{4}}{0.5\sqrt{1/4}} = 0.43$$

$$d_2 = 0.43 - 0.5\sqrt{1/4} = 0.18$$

이제 $N(d_1)$과 $N(d_2)$는 [부록]에 나와 있는 표준정규분포표를 이용하여 계산할 수 있다.

$$N(d_1) = N(0.43) = 0.5 + 0.1664 = 0.6664$$

$$N(d_2) = N(0.18) = 0.5 + 0.0714 = 0.5714$$

이제 (식 12.7)을 이용하면, 콜옵션의 가격은 다음과 같이 2,739.45원으로 평가된다.

$$\begin{aligned} C &= 20{,}000 \times 0.6664 - 19{,}000 \times e^{-0.1 \times 1/4} \times 0.5714 \\ &= 2{,}739.45 \end{aligned}$$

그리고 풋옵션의 가격은 (식 12.6)의 풋-콜 패리티에 의해서 쉽게 구할 수 있다.

$$\begin{aligned} P &= C + X \cdot e^{-R_f t} - S \\ &= 2{,}739.45 + 19{,}000 \times e^{-0.1 \times 1/4} - 20{,}000 \\ &= 1{,}270.34 \end{aligned}$$

한편, 콜옵션의 가격결정모형인 (식 12.7)을 풋-콜 패리티 등식의 콜옵션가격에 대입하여 정리하면, 다음과 같이 풋옵션의 가격결정모형을 나타낼 수 있다.

$$P = Xe^{-R_f t} \cdot N(\text{-}d_2) - S \cdot N(\text{-}d_1) \qquad \text{(식 12.8)}$$

(식 12.8)에서 $N(\text{-}d_1)$과 $N(\text{-}d_2)$는 정규분포의 대칭성을 이용하면 각각 $1-N(d_1)$, $1-N(d_2)$가 된다.

$$N(\text{-}d_1) = 1 - N(d_1) = 1 - 0.6664 = 0.3336$$
$$N(\text{-}d_2) = 1 - N(d_2) = 1 - 0.5714 = 0.4286$$

다시 (식 12.8)에 대입하여 풀면, 풋옵션의 가격은 풋–콜 패리티를 이용하여 구한 값과 동일하게 1,270.34원으로 평가된다.

$$\begin{aligned} P &= 19{,}000 \times e^{-0.1 \times 1/4} \times 0.4286 - 20{,}000 \times 0.3336 \\ &= 1{,}270.34 \end{aligned}$$

파생상품의 기원과 발달

최초의 파생상품에 대해서 이야기 할 때, '만물의 근원은 물'이라고 한 고대 그리스의 철학자 탈레스가 거론되곤 한다. 탈레스는 당시 별자리 관찰을 통하여 올리브의 풍작을 예견하였다. 그리고 올리브기름을 짜는 기계의 수요가 증가할 것이라는 예상을 바탕으로 얼마간의 선금을 주고 착유기를 사용할 수 있는 권리를 사들였다. 탈레스는 실제로 올리브가 풍작을 이루자, 독점해 놓은 착유기를 높은 가격에 대여하여 엄청난 이익을 거두었는데, 최초의 콜옵션거래라고 볼 수 있다.

체계화된 파생상품의 기원은 네덜란드에서 찾을 수 있다. 네덜란드가 해상무역으로 부유해지면서 암스테르담에 대저택을 건축하고 튤립으로 장식하는 유행이 생기면서 튤립가격이 상승하고 투기가 일어나게 된다. 상거래의 귀재인 네덜란드인들은 1630년대 튤립에 대한 투기가 일어나면서 튤립 뿌리가 비싸고 귀해지자, 미래의 특정 시점에 튤립 뿌리를 양도받을 수 있는 선도거래를 시작했다. 그리고 좀더 체계화하여 튤립 뿌리의 표준화와 1년 내내 거래할 수 있는 제도를 마련함으로써 선물거래가 시작된 것이다.

현대적 의미의 선물거래는 1848년 미국 시카고에서 시작되었다. 일리노이와 미시간운하의 개통 등으로 시카고는 곡물의 집산지가 되면서, 밀, 옥수수, 커피 등 거래의 중심지가 된 것이다. 하지만 여러 가지 문제가 발생했는데, 통신수단이 열악하고 곡물 거래량에 비해 창고나 운송수단이 부족하여 기후나 계절에 따라 곡물가격이 크게 변동한 것이다. 이러한 단점을 막기 위해 상인들은 미리 가격을 정해서 사고파는 선물시장을 고안한 것이다.

시간이 흐르면서 파생상품거래는 곡물에서 금, 은, 원유 등 여러 가지 상품으로 확대되었고, 1970년대부터는 주가지수 등 금융상품이 발달하기 시작하여 오늘날에는 파생상품의 대부분이 금융상품이 차지하게 되었다.

12.4 옵션투자전략

1. 단순투자전략

단순투자전략은 향후 기초자산의 가격움직임을 예측하여 한 종류의 옵션, 즉 콜옵션을 매입 · 매도하거나 풋옵션을 매입 · 매도하는 전략을 말한다.

1) 콜옵션의 손익구조

콜옵션보유자가 이익을 얻을 수 있는 상황이 되려면 기초자산의 시장가격(S)이 행사가격(X)보다 높아야 한다. 그래야 시장가격보다 싸게 기초자산을 매입하여 이익을 얻을 수 있기 때문이다. 그리고 옵션을 매입하기 위해 지불한 프리미엄(옵션가격)을 생각한다면, 기초자산의 가격이 행사가격과 프리미엄을 합한 금액 이상이 되어야 실질적인 이익이 발생한다.

반면에 콜옵션매도자는 옵션이 행사되면 손실이 발생한다. 현재 시장에서 비싸게 거래되고 있는 기초자산을 싼 가격(행사가격)에 팔아야 하기 때문이다. 그러나 옵션이 행사되지 않으면 콜옵션가격, 즉 프리미엄만큼이 자신의 이익으로 남게 된다.

[그림 12-4]를 살펴보면, 콜옵션매입과 매도는 서로 정반대의 손익구조를 가지고 있다는

그림 12-4 콜옵션의 매입과 매도포지션

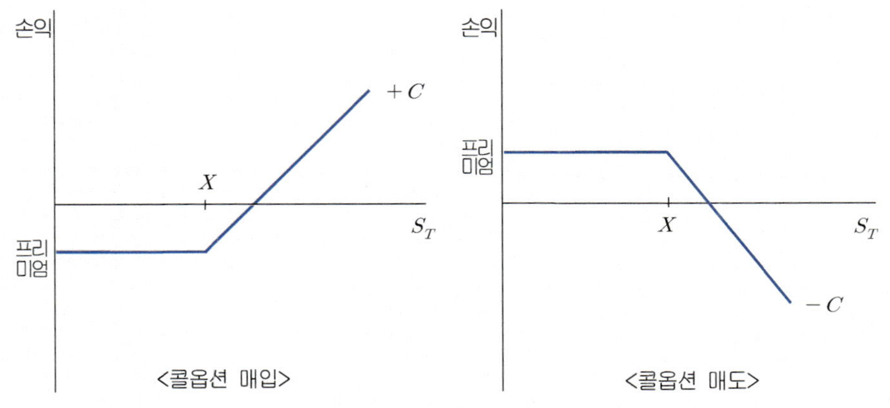

것을 알 수 있다. 즉, 매입자가 이익을 보면 매도자는 그 만큼 손실을 보고, 반대로 매입자가 손실을 보면 매도자는 그 만큼 이익을 얻게 되는 것이다.

2) 풋옵션의 손익구조

풋옵션 역시 옵션을 행사할 수 있는 권리는 옵션매입자가 가지고 있다. 옵션보유자는 유리한 상황에서만 옵션을 행사하는데, 풋옵션보유자에게 유리한 상황은 기초자산의 시장가격(S)이 행사가격(X)보다 낮은 경우이다. 그래야 싼 기초자산을 비싼 가격(행사가격)에 팔 수 있기 때문이다. 여기서 프리미엄을 감안하면, 기초자산의 시장가격이 행사가격에서 프리미엄을 차감한 가격 이하가 되어야 실질적인 이익이 발생한다.

반면에 풋옵션매도자는 반대로 기초자산의 가격이 상승해야 이익을 얻을 수 있다. 즉, 기초자산의 가격이 행사가격보다 높아서 옵션이 행사되지 않을 때 풋옵션발행자는 옵션가격, 프리미엄만큼 이익을 얻을 수 있는 것이다. [그림 12-5]는 이와 같은 풋옵션매입자와 매도자의 손익구조를 나타내고 있다.

그림 12-5 풋옵션의 매입과 매도포지션

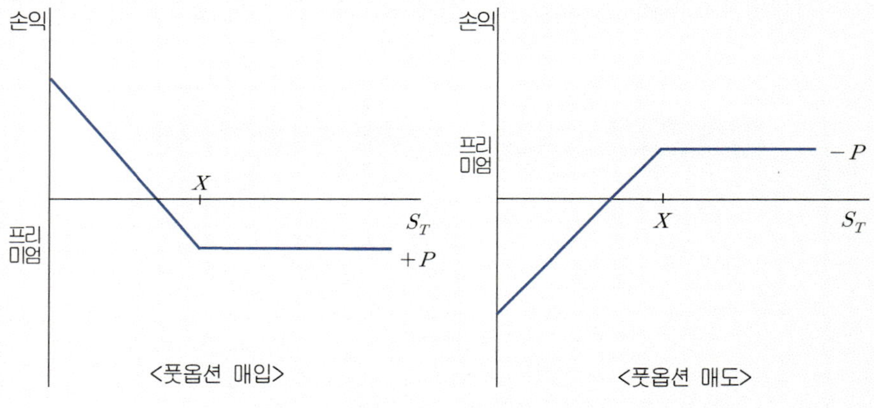

2. 헷지전략

헷지전략이란 기초자산과 옵션을 결합하여 어느 한쪽의 손실을 보전하려는 투자전략을 의미한다. 즉, 기초자산을 보유한 경우에 발생할 수 있는 불리한 가격변동위험을 옵션을 적절히 결합함으로써 감소시킬 수 있다. 헷지전략은 크게 커버드 콜(covered call)전략과 방어적 풋(protective put)전략으로 구분할 수 있는데, 커버드 콜전략은 기초자산을 보유한 상황에서 콜옵션을 발행(매도)하는 경우를 말하며, 방어적 풋전략은 기초자산을 보유한 상황에서 풋옵션을 매입하는 경우를 말한다.

1) 커버드 콜(covered call)

옵션거래에서 많이 사용되는 헷지전략으로 기초자산을 보유한 상황에서 콜옵션을 발행(매도)하는 전략이다. 투자자는 기초자산을 보유한 상황에서 기초자산의 가격이 하락할 경우 손실을 입을 위험에 노출된다. 이때 콜옵션을 매도하면, 기초자산의 가격의 하락에 따른 손실을 일정 부분 헷지할 수 있다. 반대로 기초자산의 가격이 상승하여 상대방이 콜옵션을 행사할 경우에는 보유하고 있는 기초자산을 인도하면 된다. 다시 말해서, 커버드 콜전략은 기초자산 보유에 따른 가격상승의 이익을 모두 얻을 수는 없지만, 가격하락에 따른 손실을 일정 부분 감소시킬 수 있는 장점이 있다.

그림 12-6 커버드 콜과 방어적 풋

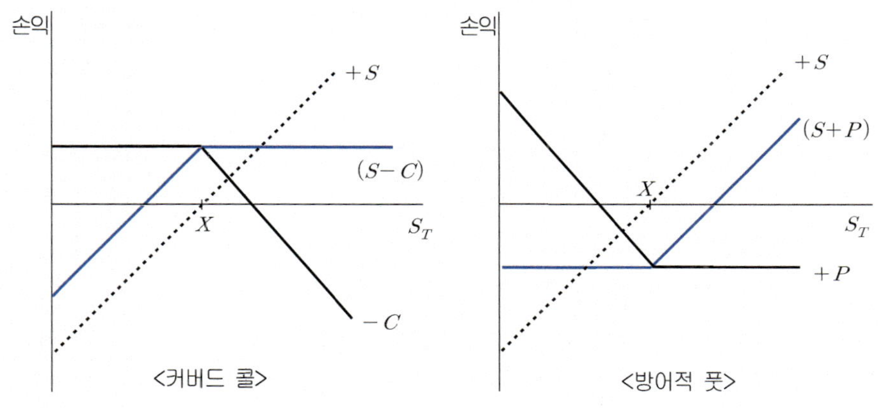

2) 방어적 풋(protective put)

커버드 콜전략은 기초자산의 가격이 하락할 때 손실을 일정 부분 감소시킬 수 있지만, 기초자산의 가격상승에 따른 혜택을 잃어버리는 약점이 존재한다. 이러한 약점을 보완하기 위한 전략이 방어적 풋전략이다. 방어적 풋전략은 기초자산을 보유한 상황에서 풋옵션을 매입하는 전략이다. 기초자산의 가격이 하락하여 행사가격 이하로 떨어지게 될 경우, 풋옵션을 행사함으로써 기초자산의 가격하락에 따른 손실을 일정 수준으로 고정시킬 수 있으며, 기초자산의 가격상승 시에는 기초자산의 가격에서 이미 지불한 옵션프리미엄을 차감한 만큼의 이익을 그대로 얻을 수 있다.

3. 스프레드전략

스프레드전략이란, 동일한 기초자산을 대상으로 하는 옵션 중에서 행사가격이 서로 다른 동일한 종류의 옵션을 각각 같은 단위로 매입 또는 매도하는 전략을 말한다. 즉, 행사가격만 다른 같은 종류의 옵션을 하나는 매입하고 다른 하나는 매도하는 전략을 말하며, 이때 두 개 옵션의 가격차이를 스프레드라 한다. 스프레드전략은 기초자산의 가격변화가 예상과 같을 때, 일정 수준의 이익을 얻을 수 있으며, 예상이 빗나갈 경우(예상과 반대로 움직일 경우) 손실을 감소시키기 위한 전략이다.

스프레드전략은 크게 강세 스프레드(bull spread)와 약세 스프레드(bear spread)로 구분할 수 있으며, 모든 스프레드전략은 콜옵션을 가지고 하느냐 풋옵션을 가지고 하느냐에 따라 더 세분될 수 있다.

1) 강세 스프레드

강세 콜스프레드는 행사가격이 높은 콜옵션을 발행(매도)하고, 행사가격이 낮은 콜옵션을 매입하는 전략으로써, 이 전략은 기초자산의 가격이 상승하는 강세시장에서 이익을 얻는 전략이다. 행사가격이 낮은 콜옵션의 행사로부터 얻는 이익이 행사가격이 높은 콜옵션이 행사되었을 때 발생하는 손실보다 더 크기 때문이다. 하지만 가격이 크게 상승하는 경우에는 이익이 한정되며, 반대로 가격하락 시(약세시장)에는 손실이 제한된다.

강세 풋스프레드는 행사가격이 낮은 풋옵션을 매입하고, 동시에 행사가격이 높은 풋옵션을 매도하는 전략으로, [그림 12-7]에서 보는 바와 같이 강세 콜스프레드와 유사한 손익패턴이 만들어진다.

그림 12-7 강세 콜스프레드와 강세 풋스프레드

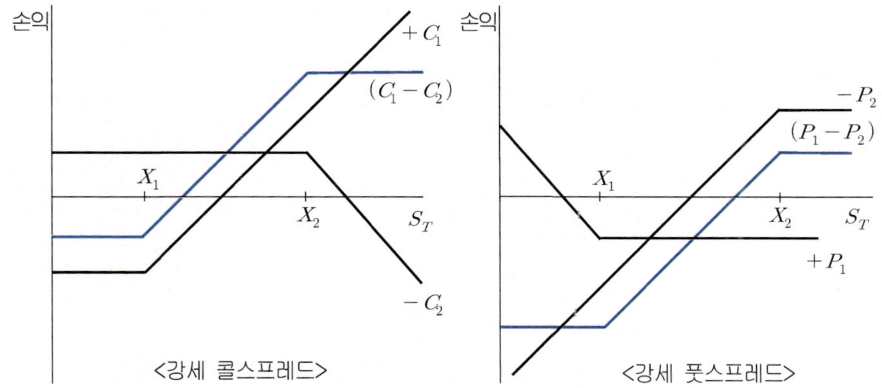

2) 약세 스프레드

약세 스프레드는 강세 스프레드와는 반대로 기초자산의 가격이 완만하게 하락할 것으로 예상되는 경우에 취할 수 있는 전략이다. 약세 콜스프레드는 강세 콜스프레드와는 반대로 행사가격이 높은 옵션을 매입하고, 행사가격이 낮은 콜옵션을 발행하는 전략으로 가격하락 시(약세시장)에 이익이 발생한다. 이 경우에도 이익과 손실이 한정된다는 점은 동일하다.

약세 풋스프레드는 행사가격이 높은 풋옵션을 매입하고, 동시에 행사가격이 낮은 풋옵션을 매도하면, [그림 12-8]에서 보는 바와 같이 약세 콜스프레드와 유사한 손익패턴이 만들어진다.

그림 12-8 약세 콜스프레드와 약세 풋스프레드

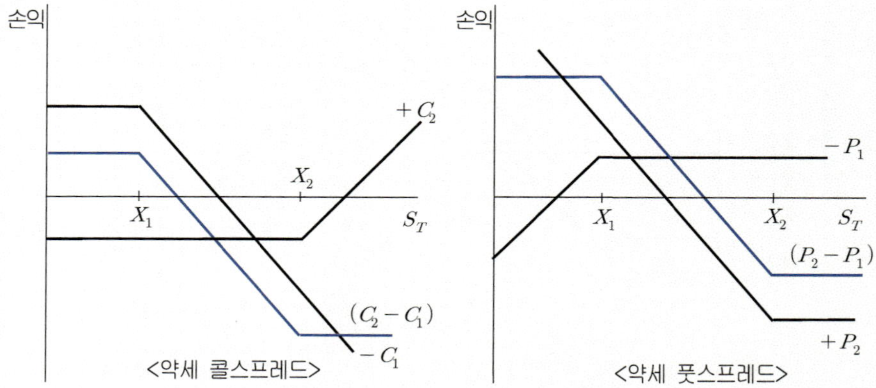

4. 컴비네이션전략

컴비네이션전략은 동일한 기초자산에 대해서 발행된 서로 다른 형태의 옵션, 즉 콜옵션과 풋옵션을 동시에 매입하거나 매도하는 전략이다. 컴비네이션전략에는 스트래들(straddle), 스트랭글(strangle), 스트립(strip), 스트랩(strap) 등이 있으며, 주로 변동성을 예측하여 투자에 이용한다는 점이 특징이다.

1) 스트래들 매입과 매도

스트래들은 동일한 기초자산에 대해 발행된 만기과 행사가격이 같은 콜옵션과 풋옵션을 이용하는 투자방법으로써, 콜옵션과 풋옵션을 동시에 매입하거나 매도하는 전략이다.

콜옵션과 풋옵션을 동시에 매입하는 스트래들 매입전략은 기초자산의 가격상승 또는 하락에 관계없이 가격변동이 클수록 이익가능성이 커지는 투자기법이므로, 기초자산의 가격이 어느 방향으로 움직일지에 대해서는 확신이 없으나 변동이 클 것으로 예상될 때 유용한 투자기법이다.

한편, 콜옵션과 풋옵션을 동시에 매도하는 스트래들 매도전략은 스트래들 매입전략과 정반대의 손익구조를 가지게 되므로 시장상황에 대한 예상도 정반대일 경우(가격변동이 작을 것으로 예상하는 경우)에 사용한다. 스트래들의 손익구조는 [그림 12-9]와 같다.

그림 12-9 스트래들 매입과 매도

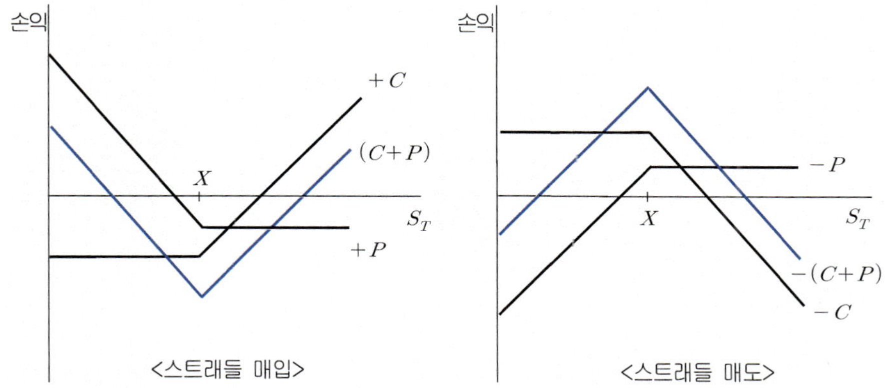

스트랩과 스트립은 스트래들의 변형된 형태로써 콜옵션과 풋옵션의 결합비율을 조정한 전략이다. 스트랩은 두 개의 콜옵션과 하나의 풋옵션을 결합하는 투자전략이며, 스트립은 두 개의 풋옵션과 하나의 콜옵션을 결합하는 투자전략이다. 이들은 스트래들과 유사하지만, 콜옵션과 풋옵션의 결합비율에 차이로 인해 그 손익 형태도 약간 다르게 나타난다.

2) 스트랭글 매입과 매도

스트래들의 또 다른 변형된 형태로 스트랭글이 있다. 스트랭글 매입전략은 만기일은 같으나 행사가격이 다른 콜옵션과 풋옵션을 동시에 매입하는 전략이다. [그림 12-10]에서 보는 바와 같이, 스트랭글 매입은 가격변동이 클 것으로 예상될 때 이익을 얻을 수 있으며, 예상과 달리 가격변동이 적더라도 손실을 일정 수준으로 제한할 수 있는 전략이다. 스트랭글 매도전략은 만기는 같으나 행사가격이 다른 콜옵션과 풋옵션을 동시에 매도하는 전략이며, 스트랭글 매입과는 반대의 효과를 얻을 수 있다.

그림 12-10 스트랭글 매입과 매도

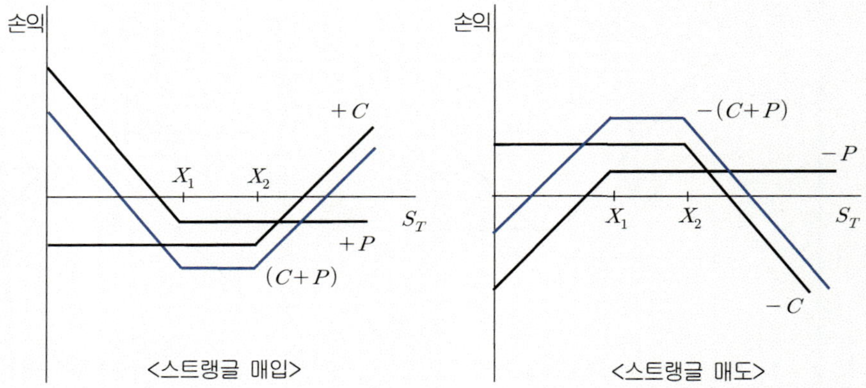

핵심정리

- 금융상품으로써의 옵션은 특정 상품을 미리 정해진 가격으로 일정 기간 이내에 사거나 팔 수 있는 권리에 대한 계약이다.
- 옵션은 권리의 내용과 권리행사의 시기에 따라 콜옵션과 풋옵션, 그리고 유럽형 옵션과 미국형 옵션으로 구분된다.
- 옵션가격이란 옵션의 시장가격으로 기초자산을 사거나 팔 수 있는 권리를 확보하는 대가로 지불하는 금액을 말하며, 옵션프리미엄이라고도 한다.
- 옵션의 가치는 내재가치와 시간가치 두 가지 요소로 이루어져 있다.
- 옵션의 내재가치가 양(+)인 경우를 내가격옵션이라고 하고, 옵션을 행사하면 손실이 발생하는 경우는 외가격옵션이라고 하며, 기초자산의 가격이 행사가격과 같아서 옵션을 행사하더라고 이익이나 손실이 발생하지 않는 경우를 등가격옵션이라고 한다.
- 옵션의 가격이 내재가치보다 클 때 옵션프리미엄과 내재가치의 차이를 시간가치라고 한다. 옵션의 시간가치는 옵션을 만기까지 보유할 경우에 기초자산의 가격이 옵션보유자에게 유리한 방향으로 변동할 가능성에 대한 가치를 의미한다.
- 동일한 기초자산에 대해서 동일한 행사가격을 갖는 콜옵션과 풋옵션의 가격 사이에는 일정한 관계가 성립하는데, 이 관계를 풋-콜 패리티라고 한다.
- 기초자산을 보유한 경우에 발생할 수 있는 불리한 가격변동위험을 옵션거래를 적절히 결합함으로써 감소시킬 수 있는데, 이를 헷지전략이라고 하며, 커버드콜과 방어적 풋전략 등으로 구분할 수 있다.
- 스프레드전략은 기초자산의 가격변화가 예상과 같을 때, 일정 수준의 이익을 얻을 수 있으며, 예상이 빗나갈 경우 손실을 감소시키기 위한 전략이다. 스프레드전략은 크게 강세 스프레드와 약세 스프레드로 구분할 수 있다.
- 컴비네이션전략은 동일한 기초자산에 대해서 발행된 서로 다른 형태의 옵션, 즉 콜옵션과 풋옵션을 동시에 매입하거나 매도하는 전략으로써, 변동성의 변화를 예측하여 투자에 이용하는 전략이다.

연습문제

1. 선물거래와 옵션거래를 비교하시오.

2. 옵션을 권리내용과 행사시기에 따라 구분하여 설명하시오.

3. 옵션의 가치를 내재가치와 시간가치로 구분하여 설명하시오.

4. 우리나라에서 거래되는 옵션이 아닌 것은 무엇인가?
   ① KOSPI200옵션　　② 개별주식옵션
   ③ 미국달러옵션　　④ 국채선물옵션

5. 내가격, 등가격, 외가격옵션에 대해서 설명하시오.

6. 콜옵션의 가격범위를 설명하시오.

7. 옵션의 가치에 영향을 미치는 다섯 가지 요인들이 어떻게 영향을 미치는지에 대해서 설명하시오.

8. 한국기업의 현재 주가는 100,000원이고, 주식수익률의 표준편차가 0.5라고 한다. 무위험이자율이 연 10%일 때, 행사가격이 95,000원이고, 만기까지 3개월 남은 이 주식에 대한 콜옵션의 가격은 얼마인가?

9. 풋-콜 패리티를 이용하여 위 주식의 풋옵션 가격을 구하시오.

10. 컴비네이션전략과 스프레드전략의 차이점을 설명하시오.

참고문헌

강효석 · 이원흠 · 조장현, 기업가치평가론, 홍문사(제4판), 2005

금융투자교육원, 증권투자권유자문인력, 한국금융투자협회, 2017

금융투자교육원, 투자자산운용사, 한국금융투자협회, 2017

금융투자교육원, 파생상품투자권유자문인력, 한국금융투자협회, 2017

김영규 · 이의택 · 감형규 · 신용재, 증권투자론, 율곡출판사(제3판), 2013

박정식 · 박종원, 현대투자론, 다산출판사, 1998

박진우, 파생금융상품론, 명경사, 2003

장경천, 인터넷을 이용한 증권투자이해, 삼영사(제4판), 2006

장경천 · 김현석, 증권투자론, 삼영사, 2009

장경천 · 정헌용 · 김현석, 재무관리, 탑북스, 2010

차명준, 증권과 펀드투자의 이해, 삼영사, 2008

한국은행, 한국의 금융시장, 한국은행, 2016

한국거래소 유가증권시장본부 채권시장부, 한국의 채권시장, 지식과감정, 2015

Zvi Bodie, Alex Kane & Alan J. Marcus, *Investment*, McGraw Hill(7 Edition), 2008

James C. Van Horne, *Financial Market Rates and Flows*, Prentice Hall(6 Edition), 2001

John C. Hull, *Options, Futures, & Other Derivatives*, Prentice Hall(4 Edition), 2000

Stephen A. Ross, Randolph W. Westerfield & Jaffrey Jaffe, *Corporate Finance*, IRWIN (4 Edition), 1998

금융감독원(http://www.fss.or.kr)

네이버((http://www.naver.com)

머니투데이(http://www.mt.co.kr)

매일경제신문(http://www.mk.co.kr)

파이낸셜뉴스((http://www.fnnews.com)

통계청((http://kostst.go.kr)

한국거래소(http://www.krx.co.kr)

한국경제신문(http://www.hankyung.com)

한국금융투자협회(http://www.kofia.or.kr)

한국은행(http://www.bok.or.kr)

부 록

〈부표 1〉 미래가치이자요소표 $\left[FVIF_{(r,n)} = (1+r)^n\right]$

n \ r	1%	2%	3%	4%	5%	6%	7%	8%	9%	10%
1	1.0100	1.0200	1.0300	1.0400	1.0500	1.0600	1.0700	1.0800	1.0900	1.1000
2	1.0201	1.0404	1.0609	1.0816	1.1025	1.1236	1.1449	1.1664	1.1881	1.2100
3	1.0303	1.0612	1.0927	1.1249	1.1576	1.1910	1.2250	1.2597	1.2950	1.3310
4	1.0406	1.0824	1.1255	1.1699	1.2155	1.2625	1.3108	1.3605	1.4116	1.4641
5	1.0510	1.1041	1.1593	1.2167	1.2763	1.3382	1.4026	1.4693	1.5386	1.6105
6	1.0615	1.1262	1.1941	1.2653	1.3401	1.4185	1.5007	1.5869	1.6771	1.7716
7	1.0721	1.1487	1.2299	1.3159	1.4071	1.5036	1.6058	1.7138	1.8280	1.9487
8	1.0829	1.1717	1.2668	1.3686	1.4775	1.5938	1.7182	1.8509	1.9926	2.1436
9	1.0937	1.1951	1.3048	1.4233	1.5513	1.6895	1.8385	1.9990	2.1719	2.3579
10	1.1046	1.2190	1.3439	1.4802	1.6289	1.7908	1.9672	2.1589	2.3674	2.5937
11	1.1157	1.2434	1.3842	1.5395	1.7103	1.8983	2.1049	2.3316	2.5804	2.8531
12	1.1268	1.2682	1.4258	1.6010	1.7959	2.0122	2.2522	2.5182	2.8127	3.1384
13	1.1381	1.2936	1.4685	1.6651	1.8856	2.1329	2.4098	2.7196	3.0658	3.4523
14	1.1495	1.3195	1.5126	1.7317	1.9799	2.2609	2.5785	2.9372	3.3417	3.7975
15	1.1610	1.3459	1.5580	1.8009	2.0789	2.3966	2.7590	3.1722	3.6425	4.1772
16	1.1726	1.3728	1.6047	1.8730	2.1829	2.5404	2.9522	3.4259	3.9703	4.5950
17	1.1843	1.4002	1.6528	1.9479	2.2920	2.6928	3.1588	3.7000	4.3276	5.0545
18	1.1961	1.4282	1.7024	2.0258	2.4066	2.8543	3.3799	3.9960	4.7171	5.5599
19	1.2081	1.4568	1.7535	2.1068	2.5270	3.0256	3.6165	4.3157	5.1417	6.1159
20	1.2202	1.4859	1.8061	2.1911	2.6533	3.2071	3.8697	4.6610	5.6044	6.7275
21	1.2324	1.5157	1.8603	2.2788	2.7860	3.3996	4.1406	5.0338	6.1088	7.4002
22	1.2447	1.5460	1.9161	2.3699	2.9253	3.6035	4.4304	5.4365	6.6586	8.1403
23	1.2572	1.5769	1.9736	2.4647	3.0715	3.8197	4.7405	5.8715	7.2579	8.9543
24	1.2697	1.6084	2.0328	2.5633	3.2251	4.0489	5.0724	6.3412	7.9111	9.8497
25	1.2824	1.6406	2.0938	2.6658	3.3864	4.2919	5.4274	6.8485	8.6231	10.8350
30	1.3478	1.8114	2.4273	3.2434	4.3219	5.7435	7.6123	10.0630	13.2680	17.4490
35	1.4166	1.9999	2.8139	3.9461	5.5160	7.6861	10.6770	14.7850	20.4140	28.1020
36	1.4308	2.0399	2.8983	4.1039	5.7918	8.1473	11.4240	15.9680	22.2510	30.9130
40	1.4889	2.2080	3.2620	4.8010	7.0400	10.2860	14.9740	21.7250	31.4090	45.2590
50	1.6446	2.6916	4.3839	7.1067	11.4670	18.4200	29.4570	46.9020	74.3580	117.391

n \ r	11%	12%	13%	14%	15%	16%	20%	24%	25%	30%
1	1.1100	1.1200	1.1300	1.1400	1.1500	1.1600	1.2000	1.2400	1.2500	1.3000
2	1.2321	1.2544	1.2769	1.2996	1.3225	1.3456	1.4400	1.5376	1.5625	1.6900
3	1.3676	1.4049	1.4429	1.4815	1.5209	1.5609	1.7280	1.9066	1.9531	2.1970
4	1.5181	1.5735	1.6305	1.6890	1.7490	1.8106	2.0736	2.3642	2.4414	2.8561
5	1.6851	1.7623	1.8424	1.9254	2.0114	2.1003	2.4883	2.9316	3.0518	3.7129
6	1.8704	1.9738	2.0820	2.1950	2.3131	2.4364	2.9860	3.6352	3.8147	4.8268
7	2.0762	2.2107	2.3526	2.5023	2.6600	2.8262	3.5832	4.5077	4.7684	6.2749
8	2.3045	2.4760	2.6584	2.8526	3.0590	3.2784	4.2998	5.5895	5.9605	8.1573
9	2.5580	2.7731	3.0040	3.2519	3.5179	3.8030	5.1598	6.9310	7.4506	10.6040
10	2.8394	3.1058	3.3946	3.7072	4.0456	4.4114	6.1917	8.5944	9.3132	13.7860
11	3.1518	3.4785	3.8359	4.2262	4.6524	5.1173	7.4301	10.6570	11.6420	17.9220
12	3.4985	3.8960	4.3345	4.8179	5.3503	5.9360	8.9161	13.2150	14.5520	23.2980
13	3.8833	4.3635	4.8980	5.4924	6.1528	6.8858	10.6990	16.3860	18.1900	30.2880
14	4.3104	4.8871	5.5348	6.2613	7.0757	7.9875	12.8390	20.3190	22.7370	39.3740
15	4.7846	5.4736	6.2543	7.1379	8.1371	9.2655	15.4070	25.1960	28.4220	51.1860
16	5.3109	6.1304	7.0673	8.1372	9.3576	10.7480	18.4880	31.2430	35.5270	66.5420
17	5.8951	6.8660	7.9861	9.2765	10.7610	12.4680	22.1860	38.7410	44.4090	86.5040
18	6.5436	7.6900	9.0243	10.5750	12.3750	14.4630	26.6230	48.0390	55.5110	112.455
19	7.2633	8.6128	10.1970	12.0560	14.2320	16.7770	31.9480	59.5680	69.3890	146.192
20	8.0623	9.6463	11.5230	13.7430	16.3670	19.4610	38.3380	73.8640	86.7360	190.050
21	8.9492	10.8040	13.0210	15.6680	18.8220	22.5740	46.0050	91.5920	108.420	247.065
22	9.9336	12.1000	14.7140	17.8610	21.6450	26.1860	55.2060	113.574	135.525	321.184
23	11.0260	13.5520	16.6270	20.3620	24.8910	30.3760	66.2470	140.831	169.407	417.539
24	12.2390	15.1790	18.7880	23.2120	28.6250	35.2360	79.4970	174.631	211.758	542.801
25	13.5850	17.0000	21.2310	26.4620	32.9190	40.8740	95.3960	216.542	264.698	705.641
30	22.8920	29.9600	39.1160	50.9500	66.2120	85.8500	237.376	634.820	807.794	*
35	38.5750	52.8000	72.0690	98.1000	133.176	180.314	590.668	*	*	*
36	42.8180	59.1360	81.4370	111.834	153.152	209.164	708.802	*	*	*
40	65.0010	93.0510	132.782	188.884	267.864	378.721	*	*	*	*
50	184.565	289.002	450.736	700.233	*	*	*	*	*	*

〈부표 2〉 현재가치이자요소표 $\left[PVIF_{(r,n)} = \frac{1}{(1+r)^n}\right]$

n \ r	1%	2%	3%	4%	5%	6%	7%	8%	9%	10%
1	0.9901	0.9804	0.9709	0.9615	0.9524	0.9434	0.9346	0.9259	0.9174	0.9091
2	0.9803	0.9612	0.9426	0.9246	0.9070	0.8900	0.8734	0.8573	0.8417	0.8264
3	0.9706	0.9423	0.9151	0.8890	0.8638	0.8396	0.8163	0.7938	0.7722	0.7513
4	0.9610	0.9238	0.8885	0.8548	0.8227	0.7921	0.7629	0.7350	0.7084	0.6830
5	0.9515	0.9057	0.8626	0.8219	0.7835	0.7473	0.7130	0.6806	0.6499	0.6209
6	0.9420	0.8880	0.8375	0.7903	0.7462	0.7050	0.6663	0.6302	0.5963	0.5645
7	0.9327	0.8706	0.8131	0.7599	0.7107	0.6651	0.6227	0.5835	0.5470	0.5132
8	0.9235	0.8535	0.7894	0.7307	0.6768	0.6274	0.5820	0.5403	0.5019	0.4665
9	0.9143	0.8368	0.7664	0.7026	0.6446	0.5919	0.5439	0.5002	0.4604	0.4241
10	0.9053	0.8203	0.7441	0.6756	0.6139	0.5584	0.5083	0.4632	0.4224	0.3855
11	0.8963	0.8043	0.7224	0.6496	0.5847	0.5268	0.4751	0.4289	0.3875	0.3505
12	0.8874	0.7885	0.7014	0.6246	0.5568	0.4970	0.4440	0.3971	0.3555	0.3186
13	0.8787	0.7730	0.6810	0.6006	0.5303	0.4688	0.4150	0.3677	0.3262	0.2897
14	0.8700	0.7579	0.6611	0.5775	0.5051	0.4423	0.3878	0.3405	0.2992	0.2633
15	0.8613	0.7430	0.6419	0.5553	0.4810	0.4173	0.3624	0.3152	0.2745	0.2394
16	0.8528	0.7284	0.6232	0.5339	0.4581	0.3936	0.3387	0.2919	0.2519	0.2176
17	0.8444	0.7142	0.6050	0.5134	0.4363	0.3714	0.3166	0.2703	0.2311	0.1978
18	0.8360	0.7002	0.5874	0.4936	0.4155	0.3503	0.2959	0.2502	0.2120	0.1799
19	0.8277	0.6864	0.5703	0.4746	0.3957	0.3305	0.2765	0.2317	0.1945	0.1635
20	0.8195	0.6730	0.5537	0.4564	0.3769	0.3118	0.2584	0.2145	0.1784	0.1486
21	0.8114	0.6598	0.5375	0.4388	0.3589	0.2942	0.2415	0.1987	0.1637	0.1351
22	0.8034	0.6468	0.5219	0.4220	0.3418	0.2775	0.2257	0.1839	0.1502	0.1228
23	0.7954	0.6342	0.5067	0.4057	0.3256	0.2618	0.2109	0.1703	0.1378	0.1117
24	0.7876	0.6217	0.4919	0.3901	0.3101	0.2470	0.1971	0.1577	0.1264	0.1015
25	0.7798	0.6095	0.4776	0.3751	0.2953	0.2330	0.1842	0.1460	0.1160	0.0923
30	0.7419	0.5521	0.4120	0.3083	0.2314	0.1741	0.1314	0.0994	0.0754	0.0573
35	0.7059	0.5000	0.3554	0.2534	0.1813	0.1301	0.0937	0.0676	0.0490	0.0356
36	0.6989	0.4902	0.3450	0.2437	0.1727	0.1227	0.0875	0.0626	0.0449	0.0323
40	0.6717	0.4529	0.3066	0.2083	0.1420	0.0972	0.0668	0.0460	0.0318	0.0221
50	0.6080	0.3715	0.2281	0.1407	0.0872	0.0543	0.0339	0.0213	0.0134	0.0085

n \ r	11%	12%	13%	14%	15%	16%	20%	24%	25%	30%
1	0.9009	0.8929	0.8850	0.8772	0.8696	0.8621	0.8333	0.8065	0.8000	0.7692
2	0.8116	0.7972	0.7831	0.7695	0.7561	0.7432	0.6944	0.6504	0.6400	0.5917
3	0.7312	0.7118	0.6931	0.6750	0.6575	0.6407	0.5787	0.5245	0.5120	0.4552
4	0.6587	0.6355	0.6133	0.5921	0.5718	0.5523	0.4823	0.4230	0.4096	0.3501
5	0.5935	0.5674	0.5428	0.5194	0.4972	0.4761	0.4019	0.3411	0.3277	0.2693
6	0.5346	0.5066	0.4803	0.4556	0.4323	0.4104	0.3349	0.2751	0.2621	0.2072
7	0.4817	0.4523	0.4251	0.3996	0.3759	0.3538	0.2791	0.2218	0.2097	0.1594
8	0.4339	0.4039	0.3762	0.3506	0.3269	0.3050	0.2326	0.1789	0.1678	0.1226
9	0.3909	0.3606	0.3329	0.3075	0.2843	0.2630	0.1938	0.1443	0.1342	0.0943
10	0.3522	0.3220	0.2946	0.2697	0.2472	0.2267	0.1615	0.1164	0.1074	0.0725
11	0.3173	0.2875	0.2607	0.2366	0.2149	0.1954	0.1346	0.0938	0.0859	0.0558
12	0.2858	0.2567	0.2307	0.2076	0.1869	0.1685	0.1122	0.0757	0.0687	0.0429
13	0.2575	0.2292	0.2042	0.1821	0.1625	0.1452	0.0935	0.0610	0.0550	0.0330
14	0.2320	0.2046	0.1807	0.1597	0.1413	0.1252	0.0779	0.0492	0.0440	0.0254
15	0.2090	0.1827	0.1599	0.1401	0.1229	0.1079	0.0649	0.0397	0.0352	0.0195
16	0.1883	0.1631	0.1415	0.1229	0.1069	0.0930	0.0541	0.0320	0.0281	0.0150
17	0.1696	0.1456	0.1252	0.1078	0.0929	0.0802	0.0451	0.0258	0.0225	0.0116
18	0.1528	0.1300	0.1108	0.0946	0.0808	0.0691	0.0376	0.0208	0.0180	0.0089
19	0.1377	0.1161	0.0981	0.0829	0.0703	0.0596	0.0313	0.0168	0.0144	0.0068
20	0.1240	0.1037	0.0868	0.0728	0.0611	0.0514	0.0261	0.0135	0.0115	0.0053
21	0.1117	0.0926	0.0768	0.0638	0.0531	0.0443	0.0217	0.0109	0.0092	0.0040
22	0.1007	0.0826	0.0680	0.0560	0.0462	0.0382	0.0181	0.0088	0.0074	0.0031
23	0.0907	0.0738	0.0601	0.0491	0.0402	0.0329	0.0151	0.0071	0.0059	0.0024
24	0.0817	0.0659	0.0532	0.0431	0.0349	0.0284	0.0126	0.0057	0.0047	0.0018
25	0.0736	0.0588	0.0471	0.0378	0.0304	0.0245	0.0105	0.0046	0.0038	0.0014
30	0.0437	0.0334	0.0256	0.0196	0.0151	0.0116	0.0042	0.0016	0.0012	*
35	0.0259	0.0189	0.0139	0.0102	0.0075	0.0055	0.0017	0.0005	*	*
36	0.0234	0.0169	0.0123	0.0089	0.0065	0.0048	0.0014	*	*	*
40	0.0154	0.0107	0.0075	0.0053	0.0037	0.0026	0.0007	*	*	*
50	0.0054	0.0035	0.0022	0.0014	0.0009	0.0006	*	*	*	*

〈부표 3〉 연금의 미래가치이자요소표 $\left[FVIFA_{(r,n)} = \frac{(1+r)^n - 1}{r} \right]$

n \ r	1%	2%	3%	4%	5%	6%	7%	8%	9%	10%
1	1.0000	1.0000	1.0000	1.0000	1.0000	1.0000	1.0000	1.0000	1.0000	1.0000
2	2.0100	2.0200	2.0300	2.0400	2.0500	2.0600	2.0700	2.0800	2.0900	2.1000
3	3.0301	3.0604	3.0909	3.1216	3.1525	3.1836	3.2149	3.2464	3.2781	3.3100
4	4.0604	4.1216	4.1836	4.2465	4.3101	4.3746	4.4399	4.5061	4.5731	4.6410
5	5.1010	5.2040	5.3091	5.4163	5.5256	5.6371	5.7507	5.8666	5.9847	6.1051
6	6.1520	6.3081	6.4684	6.6330	6.8019	6.9753	7.1533	7.3359	7.5233	7.7156
7	7.2135	7.4343	7.6625	7.8983	8.1420	8.3938	8.6540	8.9228	9.2004	9.4872
8	8.2857	8.5830	8.8923	9.2142	9.5491	9.8975	10.2598	10.6366	11.0285	11.4359
9	9.3685	9.7546	10.1591	10.5828	11.0266	11.4913	11.9780	12.4876	13.0210	13.5795
10	10.4622	10.9497	11.4639	12.0061	12.5779	13.1808	13.8164	14.4866	15.1929	15.9374
11	11.5668	12.1687	12.8078	13.4864	14.2068	14.9716	15.7836	16.6455	17.5603	18.5312
12	12.6825	13.4121	14.1920	15.0258	15.9171	16.8699	17.8885	18.9771	20.1407	21.3843
13	13.8093	14.6803	15.6178	16.6268	17.7130	18.8821	20.1406	21.4953	22.9534	24.5227
14	14.9474	15.9739	17.0863	18.2919	19.5986	21.0151	22.5505	24.2149	26.0192	27.9750
15	16.0969	17.2934	18.5989	20.0236	21.5786	23.2760	25.1290	27.1521	29.3609	31.7725
16	17.2579	18.6393	20.1569	21.8245	23.6575	25.6725	27.8881	30.3243	33.0034	35.9497
17	18.4304	20.0121	21.7616	23.6975	25.8404	28.2129	30.8402	33.7502	36.9737	40.5447
18	19.6147	21.4123	23.4144	25.6454	28.1324	30.9057	33.9990	37.4502	41.3013	45.5992
19	20.8109	22.8406	25.1169	27.6712	30.5390	33.7600	37.3790	41.4463	46.0185	51.1591
20	22.0190	24.2974	26.8704	29.7781	33.0660	36.7856	40.9955	45.7620	51.1601	57.2750
21	23.2392	25.7833	28.6765	31.9692	35.7193	39.9927	44.8652	50.4229	56.7645	64.0025
22	24.4716	27.2990	30.5368	34.2480	38.5052	43.3923	49.0057	55.4568	62.8733	71.4027
23	25.7163	28.8450	32.4529	36.6179	41.4305	46.9958	53.4361	60.8933	69.5319	79.5430
24	26.9735	30.4219	34.4265	39.0826	44.5020	50.8156	58.1767	66.7648	76.7898	88.4973
25	28.2432	32.0303	36.4593	41.6459	47.7271	54.8645	63.2490	73.1059	84.7009	98.3471
30	34.7849	40.5681	47.5754	56.0849	66.4388	79.0582	94.4608	113.283	136.308	164.494
35	41.6603	49.9945	60.4621	73.6522	90.3203	111.435	138.237	172.317	215.711	271.024
36	43.0769	51.9944	63.2759	77.5983	95.8363	119.121	148.914	187.102	236.125	299.127
40	48.8864	60.4020	75.4013	95.0255	120.800	154.762	199.635	259.057	337.882	442.593
50	64.4632	84.5794	112.797	152.667	209.348	290.336	406.529	573.770	815.084	*

n \ r	11%	12%	13%	14%	15%	16%	20%	24%	25%	30%
1	1.0000	1.0000	1.0000	1.0000	1.0000	1.0000	1.0000	1.0000	1.0000	1.0000
2	2.1100	2.1200	2.1300	2.1400	2.1500	2.1600	2.2000	2.2400	2.2500	2.3000
3	3.3421	3.3744	3.4069	3.4396	3.4725	3.5056	3.6400	3.7776	3.8125	3.9900
4	4.7097	4.7793	4.8498	4.9211	4.9934	5.0665	5.3680	5.6842	5.7656	6.1870
5	6.2278	6.3528	6.4803	6.6101	6.7424	6.8771	7.4416	8.0484	8.2070	9.0431
6	7.9129	8.1152	8.3227	8.5355	8.7537	8.9775	9.9299	10.9801	11.2588	12.7560
7	9.7833	10.0890	10.4047	10.7305	11.0668	11.4139	12.9159	14.6153	15.0735	17.5828
8	11.8594	12.2997	12.7573	13.2328	13.7268	14.2401	16.4991	19.1229	19.8419	23.8577
9	14.1640	14.7757	15.4157	16.0853	16.7858	17.5185	20.7989	24.7125	25.8023	32.0150
10	16.7220	17.5487	18.4197	19.3373	20.3037	21.3215	25.9587	31.6434	33.2529	42.6195
11	19.5614	20.6546	21.8143	23.0445	24.3493	25.7329	32.1504	40.2379	42.5661	56.4053
12	22.7132	24.1331	25.6502	27.2707	29.0017	30.8502	39.5805	50.8950	54.2077	74.3270
13	26.2116	28.0291	29.9847	32.0887	34.3519	36.7862	48.4966	64.1097	68.7596	97.6250
14	30.0949	32.3926	34.8827	37.5811	40.5047	43.6720	59.1959	80.4961	86.9495	127.913
15	34.4054	37.2797	40.4175	43.8424	47.5804	51.6595	72.0351	100.815	109.687	167.286
16	39.1899	42.7533	46.6717	50.9804	55.7175	60.9250	87.4421	126.011	138.109	218.472
17	44.5008	48.8837	53.7391	59.1176	65.0751	71.6730	105.931	157.253	173.636	285.014
18	50.3959	55.7497	61.7251	68.3941	75.8364	84.1407	128.117	195.994	218.045	371.518
19	56.9395	63.4397	70.7494	78.9692	88.2118	98.6032	154.740	244.033	273.556	483.973
20	64.2028	72.0524	80.9468	91.0249	102.444	115.380	186.688	303.601	342.945	630.166
21	72.2651	81.6987	92.4699	104.768	118.810	134.841	225.026	377.465	429.681	820.215
22	81.2143	92.5026	105.491	120.436	137.632	157.415	271.031	469.056	538.101	*
23	91.1479	104.603	120.205	138.297	159.276	183.601	326.237	582.630	673.626	*
24	102.174	118.155	136.832	158.659	184.168	213.978	392.484	723.461	843.033	*
25	114.413	133.334	155.620	181.871	212.793	249.214	471.981	898.092	*	*
30	199.021	241.333	293.199	356.787	434.745	530.312	*	*	*	*
35	341.590	431.664	546.681	693.573	881.170	*	*	*	*	*
36	380.164	484.463	618.749	791.673	*	*	*	*	*	*
40	581.826	767.091	*	*	*	*	*	*	*	*
50	*	*	*	*	*	*	*	*	*	*

〈부표 4〉 연금의 현재가치이자요소표 $\left[PVIFA_{(r,n)}=\frac{1-(1+r)^{-n}}{r}\right]$

n \ r	1%	2%	3%	4%	5%	6%	7%	8%	9%	10%
1	0.9901	0.9804	0.9709	0.9615	0.9524	0.9434	0.9346	0.9259	0.9174	0.9091
2	1.9704	1.9416	1.9135	1.8861	1.8594	1.8334	1.8080	1.7833	1.7591	1.7355
3	2.9410	2.8839	2.8286	2.7751	2.7232	2.6730	2.6243	2.5771	2.5313	2.4869
4	3.9020	3.8077	3.7171	3.6299	3.5460	3.4651	3.3872	3.3121	3.2397	3.1699
5	4.8534	4.7135	4.5797	4.4518	4.3295	4.2124	4.1002	3.9927	3.8897	3.7908
6	5.7955	5.6014	5.4172	5.2421	5.0757	4.9173	4.7665	4.6229	4.4859	4.3553
7	6.7282	6.4720	6.2303	6.0021	5.7864	5.5824	5.3893	5.2064	5.0330	4.8684
8	7.6517	7.3255	7.0197	6.7327	6.4632	6.2098	5.9713	5.7466	5.5348	5.3349
9	8.5660	8.1622	7.7861	7.4353	7.1078	6.8017	6.5152	6.2469	5.9952	5.7590
10	9.4713	8.9826	8.5302	8.1109	7.7217	7.3601	7.0236	6.7101	6.4177	6.1446
11	10.3680	9.7868	9.2526	8.7605	8.3064	7.8869	7.4987	7.1390	6.8052	6.4951
12	11.2550	10.5750	9.9540	9.3851	8.8633	8.3838	7.9427	7.5361	7.1607	6.8137
13	12.1340	11.3480	10.6350	9.9856	9.3936	8.8527	8.3577	7.9038	7.4869	7.1034
14	13.0040	12.1060	11.2960	10.5630	9.8986	9.2950	8.7455	8.2442	7.7862	7.3667
15	13.8650	12.8490	11.9380	11.1180	10.3800	9.7122	9.1079	8.5595	8.0607	7.6061
16	14.7180	13.5780	12.5610	11.6520	10.8380	10.1060	9.4466	8.8514	8.3126	7.8237
17	15.5620	14.2920	13.1660	12.1660	11.2740	10.4770	9.7632	9.1216	8.5436	8.0216
18	16.3980	14.9920	13.7540	12.6590	11.6900	10.8280	10.0590	9.3719	8.7556	8.2014
19	17.2260	15.6780	14.3240	13.1340	12.0850	11.1580	10.3360	9.6036	8.9501	8.3649
20	18.0460	16.3510	14.8770	13.5900	12.4620	11.4700	10.5940	9.8181	9.1285	8.5136
21	18.8570	17.0110	15.4150	14.0290	12.8210	11.7640	10.8360	10.0170	9.2922	8.6487
22	19.6600	17.6580	15.9370	14.4510	13.1630	12.0420	11.0610	10.2010	9.4424	8.7715
23	20.4560	18.2920	16.4440	14.8570	13.4890	12.3030	11.2720	10.3710	9.5802	8.8832
24	21.2430	18.9140	16.9360	15.2470	13.7990	12.5500	11.4690	10.5290	9.7066	8.9847
25	22.0230	19.5230	17.4130	15.6220	14.0940	12.7830	11.6540	10.6750	9.8226	9.0770
30	25.8080	22.3960	19.6000	17.2920	15.3720	13.7650	12.4090	11.2580	10.2740	9.4269
35	29.4090	24.9990	21.4870	18.6650	16.3740	14.4980	12.9480	11.6550	10.5670	9.6442
36	30.1080	25.4890	21.8320	18.9080	16.5470	14.6210	13.0350	11.7170	10.6120	9.6765
40	32.8350	27.3550	23.1150	19.7930	17.1590	15.0460	13.3320	11.9250	10.7570	9.7791
50	39.1960	31.4240	25.7300	21.4820	18.2560	15.7620	13.8010	12.2330	10.9620	9.9148

n \ r	11%	12%	13%	14%	15%	16%	20%	24%	25%	30%
1	0.9009	0.8929	0.8850	0.8772	0.8696	0.8621	0.8333	0.8065	0.8000	0.7692
2	1.7125	1.6901	1.6681	1.6467	1.6257	1.6052	1.5278	1.4568	1.4400	1.3609
3	2.4437	2.4018	2.3612	2.3216	2.2832	2.2459	2.1065	1.9813	1.9520	1.8161
4	3.1024	3.0373	2.9745	2.9137	2.8550	2.7982	2.5887	2.4043	2.3616	2.1662
5	3.6959	3.6048	3.5172	3.4331	3.3522	3.2743	2.9906	2.7454	2.6893	2.4356
6	4.2305	4.1114	3.9975	3.8887	3.7845	3.6847	3.3255	3.0205	2.9514	2.6427
7	4.7122	4.5638	4.4226	4.2883	4.1604	4.0386	3.6046	3.2423	3.1611	2.8021
8	5.1461	4.9676	4.7988	4.6389	4.4873	4.3436	3.8372	3.4212	3.3289	2.9247
9	5.5370	5.3282	5.1317	4.9464	4.7716	4.6065	4.0310	3.5655	3.4631	3.0190
10	5.8892	5.6502	5.4262	5.2161	5.0188	4.8332	4.1925	3.6819	3.5705	3.0915
11	6.2065	5.9377	5.6869	5.4527	5.2337	5.0286	4.3271	3.7757	3.6564	3.1473
12	6.4924	6.1944	5.9176	5.6603	5.4206	5.1971	4.4392	3.8514	3.7251	3.1903
13	6.7499	6.4235	6.1218	5.8424	5.5831	5.3423	4.5327	3.9124	3.7801	3.2233
14	6.9819	6.6282	6.3025	6.0021	5.7245	5.4675	4.6106	3.9616	3.8241	3.2487
15	7.1909	6.8109	6.4624	6.1422	5.8474	5.5755	4.6755	4.0013	3.8593	3.2682
16	7.3792	6.9740	6.6039	6.2651	5.9542	5.6685	4.7296	4.0333	3.8874	3.2832
17	7.5488	7.1196	6.7291	6.3729	6.0472	5.7487	4.7746	4.0591	3.9099	3.2948
18	7.7016	7.2497	6.8399	6.4674	6.1280	5.8178	4.8122	4.0799	3.9279	3.3037
19	7.8393	7.3658	6.9380	6.5504	6.1982	5.8775	4.8435	4.0967	3.9424	3.3105
20	7.9633	7.4694	7.0248	6.6231	6.2593	5.9288	4.8696	4.1103	3.9539	3.3158
21	8.0751	7.5620	7.1016	6.6870	6.3125	5.9731	4.8913	4.1212	3.9631	3.3198
22	8.1757	7.6446	7.1695	6.7429	6.3587	6.0113	4.9094	4.1300	3.9705	3.3230
23	8.2664	7.7184	7.2297	6.7921	6.3988	6.0442	4.9245	4.1371	3.9764	3.3254
24	8.3481	7.7843	7.2829	6.8351	6.4338	6.0726	4.9371	4.1428	3.9811	3.3272
25	8.4217	7.8431	7.3300	6.8729	6.4641	6.0971	4.9476	4.1474	3.9849	3.3286
30	8.6938	8.0552	7.4957	7.0027	6.5660	6.1772	4.9789	4.1601	3.9950	3.3321
35	8.8552	8.1755	7.5856	7.0700	6.6166	6.2153	4.9915	4.1644	3.9984	3.3330
36	8.8786	8.1924	7.5979	7.0790	6.6231	6.2201	4.9929	4.1649	3.9987	3.3331
40	8.9511	8.2438	7.6344	7.1050	6.6418	6.2335	4.9966	4.1659	3.9995	3.3332
50	9.0417	8.3045	7.6752	7.1327	6.6605	6.2463	4.9995	4.1666	3.9999	3.3333

〈부표 5〉 표준정규분포표

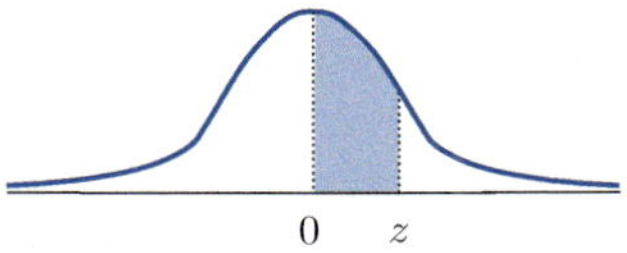

z	.00	.01	.02	.03	.04	.05	.06	.07	.08	.09
0.0	.0000	.0040	.0080	.0120	.0160	.0199	.0239	.0279	.0319	.0359
0.1	.0398	.0438	.0478	.0517	.0557	.0596	.0636	.0675	.0714	.0753
0.2	.0793	.0832	.0871	.0910	.0948	.0987	.1026	.1064	.1103	.1141
0.3	.1179	.1217	.1255	.1293	.1331	.1368	.1406	.1443	.1480	.1517
0.4	.1554	.1591	.1628	.1664	.1700	.1736	.1772	.1808	.1844	.1879
0.5	.1915	.1950	.1985	.2019	.2054	.2088	.2123	.2157	.2190	.2224
0.6	.2257	.2291	.2324	.2357	.2389	.2422	.2454	.2486	.2518	.2549
0.7	.2580	.2612	.2642	.2673	.2704	.2734	.2764	.2794	.2823	.2852
0.8	.2881	.2910	.2939	.2967	.2995	.3023	.3051	.3078	.3106	.3133
0.9	.3159	.3186	.3212	.3238	.3264	.3289	.3315	.3340	.3365	.3389
1.0	.3413	.3438	.3461	.3485	.3508	.3531	.3554	.3577	.3599	.3621
1.1	.3643	.3665	.3686	.3708	.3729	.3749	.3770	.3790	.3810	.3830
1.2	.3849	.3869	.3888	.3907	.3925	.3944	.3962	.3980	.3997	.4015
1.3	.4032	.4049	.4066	.4082	.4099	.4115	.4131	.4147	.4162	.4177
1.4	.4192	.4207	.4222	.4236	.4251	.4265	.4279	.4292	.4306	.4319
1.5	.4332	.4345	.4357	.4370	.4382	.4394	.4406	.4418	.4429	.4441
1.6	.4452	.4463	.4474	.4484	.4495	.4505	.4515	.4525	.4535	.4545
1.7	.4554	.4564	.4573	.4582	.4591	.4599	.4608	.4616	.4625	.4633
1.8	.4641	.4649	.4656	.4664	.4671	.4678	.4686	.4693	.4699	.4706
1.9	.4713	.4719	.4726	.4732	.4738	.4744	.4750	.4756	.4761	.4767
2.0	.4772	.4778	.4783	.4788	.4793	.4798	.4803	.4808	.4812	.4817
2.1	.4821	.4826	.4830	.4834	.4838	.4842	.4846	.4850	.4854	.4857
2.2	.4861	.4864	.4868	.4871	.4875	.4878	.4881	.4884	.4887	.4890
2.3	.4893	.4896	.4898	.4901	.4904	.4906	.4909	.4911	.4913	.4916
2.4	.4918	.4920	.4922	.4925	.4927	.4929	.4931	.4932	.4934	.4936
2.5	.4938	.4940	.4941	.4943	.4945	.4946	.4948	.4949	.4951	.4952
2.6	.4953	.4955	.4956	.4957	.4959	.4960	.4961	.4962	.4963	.4964
2.7	.4965	.4966	.4967	.4968	.4969	.4970	.4971	.4972	.4973	.4974
2.8	.4974	.4975	.4976	.4977	.4977	.4978	.4979	.4979	.4980	.4981
2.9	.4981	.4982	.4982	.4983	.4984	.4984	.4985	.4985	.4986	.4986
3.0	.4987	.4987	.4987	.4988	.4988	.4989	.4989	.4989	.4990	.4990

찾/아/보/기

ㅅ

ㅊ

저자약력

張慶天

[학력 및 경력]

서울대학교 경영학과 졸업
서울대학교 대학원 경영학석사
University of Massachusetts 경영학박사
University of Massachusetts 경영대학 조교수
중앙대학교 경영경제대학 교수
재정경제부 금융발전심의회 위원 역임
정보통신부 체신금융발전위원회 위원 역임
서울시 투자기관 경영평가위원 역임

[저서 및 논문]

「인터넷을 이용한 증권투자의 이해」, 삼영사 1999, 제4판 2006
「재무관리의 이해」, 삼영사 2007
「증권금융시장」, 서울시교육청 2008
「재무관리」, 탑북스 2010
「경영학의 이해」, 탑북스 2012, 제2판 2017
「파생상품론」, 탑북스 2012, 제2판 2013
Tax-Loss Trading, Is the Game Over or Have the Rules Changed?
Low Price Stocks and the January Effect
한국증권시장에서 주가지수선물의 헷징효과에 관한 의태분석
그 외 논문 다수

金賢錫

[학력 및 경력]

중앙대학교 경영학과 졸업
중앙대학교 대학원 경영학석사 · 경영학박사
중앙대학교 경영연구소 전임연구원 / 겸임교수
대한경영정보학회 편집위원장 역임
재무위험관리사, 투자자산운용사 등 자격시험 출제위원
현, 대림대학교 경영학부 부교수

[저서 및 논문]

「재무관리의 이해」, 삼영사 2007
「증권금융시장」, 서울시교육청 2008
「증권투자론」, 삼영사 2009
「재무관리」, 탑북스 2010
Firm Valuation and Korea Discount
Chaos 이론을 이용한 증권시장 특성에 관한 연구
주가지수선물 도입과 비대칭적 변동성에 관한 실증연구
그 외 논문 다수

증권투자이해 [제2판]

2012년 3월 15일 1판 1쇄 발행
2018년 3월 2일 2판 1쇄 발행
2023년 4월 10일 2판 4쇄 발행

저 자 장경천 · 김현석
발행인 김학민
조 판 아람기획

07285
발행처 서울특별시 영등포구 선유로 3길 10, 617호
도서출판 **탑 북 스**
등 록 2009.12.21 제 2016-000101 호
전 화 02)365-2223 팩스 02)365-2224
홈페이지 topbooks@topbooks.co.kr

정가 27,000 원

ISBN 979-11-87343-72-1-93320